2010

大中型批发零售和住宿餐饮企业统计年鉴

国家统计局贸易外经统计司编

中国统计出版社
China Statistics Press

(京)新登字041号

图书在版编目（CIP）数据

大中型批发零售和住宿餐饮企业统计年鉴. 2010/
国家统计局贸易外经统计司编.
--北京：中国统计出版社，2010. 9
ISBN 978-7-5037-6083-9

Ⅰ. ①大… Ⅱ. ①大… Ⅲ. ①批发商业-商业企业-统计资料-中国-2010-年鉴②零售商业-商业企业-统计资料-中国-2010-年鉴③饭店-商业企业-统计资料-中国-2010-年鉴 ④饮食业-商业企业-统计资料-中国-2010-年鉴 Ⅳ. ①F721. 7-66②F719-66

中国版本图书馆CIP数据核字（2010）第181529号

大中型批发零售和住宿餐饮企业统计年鉴-2010

作　　者/国家统计局贸易外经统计司
责任编辑/徐　颖
装帧设计/李雪燕
出版发行/中国统计出版社
通信地址/北京市西城区月坛南街57号　　邮政编码/100826
办公地址/北京市丰台区西三环南路甲6号　邮政编码/100073
电　　话/邮购（010）63376907　书店（010）68783172
印　　刷/河北天普润印刷厂
经　　销/新华书店
开　　本/880×1230毫米　1/16
字　　数/940千字
印　　张/30. 25
版　　别/2010年10月第1版
版　　次/2010年10月第1次印刷
书　　号/ISBN 978-7-5037-6083-9/F•2944
定　　价/380.00元

《大中型批发零售和住宿餐饮企业统计年鉴—2010》编委会

编辑说明

一、《大中型批发零售和住宿餐饮企业统计年鉴—2010》系统收录了全国和各省、自治区、直辖市2009年中国大中型批发零售和住宿餐饮业企业基本情况、经营情况和主要财务情况的年报统计数据，是一部全面反映中国大中型批发零售和住宿餐饮业企业改革和发展状况的资料性年刊。

二、本年鉴正文内容分为4个部分：1．综合篇；2．地区篇；3．行业篇；4．企业篇。同时设有三个附录：1．统计上大中小型企业划分办法；2．批发零售和住宿餐饮业统计限额标准；3．主要统计指标解释。

三、为便于读者使用，本年鉴对所用略语和主要统计指标解释、统计范围和统计方法作了简要说明。

四、本年鉴中涉及的全国性统计资料，均未包括香港、澳门特别行政区和台湾省数据。

五、本年鉴中所使用的度量衡单位，均为国际统一标准计量单位。

六、本年鉴表中的“空格”表示该项统计指标数据不足本表最小单位数、不详或无该项数据。

目录

综合篇

地区篇

行业篇

企业篇

附录

综合篇

简要说明：

一、本篇资料主要内容为限额以上和大中型批发和零售业、住宿和餐饮业企业的单位数和从业人员数情况；限额以上和大中型批发和零售业企业的商品购、销、存情况及住宿和餐饮业企业的经营情况；限额以上和大中型批发和零售业、住宿和餐饮业企业的主要财务、劳动工资及经济效益分析指标等。

二、限额以上（含全部大中型）批发和零售业、住宿和餐饮业采用全面调查方法。

三、批发和零售业、住宿和餐饮业大中小型企业划分依据《统计上大中小型企业划分办法（暂行）》，具体见附件Ⅰ。

1-1 大中型批发和零售业企业基本情况

项目	批发业					
	大中型		大型		中型	
	2009年	2008年	2009年	2008年	2009年	2008年
一、法人单位数（个）	**3361**	**3483**	**1673**	**1624**	**1688**	**1859**
二、年末从业人数(人)	**1493533**	**1383313**	**1263093**	**1135857**	**230440**	**247456**
三、商品购、销、存情况(万元)						
商品购进额	506637472	521896441	485660618	502094757	20976854	19801684
商品销售额	586121928	585711545	565368910	562530703	20753018	23180842
期末商品库存额	43335999	41751280	39520949	38325983	3815050	3425297
四、实收资本及构成(万元)						
实收资本	32538923	28335730	29549162	24547308	2989760	3788422
国家资本	16028774	12327262	15156032	11528035	872742	799228
集体资本	464518	658295	306020	510111	158499	148184
法人资本	6454049	5836346	5721876	4404066	732173	1432280
个人资本	2788841	2639389	2046120	1825715	742721	813674
港澳台资本	1024472	959208	866261	853407	158211	105802
外商资本	5778269	5915230	5452854	5425975	325415	489254
五、主要财务指标(万元)						
(一)年末资产负债						
流动资产合计	165576150	135952125	153907642	124348436	11668509	11603689
固定资产原价	32511961	28967844	29725513	26199854	2786449	2767989
累计折旧	10661942	9322264	9805830	8446864	856112	875401
资产总计	233601608	193373706	217537613	176928324	16063996	16445382
负债合计	145499379	119154787	133761181	109405658	11738198	9749128
所有者权益	87776736	74266031	83450939	67569778	4325798	6696254
(二)损益及分配						
主营业务收入	527858891	526569222	508182505	504774118	19676386	21795104
主营业务成本	470316721	472224834	453286156	453665286	17030565	18559548
主营业务税金及附加	2898116	1314478	2804962	1214883	93153	99594
主营业务利润	58299584	51112264	55892290	48069567	2407295	3042698
其他业务利润	2123009	1536330	1882224	1328487	240785	207844
营业费用	21842361	19817649	20520546	18435146	1321815	1382503
管理费用	11113567	10913150	10167108	9735087	946459	1178063
财务费用	1054742	981856	895311	823002	159431	158854
营业利润	22435864	22697380	22063490	22056510	372374	640870
利润总额	24471587	23834476	23896814	23049897	574773	784579
应交所得税	5231999	4994953	5118920	4868686	113079	126267
本年应付工资总额	7008464	6349427	6339824	5604670	668640	744757
本年应付福利费总额	549917	549069	508437	489628	41480	59441
本年应交增值税	10102181	8734456	9682838	8267050	419343	467407

1-1 续表

项目	零售业					
	大中型		大型		中型	
	2009年	2008年	2009年	2008年	2009年	2008年
一、法人单位数(个)	**5350**	**5357**	**1048**	**1015**	**4302**	**4342**
二、年末从业人数(人)	**2449292**	**2349829**	**1626188**	**1525186**	**823104**	**824643**
三、商品购、销、存情况(万元)						
商品购进额	140092729	131310552	118679343	109891747	21413385	21418804
商品销售额	178532936	165535178	153645651	141013971	24887286	24521207
期末商品库存额	15711695	15552356	11551553	11411148	4160142	4141208
四、实收资本及构成(万元)						
实收资本	15579807	13804948	11052909	9749637	4526898	4055311
国家资本	3655982	3278039	3150052	2597599	505929	680440
集体资本	665777	712562	392581	398555	273196	314007
法人资本	4246844	3190006	3173461	2299016	1073383	890991
个人资本	3494941	3397008	1580593	1922463	1914348	1474546
港澳台资本	1421773	1136883	1102753	956896	319020	179987
外商资本	2094490	2090449	1653468	1575109	441021	515340
五、主要财务指标(万元)						
(一)年末资产负债						
流动资产合计	55212636	46904976	44927250	37458538	10285386	9446439
固定资产原价	26354270	24553732	20719849	18742694	5634421	5811038
累计折旧	8161947	7257021	6530194	5632102	1631753	1624919
资产总计	91034242	78602352	74009759	62390388	17024483	16211964
负债合计	62689205	53928296	49309298	41329077	13379907	12599219
所有者权益	28326234	24570491	24681659	20957746	3644576	3612745
(二)损益及分配						
主营业务收入	155347770	143849597	132190667	121489563	23157103	22360034
主营业务成本	133741301	123099000	114613169	104792211	19128132	18306790
主营业务税金及附加	852467	839529	662034	660634	190433	178895
主营业务利润	19772839	19026218	16166487	15290517	3606352	3735701
其他业务利润	3956878	3613698	3348712	3047395	608167	566303
营业费用	12256988	10990138	9754575	8711694	2502413	2278444
管理费用	6214358	5819938	4718862	4324103	1495496	1495835
财务费用	752972	692235	569784	478107	183188	214128
营业利润	5303471	6026279	5065611	5595304	237861	430975
利润总额	4802959	5188773	4518086	4861095	284873	327678
应交所得税	971691	915314	856924	807937	114767	107378
本年应付工资总额	4800576	4657904	3471046	3333382	1329530	1324522
本年应付福利费总额	271969	334564	193993	228173	77976	106391
本年应交增值税	3908319	3014249	3302649	2495859	605670	518390

1-2 大中型批发和零售业企业单位数和从业人数

项目	法人单位数(个)		年末从业人数(人)	
	限额以上	大中型企业	限额以上	大中型企业
总计	**95468**	**8711**	**7489598**	**3942825**
一、批发业	**52853**	**3361**	**3122535**	**1493533**
(一)按登记注册类型分				
1.内资企业	**50498**	**2986**	**2801147**	**1287185**
国有企业	3922	818	690946	482864
集体企业	1101	95	77640	25366
股份合作企业	372	25	17810	4837
联营企业	130	10	7154	2846
国有联营企业	51	5	2894	1014
集体联营企业	17	1	445	132
国有与集体联营企业	33		1140	
其他联营企业	29	4	2675	1700
有限责任公司	12381	896	740837	301239
国有独资公司	458	81	55576	32752
其他有限责任公司	11923	815	685261	268487
股份有限公司	1533	349	342626	270767
私营企业	30657	761	898077	186099
私营独资企业	1808	40	59395	8726
私营合伙企业	464	13	15887	2917
私营有限责任公司	27205	669	773722	155229
私营股份有限公司	1180	39	49073	19227
其他企业	402	32	26057	13167
2.港、澳、台商投资企业	**790**	**138**	**105718**	**67640**
合资经营企业	159	35	24424	18363
合作经营企业	17	3	3951	3498
独资经营企业	590	94	72737	42430
投资股份有限公司	24	6	4606	3349
3.外商投资企业	**1565**	**237**	**215670**	**138708**
中外合资经营企业	283	38	42450	17351
中外合作经营企业	22	3	2781	1002
外资企业	1222	191	165223	117193
外商投资股份有限公司	38	5	5216	3162

1-2 续表 1

项目	法人单位数(个)		年末从业人数(人)	
	限额以上	大中型企业	限额以上	大中型企业
(二)按国民经济行业分				
农畜产品批发	1931	189	136946	46574
食品、饮料及烟草制品批发	4281	800	651490	440961
米、面制品及食用油批发	807	80	54600	17867
肉、禽、蛋及水产品批发	436	51	44418	23208
饮料及茶叶批发	733	110	81685	44000
烟草制品批发	742	366	321454	287600
纺织、服装及日用品批发	5210	364	343994	159806
服装批发	1542	159	149099	81778
鞋帽批发	352	30	35906	21313
文化、体育用品及器材批发	1268	104	86504	31747
文具用品批发	414	8	12381	1333
体育用品批发	116	10	9366	3699
图书批发	201	46	25391	13159
医药及医疗器材批发	3068	408	287407	137458
西药批发	1860	272	183505	86691
中药材及中成药批发	693	105	80036	43747
矿产品、建材及化工产品批发	23599	782	957603	423781
煤炭及制品批发	3029	134	147162	58713
石油及制品批发	2352	350	372274	289971
金属及金属矿批发	9546	88	186113	24652
建材批发	2337	61	70716	19017
化肥批发	1007	56	55068	13306
农药批发	119	7	4971	1144
机械设备、五金交电及电子产品批发	10230	597	538877	221479
汽车、摩托车及零配件批发	1838	89	84997	30007
家用电器批发	946	151	120290	75533
计算机、软件及辅助设备批发	1368	52	51630	12190
通讯及广播电视设备批发	457	50	52042	34098
贸易经纪与代理	859	26	35210	9476
其他批发	2407	91	84504	22251
(三)按控股情况分				
国有控股	6638	1308	1141722	793440
集体控股	2093	180	145176	49605
私人控股	36932	1126	1236027	319135
港澳台控股	777	128	94069	54032
外商控股	1440	217	188068	130701

1-2 续表 2

项目	法人单位数(个)		年末从业人数(人)	
	限额以上	大中型企业	限额以上	大中型企业
二、零售业	**42615**	**5350**	**4367063**	**2449292**
(一)按登记注册类型分				
1.内资企业	**41313**	**4922**	**3827945**	**2030593**
国有企业	2834	464	295878	151679
集体企业	2547	264	162066	67517
股份合作企业	503	67	42369	20533
联营企业	209	11	10185	3993
国有联营企业	74	6	5222	2831
集体联营企业	48	2	1765	255
国有与集体联营企业	52	1	1377	247
其他联营企业	35	2	1821	660
有限责任公司	10678	1818	1378157	808446
国有独资公司	198	38	22176	12292
其他有限责任公司	10480	1780	1355981	796154
股份有限公司	1702	454	525415	419846
私营企业	22301	1779	1369153	535743
私营独资企业	4636	223	174626	48781
私营合伙企业	734	46	35594	12044
私营有限责任公司	15795	1381	1069479	430860
私营股份有限公司	1136	129	89454	44058
其他企业	539	65	44722	22836
2.港、澳、台商投资企业	**509**	**163**	**205967**	**162326**
合资经营企业	128	48	60390	49980
合作经营企业	22	5	19857	18107
独资经营企业	337	102	120327	90492
投资股份有限公司	22	8	5393	3747
3.外商投资企业	**793**	**265**	**333151**	**256373**
中外合资经营企业	277	95	160391	133637
中外合作经营企业	47	17	20433	15891
外资企业	436	142	142605	99531
外商投资股份有限公司	33	11	9722	7314

1-2 续表 3

项　　目	法人单位数(个)		年末从业人数(人)	
	限额以上	大中型企业	限额以上	大中型企业
(二)按国民经济行业分				
综合零售	9214	2892	2182122	1593769
百货零售	4077	1263	991153	690285
超级市场零售	3766	1444	1064868	830202
食品、饮料及烟草制品专门零售	1858	253	155779	85303
粮油零售	314	30	31736	19959
肉、禽、蛋及水产品零售	282	63	27976	17019
饮料及茶叶零售	327	34	24471	14199
烟草制品零售	271	19	15440	3657
纺织、服装及日用品专门零售	2481	466	260927	144924
服装零售	1362	296	168799	95842
文化、体育用品及器材专门零售	2656	276	176411	73364
体育用品零售	79	12	8073	3906
图书零售	1528	205	116532	56725
医药及医疗器材专门零售	2484	562	288837	167443
药品零售	2186	553	277574	163713
汽车、摩托车、燃料及零配件专门零售	14531	339	783686	165928
汽车零售	9712	178	519738	41616
机动车燃料零售	3317	138	227081	120152
家用电器及电子产品专门零售	5536	346	344269	152793
家用电器零售	2708	230	231453	122266
计算机、软件及辅助设备零售	1800	34	56640	9185
通信设备零售	668	72	46627	19180
五金、家具及室内装修材料专门零售	1964	117	103513	43980
无店铺及其他零售	1891	99	71519	21788
邮购及电子销售	58	14	8894	442
(三)按控股情况分				
国有控股	4642	920	818381	555269
集体控股	3515	533	360703	212805
私人控股	27981	2661	2054157	943997
港澳台控股	504	163	186736	142244
外商控股	649	225	274096	213277

1-3 大中型批发和零售业

项目	商品购进额		进口	
	限额以上	大中型企业	限额以上	大中型企业
总计	**1792029272**	**646730200**	**133079902**	**40108389**
一、批发业	**1430086974**	**506637472**	**126991498**	**39631707**
(一)按登记注册类型分				
1.内资企业	**1292704830**	**424539241**	**92520802**	**20523592**
国有企业	292728825	141257761	16990094	5910905
集体企业	25895419	13735380	1587458	1052966
股份合作企业	5398272	1210789	505534	1362
联营企业	4131535	633446	626324	8309
国有联营企业	2014118	253054	240830	
集体联营企业	154446	3901		
国有与集体联营企业	1291954		334716	
其他联营企业	671017	376492	50778	8309
有限责任公司	398730675	99788782	42751985	8016660
国有独资公司	51669140	19358006	8477277	1497856
其他有限责任公司	347061536	80430776	34274708	6518804
股份有限公司	203050383	138086508	8999164	4413990
私营企业	356311747	27877217	20797191	1119284
私营独资企业	15107825	1465122	289031	10558
私营合伙企业	3804894	226230	168343	
私营有限责任公司	324635909	24831244	19791476	1023159
私营股份有限公司	12763119	1354621	548341	85568
其他企业	6457974	1949359	263053	116
2.港、澳、台商投资企业	**33882136**	**14350441**	**5926725**	**1153322**
合资经营企业	9066005	4360329	253835	65629
合作经营企业	476814	89898	11099	
独资经营企业	22582614	8932767	5359517	1087693
投资股份有限公司	1756703	967446	302273	
3.外商投资企业	**103500008**	**67747790**	**28543972**	**17954794**
中外合资经营企业	29730424	19672192	2084957	1112166
中外合作经营企业	336237	73828	29253	25655
外资企业	72872785	47807043	26299010	16808243
外商投资股份有限公司	560562	194727	130753	8729

企业商品购、销、存情况

单位：万元

商品销售额				期末商品库存额	
		出口			
限额以上	大中型企业	限额以上	大中型企业	限额以上	大中型企业
2011662023	**764654864**	**111741201**	**24726083**	**160240150**	**59047694**
1578346108	**586121928**	**111519820**	**24595463**	**118483096**	**43335999**
1414292968	**482308952**	**99783233**	**20552087**	**105879781**	**35860374**
330180665	168817392	16540632	6950246	24810816	13109310
27549060	14459093	1452193	819534	2903236	1465516
6081114	1596757	212912	80	464179	82154
4332683	699690	448205		310810	56548
2157194	285337	189582		178696	32796
149949	4194	33872		16964	252
1283460		101362		70303	
742080	410159	123389		44848	23501
429688805	109446137	38931759	6369653	39110994	10613900
54195081	20522656	3432524	945682	10146830	3123881
375493725	88923481	35499235	5423971	28964164	7490020
223029718	154993252	9770944	4444939	10968900	7492581
386310506	30258941	31954655	1943818	26826977	2917015
16532143	1517199	1025383	5647	1169202	47986
4266228	294779	482945		264711	12217
351511403	26889129	29171149	1521414	24309798	2725759
14000733	1557835	1275178	416757	1083265	131053
7120417	2037690	471934	23817	483869	123350
39760091	**17942827**	**1504226**	**62347**	**3406005**	**1463033**
10263011	5173557	205865	9309	359104	204200
593315	107575	5952		8637	571
27092436	11691651	1291058	52410	2690304	1121271
1811328	970044	1352	629	347959	136991
124293049	**85870149**	**10232361**	**3981029**	**9197311**	**6012592**
30809457	21922877	1293916	648267	1674658	939170
413414	89050	7068		73423	5017
92375868	63596521	8872306	3332761	7404911	5055709
694311	261701	59071		44319	12695

1-3 续表 1

项目	商品购进额			
			进口	
	限额以上	大中型企业	限额以上	大中型企业
(二)按国民经济行业分				
农畜产品批发	28267653	6484145	3885776	466313
食品、饮料及烟草制品批发	122310810	75410858	3573263	773316
米、面制品及食用油批发	13776359	3928420	1913781	402481
肉、禽、蛋及水产品批发	5336191	2306044	259188	8205
饮料及茶叶批发	12704495	7141598	167874	42797
烟草制品批发	70659709	55586751	381153	254236
纺织、服装及日用品批发	81648084	21052632	7028954	2530247
服装批发	28706158	8010756	2262521	935853
鞋帽批发	6421131	2503591	396607	197158
文化、体育用品及器材批发	18054158	5122398	1072070	15178
文具用品批发	4825980	129174	375703	88
体育用品批发	2307975	1261738	288191	8178
图书批发	4003445	2540444	108486	329
医药及医疗器材批发	61636554	29736585	4049990	1558862
西药批发	43455683	22864841	1352152	610239
中药材及中成药批发	13645200	6155338	1063077	688489
矿产品、建材及化工产品批发	840894105	254364203	61343647	14265082
煤炭及制品批发	94783868	22587368	3102024	18800
石油及制品批发	279548750	158018817	8710496	2426558
金属及金属矿批发	320871295	48301191	31539485	8397983
建材批发	41290190	8135339	3933958	1702208
化肥批发	19697320	6007508	868619	63101
农药批发	3707459	2597585	466731	444072
机械设备、五金交电及电子产品批发	217663498	100327515	34438455	17713434
汽车、摩托车及零配件批发	62753323	33974464	11311756	7005160
家用电器批发	37511227	21776157	5028812	4231846
计算机、软件及辅助设备批发	24474450	7111931	4014650	1647703
通讯及广播电视设备批发	18737088	12155651	919852	410439
贸易经纪与代理	25565486	6169893	7743899	1329442
其他批发	34046627	7969243	3855445	979835
(三)按控股情况分				
国有控股	645872874	330540223	47060174	16025821
集体控股	49433293	14861321	2962977	1120922
私人控股	475740450	54801959	30222972	2981699
港澳台控股	32552507	12902338	6052715	1120829
外商控股	85746338	57765766	26405403	16881697

单位：万元

商品销售额				期末商品库存额	
		出　口			
限额以上	大中型企业	限额以上	大中型企业	限额以上	大中型企业
30342765	7040021	1139617	119421	9469336	2596633
153745602	99438103	4579858	1296653	15167798	8130405
14764609	4227281	1105837	530378	4944452	738375
6109471	2495706	1393757	454096	282208	88198
16770041	10052924	332858	33022	1350582	525302
93630284	75084441	590595	232465	6315828	5796324
96650868	28793994	41481687	7101835	6337219	2512853
35119216	11672170	16877713	2828632	2216211	902621
7906247	3610792	3893564	938878	501264	357423
19809994	5536721	1921669	88206	2738894	1134150
5344765	131806	425044	20464	361906	11702
2738396	1506242	543555	3556	157959	76971
4049548	2442948	30988		874418	611925
68137087	32351041	1426927	427414	6196137	2838457
47041738	24339146	952965	334032	4052145	2049840
15466248	6981681	152349	89680	1359296	692777
888214195	272967835	19480993	4016838	53216674	15603648
104136519	23532732	1001398	118345	5047252	667992
293795982	172739654	1828784	991379	13019689	6533165
333991095	49313137	7076158	1153886	22511310	5240908
43893004	8759668	3036661	1071600	3022438	619715
21977438	6977172	326472	108304	2969253	1028734
3782512	2569814	393397	236409	729997	575506
254037182	123993591	30429848	10069103	20365693	9337796
74592838	42586955	2775934	367272	5668876	3218523
46531602	29483893	2385797	1056660	3848967	2332366
25707800	7455901	1781436	47647	1516273	439940
21489830	14686143	452849	62936	1750323	1031792
28840209	6647104	7657856	628887	2022797	388073
38568206	9353518	3401365	847106	2968548	793984
703068411	373440911	36424980	14154555	55259235	25642009
53717296	16662902	4993244	1273932	5175428	1807410
517063704	60791446	48163938	3660195	36319163	5511605
38319921	16331047	1550802	55002	3341787	1364747
107099956	74782312	8084103	3336622	8272581	5469433

1-3 续表 2

项目	商品购进额			
			进口	
	限额以上	大中型企业	限额以上	大中型企业
二、零售业	**361942298**	**140092729**	**6088404**	**476682**
(一)按登记注册类型分				
1.内资企业	**314854892**	**110136467**	**4219528**	**347888**
国有企业	25525141	14252755	215166	80461
集体企业	7521954	1912858	39705	797
股份合作企业	2437507	761652	16838	
联营企业	1487804	121776		
国有联营企业	847721	61803		
集体联营企业	212899	17663		
国有与集体联营企业	267527	12036		
其他联营企业	159657	30274		
有限责任公司	115685917	38005086	1647032	172543
国有独资公司	2075119	844059	60222	59305
其他有限责任公司	113610798	37161027	1586809	113238
股份有限公司	51483327	36576599	134615	30699
私营企业	108132047	17979300	2150184	63379
私营独资企业	10175994	1549138	182055	917
私营合伙企业	1752826	274711	1832	
私营有限责任公司	90118094	14575776	1874193	62453
私营股份有限公司	6085133	1579676	92104	10
其他企业	2581195	526443	15990	9
2.港、澳、台商投资企业	**19141235**	**12258314**	**1110107**	**49329**
合资经营企业	5741141	3915782	464107	17841
合作经营企业	3142975	2885487		
独资经营企业	9865665	5281633	646001	31488
投资股份有限公司	391455	175412		
3.外商投资企业	**27946171**	**17697948**	**758769**	**79466**
中外合资经营企业	13346967	8877545	171514	8023
中外合作经营企业	2268837	1423821	58687	2000
外资企业	11496156	6989873	522946	63902
外商投资股份有限公司	834212	406708	5622	5541

单位：万元

商品销售额				期末商品库存额	
		出口			
限额以上	大中型企业	限额以上	大中型企业	限额以上	大中型企业
433315915	**178532936**	**221382**	**130621**	**41757054**	**15711695**
374756280	**141851596**	**217904**	**129528**	**37308282**	**12876895**
31233959	17132235	70994	69387	3010566	1376907
9404278	3132569	400		1471142	279015
2873710	968174	158		279373	88454
1614396	127167			92086	16774
911531	68596			40572	6188
223485	13464			17090	5766
298992	12383			16436	1381
180389	32725			17988	3439
132233156	44730727	23845	13546	13983083	5132927
2321607	917174			255002	115884
129911549	43813553	23845	13546	13728081	5017043
70592949	52051442	43850	31543	4634603	2803281
123203204	22532626	74873	15052	13474946	3025940
11226080	1620482	156		1566576	195533
2027454	329378	367		231995	34913
102012605	17759282	67029	7752	10673557	2276111
7937065	2823484	7321	7300	1002818	519383
3600629	1176656	3786		362486	153597
22467278	**14237498**	**693**		**1709378**	**954439**
7053885	4912112	364		361932	229562
3047153	2744956			154179	144557
11839619	6315919	330		1170638	568593
526621	264511			22629	11728
36092357	**22443842**	**2784**	**1092**	**2739393**	**1880361**
18420854	12401688			1325430	1038311
2787549	1796556	727	727	137310	108727
13874206	7763072	1801	365	1206462	690946
1009748	482526	256		70191	42377

1-3 续表 3

项　　目	商品购进额			
			进　口	
	限额以上	大中型企业	限额以上	大中型企业
(二)按国民经济行业分				
综合零售	106736299	77405056	269620	81143
百货零售	54305133	37025483	191516	58958
超级市场零售	47865084	38278027	53724	21280
食品、饮料及烟草制品专门零售	6115934	1872368	113668	65168
粮油零售	952908	339345	2701	
肉、禽、蛋及水产品零售	1186859	559672		
饮料及茶叶零售	824499	180225	4345	
烟草制品零售	1386802	277150	81232	64420
纺织、服装及日用品专门零售	11622379	4543762	503236	121910
服装零售	7449416	3002621	427267	103137
文化、体育用品及器材专门零售	10114581	2983933	220461	73154
体育用品零售	479890	190164	11181	10
图书零售	5236974	2364877	44254	
医药及医疗器材专门零售	15734774	6371861	95551	3193
药品零售	14995753	6308814	13787	3193
汽车、摩托车、燃料及零配件专门零售	166117890	28893905	4465311	35360
汽车零售	118959484	5163244	4412378	35283
机动车燃料零售	43261736	23402773	33429	75
家用电器及电子产品专门零售	32691851	14834893	87872	
家用电器零售	22470645	12712803	19857	
计算机、软件及辅助设备零售	6281148	874074	28795	
通信设备零售	3088662	1117984	15479	
五金、家具及室内装修材料专门零售	7090919	2045953	41280	614
无店铺及其他零售	5717672	1140999	291406	96140
邮购及电子销售	1110049	455212	6109	5500
(三)按控股情况分				
国有控股	80813087	48147418	566713	226737
集体控股	21767269	10328785	92485	5678
私人控股	164536599	38041783	2882769	107188
港澳台控股	18883807	11960869	1039375	53216
外商控股	20669940	13568572	663812	73445

单位：万元

商品销售额		出口		期末商品库存额	
限额以上	大中型企业	限额以上	大中型企业	限额以上	大中型企业
131641920	95353161	47598	46393	12115032	7855136
69439173	46834596	46173	45596	5124912	3026033
57013921	46084028	403		6021449	4561940
7283254	2341116	11299	7300	1004678	312069
963902	298445			257891	90019
1350951	674586	9021	7300	144233	43005
1064002	315956	2145		188283	64926
1706479	350628			181419	58837
15519056	6022215	12545	779	2487420	1146268
9811106	3910317	3966	727	1582397	750371
11095809	3281688	17517	3576	3008147	1038654
634086	266963	22		149140	59504
5416538	2425365	2069		1443844	814709
17454074	7152706	4406	11	2089014	951029
16593255	7073852	3000	11	1982173	937359
198216806	43647902	95116	71598	14765294	2135274
130415818	5710862	82941	64001	11177070	483903
63469850	37601467	7605	7597	2859409	1442818
36711892	16847699	18243	56	4415688	1739506
25407161	14594517	9655		2980411	1499110
6949546	914251	4615	56	707550	103345
3455675	1195899			581094	131405
8363890	2462383	12204		1208897	374570
7029214	1424067	2453	907	662883	159190
1482026	648211	907	907	130318	99891
107808063	67577465	95465	80502	8267116	4340833
25223330	11970125	10487	10087	2946666	1070844
186051108	44887557	91732	28530	19562193	5407947
22033131	13784988	330		1700541	899213
27012544	17915215	2784	1092	2326380	1593079

1-4 大中型批发和零售业

项目	流动资产合计		固定资产原价	
	限额以上	大中型企业	限额以上	大中型企业
总计	**638010843**	**220788786**	**108927319**	**58866231**
一、批发业	**509439153**	**165576150**	**59574225**	**32511961**
(一)按登记注册类型分				
1.内资企业	**450151823**	**130468605**	**55778750**	**30137054**
国有企业	96668698	49575094	19454799	13883852
集体企业	8396417	4055406	1413244	703735
股份合作企业	1372717	145552	248116	47827
联营企业	1871366	377051	114163	26105
国有联营企业	992972	55875	66497	12457
集体联营企业	120761	378	2647	167
国有与集体联营企业	275335		19423	
其他联营企业	482297	320798	25596	13481
有限责任公司	164998015	39385903	12486112	4387147
国有独资公司	27115718	10413781	2009777	1221775
其他有限责任公司	137882297	28972122	10476335	3165372
股份有限公司	48004855	25926709	11457409	9434813
私营企业	126553040	10648147	10341677	1552152
私营独资企业	3274720	158659	846266	82512
私营合伙企业	1077451	37262	111353	14593
私营有限责任公司	117012627	9955084	8730353	1277780
私营股份有限公司	5188242	497142	653704	177267
其他企业	2286716	354743	263231	101424
2.港、澳、台商投资企业	**14196453**	**6250108**	**918901**	**489334**
合资经营企业	2337270	1107338	268647	173740
合作经营企业	106218	25684	24046	18952
独资经营企业	10675872	4695583	467202	218770
投资股份有限公司	1077092	421504	159006	77872
3.外商投资企业	**45090878**	**28857438**	**2876574**	**1885574**
中外合资经营企业	7342348	4046321	710207	237568
中外合作经营企业	193644	26208	55244	795
外资企业	37205557	24599893	1951826	1496788
外商投资股份有限公司	349329	185016	159297	150422

企业年末资产负债

单位：万元

累计折旧		资产总计		负债合计		所有者权益合计	
限额以上	大中型企业	限额以上	大中型企业	限额以上	大中型企业	限额以上	大中型企业
33834611	**18823890**	**853387246**	**324635850**	**600537123**	**208188584**	**252477042**	**116102971**
19159938	**10661942**	**658158678**	**233601608**	**463375356**	**145499379**	**194457829**	**87776736**
17796127	**9795677**	**583802982**	**187636662**	**414758505**	**116064179**	**168718984**	**71246990**
6696503	4861283	131855380	70316481	80683713	35723051	51171667	34593430
509726	235459	11152567	5617715	7961952	3728623	3190616	1889092
72836	12527	1866202	215816	1339438	152180	526764	63636
45124	8312	2081574	415292	1684806	305289	396768	110003
32535	5696	1098049	76398	896912	13123	201137	63275
1409	51	128632	510	111241	42	17391	468
5544		315123		253177		61946	
5636	2565	539770	338384	423476	292123	116294	46260
4087661	1517740	207562301	55363017	159402641	39420826	48159660	15942191
654536	370194	39166830	18188781	28392995	11571759	10773835	6617023
3433125	1147546	168395471	37174235	131009647	27849067	37385824	9325168
3351547	2763216	76597149	41601604	43808315	25876930	32463341	15399181
2958499	366134	149594377	13565218	117898812	10508528	31695565	3056690
204900	12550	4622725	273873	2873718	149488	1749006	124385
37917	7042	1277852	96006	957829	76685	320022	19321
2547682	301432	137116189	12468674	109178689	9749629	27937500	2719045
168000	45111	6577612	726666	4888576	532726	1689036	193939
74231	31007	3093433	541520	1978828	348752	1114605	192768
297244	**146069**	**17075317**	**7787116**	**11782466**	**5677639**	**5292851**	**2109477**
83812	49747	3082822	1420378	2039514	1034030	1043308	386348
6903	4207	140384	53330	56600	18441	83785	34889
161039	73826	12458503	5770096	8892255	4195546	3566249	1574550
45490	18289	1393607	543312	794098	429621	599510	113691
1066567	**720197**	**57280379**	**38177831**	**36834385**	**23757562**	**20445994**	**14420269**
245586	110516	8737024	4430023	6713424	3762733	2023600	667291
21607	279	257634	27384	196370	39359	61264	-11975
760328	573360	47651454	33262514	29568852	19745775	18082601	13516739
39046	36042	634267	457909	355738	209695	278529	248214

1-4 续表 1

项　　目	流动资产合计		固定资产原价	
	限额以上	大中型企业	限额以上	大中型企业
(二)按国民经济行业分				
农畜产品批发	21325358	6108267	3487905	1098844
食品、饮料及烟草制品批发	51923347	30953529	12132540	8774911
米、面制品及食用油批发	10199147	1981314	1392489	433353
肉、禽、蛋及水产品批发	1502059	662538	694552	418258
饮料及茶叶批发	5793560	3130977	532767	297266
烟草制品批发	26505134	23011474	7685387	6883522
纺织、服装及日用品批发	34227792	11263179	3539737	1395770
服装批发	11792540	4291270	1305531	610590
鞋帽批发	2321390	1159823	236452	132638
文化、体育用品及器材批发	9153031	2890086	1435882	773325
文具用品批发	2350314	35371	148800	2822
体育用品批发	1126410	694860	106613	67309
图书批发	2317045	1475536	756313	544986
医药及医疗器材批发	24921775	11415905	2065377	1051896
西药批发	16394767	8125651	1401435	768130
中药材及中成药批发	6005465	2876435	439655	207331
矿产品、建材及化工产品批发	234891156	52404739	29102341	16101097
煤炭及制品批发	31000302	5931148	3136205	1228057
石油及制品批发	44410010	20316289	17260494	13361675
金属及金属矿批发	106048292	16516032	4204646	753788
建材批发	16857715	2840286	1493732	342868
化肥批发	9735618	3427024	862674	184609
农药批发	1709475	1102663	112427	25678
机械设备、五金交电及电子产品批发	99650928	43973713	5713271	2648182
汽车、摩托车及零配件批发	22426092	10041047	1185914	458513
家用电器批发	17962343	9734940	435025	223293
计算机、软件及辅助设备批发	7368774	1634691	235538	92660
通讯及广播电视设备批发	10458695	7547514	761072	607901
贸易经纪与代理	20252735	3100957	696873	126851
其他批发	13093031	3465776	1400299	541085
(三)按控股情况分				
国有控股	208890352	92434714	34892357	25556461
集体控股	20093020	5176917	2220615	625863
私人控股	173256018	20196359	14811830	2489653
港澳台控股	14496243	6233937	852124	424492
外商控股	40999771	26587015	2216594	1552070

单位：万元

累计折旧		资产总计		负债合计		所有者权益合计	
限额以上	大中型企业	限额以上	大中型企业	限额以上	大中型企业	限额以上	大中型企业
1075084	315723	33464028	12895753	24150450	8341397	9313578	4554356
4511174	3459081	68495193	41784676	32927195	13867400	35567998	27917276
401449	143752	12435569	2659195	10558163	1994687	1877406	664508
231118	137804	2510005	1314226	1603850	743372	906155	570854
209708	121471	7412244	4342946	5641813	3391067	1770431	951879
3091078	2785144	34794497	30142901	7351315	5590322	27443182	24552579
1164031	444819	43185639	15236300	30385303	9710571	12800336	5525729
468933	196050	14650201	5446917	10323351	3642804	4326850	1804113
67905	34199	3317856	1790948	2073990	946590	1243867	844358
402072	203466	12266251	4412594	8101312	2784625	4164939	1627970
42189	1337	2742877	38593	2071299	34960	671578	3634
33447	17159	1366993	831591	1010162	632854	356830	198737
196084	136549	4011833	2677186	2214172	1540361	1797661	1136825
704965	358716	30518027	14570542	22605343	10687024	7912684	3883518
466068	253917	20680804	10704567	15188652	7712258	5492152	2992309
148262	70134	7017939	3397295	5395774	2637736	1622165	759559
8712936	4750042	309483945	80319174	223493087	55110942	85665365	24882739
1029278	368259	41654568	8370877	26524008	6250635	15130560	2120243
5189436	3981094	72589643	38207903	44843751	22702214	27420399	15180196
1196273	212934	127511607	20292309	101541727	16537213	25969880	3755096
374263	63425	21855137	3915889	16290022	3145668	5565115	770221
260257	51365	12389891	4809619	9058540	3010209	3331350	1799410
35128	7538	2028699	1276903	1659861	1069566	368838	207338
1875798	881702	120311646	55866173	90736245	39115946	29575401	16750227
332678	124321	27611416	12988248	20809657	9313650	6801759	3674598
158833	85008	20110112	11194790	16886631	8938285	3223481	2256505
89907	29533	7980799	1786302	6200263	1400497	1780536	385805
257290	207314	13219868	9775716	7741451	5195574	5478417	4580142
239125	53962	24436957	3652739	19359887	2781567	5077070	871172
474753	194431	15996992	4863658	11616534	3099908	4380458	1763751
11432334	8444736	294277860	140101125	187828001	80430185	106124366	59345447
803867	207661	24615684	6278768	19214922	4593832	5400762	1684937
4328949	636267	206829810	25153686	162505728	19538620	44324082	5615066
283161	130019	17353505	7628261	11794663	5398181	5558842	2230080
861108	604340	51950594	35476732	32999120	21684671	18951474	13792061

1-4 续表 2

项　　目	流动资产合计		固定资产原价	
	限额以上	大中型企业	限额以上	大中型企业
二、零售业	**128571689**	**55212636**	**49353094**	**26354270**
(一)按登记注册类型分				
1.内资企业	**109923162**	**43607767**	**41367917**	**20938171**
国有企业	6288281	2845095	4699936	2247216
集体企业	2395976	1073275	1310296	530483
股份合作企业	854309	247853	413520	255268
联营企业	294442	46991	118005	16413
国有联营企业	185509	21872	63710	7858
集体联营企业	30894	2863	15637	1475
国有与集体联营企业	28919	2260	22769	1471
其他联营企业	49120	19996	15889	5610
有限责任公司	40276877	15365997	12729016	6064972
国有独资公司	735984	351938	494432	242812
其他有限责任公司	39540893	15014060	12234584	5822160
股份有限公司	19534321	14905722	11043765	8586345
私营企业	39201033	8871919	10606191	3038878
私营独资企业	2789431	534098	1505004	266550
私营合伙企业	437100	92350	235184	52106
私营有限责任公司	32822081	6754020	8198158	2442657
私营股份有限公司	3152421	1491450	667845	277565
其他企业	1077925	250915	447188	198595
2.港、澳、台商投资企业	**7370744**	**4452308**	**2935120**	**1928522**
合资经营企业	2562036	1664856	1247337	903445
合作经营企业	797473	668603	131540	96785
独资经营企业	3733971	1983124	1416425	819676
投资股份有限公司	277265	135726	139819	108615
3.外商投资企业	**11277783**	**7152561**	**5050058**	**3487577**
中外合资经营企业	4218472	3113495	2392054	1844107
中外合作经营企业	818043	452572	355578	262434
外资企业	5961222	3437346	2203022	1301476
外商投资股份有限公司	280046	149148	99404	79561

单位：万元

累计折旧		资产总计		负债合计		所有者权益合计	
限额以上	大中型企业	限额以上	大中型企业	限额以上	大中型企业	限额以上	大中型企业
14674674	**8161947**	**195228568**	**91034242**	**137161767**	**62689205**	**58019213**	**28326234**
11852548	**6094967**	**167094395**	**72911517**	**116790135**	**48860057**	**50256672**	**24032657**
1438200	673293	11890270	5559874	7590132	3725784	4288897	1834090
385455	127164	3725237	1589868	2555693	1044461	1169544	545406
97355	49376	1356720	534653	995693	399632	361027	135021
50830	8256	412567	59782	271285	54828	141282	4954
25294	3094	254297	30068	173952	26304	80345	3764
5676	727	49421	3785	27314	182	22107	3603
11692	791	47252	3655	24415	3312	22837	343
8168	3645	61597	22274	45604	25031	15993	-2756
3771175	1927408	57113013	22693716	43550200	17776854	13562813	4916862
157922	86252	1401608	680675	853425	339382	548183	341293
3613253	1841156	55711405	22013041	42696775	17437472	13014631	4575569
3159866	2439938	37661879	29108419	20843305	15646932	16782227	13442684
2841011	824465	53227135	12820419	39785488	9931514	13441646	2888905
333175	46983	4545706	878749	2604489	584952	1941217	293797
52284	10015	728443	163031	404824	99492	323619	63539
2281372	702435	43868383	9847764	33604647	7703219	10263736	2144545
174180	65033	4084602	1930875	3171528	1543852	913074	387023
108656	45068	1707574	544787	1198339	280051	509235	264736
924483	**667505**	**10800763**	**6839395**	**7688089**	**4976024**	**3112674**	**1863372**
417492	341456	4001093	2752926	2642720	1773061	1358373	979865
55653	37111	961194	803601	676812	582633	284382	220968
422181	264233	5346506	2962265	4004017	2378625	1342489	583641
29158	24705	491969	320603	364540	241706	127429	78897
1897643	**1399476**	**17333411**	**11283330**	**12683544**	**8853124**	**4649867**	**2430206**
923355	750371	6688893	4967542	4887768	3714713	1801125	1252829
181291	131507	1113083	661230	798232	530321	314851	130909
732679	466274	9080555	5365043	6687273	4424125	2393283	940918
60319	51324	450880	289515	310271	183965	140609	105550

1-4 续表 3

项　　目	流动资产合计		固定资产原价	
	限额以上	大中型企业	限额以上	大中型企业
(二)按国民经济行业分				
综合零售	40833187	28692988	24030884	16939879
百货零售	22846198	14911756	15144821	10285987
超级市场零售	16811943	13234296	8202832	6356131
食品、饮料及烟草制品专门零售	2521752	897953	1305063	530128
粮油零售	490591	139881	248065	53270
肉、禽、蛋及水产品零售	390661	127411	258334	117430
饮料及茶叶零售	418161	182391	264743	171264
烟草制品零售	567786	192248	179136	15510
纺织、服装及日用品专门零售	6083155	2601031	1992265	815161
服装零售	3902578	1764959	1380332	481274
文化、体育用品及器材专门零售	5501115	2133446	2512274	1138071
体育用品零售	249794	80086	81992	19276
图书零售	3080763	1567945	1989601	1014200
医药及医疗器材专门零售	6468002	2569714	1208848	548856
药品零售	6112908	2543484	1171986	539063
汽车、摩托车、燃料及零配件专门零售	45627794	7758077	14080270	4902974
汽车零售	35854883	2139959	6713363	436892
机动车燃料零售	8410441	5552619	7034113	4400205
家用电器及电子产品专门零售	15745921	8896364	1598355	689326
家用电器零售	12411470	8274584	1113689	509159
计算机、软件及辅助设备零售	1910580	190395	203499	39820
通信设备零售	1029412	348739	241816	128545
五金、家具及室内装修材料专门零售	2894091	985020	1417925	432568
无店铺及其他零售	2896673	678044	1207211	357308
邮购及电子销售	610139	318903	52903	37060
(三)按控股情况分				
国有控股	24900121	16184876	15687462	10647745
集体控股	7149094	3839350	3452644	1992754
私人控股	61049425	17996039	16609643	6008758
港澳台控股	6635686	4137654	2654326	1753423
外商控股	9458164	6162820	4066474	2835273

单位：万元

累计折旧		资产总计		负债合计		所有者权益合计	
限额以上	大中型企业	限额以上	大中型企业	限额以上	大中型企业	限额以上	大中型企业
7449540	5413564	71481472	50591013	52676190	37402317	18805282	13188696
4375080	3030838	42849940	28649659	29964989	19971376	12884951	8678283
2829297	2261126	26736407	21089702	21298633	16770003	5437774	4319699
371332	150360	4092826	1496955	2387164	901690	1705661	595265
72054	14925	781802	197842	564427	165593	217375	32249
70201	27389	725570	244673	469247	153016	256323	91657
65593	45533	684370	330909	441571	236198	242799	94711
65821	9565	836332	271381	291059	83074	545273	188307
521452	255591	8740858	3495338	6238283	2631684	2502575	863654
311799	128338	5707247	2364398	4456814	1875177	1250433	489221
780036	359381	8471139	3449468	4828454	1974218	3642685	1475250
16025	6655	370393	108577	247470	87611	122923	20966
620094	313664	5352573	2715525	2811011	1456057	2541562	1259467
400814	184098	8184283	3321794	6144644	2503258	2039639	818536
387184	181289	7787488	3287065	5830477	2463099	1957011	823965
3910251	1365789	66009189	15067680	44361566	7089063	21600035	7959815
1837157	140231	46320624	3140344	35593458	2477368	10727166	662976
1982480	1206838	17918425	11783893	7541960	4489061	10328877	7276030
433703	170883	19242639	11042550	14389270	8449224	4853369	2593326
263938	112353	15138476	10164241	11680865	7806085	3457611	2358157
76814	10056	2363776	307596	1476772	210704	887004	96892
79377	44949	1291749	474084	915870	372372	375879	101712
400872	158125	4538198	1455563	3036377	883833	1501821	571729
406674	104157	4467965	1113883	3099819	853919	1368146	259964
20635	14821	685076	356366	725121	401861	-40045	-45494
4610830	3098020	46049503	31110546	26368668	17235854	19633248	13855889
1057416	586188	11581656	6501761	8495399	4755711	3086256	1746050
4543464	1694399	84468319	26554834	62967798	20228067	21500521	6326767
834759	601442	10153411	6704305	7239416	4884649	2913995	1819655
1556500	1157762	14056004	9288236	10572284	7474479	3483720	1813757

1-5 大中型批发和零售业

项目	实收资本		国家资本		集体资本	
	限额以上	大中型企业	限额以上	大中型企业	限额以上	大中型企业
总计	**164645723**	**48118730**	**37157755**	**19684755**	**4875584**	**1130296**
一、批发业	**125732667**	**32538923**	**30832684**	**16028774**	**3200997**	**464518**
(一)按登记注册类型分						
1.内资企业	**112843840**	**25390723**	**30477897**	**15865785**	**3176322**	**464518**
国有企业	17528916	6914596	14793050	6052194	28852	8387
集体企业	933345	227556	89611	53530	741780	157371
股份合作企业	337812	42089	45059	18394	69649	2567
联营企业	211240	17716	98308	7220	34773	400
国有联营企业	101449	7220	80206	7220	11326	
集体联营企业	11708	400			10898	400
国有与集体联营企业	39975		17602		5681	
其他联营企业	58108	10096	500		6867	
有限责任公司	29345965	6702031	6233253	2105502	1211408	159030
国有独资公司	4176365	1430086	2679536	1180343	150	
其他有限责任公司	25169600	5271945	3553717	925160	1211258	159030
股份有限公司	15843720	9632824	9149015	7621351	409362	96136
私营企业	47414635	1718743	49187	6338	652081	35539
私营独资企业	1198517	98400	2231		11146	591
私营合伙企业	231847	12781	417		6926	
私营有限责任公司	44589349	1457302	40832	3432	608692	30400
私营股份有限公司	1394922	150260	5708	2906	25318	4548
其他企业	1228207	135167	20412	1256	28416	5088
2.港、澳、台商投资企业	**2884134**	**1068654**	**56956**	**32813**	**5659**	
合资经营企业	619787	222152	56746	32763	5659	
合作经营企业	32576	19708	160			
独资经营企业	2107519	793642	50	50		
投资股份有限公司	124253	33152				
3.外商投资企业	**10004693**	**6079545**	**297832**	**130176**	**19016**	
中外合资经营企业	1287411	344287	229095	61440	14805	
中外合作经营企业	126481	6462	1500	1500	4200	
外资企业	8436075	5603623	2537	2537		
外商投资股份有限公司	154726	125174	64700	64700	12	

企业实收资本及构成

单位：万元

法人资本		个人资本		港澳台资本		外商资本	
限额以上	大中型企业	限额以上	大中型企业	限额以上	大中型企业	限额以上	大中型企业
44922829	**10700893**	**59163195**	**6283782**	**5254081**	**2446245**	**13272280**	**7872759**
34310713	**6454049**	**44874511**	**2788841**	**2847397**	**1024472**	**9666365**	**5778269**
33757661	**6275779**	**44701689**	**2773252**	**213693**	**5619**	**516580**	**5771**
2585786	794968	120768	59047			460	
29595	12738	62945	3917	8255		1158	
103804	15351	118660	5777	104		536	
53514	1859	24382	7975			263	263
5935		3982					
509		302					
6857		9835					
40213	1859	10265	7975			263	263
14656746	3704376	7108750	723991	35655	5109	100153	4024
1488698	245410	7644	3997			337	337
13168048	3458966	7101106	719993	35655	5109	99816	3688
3985966	1146966	1787407	768347	131981	23	379988	
12087981	529374	34555395	1145522	37647	487	32345	1484
356093	6784	810506	91025	18541			
68109	3751	156396	9030				
11419059	467541	32469857	953958	18772	487	32138	1484
244720	51298	1118636	91508	333		207	
254270	70147	923382	58676	50		1677	
185215	**45779**	**56342**	**410**	**2504350**	**937210**	**75613**	**52442**
160620	40779	56133	390	318734	134965	21896	13255
2855		30	20	28890	19688	641	
5871	5000	179		2054071	749906	47348	38687
15870				102655	32652	5728	500
367837	**132491**	**116481**	**15179**	**129355**	**81643**	**9074172**	**5720056**
333957	107701	73569	1527	34260	20953	601726	152665
4433	1600	21108		3609		91631	3362
17097	10840	7435		89056	60690	8319951	5529556
12350	12350	14370	13652	2430		60865	34472

1-5 续表 1

项　　目	实收资本		国家资本		集体资本	
	限额以上	大中型企业	限额以上	大中型企业	限额以上	大中型企业
(二)按国民经济行业分						
农畜产品批发	4166294	1073455	2191551	757215	170031	34867
食品、饮料及烟草制品批发	6946639	2988624	3411871	1882327	208250	74187
米、面制品及食用油批发	1216731	392347	637912	230322	32120	6880
肉、禽、蛋及水产品批发	610160	261691	233149	186058	22452	9750
饮料及茶叶批发	847415	282110	85138	33408	17745	2706
烟草制品批发	1938730	1434074	1684794	1207546	8012	4023
纺织、服装及日用品批发	9771405	2124694	1251582	508088	158739	31282
服装批发	2238974	736697	513630	275349	54631	21172
鞋帽批发	469737	214412	75587	26862	732	
文化、体育用品及器材批发	4321265	750972	1038213	512329	46035	4536
文具用品批发	450301	9250	55727		1856	
体育用品批发	150392	42116	2125		448	
图书批发	930696	578947	750762	507680	9068	2146
医药及医疗器材批发	4640797	1852348	1125204	567051	134060	52303
西药批发	2992387	1325405	677299	439661	91822	41798
中药材及中成药批发	1232193	474992	391828	126493	40152	10300
矿产品、建材及化工产品批发	63693789	15480236	19311810	11233673	1870041	186142
煤炭及制品批发	6997981	776872	1638330	473723	657270	21345
石油及制品批发	19130890	10743362	11278872	8874517	119183	19105
金属及金属矿批发	25091173	2177466	5102925	1478747	409492	54714
建材批发	3629679	378924	526399	165435	66600	18099
化肥批发	1761011	921537	175645	38638	388421	57162
农药批发	163028	51873	15534	450	20110	12476
机械设备、五金交电及电子产品批发	19068131	7095805	1319861	303666	390530	66077
汽车、摩托车及零配件批发	3746949	1910152	300911	32867	61732	15105
家用电器批发	2175557	1240577	96912	12004	164820	34912
计算机、软件及辅助设备批发	1396525	380280	21324		23289	3000
通讯及广播电视设备批发	3851444	1177433	151684	30768	8942	350
贸易经纪与代理	10616971	506106	827165	96218	17755	
其他批发	2507375	666684	355428	168207	205557	15126
(三)按控股情况分						
国有控股	46027219	20817114	30407672	15970138	78524	24312
集体控股	2764702	477053	43193	4154	2252420	386145
私人控股	55627446	3005304	79927	11447	651781	30795
港澳台控股	2890664	1008322	8893	4284	1260	
外商控股	9103306	5750606	22747	5499	6663	

单位：万元

法人资本		个人资本		港澳台资本		外商资本	
限额以上	大中型企业	限额以上	大中型企业	限额以上	大中型企业	限额以上	大中型企业
801649	132441	826139	134166	9601		167323	14766
1469947	520100	1219786	277652	177813	136098	458972	98259
229037	77592	243050	28265	31015	16756	43598	32532
219664	37951	125320	23530	5268	4402	4307	
234430	82018	264880	84816	77448	70323	167775	8839
231417	214904	14508	7602				
1439286	290605	5558692	532541	554178	285707	808929	476471
451189	66691	827357	212411	205860	85716	186307	75357
107696	21402	128106	25556	107886	101110	49731	39482
419672	101470	2480206	34609	173081	83883	164059	14145
120650	1700	142955	2520	30592		98522	5030
31042	6244	33782	500	45504	35024	37491	348
99737	56065	64803	6730			6326	6326
1628922	671191	1429917	434627	121032	38894	201662	88283
1063786	498834	998354	293613	78425	5393	82701	46107
427458	169706	316309	131627	31835	30985	24611	5881
21406578	2233254	17837058	755652	789960	66329	2478343	1005186
1933703	162631	2368208	106586	5809		394661	12588
5725974	1548472	1505338	130475	98519	11211	403005	159583
10779230	355974	8208313	254439	388222	29940	202993	3652
1007838	101104	1786056	69398	170733	24370	72053	519
157694	13647	268563	51890	4922		765767	760200
16688	455	69454	184	199		41043	38308
5332030	1919225	6317319	535712	770842	306055	4937549	3965071
775937	223793	892920	202448	161236	36041	1554212	1399897
284759	96004	329375	44493	55748	8689	1243942	1044475
424531	66769	484880	25383	174885	125683	267617	159446
1071937	333764	1798526	59238	53456		766899	753313
1143295	362799	8331270	7000	95738	26765	201749	13324
669334	222964	874125	76881	155152	80742	247779	102763
13745712	4239113	1041783	474145	146637	4900	606891	104507
252149	45784	208385	40967	320	3	8236	
14847335	1040998	39968947	1915981	24027	3558	55429	2526
171812	22454	84038	90	2616789	981494	7871	
151881	61667	17951	1527	34081	26236	8869983	5655676

1-5 续表 2

项　　目	实收资本		国家资本		集体资本	
	限额以上	大中型企业	限额以上	大中型企业	限额以上	大中型企业
二、零售业	**38913056**	**15579807**	**6325070**	**3655982**	**1674587**	**665777**
(一)按登记注册类型分						
1.内资企业	**32091607**	**11514280**	**6181917**	**3547009**	**1605000**	**615182**
国有企业	2468197	1236799	2040119	923615	14953	4584
集体企业	641252	167670	19222	5015	511566	132892
股份合作企业	250909	72504	8467	1217	77597	20340
联营企业	73759	6780	28687	2497	17672	713
国有联营企业	34299	4417	22871	1417	260	
集体联营企业	16576	703	108		11447	633
国有与集体联营企业	12264	200	4071	120	4289	80
其他联营企业	10619	1460	1637	960	1678	
有限责任公司	9988979	3530119	1510703	669523	673876	296035
国有独资公司	277110	122120	254570	114415		
其他有限责任公司	9711870	3407999	1256133	555108	673876	296035
股份有限公司	5826448	4140181	2508032	1924754	209247	123062
私营企业	12340841	2144629	35972	11185	93761	35012
私营独资企业	1344882	147770	2588	175	14879	2153
私营合伙企业	245506	35956	136		2058	1640
私营有限责任公司	10006972	1673056	31702	11010	69497	26628
私营股份有限公司	743482	287848	1546		7327	4591
其他企业	501222	215597	30715	9203	6328	2545
2.港、澳、台商投资企业	**2300458**	**1336834**	**52088**	**31188**	**40111**	**27654**
合资经营企业	868611	597241	46554	26793	33699	27654
合作经营企业	157486	103468	5534	4395	6412	
独资经营企业	1175193	587110				
投资股份有限公司	99169	49015				
3.外商投资企业	**4520991**	**2728694**	**91065**	**77785**	**29477**	**22941**
中外合资经营企业	1718420	1237717	69435	62018	29477	22941
中外合作经营企业	319652	143816	967			
外资企业	2353333	1262006	4634			
外商投资股份有限公司	129585	85155	16030	15767		

单位：万元

法人资本		个人资本		港澳台资本		外商资本	
限额以上	大中型企业	限额以上	大中型企业	限额以上	大中型企业	限额以上	大中型企业
10612116	**4246844**	**14288684**	**3494941**	**2406684**	**1421773**	**3605915**	**2094490**
9834610	**3745729**	**14249452**	**3472030**	**155185**	**98152**	**65444**	**36178**
390611	301486	22514	7115				
35734	11060	73340	17803	190		1200	900
75867	36420	86023	12786	1213		1742	1742
18899	3500	8241	70	100		160	
10769	3000	240				160	
475		4547	70				
2937		967					
4719	500	2487		100			
4227168	1242038	3495565	1292160	41711	13000	39956	17363
22060	7705	480					
4205109	1234333	3495085	1292160	41711	13000	39956	17363
1795433	1254957	1212096	737459	85945	84865	15695	15085
2954954	721319	9238173	1375738	11290	287	6691	1088
304534	32165	1021841	113277	40		1000	
31162	2218	212149	32098				
2329387	512314	7559445	1121729	11250	287	5691	1088
289871	174623	444737	108634				
335944	174950	113500	28899	14736			
259531	**197233**	**15594**	**9003**	**1897544**	**1046914**	**35591**	**24843**
196122	143837	14129	8990	576349	388766	1758	1200
55419	52016			85248	47058	4873	
5845	1000	213	13	1140175	562455	28960	23643
2145	379	1253		95771	48636		
517975	**303883**	**23638**	**13909**	**353956**	**276707**	**3504879**	**2033469**
453092	261084	11442	3152	53910	35934	1101065	852588
25780	7156			64798	14911	228108	121749
31036	27868	1447	1124	229127	219741	2087090	1013274
8068	7775	10749	9633	6121	6121	88616	45858

1-5 续表 3

项 目	实收资本		国家资本		集体资本	
	限额以上	大中型企业	限额以上	大中型企业	限额以上	大中型企业
(二)按国民经济行业分						
综合零售	11860308	7563030	1249402	842504	822214	452597
百货零售	7009935	4215629	953826	636570	519409	296432
超级市场零售	4303960	3087483	199802	159478	189676	136800
食品、饮料及烟草制品专门零售	927233	289412	239590	75915	43435	10952
粮油零售	142850	35527	82888	16655	5486	1227
肉、禽、蛋及水产品零售	217589	41388	22294	6095	10936	5322
饮料及茶叶零售	154719	48969	6391	1829	4917	475
烟草制品零售	146853	48358	94413	40014	9356	1300
纺织、服装及日用品专门零售	2004451	780712	142468	50436	55746	28271
服装零售	1218081	462302	50573	12809	35230	22808
文化、体育用品及器材专门零售	1787227	731204	826193	421693	43567	1640
体育用品零售	105624	20365	3141	2450	876	76
图书零售	941436	507285	730344	391869	17270	1306
医药及医疗器材专门零售	1584594	526742	306240	140764	66420	20684
药品零售	1425242	522735	304320	139727	65299	20484
汽车、摩托车、燃料及零配件专门零售	14669299	3329114	3300292	2009879	443393	70517
汽车零售	9419363	349987	366200	35084	327788	43518
机动车燃料零售	4338423	2459861	2923476	1973595	103760	24049
家用电器及电子产品专门零售	3430666	1445289	43584	5626	77108	40520
家用电器零售	2189205	1251719	19831	4335	59359	30055
计算机、软件及辅助设备零售	754950	56515	18455	1291	6562	1505
通信设备零售	345397	117969	4898		9308	8110
五金、家具及室内装修材料专门零售	1401874	581388	64158	49442	59125	25391
无店铺及其他零售	1247405	332917	153144	59724	63578	15206
邮购及电子销售	109446	76151	22880	18250	300	300
(三)按控股情况分						
国有控股	8166189	5037459	6118442	3575289	35543	9058
集体控股	1706569	705869	15591	5404	1334956	490554
私人控股	18198219	4637907	42808	12863	88216	37663
港澳台控股	2236686	1342658	11695	6388	11616	654
外商控股	3690812	2294594	23444	21861	23302	22941

单位：万元

法人资本		个人资本		港澳台资本		外商资本	
限额以上	大中型企业	限额以上	大中型企业	限额以上	大中型企业	限额以上	大中型企业
3128684	1995111	3271409	1831499	1341886	1040940	2046712	1400379
1997484	1170509	2034678	1183653	754651	523742	749887	404724
1044989	782160	1098068	600175	574961	511008	1196464	897863
190953	81840	399928	81994	39604	31787	13723	6924
18304	1860	34963	15044	467		742	742
35277	10051	149031	19920			50	
49446	18610	76166	11972	16083	16083	1717	
13341	2799	29644	4245	100			
458993	148814	597044	168694	369392	178175	380808	206322
242609	57949	376454	126682	271721	113118	241493	128936
315171	114793	334279	51981	126870	58072	141147	83025
15114	3184	26459	3958	26163	7090	33872	3608
96200	46578	51743	21695	44235	44194	1643	1643
508058	206194	676570	149735	14965	8855	12341	510
494338	205081	534634	148077	14768	8855	11883	510
3731401	440327	6513940	725862	357727	2481	322545	80050
2867477	81224	5409987	185613	311465	2481	136446	2069
752477	346966	375551	37374	10542		172618	77877
1523141	956781	1529355	273924	8105	4322	249374	164116
1114328	856603	797573	203947	4149	3812	193965	152968
246167	25583	438048	26269	2546		43172	1868
123790	67906	204059	41443	733	510	2610	
421546	219803	548790	164914	37295	24078	270960	97761
334169	83182	417369	46338	110840	73064	168305	55404
29441	18131	16918	1050	1868	560	38038	37860
1208796	787050	636402	521609	119646	102134	47361	42318
224474	143722	124541	65089	2007	200	5000	900
5633217	1880191	12273508	2661175	138486	42719	21984	3298
154688	113142	5482	1603	2032722	1200989	20483	19883
323443	262271	5209		1947	556	3313467	1986965

1-6 大中型批发和零售业

项　　目	主营业务收入		主营业务成本	
	限额以上	大中型企业	限额以上	大中型企业
总　　计	**1815540161**	**683206661**	**1659200202**	**604058022**
一、批发业	**1429540160**	**527858891**	**1319306765**	**470316721**
(一)按登记注册类型分				
1.内资企业	**1280453301**	**436431760**	**1191250974**	**393991760**
国有企业	298611401	151512794	268232579	129805477
集体企业	25213089	13022803	23902198	12425510
股份合作企业	5579824	1437574	5317466	1353075
联营企业	4021615	683506	3760190	564435
国有联营企业	1990852	281011	1834653	204072
集体联营企业	145629	4194	138272	3540
国有与集体联营企业	1178372		1146602	
其他联营企业	706764	398301	640662	356823
有限责任公司	389222368	98277684	367500525	90537802
国有独资公司	47160014	17341295	44770038	16039421
其他有限责任公司	342062354	80936389	322730487	74498381
股份有限公司	202998410	141611051	190428506	132548083
私营企业	348138708	27875338	326038123	24973284
私营独资企业	15532255	1416019	14086532	1250200
私营合伙企业	3981235	286459	3592479	192124
私营有限责任公司	315724621	24656725	296367744	22173410
私营股份有限公司	12900596	1516134	11991368	1357550
其他企业	6667886	2011010	6071388	1784093
2.港、澳、台商投资企业	**35548483**	**15905097**	**30777626**	**13073288**
合资经营企业	9121774	4617939	8443014	4252712
合作经营企业	524864	106198	465816	86546
独资经营企业	24337030	10346313	20532517	8059148
投资股份有限公司	1564815	834648	1336279	674882
3.外商投资企业	**113538376**	**75522034**	**97278166**	**63251674**
中外合资经营企业	30569910	20324745	28112969	18704818
中外合作经营企业	395491	98627	304609	67111
外资企业	81898944	54853350	68341633	44309542
外商投资股份有限公司	674031	245312	518954	170202

企业损益及分配

单位：万元

主营业务税金及附加		主营业务利润		其他业务利润		营业费用	
限额以上	大中型企业	限额以上	大中型企业	限额以上	大中型企业	限额以上	大中型企业
7185664	**3750582**	**148578705**	**78072423**	**9876804**	**6079887**	**62982518**	**34099349**
5223183	**2898116**	**106721904**	**58299584**	**4000255**	**2123009**	**40985902**	**21842361**
5105838	**2817597**	**85900326**	**43303051**	**2742839**	**1174934**	**29756189**	**13253296**
2585243	2097898	26801382	19151798	663808	347167	5841685	3942238
82731	37167	1095576	437823	349059	312314	725006	382646
9051	1379	246772	78295	11358	1832	117016	42341
15343	10571	243182	102795	7461	2012	78740	19188
13231	9808	142735	67130	3318	303	38912	4765
113	27	5938	627	223		2820	281
796		35316		1943		16030	
1203	735	59194	35038	1978	1709	20977	14141
1210080	415393	20378947	7664675	955959	305528	9279364	3732720
144665	97234	2181104	1149963	89002	43929	644360	325583
1065416	318159	18197843	6514711	866957	261599	8635003	3407137
303982	148711	16185380	12926241	178331	67330	4685259	3696522
873357	101301	20410554	2744303	569721	136982	8813503	1348013
117459	22995	1269931	139158	5993	58	363471	31286
16562	1402	328032	84714	1598	670	113912	30801
691514	72721	17991051	2366307	537800	132052	7978463	1230571
47823	4184	821540	154125	24330	4201	357658	55355
26051	5178	538533	197122	7142	1769	215617	89629
18861	**9562**	**4685838**	**2806525**	**205027**	**115737**	**2291677**	**1488395**
3854	1255	640434	355875	15515	14539	290521	211573
2246	2073	57186	17951	403	-2	14035	6052
11756	5398	3761202	2273770	186657	98973	1904899	1218645
1006	837	227017	158929	2451	2227	82222	52125
98484	**70957**	**16135740**	**12190009**	**1052389**	**832338**	**8938037**	**7100670**
31756	24715	2413992	1595985	39822	17293	1520363	1168974
103	92	90779	31424	2138	1416	53136	27515
64498	45425	13478019	10488215	1006211	810737	7279264	5862030
2127	725	152950	74385	4219	2893	85273	42151

1-6 续表 1

项　目	管理费用		财务费用		营业利润	
	限额以上	大中型企业	限额以上	大中型企业	限额以上	大中型企业
总　计	**35901707**	**17327925**	**6276058**	**1807713**	**53173531**	**27739335**
一、批发业	**22986637**	**11113567**	**4288000**	**1054742**	**40864878**	**22435864**
(一)按登记注册类型分						
1.内资企业	**18372419**	**7986767**	**3994927**	**886597**	**34678464**	**18175145**
国有企业	6306167	4491562	560944	56317	15287364	11089848
集体企业	337785	108448	112046	67115	358884	203549
股份合作企业	69582	12060	11719	844	55213	25591
联营企业	59461	24475	7780	53	120041	66767
国有联营企业	29282	11288	540	-116	77323	51496
集体联营企业	2195	135	815	96	2817	114
国有与集体联营企业	10040		4260		14068	
其他联营企业	17944	13052	2165	73	25833	15157
有限责任公司	4835015	1661870	1529579	353270	6782011	2665799
国有独资公司	725513	440441	322691	112693	1030090	665641
其他有限责任公司	4109502	1221429	1206888	240577	5751921	2000158
股份有限公司	1658338	1067564	382847	258429	5406771	3183951
私营企业	5010582	592243	1369707	147411	6434657	849061
私营独资企业	253794	25620	68114	7282	636715	77694
私营合伙企业	70100	12468	15950	1212	152737	42927
私营有限责任公司	4465714	510274	1235752	130045	5447928	680458
私营股份有限公司	220975	43881	49891	8872	197277	47983
其他企业	95489	28545	20305	3159	233524	90578
2.港、澳、台商投资企业	**1048646**	**643250**	**50895**	**25698**	**1553125**	**802049**
合资经营企业	131766	66427	15786	6215	245030	94095
合作经营企业	6370	1864	283	394	38277	10880
独资经营企业	843406	516700	41077	16891	1186078	649207
投资股份有限公司	67105	58260	-6251	2198	83740	47868
3.外商投资企业	**3565572**	**2483550**	**242178**	**142446**	**4633289**	**3458669**
中外合资经营企业	309110	154168	55126	30053	572313	249381
中外合作经营企业	14565	1164	1961	-290	23394	4451
外资企业	3219811	2319026	179524	108496	3993248	3183081
外商投资股份有限公司	22086	9191	5567	4187	44334	21756

单位：万元

利润总额		应交所得税		劳动、失业保险费		住房公积金和住房补贴	
限额以上	大中型企业	限额以上	大中型企业	限额以上	大中型企业	限额以上	大中型企业
54777625	**29274546**	**10819395**	**6203690**	**751957**	**469645**	**1116213**	**716760**
43491879	**24471587**	**8641604**	**5231999**	**465231**	**303576**	**810625**	**535388**
36119315	**19230488**	**7201252**	**4233434**	**342254**	**195332**	**666831**	**429642**
16389905	11595007	3692304	2891567	150336	118676	362840	282875
529861	290929	56342	30262	6758	1435	11037	6032
73744	25138	12944	5306	1367	134	1205	356
129118	62069	25337	13497	724	67	1676	712
83892	46983	17437	11376	545	48	1369	630
4732	64	655	6	25	5	29	2
12867		2615		107		177	
27626	15022	4630	2115	47	14	102	80
7467393	2963251	1659521	629538	92232	41667	158435	75944
1359273	754069	299369	158591	17402	13593	29508	19153
6108121	2209182	1360151	470947	74830	28075	128927	56791
5468159	3169327	795040	505876	32065	20031	70927	54912
5877433	1056073	940942	150498	57989	13032	59108	8027
664666	126891	101961	19436	2976	264	2502	102
133080	36952	20249	8844	1122	289	369	26
4832063	847452	762355	99718	46267	7102	54111	7179
247624	44779	56378	22499	7624	5377	2126	721
183701	68694	18823	6891	783	290	1603	784
1569013	**813599**	**339813**	**192668**	**79916**	**76513**	**23582**	**14617**
227038	84831	39197	13069	1237	784	3942	2750
38756	11043	5976	41	56	20	160	39
1214021	665049	274328	166937	78209	75379	18024	10531
89199	52677	20312	12622	414	330	1456	1298
5803551	**4427501**	**1100539**	**805897**	**43060**	**31731**	**120212**	**91129**
570361	258013	125016	59920	4742	2599	10773	5904
29457	4494	8157	2042	176	85	867	314
5150899	4134710	959268	741552	37862	28955	106717	83807
52834	30284	8098	2383	280	92	1854	1103

1-6 续表 2

项　　目	主营业务收入		主营业务成本	
	限额以上	大中型企业	限额以上	大中型企业
(二)按国民经济行业分				
农畜产品批发	28530340	6534612	26561352	6082560
食品、饮料及烟草制品批发	139404089	89440617	111544528	68145280
米、面制品及食用油批发	13903047	3917427	12954190	3571774
肉、禽、蛋及水产品批发	5832767	2304748	5164850	2065826
饮料及茶叶批发	15026921	9063955	11553852	6495862
烟草制品批发	84036147	67334075	64123111	50576115
纺织、服装及日用品批发	90495224	26459357	79706517	20491133
服装批发	33262318	10873014	29367650	8708977
鞋帽批发	7385139	3235837	6145325	2285967
文化、体育用品及器材批发	17849702	4738251	15938987	3892835
文具用品批发	4885625	114976	4605013	104877
体育用品批发	2454085	1299469	2008224	982925
图书批发	3387756	1977651	2949193	1734512
医药及医疗器材批发	61291128	29262458	55992481	26574092
西药批发	42473240	22053322	39346963	20292365
中药材及中成药批发	13753741	6308275	12415994	5628915
矿产品、建材及化工产品批发	799961182	246909797	761346184	233656525
煤炭及制品批发	95792294	21790337	88013345	20743901
石油及制品批发	267332643	157467790	253663209	147632859
金属及金属矿批发	292400853	42003171	282829231	40772473
建材批发	40370026	7768470	38355312	7373343
化肥批发	21479930	6853869	20746659	6761476
农药批发	3726743	2550705	3577265	2491749
机械设备、五金交电及电子产品批发	229100641	110103095	209020018	98061382
汽车、摩托车及零配件批发	67749436	38829993	62556499	35368692
家用电器批发	38559242	23151037	35465947	20938586
计算机、软件及辅助设备批发	22651486	6767049	21535827	6389059
通讯及广播电视设备批发	19382570	13203974	16582528	10765218
贸易经纪与代理	27360665	5518335	25747704	5268602
其他批发	35547190	8892368	33448996	8144312
(三)按控股情况分				
国有控股	636090053	335934438	588383236	303405321
集体控股	50057570	15568132	47031118	14308918
私人控股	466749183	55604826	436621477	50120164
港澳台控股	34159315	14489244	29261402	11572175
外商控股	95888035	65715443	80787468	54059580

单位：万元

主营业务税金及附加		主营业务利润		其他业务利润		营业费用	
限额以上	大中型企业	限额以上	大中型企业	限额以上	大中型企业	限额以上	大中型企业
73489	18097	1832629	457192	136737	29455	705025	172919
2706865	2301791	24718995	18821479	452344	307903	6119275	4259419
21560	6159	897965	332746	66323	30673	606344	227315
27950	6221	637149	232896	34982	26895	185667	82795
73037	54539	3348805	2495217	37737	20327	1637323	1196080
2483694	2189963	17234133	14508553	208821	194054	2225291	1935325
138866	53653	10551514	5877628	236960	120043	5406492	3181501
47751	25362	3835855	2134616	73728	31714	1702217	838904
6987	4675	1230989	944171	46602	37385	487327	341125
40147	14698	1832853	813014	103185	35368	866207	402937
3951	47	271300	10053	23235	146	159731	9869
1300	163	442532	316381	1958	167	228053	166671
9312	5260	412492	225618	39531	23708	181065	99200
102519	36889	5029776	2622339	212699	128762	2699498	1581834
65638	26888	2931401	1703267	90036	57984	1589472	1002611
25842	8232	1276254	673290	37042	23271	665470	411038
1573782	302103	39508312	16589696	1247422	550991	13734860	5421325
393393	65456	6765987	938882	140289	64564	2170007	245365
229759	136615	17335684	13657254	520824	404323	5625878	4238467
629698	53498	8436239	976421	307031	37133	2869070	290082
114681	8229	1774100	345538	105544	29314	748744	204681
70927	30999	539937	-44176	26339	6942	444860	128883
1857	79	142207	57607	1254	90	95934	53567
323710	128201	19949944	12180930	1342502	863755	9876292	6356336
59215	11058	5241594	3412987	169598	75235	2847526	1996678
55150	30145	3361432	2524215	242889	186678	2546711	1981276
41492	26359	1020176	351629	51025	16306	545159	242525
29941	22707	2745418	2412232	367917	329689	893025	750758
45282	4859	1541929	243390	136625	19169	677374	160048
218524	37825	1755952	693918	131782	67564	900880	306044
3130896	2388361	48242057	34415952	1476544	817474	12954808	8924924
131176	49295	2208274	589155	137205	25221	1117162	346510
1160109	166250	27771020	5159010	824918	216211	12409300	2684107
22255	12989	4828690	2894887	186381	90542	2319031	1458860
91691	68908	14980699	11569260	1059585	848128	8421923	6800849

1-6 续表 3

项 目	管理费用		财务费用		营业利润	
	限额以上	大中型企业	限额以上	大中型企业	限额以上	大中型企业
(二)按国民经济行业分						
农畜产品批发	662085	233360	455841	133807	478766	219664
食品、饮料及烟草制品批发	5723634	4346701	123937	-70713	13420857	10651443
米、面制品及食用油批发	272776	90574	123388	28985	74543	30380
肉、禽、蛋及水产品批发	195391	104886	47318	21412	113656	52648
饮料及茶叶批发	363502	180325	21808	4778	1462532	1196884
烟草制品批发	4188484	3676854	-168100	-150386	11139385	9099642
纺织、服装及日用品批发	2316159	1127493	294007	69601	2930792	1707756
服装批发	890556	455258	81671	33645	1310209	886578
鞋帽批发	375215	305634	22505	5817	393909	329621
文化、体育用品及器材批发	566568	239310	59944	11187	479456	214360
文具用品批发	81194	2467	15091	318	41064	-2455
体育用品批发	97344	67698	17171	4382	103325	77379
图书批发	186143	112185	-1972	-2620	104955	54235
医药及医疗器材批发	1303718	554072	195697	101009	1232242	553712
西药批发	763339	364400	138455	78026	655032	334544
中药材及中成药批发	300875	124120	45091	21535	342494	160441
矿产品、建材及化工产品批发	6505131	1786823	2473446	594356	14681550	4515025
煤炭及制品批发	1074890	299525	208600	49818	4215083	461618
石油及制品批发	1597449	940198	506318	286116	5512896	3657516
金属及金属矿批发	1987580	251375	1110577	128223	3002766	363778
建材批发	445224	76188	176095	36785	591413	99998
化肥批发	217750	59422	138464	58532	-102700	-210327
农药批发	33537	12360	25099	13654	-8912	-21512
机械设备、五金交电及电子产品批发	4817273	2515612	453173	194075	6554576	4198947
汽车、摩托车及零配件批发	705377	319239	146178	63689	1796912	1152611
家用电器批发	635015	419101	19870	-958	479558	370968
计算机、软件及辅助设备批发	297025	89842	19128	2063	244064	37042
通讯及广播电视设备批发	908162	776947	57538	41535	1309356	1183692
贸易经纪与代理	459136	91358	116068	5655	614485	81240
其他批发	632933	218839	115888	15763	472155	293718
(三)按控股情况分						
国有控股	9520378	6235912	1476947	534361	22802341	15171017
集体控股	710943	192203	197798	81448	470184	37585
私人控股	6644624	1003930	1871520	229828	8529766	1580992
港澳台控股	1053231	629436	44525	18690	1637772	904183
外商控股	3422775	2424031	205815	123847	4182531	3242691

单位：万元

利润总额		应交所得税		劳动、失业保险费		住房公积金和住房补贴	
限额以上	大中型企业	限额以上	大中型企业	限额以上	大中型企业	限额以上	大中型企业
889342	296424	126575	43796	8320	3023	14690	5499
14193547	11231884	3352768	2748866	143641	112317	323832	275940
278748	107834	46295	18387	8256	4879	8952	4216
132521	61292	24880	6020	3429	2214	3593	2337
1456837	1193439	312258	260865	7164	2989	7478	4600
11690494	9621425	2848193	2411603	113271	97621	276721	250724
3152772	1962785	605110	372364	22792	8304	55115	26026
1401733	916029	253214	159209	8146	2860	19383	8951
403027	344163	94105	83963	1686	430	4133	2802
538521	225839	106806	39320	9851	5470	23590	13953
46370	-2833	9952	59	1211	44	1818	133
116706	87836	30574	22287	793	558	2221	1754
112250	49476	15875	4318	4934	4056	8289	4671
1233302	599812	267967	136255	29955	19998	40992	27437
663895	363629	156440	89835	22200	16737	27664	20563
317225	174151	62272	31069	5210	2515	5727	3265
14119024	4417337	2448510	907312	99345	45107	181217	98338
4219615	499907	431184	141580	17874	6975	20075	9952
5186551	3333396	1081800	613110	31801	21112	85865	69157
2566781	339209	463548	88285	25871	12248	31685	9347
561949	107501	124488	24900	5089	1282	8033	2342
79745	-185653	93717	5518	3852	1345	5796	2410
20748	5008	4310	626	609	241	803	441
7656748	5263086	1404853	889839	136500	106105	135284	75162
1837238	1217190	450067	297673	8162	3993	17590	11170
653226	534886	109668	76520	6395	4003	18522	15599
238289	46132	39148	10450	3999	1182	9877	4800
1861251	1699432	213043	192177	8979	7758	19697	16811
816289	58418	139835	13106	6120	1416	16818	4653
892334	416004	189180	81141	8707	1837	19088	8381
24299531	15645393	5162773	3684048	214600	156485	514973	381112
797603	176791	120393	29563	13898	2494	19587	5594
8068408	1883680	1342359	261921	91125	25213	93512	18266
1688880	932673	354523	208681	80429	76251	23945	14798
5325198	4191429	1008904	762983	40724	30528	112506	86546

1-6 续表 4

项　　目	主营业务收入		主营业务成本	
	限额以上	大中型企业	限额以上	大中型企业
二、零售业	**386000001**	**155347770**	**339893437**	**133741301**
(一)按登记注册类型分				
1.内资企业	**336140637**	**123738040**	**297830127**	**106945441**
国有企业	28159707	15431022	24803476	13746847
集体企业	8668003	2778932	7518533	2339317
股份合作企业	2553444	830612	2232249	718905
联营企业	1475199	115105	1333961	95617
国有联营企业	833093	64062	765332	49990
集体联营企业	212385	12417	180096	11132
国有与集体联营企业	276617	10655	251523	9477
其他联营企业	153103	27970	137011	25019
有限责任公司	118219656	38909761	104684158	33129915
国有独资公司	2045169	782403	1774171	637737
其他有限责任公司	116174488	38127359	102909988	32492178
股份有限公司	60946628	44262904	53581498	38714879
私营企业	112844260	20312234	100769174	17237753
私营独资企业	10670618	1526812	9071613	1326543
私营合伙企业	1923764	313653	1648055	273828
私营有限责任公司	93321037	16237240	83859183	13674277
私营股份有限公司	6928842	2234530	6190323	1963105
其他企业	3273739	1097471	2907079	962207
2.港、澳、台商投资企业	**19633227**	**12243669**	**16701908**	**10437832**
合资经营企业	6127706	4176380	5156088	3450622
合作经营企业	2504944	2222904	2361547	2132932
独资经营企业	10549082	5630880	8802818	4674931
投资股份有限公司	451494	213505	381455	179347
3.外商投资企业	**30226138**	**19366061**	**25361402**	**16358028**
中外合资经营企业	14738937	10637874	12701580	9146652
中外合作经营企业	2437467	1564154	2022483	1350680
外资企业	12185475	6758737	9904016	5542687
外商投资股份有限公司	864259	405297	733323	318009

单位：万元

主营业务税金及附加		主营业务利润		其他业务利润		营业费用	
限额以上	大中型企业	限额以上	大中型企业	限额以上	大中型企业	限额以上	大中型企业
1962481	**852467**	**41856801**	**19772839**	**5876549**	**3956878**	**21996616**	**12256988**
1737370	**678586**	**34445907**	**15194885**	**4144731**	**2566779**	**16816789**	**8678216**
186420	122348	2748765	1333762	200697	107348	1254683	696932
79032	17780	1041313	416435	70609	41941	366695	174006
13998	6173	295959	103675	31796	23877	104453	35961
4458	480	122224	19007	9406	7501	57224	17598
1598	146	51311	13926	3950	2911	33735	13758
1512	164	30639	1121	113	35	8086	225
671	18	24859	1160	1461	1101	8007	
677	152	15415	2800	3883	3453	7396	3615
554466	227486	12159138	5258045	1971449	1206845	6785791	3616937
10544	4170	254456	138421	35231	24801	124401	59098
543922	223316	11904682	5119624	1936218	1182044	6661390	3557839
244020	170041	6752067	5118532	782402	656214	2892003	2290616
632242	122139	11003078	2827984	1038922	512604	5194132	1786936
150848	18583	1395045	184136	52169	28944	378600	89453
20682	2170	242761	36776	12433	9501	83023	23640
421541	90609	8689775	2344714	859976	396500	4404562	1510861
39171	10777	675497	262358	114344	77659	327947	162983
22735	12139	323363	117445	39450	10452	161808	59229
49186	**33918**	**2800994**	**1721320**	**655033**	**534821**	**1713109**	**1140628**
22473	17382	930713	694327	232795	202735	544066	448275
1680	1294	110842	57803	138540	133029	67491	50013
21338	12383	1693589	937922	265947	183982	1061503	615830
3694	2859	65850	31268	17752	15076	40048	26509
175925	**139963**	**4609900**	**2856634**	**1076784**	**855278**	**3466719**	**2438144**
127162	121656	1952645	1453143	521403	464026	1530398	1245409
3080	789	411705	212685	86179	70209	282675	188866
42098	15775	2119973	1107030	448056	309989	1577956	957344
3585	1743	125578	83776	21146	11054	75690	46524

1-6 续表 5

项目	管理费用		财务费用		营业利润	
	限额以上	大中型企业	限额以上	大中型企业	限额以上	大中型企业
二、零售业	**12915070**	**6214358**	**1988058**	**752972**	**12308653**	**5303471**
(一)按登记注册类型分						
1.内资企业	**10627910**	**4709204**	**1809734**	**660124**	**10700737**	**4471260**
国有企业	887863	347730	69355	28732	836933	412741
集体企业	263387	81883	37488	10762	435923	189717
股份合作企业	116422	57902	19845	10886	92669	23215
联营企业	28183	7568	4775	258	56151	1084
国有联营企业	12874	1849	2356	281	20535	950
集体联营企业	2955	173	1824	18	17863	740
国有与集体联营企业	5391	2331	334	12	13050	-83
其他联营企业	6963	3216	261	-54	4703	-524
有限责任公司	3954343	1824914	611891	213531	3192834	1002530
国有独资公司	99438	56947	5185	674	72974	49752
其他有限责任公司	3854905	1767967	606706	212857	3119860	952778
股份有限公司	1852507	1441044	365178	215491	2745335	2207944
私营企业	3402243	884255	686530	177519	3225760	597991
私营独资企业	340585	56894	70118	15555	684487	56489
私营合伙企业	55787	10864	14493	2982	112754	9448
私营有限责任公司	2816549	748687	560245	143951	2180743	431099
私营股份有限公司	189321	67811	41673	15032	247776	100956
其他企业	122962	63908	14673	2946	115131	36037
2.港、澳、台商投资企业	**945433**	**627703**	**64091**	**27761**	**839295**	**548041**
合资经营企业	255622	191536	15972	5248	371209	275366
合作经营企业	82309	70187	6256	3042	140648	114902
独资经营企业	592153	360778	31272	13546	311031	148713
投资股份有限公司	15350	5202	10591	5925	16408	9060
3.外商投资企业	**1341727**	**877451**	**114232**	**65087**	**768621**	**284171**
中外合资经营企业	524683	393772	38857	20766	331899	191178
中外合作经营企业	91960	49970	4679	3811	119441	40249
外资企业	668700	388929	66037	36974	311547	54339
外商投资股份有限公司	56385	44780	4660	3537	5735	-1595

单位：万元

利润总额		应交所得税		劳动、失业保险费		住房公积金和住房补贴	
限额以上	大中型企业	限额以上	大中型企业	限额以上	大中型企业	限额以上	大中型企业
11285746	**4802959**	**2177791**	**971691**	**286726**	**166069**	**305588**	**181372**
9753206	**4080799**	**1737757**	**723021**	**250538**	**139409**	**233409**	**128824**
853079	408351	135835	70674	52567	35358	40802	16723
392479	181150	43043	6637	5323	1429	5069	1703
85734	23667	9438	1322	1671	694	2517	1735
45631	1170	9663	380	438	79	503	97
21041	1028	4978	23	129	35	254	25
7260	740	935	155	52		61	
13072	-35	2510		66		90	
4258	-563	1240	202	191	45	99	72
3180278	1031363	681807	255705	88029	49399	84459	46005
105164	63122	18524	12316	4357	2337	4689	2561
3075114	968241	663284	243389	83672	47062	79771	43444
2425538	1885623	352347	259525	38713	28075	66327	50631
2675183	522089	493243	125039	61242	23131	31891	11124
620758	64535	84963	9855	5724	1351	2206	302
95887	8617	13720	2612	3655	2265	611	77
1774114	377319	360139	97580	48951	18384	27238	10048
184423	71619	34422	14992	2912	1132	1836	698
95285	27386	12381	3738	2556	1243	1841	806
884451	**592617**	**207891**	**129390**	**10182**	**7202**	**23808**	**17498**
390795	302549	73070	49998	4360	3751	10730	9525
143005	117501	33496	27241	1065	917	557	288
303332	133083	97177	49196	4575	2399	12279	7512
47319	39484	4148	2955	182	135	241	174
648089	**129544**	**232143**	**119280**	**26006**	**19458**	**48372**	**35050**
371755	227771	99323	65640	14623	12913	23012	19335
112364	35994	26542	11261	884	537	2977	2032
164938	-131514	99784	38333	9527	5183	20310	11976
-968	-2707	6494	4046	972	826	2073	1707

1-6 续表 6

项　　目	主营业务收入		主营业务成本	
	限额以上	大中型企业	限额以上	大中型企业
(二)按国民经济行业分				
综合零售	113370618	80899567	96974428	69618534
百货零售	58984757	39175664	49578218	33085852
超级市场零售	49563923	39517753	43326587	34705609
食品、饮料及烟草制品专门零售	6794803	2196900	5581426	1715803
粮油零售	936073	286265	844274	247909
肉、禽、蛋及水产品零售	1236579	600888	1080755	520660
饮料及茶叶零售	988689	305962	767953	225965
烟草制品零售	1565617	297125	1263257	220214
纺织、服装及日用品专门零售	14159527	5583536	10420111	3897118
服装零售	8765594	3479095	6502377	2534442
文化、体育用品及器材专门零售	9823852	2774173	7782222	2067849
体育用品零售	576974	237404	468705	202851
图书零售	4666765	1974245	3481003	1433925
医药及医疗器材专门零售	15445726	6361376	13380960	5296394
药品零售	14676769	6292408	12736201	5244353
汽车、摩托车、燃料及零配件专门零售	179718456	39463024	165238034	35594992
汽车零售	120214131	5623609	111929048	5243547
机动车燃料零售	55482119	33528237	49695114	30073900
家用电器及电子产品专门零售	32476700	14422793	29074216	12886761
家用电器零售	22201596	12330239	19814099	11068803
计算机、软件及辅助设备零售	6246976	826975	5701200	698495
通信设备零售	3184753	1126642	2808520	995168
五金、家具及室内装修材料专门零售	7609013	2285768	5917040	1526653
无店铺及其他零售	6601307	1360633	5525000	1137196
邮购及电子销售	1299501	564617	1062716	467602
(三)按控股情况分				
国有控股	92229380	57276351	80938989	49882432
集体控股	23248110	10796545	20266945	9359081
私人控股	168978091	39897920	151025961	34309806
港澳台控股	18830593	11730543	16060245	10080530
外商控股	23699019	15608000	19843817	13215878

单位：万元

主营业务税金及附加		主营业务利润		其他业务利润		营业费用	
限额以上	大中型企业	限额以上	大中型企业	限额以上	大中型企业	限额以上	大中型企业
811826	520537	14830281	10270100	4025806	3069383	9605416	7157617
444521	261341	8544570	5537466	1660435	1066660	3926087	2613100
319835	242955	5628437	4382631	2262850	1920328	5244070	4238088
91888	21885	1106798	443037	75527	36148	489948	232954
10746	6457	74755	24531	11144	4983	48094	21954
13832	5256	135187	73754	7948	3239	49513	27446
8029	1941	209237	77668	5745	2826	104309	47502
23484	1328	275411	74374	22036	14667	71765	16309
92195	32407	3591335	1648751	145478	45862	1889076	1027261
60274	22810	2175336	923486	99627	24082	1121178	580973
95390	16147	1865214	669666	128157	67019	870614	347046
1661	424	106370	34130	5280	1314	65023	22722
30478	10207	1090857	510107	90862	53663	486336	251745
71099	27970	1890662	986820	83239	47414	938028	537931
68325	27712	1774948	970426	78667	46797	882170	528186
510123	134159	13020509	3449149	467191	42837	5012143	1374276
309975	16929	7524467	363197	400395	26635	2904037	165508
178532	116338	5139832	3053210	50575	14608	1972872	1193744
132743	46068	3081361	1415656	780957	581563	2025100	1096400
93265	39067	2221185	1219064	669394	549543	1558953	973910
20176	3278	432548	56665	38884	7941	216115	33219
15852	3158	345469	126239	67869	23221	211210	80608
117362	47338	1532106	709281	122260	61826	664959	319334
39855	5957	938535	180379	47935	4826	501333	164170
4681	1856	197370	61839	-1009	-6492	175124	92484
441065	279141	10219299	6716386	915026	682386	4533657	3106654
144895	52365	2594586	1285126	433511	342795	1159662	754276
860438	241815	16268428	5070792	2035280	1166842	8312793	3451164
38110	23118	2686997	1612593	735763	614200	1709365	1113600
164121	132020	3712256	2312772	878461	685551	2971365	2102562

1-6 续表 7

项目	管理费用		财务费用		营业利润	
	限额以上	大中型企业	限额以上	大中型企业	限额以上	大中型企业
(二)按国民经济行业分						
综合零售	5617379	3956232	683494	442885	3675971	2394730
百货零售	3563998	2370660	483309	311288	2664751	1694070
超级市场零售	1860148	1478709	180874	126822	892970	681241
食品、饮料及烟草制品专门零售	304064	111591	40527	13281	390042	134743
粮油零售	39028	10371	10314	2691	-2638	886
肉、禽、蛋及水产品零售	43205	21088	9519	3472	45381	26207
饮料及茶叶零售	46039	15314	11596	7061	56114	10532
烟草制品零售	72158	14282	746	-2921	167299	62606
纺织、服装及日用品专门零售	848484	360250	97985	37764	958779	280450
服装零售	542228	220710	59590	19933	574376	132003
文化、体育用品及器材专门零售	770136	314541	38731	5971	374063	88746
体育用品零售	36541	10843	5340	1218	4545	664
图书零售	518706	244673	4685	-214	221792	82730
医药及医疗器材专门零售	605946	290479	126073	29149	374675	140305
药品零售	557118	284576	123359	27891	354081	140195
汽车、摩托车、燃料及零配件专门零售	3020989	448133	758113	115187	5014700	1645366
汽车零售	2285331	115201	643797	67907	2444684	46177
机动车燃料零售	635047	324851	96460	46107	2447769	1589129
家用电器及电子产品专门零售	856762	363135	99819	37352	1013265	535863
家用电器零售	529992	300423	62533	23584	831011	506155
计算机、软件及辅助设备零售	176600	21652	19024	4949	91294	4629
通信设备零售	112704	35678	17056	8637	77971	24726
五金、家具及室内装修材料专门零售	553357	320529	110377	61088	321886	66303
无店铺及其他零售	337953	49469	32939	10293	185272	16965
邮购及电子销售	81655	16149	7822	6099	-15880	-8090
(三)按控股情况分						
国有控股	2903445	1862930	283728	175511	3658858	2558247
集体控股	856601	436857	118960	48380	901647	355605
私人控股	5085589	1591981	1006403	291157	4665105	1226879
港澳台控股	914426	602646	57383	25654	778057	502565
外商控股	1112906	717248	90459	57820	493109	156495

单位：万元

利润总额		应交所得税		劳动、失业保险费		住房公积金和住房补贴	
限额以上	大中型企业	限额以上	大中型企业	限额以上	大中型企业	限额以上	大中型企业
3760064	2351784	866966	560154	113908	83770	138812	104342
2614985	1543921	579115	353689	62508	42757	84429	60829
1044245	811324	264751	202247	44606	35646	50248	41325
436138	149509	75252	27135	9423	2703	9193	3122
23923	5568	2289	864	1999	113	1180	263
45546	27618	4795	1897	889	473	672	282
55582	11379	10538	1267	1314	309	1300	513
190057	68004	33449	13369	1853	334	2607	190
830263	241451	194674	68521	17574	6506	19694	12193
524686	131214	138294	40232	11282	3772	13278	9102
343671	87582	66480	16231	21806	9461	35342	15554
6628	2747	2848	923	538	231	865	377
214415	85640	28976	9977	16205	8459	27546	12570
357392	144284	71941	31659	24298	14021	15760	7962
337101	144182	67863	31564	23024	13258	15056	7828
4352049	1334525	642486	148797	66820	32454	54314	21457
2100460	47022	363527	15666	26358	1662	21130	1212
2135374	1277410	260618	132471	38980	30742	32237	20167
787432	434697	160154	99132	21341	13227	17431	10400
678427	419727	134438	94396	15710	11842	12981	9307
58794	4893	14220	1650	3070	268	2948	541
43383	9750	9274	2996	1937	896	1076	467
257852	56644	55855	13723	4991	1453	7138	2728
160885	2485	43983	6339	6565	2473	7904	3614
-32295	-25465	1658	263	1869	1742	1974	1703
3414035	2270050	521504	326640	95582	65837	120542	75103
872629	352863	131150	65815	23528	13351	19427	10946
4056099	1159317	770558	252956	99054	48419	66238	29762
790508	511631	190179	118440	7676	4733	21934	15229
373178	7204	176892	94411	19115	13025	42470	31593

1-7 大中型批发和零售业企业工资、福利费及增值税

单位：万元

项目	本年应付工资总额		本年应付福利费总额		本年应交增值税	
	限额以上	大中型企业	限额以上	大中型企业	限额以上	大中型企业
总　　计	**21672127**	**11809040**	**1486630**	**821886**	**28699418**	**14010500**
一、批发业	**12650650**	**7008464**	**925199**	**549917**	**20512579**	**10102181**
(一)按登记注册类型分						
1.内资企业	**10051042**	**5273861**	**722461**	**403150**	**17216544**	**7846247**
国有企业	3510982	2629762	302292	232320	5857988	3957303
集体企业	227778	113710	14443	7060	382767	216239
股份合作企业	39937	13721	3313	574	103495	64712
联营企业	35886	15991	2222	642	59717	30404
国有联营企业	20877	9537	1201	203	44923	24290
集体联营企业	664	33	43	10	478	1
国有与集体联营企业	5173		475		5692	
其他联营企业	9173	6421	504	429	8624	6113
有限责任公司	2843137	1210925	174289	76210	4284949	1441188
国有独资公司	350148	204557	26464	16013	349064	170782
其他有限责任公司	2492988	1006368	147825	60197	3935885	1270406
股份有限公司	1080563	813505	84682	65680	2193605	1584290
私营企业	2245068	441677	137970	19002	4272378	537407
私营独资企业	109874	14434	9227	807	340022	93991
私营合伙企业	35262	6105	2123	577	63758	10299
私营有限责任公司	1992925	387480	120186	15647	3654835	416371
私营股份有限公司	107007	33659	6435	1971	213762	16746
其他企业	67692	34570	3250	1662	61644	14703
2.港、澳、台商投资企业	**556693**	**336177**	**37048**	**23837**	**721571**	**420460**
合资经营企业	98977	71015	5351	3745	107711	58043
合作经营企业	10394	7356	356	170	18494	9812
独资经营企业	421042	237775	28468	18212	552040	325679
投资股份有限公司	26281	20031	2872	1711	43325	26926
3.外商投资企业	**2042915**	**1398426**	**165690**	**122930**	**2574464**	**1835474**
中外合资经营企业	213677	106238	12858	4059	394565	276452
中外合作经营企业	13017	4701	793	111	13540	6226
外资企业	1788012	1271293	150128	117844	2143864	1542254
外商投资股份有限公司	28209	16195	1911	916	22495	10542

1-7 续表 1

单位：万元

项目	本年应付工资总额		本年应付福利费总额		本年应交增值税	
	限额以上	大中型企业	限额以上	大中型企业	限额以上	大中型企业
(二)按国民经济行业分						
农畜产品批发	298591	105301	20967	6863	174975	37813
食品、饮料及烟草制品批发	3269982	2540379	271886	214755	4449465	3424669
米、面制品及食用油批发	146828	59447	10414	4041	126544	45807
肉、禽、蛋及水产品批发	104999	57994	5638	3039	91803	24070
饮料及茶叶批发	293077	177937	14752	7780	515896	361854
烟草制品批发	2258944	2014643	201198	174402	3261980	2744074
纺织、服装及日用品批发	1394247	703489	82867	44859	1510926	822431
服装批发	549167	285365	29144	18066	431403	220271
鞋帽批发	123888	81270	10047	8195	170468	146836
文化、体育用品及器材批发	338986	147876	20926	10099	300143	100858
文具用品批发	41783	3466	2972	40	57158	1317
体育用品批发	43923	24078	3274	2644	67193	54873
图书批发	100262	58006	7039	4793	54775	31240
医药及医疗器材批发	858582	448088	55540	29787	1014366	504154
西药批发	499747	268024	34036	20531	585691	280938
中药材及中成药批发	212185	122967	12888	6504	293889	185258
矿产品、建材及化工产品批发	3218859	1410463	246502	117151	7424775	2976847
煤炭及制品批发	435651	199927	27288	9428	1384593	362780
石油及制品批发	1174055	867297	103416	78554	2924034	2147827
金属及金属矿批发	708757	139877	49143	8274	1722460	158824
建材批发	264900	83018	17170	5588	325983	38237
化肥批发	111328	28601	11052	6165	296398	188742
农药批发	17550	7645	694	194	4613	-1192
机械设备、五金交电及电子产品批发	2710851	1481913	190099	114678	3650152	1835811
汽车、摩托车及零配件批发	373896	198439	28172	18516	1257358	648480
家用电器批发	490322	350382	27659	19648	723648	437653
计算机、软件及辅助设备批发	205258	71363	11051	3936	196433	22826
通讯及广播电视设备批发	395592	323587	28398	24343	381969	319792
贸易经纪与代理	242654	61723	18162	7289	411060	156514
其他批发	317897	109232	18250	4437	1576717	243085
(三)按控股情况分						
国有控股	5544205	3875425	448589	325016	9246811	6288678
集体控股	393625	137140	23925	6595	811370	257121
私人控股	3200336	812095	185091	34423	5505834	813148
港澳台控股	540367	312138	36655	22600	757043	436191
外商控股	1929620	1352449.8	160462	120693	2327675	1679188

1-7 续表 2

单位：万元

项目	本年应付工资总额		本年应付福利费总额		本年应交增值税	
	限额以上	大中型企业	限额以上	大中型企业	限额以上	大中型企业
二、零售业	**9021477**	**4800576**	**561431**	**271969**	**8186840**	**3908319**
(一)按登记注册类型分						
1.内资企业	**7402574**	**3681550**	**465135**	**205485**	**6581742**	**2841208**
国有企业	650679	309223	53477	22767	592390	320504
集体企业	226411	90269	14916	6823	171060	48430
股份合作企业	72411	36206	3481	1294	45952	14814
联营企业	22026	7779	1204	357	26624	921
国有联营企业	10903	4530	443	176	16766	290
集体联营企业	2763	418	285	65	2810	128
国有与集体联营企业	3933	641	200	13	4731	217
其他联营企业	4427	2190	277	104	2317	286
有限责任公司	2769962	1459317	157538	70687	2369434	926552
国有独资公司	64204	38088	4293	2297	41253	17298
其他有限责任公司	2705758	1421229	153246	68390	2328181	909254
股份有限公司	1134490	892178	78217	59001	1312121	988727
私营企业	2448116	850868	150396	41760	1965585	497190
私营独资企业	237913	57180	15700	3443	196837	26331
私营合伙企业	45293	11843	2282	387	27341	6328
私营有限责任公司	2007478	709415	122251	35269	1556878	386437
私营股份有限公司	157431	72431	10164	2662	184529	78094
其他企业	78480	35710	5905	2797	98577	44070
2.港、澳、台商投资企业	**556471**	**397966**	**33252**	**24244**	**781210**	**556579**
合资经营企业	176628	143828	9577	8146	347717	285918
合作经营企业	36313	30387	3277	3017	42961	33265
独资经营企业	331989	217043	18581	11494	382382	233921
投资股份有限公司	11541	6708	1817	1587	8150	3476
3.外商投资企业	**1062431**	**721061**	**63044**	**42240**	**823888**	**510532**
中外合资经营企业	408520	339719	27105	21575	378331	286041
中外合作经营企业	61695	43185	5765	3306	83412	33478
外资企业	562761	316357	27504	15035	341311	177335
外商投资股份有限公司	29456	21800	2669	2325	20833	13678

1-7 续表 3

单位：万元

项目	本年应付工资总额		本年应付福利费总额		本年应交增值税	
	限额以上	大中型企业	限额以上	大中型企业	限额以上	大中型企业
(二)按国民经济行业分						
综合零售	3845564	2898964	225768	159732	3062369	2239517
百货零售	1840400	1324301	115594	78457	1937928	1368118
超级市场零售	1802279	1449140	101862	76899	1032690	817974
食品、饮料及烟草制品专门零售	288557	141203	14671	5362	163058	62432
粮油零售	31679	13278	1227	171	12743	5872
肉、禽、蛋及水产品零售	40985	22368	1900	983	14146	8543
饮料及茶叶零售	43075	21846	3146	1733	30219	11423
烟草制品零售	54398	16243	3675	437	36942	3410
纺织、服装及日用品专门零售	601347	351389	26919	14092	515834	237489
服装零售	365968	214095	13994	6833	297072	123812
文化、体育用品及器材专门零售	616895	213296	36225	12950	265455	97563
体育用品零售	22643	7996	1119	320	18800	2655
图书零售	340227	161975	27310	10866	147935	78959
医药及医疗器材专门零售	534091	305827	32594	18015	311796	175058
药品零售	508136	298858	30977	17505	290589	171457
汽车、摩托车、燃料及零配件专门零售	1985456	375799	152723	33237	2950151	745991
汽车零售	1402101	92873	100001	6291	1871596	162677
机动车燃料零售	514174	277354	47912	26569	1000353	579179
家用电器及电子产品专门零售	741873	366091	41269	17936	608510	276517
家用电器零售	486031	299493	26623	14777	473912	253290
计算机、软件及辅助设备零售	135266	24473	7890	850	72733	7941
通信设备零售	95747	35217	5237	1754	48255	13412
五金、家具及室内装修材料专门零售	215051	82879	19865	7395	151318	43008
无店铺及其他零售	192642	65130	11396	3250	158349	30744
邮购及电子销售	36347	22600	1303	592	40371	15414
(三)按控股情况分						
国有控股	1957284	1277713	138054	78675	1922442	1291296
集体控股	610478	365311	40116	23270	507569	201167
私人控股	3693220	1512869	217957	74868	2964102	886699
港澳台控股	521483	362114	32845	23233	759764	534513
外商控股	905170	606163	52177	34307	629856	403324

1-8 大中型批发和零售业

项　目	负债比率(%)		主营业务毛利率(%)	
	限额以上	大中型企业	限额以上	大中型企业
总　　计	**70.4**	**64.1**	**8.6**	**11.6**
一、批发业	**70.4**	**62.3**	**7.7**	**10.9**
(一)按登记注册类型分				
1.内资企业	**71.0**	**61.9**	**7.0**	**9.7**
国有企业	61.2	50.8	10.2	14.3
集体企业	71.4	66.4	5.2	4.6
股份合作企业	71.8	70.5	4.7	5.9
联营企业	80.9	73.5	6.5	17.4
国有联营企业	81.7	17.2	7.8	27.4
集体联营企业	86.5	8.2	5.1	15.6
国有与集体联营企业	80.3		2.7	
其他联营企业	78.5	86.3	9.4	10.4
有限责任公司	76.8	71.2	5.6	7.9
国有独资公司	72.5	63.6	5.1	7.5
其他有限责任公司	77.8	74.9	5.7	8.0
股份有限公司	57.2	62.2	6.2	6.4
私营企业	78.8	77.5	6.3	10.4
私营独资企业	62.2	54.6	9.3	11.7
私营合伙企业	75.0	79.9	9.8	32.9
私营有限责任公司	79.6	78.2	6.1	10.1
私营股份有限公司	74.3	73.3	7.0	10.5
其他企业	64.0	64.4	8.9	11.3
2.港、澳、台商投资企业	**69.0**	**72.9**	**13.4**	**17.8**
合资经营企业	66.2	72.8	7.4	7.9
合作经营企业	40.3	34.6	11.3	18.5
独资经营企业	71.4	72.7	15.6	22.1
投资股份有限公司	57.0	79.1	14.6	19.1
3.外商投资企业	**64.3**	**62.2**	**14.3**	**16.2**
中外合资经营企业	76.8	84.9	8.0	8.0
中外合作经营企业	76.2	143.7	23.0	32.0
外资企业	62.1	59.4	16.6	19.2
外商投资股份有限公司	56.1	45.8	23.0	30.6

注：费用率等于营业费用、管理费用、财务费用三项之和除以营业收入合计(下表同)。

企业经济效益分析指标

人均营业收入(万元)		流动资产周转次数(次)		费用率(%)	
限额以上	大中型企业	限额以上	大中型企业	限额以上	大中型企业
247.0	**176.4**	**2.9**	**3.1**	**5.7**	**7.7**
464.4	**356.7**	**2.8**	**3.2**	**4.7**	**6.4**
462.8	**340.9**	**2.9**	**3.4**	**4.0**	**5.0**
432.5	310.8	3.1	3.1	4.2	5.6
332.3	526.1	3.1	3.3	4.6	4.2
317.2	295.9	4.1	9.9	3.5	3.8
556.0	231.9	2.2	1.8	3.6	6.4
667.3	260.1	2.0	5.0	3.4	5.7
327.8	31.8	1.2	11.1	4.0	12.2
1054.9		4.3		2.6	
263.0	229.6	1.5	1.2	5.8	6.8
535.4	332.9	2.4	2.5	4.0	5.8
859.3	538.1	1.8	1.7	3.5	4.9
508.8	307.3	2.5	2.8	4.1	6.0
609.4	530.0	4.2	5.5	3.3	3.5
391.4	151.0	2.8	2.6	4.4	7.4
265.3	160.3	4.8	8.9	4.4	4.5
253.1	100.3	3.7	7.7	5.0	15.4
411.8	160.2	2.7	2.5	4.3	7.5
266.0	79.5	2.5	3.1	4.9	7.1
258.8	155.6	2.9	5.7	5.0	6.0
347.4	**247.9**	**2.5**	**2.6**	**9.4**	**13.3**
405.3	279.6	4.0	4.4	4.7	5.9
144.0	33.4	4.9	4.1	3.9	7.8
340.0	250.9	2.3	2.2	11.3	16.7
334.6	250.0	1.5	2.0	9.1	13.3
541.6	**556.7**	**2.6**	**2.7**	**11.1**	**12.7**
747.9	1174.6	4.2	5.0	6.1	6.6
157.0	105.6	2.1	3.8	17.5	28.4
508.4	480.5	2.2	2.3	12.8	14.8
136.3	86.7	2.0	1.4	16.3	21.1

1-8 续表 1

项　　目	负债比率(%)		主营业务毛利率(%)	
	限额以上	大中型企业	限额以上	大中型企业
(二)按国民经济行业分				
农畜产品批发	72.2	64.7	6.9	6.9
食品、饮料及烟草制品批发	48.1	33.2	20.0	23.8
米、面制品及食用油批发	84.9	75.0	6.8	8.8
肉、禽、蛋及水产品批发	63.9	56.6	11.5	10.4
饮料及茶叶批发	76.1	78.1	23.1	28.3
烟草制品批发	21.1	18.5	23.7	24.9
纺织、服装及日用品批发	70.4	63.7	11.9	22.6
服装批发	70.5	66.9	11.7	19.9
鞋帽批发	62.5	52.9	16.8	29.4
文化、体育用品及器材批发	66.0	63.1	10.7	17.8
文具用品批发	75.5	90.6	5.7	8.8
体育用品批发	73.9	76.1	18.2	24.4
图书批发	55.2	57.5	12.9	12.3
医药及医疗器材批发	74.1	73.3	8.6	9.2
西药批发	73.4	72.0	7.4	8.0
中药材及中成药批发	76.9	77.6	9.7	10.8
矿产品、建材及化工产品批发	72.2	68.6	4.8	5.4
煤炭及制品批发	63.7	74.7	8.1	4.8
石油及制品批发	61.8	59.4	5.1	6.2
金属及金属矿批发	79.6	81.5	3.3	2.9
建材批发	74.5	80.3	5.0	5.1
化肥批发	73.1	62.6	3.4	1.3
农药批发	81.8	83.8	4.0	2.3
机械设备、五金交电及电子产品批发	75.4	70.0	8.8	10.9
汽车、摩托车及零配件批发	75.4	71.7	7.7	8.9
家用电器批发	84.0	79.8	8.0	9.6
计算机、软件及辅助设备批发	77.7	78.4	4.9	5.6
通讯及广播电视设备批发	58.6	53.1	14.4	18.5
贸易经纪与代理	79.2	76.2	5.9	4.5
其他批发	72.6	63.7	5.9	8.4
(三)按控股情况分				
国有控股	63.8	57.4	7.5	9.7
集体控股	78.1	73.2	6.0	8.1
私人控股	78.6	77.7	6.5	9.9
港澳台控股	68.0	70.8	14.3	20.1
外商控股	63.5	61.1	15.7	17.7

人均营业收入(万元)		流动资产周转次数(次)		费用率(%)	
限额以上	大中型企业	限额以上	大中型企业	限额以上	大中型企业
212.5	143.2	1.3	1.1	6.3	8.2
216.0	203.3	2.7	2.9	8.5	9.4
254.9	221.5	1.4	2.0	7.2	8.7
133.9	103.2	3.9	3.5	7.3	8.9
193.9	222.2	2.6	3.0	13.3	15.0
258.1	229.1	3.2	3.0	7.3	8.0
266.0	167.2	2.7	2.4	8.8	16.4
225.7	133.0	2.8	2.5	8.0	12.2
206.4	154.5	3.2	2.8	11.9	19.9
211.9	152.5	2.0	1.7	8.3	13.5
395.0	82.2	2.1	3.3	5.2	11.0
264.0	337.7	2.2	1.9	13.8	18.1
136.8	155.3	1.5	1.4	10.5	10.3
219.6	215.1	2.5	2.6	6.8	7.6
233.7	254.7	2.6	2.7	5.8	6.5
184.7	147.8	2.3	2.2	7.3	8.8
843.8	584.4	3.4	4.7	2.8	3.1
658.4	375.3	3.1	3.7	3.6	2.7
723.9	542.1	6.0	7.8	2.9	3.5
1591.4	1739.4	2.8	2.6	2.0	1.6
575.4	408.1	2.4	2.8	3.4	4.1
396.1	537.0	2.2	2.0	3.7	3.6
761.0	2377.3	2.2	2.3	4.1	3.1
435.4	513.5	2.3	2.5	6.5	8.1
822.7	1342.5	3.0	3.9	5.4	6.1
327.6	315.4	2.2	2.4	8.2	10.3
441.2	545.0	3.1	4.2	3.8	4.9
387.6	407.6	1.9	1.8	9.4	11.5
801.5	635.1	1.4	1.9	4.5	4.4
428.1	403.3	2.7	2.6	4.6	6.0
562.7	422.3	3.1	3.7	3.7	4.6
351.7	322.0	2.5	3.0	4.0	4.0
381.9	176.8	2.7	2.8	4.5	7.0
370.8	276.9	2.4	2.4	9.9	14.3
522.3	514.9	2.4	2.5	12.4	14.0

1-8 续表 2

项　　目	负债比率(%)		主营业务毛利率(%)	
	限额以上	大中型企业	限额以上	大中型企业
二、零售业	**70.3**	**68.9**	**11.9**	**13.9**
(一)按登记注册类型分				
1.内资企业	**69.9**	**67.0**	**11.4**	**13.6**
国有企业	63.8	67.0	11.9	10.9
集体企业	68.6	65.7	13.3	15.8
股份合作企业	73.4	74.7	12.6	13.4
联营企业	65.8	91.7	9.6	16.9
国有联营企业	68.4	87.5	8.1	22.0
集体联营企业	55.3	4.8	15.2	10.4
国有与集体联营企业	51.7	90.6	9.1	11.1
其他联营企业	74.0	112.4	10.5	10.6
有限责任公司	76.3	78.3	11.4	14.9
国有独资公司	60.9	49.9	13.3	18.5
其他有限责任公司	76.6	79.2	11.4	14.8
股份有限公司	55.3	53.8	12.1	12.5
私营企业	74.7	77.5	10.7	15.1
私营独资企业	57.3	66.6	15.0	13.1
私营合伙企业	55.6	61.0	14.3	12.7
私营有限责任公司	76.6	78.2	10.1	15.8
私营股份有限公司	77.6	80.0	10.7	12.1
其他企业	70.2	51.4	11.2	12.3
2.港、澳、台商投资企业	**71.2**	**72.8**	**14.9**	**14.7**
合资经营企业	66.0	64.4	15.9	17.4
合作经营企业	70.4	72.5	5.7	4.0
独资经营企业	74.9	80.3	16.6	17.0
投资股份有限公司	74.1	75.4	15.5	16.0
3.外商投资企业	**73.2**	**78.5**	**16.1**	**15.5**
中外合资经营企业	73.1	74.8	13.8	14.0
中外合作经营企业	71.7	80.2	17.0	13.6
外资企业	73.6	82.5	18.7	18.0
外商投资股份有限公司	68.8	63.5	15.2	21.5

人均营业收入(万元)		流动资产周转次数(次)		费用率(%)	
限额以上	大中型企业	限额以上	大中型企业	限额以上	大中型企业
91.1	**65.9**	**3.1**	**2.9**	**9.4**	**12.0**
90.2	**63.0**	**3.1**	**2.9**	**8.6**	**11.1**
97.3	103.1	4.5	5.5	7.8	6.9
54.5	42.2	3.7	2.6	7.6	9.4
61.7	42.4	3.0	3.5	9.3	12.1
145.7	30.9	5.1	2.6	6.1	20.5
160.4	23.7	4.5	3.1	5.8	23.7
120.8	49.0	6.9	4.4	6.0	3.3
203.4	50.6	9.7	5.5	4.9	18.8
85.1	47.2	3.2	1.6	9.3	21.4
89.3	51.0	3.0	2.6	9.4	14.0
95.9	66.8	2.8	2.3	11.0	14.4
89.1	50.8	3.0	2.6	9.4	14.0
117.0	105.9	3.2	3.0	8.2	8.7
84.4	39.4	2.9	2.4	8.1	13.6
61.8	32.0	3.9	2.9	7.3	10.4
55.2	27.4	4.4	3.5	7.9	11.6
89.5	39.2	2.9	2.5	8.2	14.3
79.2	52.2	2.2	1.6	7.9	10.6
75.6	48.9	3.1	4.4	8.9	11.4
100.7	**80.7**	**2.8**	**2.9**	**13.3**	**13.9**
104.7	86.7	2.5	2.6	12.8	14.7
140.3	137.6	3.5	3.7	5.7	5.0
92.6	66.4	2.9	2.9	15.5	17.0
87.1	61.6	1.7	1.7	14.0	16.4
95.9	**79.1**	**2.8**	**2.9**	**15.6**	**16.5**
99.1	84.3	3.7	3.6	13.5	14.7
127.3	106.1	3.1	3.6	14.9	14.8
88.3	69.6	2.1	2.1	18.2	19.5
93.3	58.6	3.2	2.8	15.4	22.7

1-8 续表 3

项目	负债比率(%)		主营业务毛利率(%)	
	限额以上	大中型企业	限额以上	大中型企业
(二)按国民经济行业分				
综合零售	73.7	73.9	14.5	13.9
百货零售	69.9	69.7	15.9	15.5
超级市场零售	79.7	79.5	12.6	12.2
食品、饮料及烟草制品专门零售	58.3	60.2	17.9	21.9
粮油零售	72.2	83.7	9.8	13.4
肉、禽、蛋及水产品零售	64.7	62.5	12.6	13.4
饮料及茶叶零售	64.5	71.4	22.3	26.1
烟草制品零售	34.8	30.6	19.3	25.9
纺织、服装及日用品专门零售	71.4	75.3	26.4	30.2
服装零售	78.1	79.3	25.8	27.2
文化、体育用品及器材专门零售	57.0	57.2	20.8	25.5
体育用品零售	66.8	80.7	18.8	14.6
图书零售	52.5	53.6	25.4	27.4
医药及医疗器材专门零售	75.1	75.4	13.4	16.7
药品零售	74.9	74.9	13.2	16.7
汽车、摩托车、燃料及零配件专门零售	67.2	47.0	8.1	9.8
汽车零售	76.8	78.9	6.9	6.8
机动车燃料零售	42.1	38.1	10.4	10.3
家用电器及电子产品专门零售	74.8	76.5	10.5	10.7
家用电器零售	77.2	76.8	10.8	10.2
计算机、软件及辅助设备零售	62.5	68.5	8.7	15.5
通信设备零售	70.9	78.5	11.8	11.7
五金、家具及室内装修材料专门零售	66.9	60.7	22.2	33.2
无店铺及其他零售	69.4	76.7	16.3	16.4
邮购及电子销售	105.8	112.8	18.2	17.2
(三)按控股情况分				
国有控股	57.3	73.1	12.2	13.3
集体控股	73.4	76.2	12.8	14.0
私人控股	74.5	72.9	10.6	14.1
港澳台控股	71.3	80.5	14.7	15.3
外商控股	75.2	74.6	16.3	15.7

人均营业收入(万元)		流动资产周转次数(次)		费用率(%)	
限额以上	大中型企业	限额以上	大中型企业	限额以上	大中型企业
54.8	53.6	2.9	3.0	13.4	13.6
61.7	58.4	2.7	2.7	13.1	13.1
50.1	51.4	3.1	3.2	13.9	13.9
44.6	26.6	2.7	2.5	12.1	15.9
30.2	14.8	1.9	2.1	10.2	12.0
45.0	36.0	3.2	4.8	8.2	8.5
43.2	23.7	2.4	1.7	16.2	22.6
104.0	85.9	2.8	1.6	9.1	8.8
55.9	39.7	2.4	2.2	19.7	25.2
53.5	37.2	2.3	2.0	19.3	23.4
57.0	38.9	1.8	1.4	16.7	23.2
72.0	58.5	2.3	3.0	18.3	14.6
41.4	36.1	1.6	1.3	21.0	24.0
54.7	38.9	2.4	2.5	10.7	13.4
54.1	39.4	2.4	2.5	10.6	13.2
233.1	231.5	4.0	5.1	4.9	4.9
235.1	136.2	3.4	2.7	4.8	6.1
248.4	268.7	6.6	6.1	4.9	4.6
98.3	99.9	2.1	1.7	8.9	9.9
100.5	107.2	1.9	1.6	9.4	10.0
113.7	95.7	3.3	4.4	6.5	7.1
70.4	60.1	3.2	3.3	10.4	10.8
76.1	53.7	2.7	2.4	17.0	29.8
95.4	65.4	2.3	2.1	13.0	16.1
153.2	124.9	2.2	1.8	20.1	19.9
115.2	53.3	3.8	2.9	8.3	11.0
66.6	44.1	3.3	2.3	9.0	12.9
84.5	87.0	2.8	3.0	8.4	14.0
105.9	77.8	3.0	2.7	13.6	17.4
91.5	55.0	2.6	3.0	16.8	13.9

1-9 大中型住宿和餐饮业企业基本情况

项　目	住宿业					
	大中型		大型		中型	
	2009年	2008年	2009年	2008年	2009年	2008年
一、法人单位数(个)	**706**	**680**	**56**	**60**	**650**	**620**
二、年末从业人数(人)	**402799**	**389689**	**67743**	**71046**	**335056**	**318643**
三、经营情况(万元)						
营业额	6023109	6133267	1459649	1824395	4563460	4308872
客房收入	2542145	2747786	631963	867319	1910183	1880467
餐费收入	2553166	2438018	527396	599483	2025769	1838535
商品销售收入	154264	167601	54993	73952	99271	93649
其他收入	773534	779861	245297	283641	528237	496221
四、实收资本及构成(万元)						
实收资本	7037705	6119622	1920945	1573824	5116760	4545799
国家资本	2551322	2120351	649473	398984	1901849	1721366
集体资本	212980	217231		11778	212980	205453
法人资本	1707603	1288528	465711	283294	1241893	1005235
个人资本	561756	555024	118196	34375	443560	520648
港澳台资本	1180868	1151351	323059	443558	857809	707792
外商资本	823175	787138	364506	401834	458669	385303
五、主要财务指标(万元)						
(一)年末资产负债						
流动资产合计	5581739	4890779	1556337	1239698	4025402	3651081
固定资产原价	17084824	15359487	4183329	4157684	12901495	11201803
累计折旧	6266396	5740569	1590259	1591588	4676138	4148982
资产总计	21020760	18831313	5600656	5092024	15420105	13739289
负债合计	14494499	12920509	3087461	2899751	11407038	10020758
所有者权益	6526261	5910804	2513194	2192273	4013067	3718531
(二)损益及分配						
主营业务收入	6057125	6213852	1470816	1895805	4586309	4318048
主营业务成本	1777969	1761635	466309	606454	1311660	1155181
主营业务税金及附加	324225	331290	77594	95860	246631	235430
主营业务利润	3883518	4094093	929887	1179064	2953631	2915029
其他业务利润	79251	65634	29035	12661	50216	52973
营业费用	1816387	1743312	389019	415616	1427368	1327695
管理费用	1990179	1887122	426710	487578	1563469	1399544
财务费用	331221	285306	78522	68902	252700	216404
营业利润	-38626	273165	109722	247411	-148348	25754
利润总额	-48545	236305	107359	251757	-155905	-15452
应交所得税	63757	104662	30705	68674	33052	35987
本年应付工资总额	1074454	1039842	240970	265573	833483	774269
本年应付福利费总额	115713	129750	29228	42172	86485	87579

1-9 续表

项目	餐饮业					
	大中型		大型		中型	
	2009年	2008年	2009年	2008年	2009年	2008年
一、法人单位数(个)	**347**	**332**	**94**	**87**	**253**	**245**
二、年末从业人数(人)	**475606**	**432273**	**343901**	**305794**	**131705**	**126479**
三、经营情况(万元)						
营业额	7345842	6382345	5622459	4745374	1723383	1636972
客房收入	142566	121454	19749	29976	122816	91477
餐费收入	6960650	6068439	5472215	4646318	1488435	1422121
商品销售收入	126219	102915	81878	35275	44341	67640
其他收入	116407	89538	48617	33804	67790	55734
四、实收资本及构成(万元)						
实收资本	1127422	1080351	623383	614847	504038	465505
国家资本	102066	103905	18005	17851	84061	86054
集体资本	17837	23561	11869	10638	5968	12923
法人资本	304247	185931	124325	122009	179923	63922
个人资本	211472	253551	81799	73050	129672	180501
港澳台资本	171995	181961	102338	97730	69657	84231
外商资本	319805	331442	285048	293568	34757	37874
五、主要财务指标(万元)						
(一)年末资产负债						
流动资产合计	1904598	1640558	1056053	892988	848544	747570
固定资产原价	2385494	2845377	1402285	1960785	983209	884592
累计折旧	899152	1067697	585422	774209	313730	293488
资产总计	5068596	4572775	3088862	2824044	1979735	1748731
负债合计	2977233	2824449	1697429	1705897	1279804	1118552
所有者权益	2091363	1748326	1391433	1118147	699931	630179
(二)损益及分配						
主营业务收入	7349636	6402438	5640913	4795672	1708722	1606766
主营业务成本	2928613	2609189	2129011	1832483	799602	776706
主营业务税金及附加	372957	368827	280730	279826	92227	89001
主营业务利润	3972118	3449561	3169584	2720711	802534	728850
其他业务利润	17178	14708	-4435	-2741	21613	17449
营业费用	2704622	2375299	2178975	1897964	525647	477335
管理费用	644743	550483	437212	361288	207531	189195
财务费用	73024	116803	45049	87737	27975	29066
营业利润	657426	573662	578102	504093	79324	69569
利润总额	664688	528388	577174	449222	87514	79166
应交所得税	162045	124914	137049	103647	24995	21267
本年应付工资总额	938193	858081	666073	598497	272120	259584
本年应付福利费总额	102310	92380	82145	74694	20165	17686

1-10 大中型住宿和餐饮业企业单位数和从业人数

项目	法人单位数(个)		年末从业人数(人)	
	限额以上	大中型企业	限额以上	大中型企业
总计	**35192**	**1053**	**4006540**	**878405**
一、住宿业	**14498**	**706**	**2000484**	**402799**
(一)按登记注册类型分				
1.内资企业	**13503**	**520**	**1723154**	**291654**
国有企业	3164	152	459057	90228
集体企业	660	8	65421	4136
股份合作企业	183	7	20584	3979
联营企业	74	3	10069	1790
国有联营企业	34	3	5398	1790
集体联营企业	10		1103	
国有与集体联营企业	16		2454	
其他联营企业	14		1114	
有限责任公司	3158	198	500950	108146
国有独资公司	120	8	22834	3910
其他有限责任公司	3038	190	478116	104236
股份有限公司	479	25	71576	15962
私营企业	5528	119	566292	63397
私营独资企业	1540	14	118292	7546
私营合伙企业	386	1	29949	527
私营有限责任公司	3279	98	383248	52601
私营股份有限公司	323	6	34803	2723
其他企业	257	8	29205	4016
2.港、澳、台商投资企业	**560**	**109**	**161736**	**64314**
合资经营企业	278	60	86043	34799
合作经营企业	74	15	23428	8229
独资经营企业	187	31	47032	19731
投资股份有限公司	21	3	5233	1555
3.外商投资企业	**435**	**77**	**115594**	**46831**
中外合资经营企业	193	34	55170	18656
中外合作经营企业	63	15	18123	9563
外资企业	162	26	38990	17522
外商投资股份有限公司	17	2	3311	1090
(二)按国民经济行业分				
旅游饭店	10477	668	1682668	379041
一般旅馆	3616	32	277076	20496
其他住宿服务	405	6	40740	3262
(三)按控股情况分				
国有控股	3997	256	642751	148592
集体控股	1020	27	122441	15339
私人控股	7034	192	781492	104435
港澳台控股	469	94	131471	55182
外商控股	271	41	65560	25109

1-10 续表

项目	法人单位数(个)		年末从业人数(人)	
	限额以上	大中型企业	限额以上	大中型企业
二、餐饮业	**20694**	**347**	**2006056**	**475606**
(一)按登记注册类型分				
1.内资企业	**19507**	**239**	**1597952**	**191491**
国有企业	608	15	68047	7954
集体企业	445	2	29177	1003
股份合作企业	294	3	20683	2208
联营企业	25		1850	
国有联营企业				
集体联营企业	4		311	
国有与集体联营企业	1		145	
其他联营企业	20		1394	
有限责任公司	2790	73	322869	51330
国有独资公司	21		1730	
其他有限责任公司	2769	73	321139	51330
股份有限公司	409	16	56242	21595
私营企业	14262	128	1058090	106581
私营独资企业	5516	12	276004	7332
私营合伙企业	815	2	51423	930
私营有限责任公司	7327	106	674556	89643
私营股份有限公司	604	8	56107	8676
其他企业	674	2	40994	820
2.港、澳、台商投资企业	**587**	**43**	**123041**	**59239**
合资经营企业	172	11	27385	9016
合作经营企业	34	5	7629	3392
独资经营企业	364	25	66792	27518
投资股份有限公司	17	2	21235	19313
3.外商投资企业	**600**	**65**	**285063**	**224876**
中外合资经营企业	168	10	58797	45351
中外合作经营企业	48	5	14089	7902
外资企业	358	46	203767	165638
外商投资股份有限公司	26	4	8410	5985
(二)按国民经济行业分				
正餐服务	19282	241	1612177	185804
快餐服务	765	82	317892	259973
饮料及冷饮服务	165	2	11346	2889
其他餐饮服务	482	22	64641	26940
(三)按控股情况分				
国有控股	797	33	104456	25223
集体控股	688	10	58508	9081
私人控股	15902	168	1232616	135038
港澳台控股	542	34	113185	53111
外商控股	483	60	242100	192076

1-11 大中型住宿和餐饮业

项目	营业额		客房收入	
	限额以上	大中型企业	限额以上	大中型企业
总计	**49470599**	**13368951**	**11621494**	**2684711**
一、住宿业	**22606997**	**6023109**	**10411940**	**2542145**
(一)按登记注册类型分				
1.内资企业	**18344977**	**4104898**	**8383372**	**1652742**
国有企业	4994648	1331823	2249594	549078
集体企业	639389	53850	266530	21243
股份合作企业	185589	36046	90863	13760
联营企业	110315	23530	50909	11320
国有联营企业	59018	23530	29058	11320
集体联营企业	9602		3778	
国有与集体联营企业	30740		13438	
其他联营企业	10955		4635	
有限责任公司	5584162	1496589	2576542	632900
国有独资公司	274837	56200	134935	26815
其他有限责任公司	5309326	1440389	2441607	606085
股份有限公司	846910	297748	371463	98567
私营企业	5690790	822410	2635688	307426
私营独资企业	1097032	94682	480968	35205
私营合伙企业	285831	4853	134314	2305
私营有限责任公司	3998519	684666	1866372	254284
私营股份有限公司	309408	38209	154033	15632
其他企业	293175	42903	141782	18448
2.港、澳、台商投资企业	**2344680**	**1089149**	**1100409**	**479338**
合资经营企业	1294066	601756	622351	269356
合作经营企业	377835	147053	167617	67956
独资经营企业	615401	319554	285777	135177
投资股份有限公司	57379	20786	24664	6850
3.外商投资企业	**1917340**	**829063**	**928160**	**410065**
中外合资经营企业	935161	320458	439196	153386
中外合作经营企业	301140	182890	133386	81525
外资企业	630575	313057	330737	169142
外商投资股份有限公司	50463	12658	24840	6013
(二)按国民经济行业分				
旅游饭店	19330702	5708193	8562879	2357139
一般旅馆	2895959	283941	1658300	174494
其他住宿服务	380336	30976	190761	10512
(三)按控股情况分				
国有控股	7625758	2377452	3440231	982254
集体控股	1232844	181677	521851	63753
私人控股	7954663	1406805	3680553	550041
港澳台控股	1800085	845131	844236	381946
外商控股	1073619	462903	538952	242218

企业经营情况

单位：万元

餐费收入		商品销售收入		其他收入	
限额以上	大中型企业	限额以上	大中型企业	限额以上	大中型企业
33730864	**9513815**	**1379099**	**280483**	**2739143**	**889942**
9317793	**2553166**	**619443**	**154264**	**2257821**	**773534**
7699402	**1815878**	**513811**	**117215**	**1748392**	**519062**
2049070	561822	144553	37234	551430	183689
283976	23460	18473	149	70410	8998
71794	15745	6386	595	16547	5947
43057	9245	2167		14182	2965
22421	9245	519		7021	2965
4160		227		1438	
12930		1258		3114	
3547		162		2611	
2281088	650467	140434	35964	586099	177258
99086	20611	9428	2321	31388	6452
2182002	629856	131005	33643	554711	170806
347159	124831	43883	29271	84405	45079
2503042	410751	148747	12779	403313	91454
508687	49404	38323	3428	69055	6645
127797	2285	9503	13	14217	251
1736440	340347	95734	8985	299972	81052
130119	18715	5188	354	20068	3507
120217	19559	9169	1225	22007	3671
918171	**436219**	**59319**	**21311**	**266782**	**152281**
508863	233599	18377	11369	144475	87432
138909	61031	25683	1099	45626	16967
247567	133069	14941	8626	67117	42682
22833	8520	318	217	9565	5199
700220	**301069**	**46312**	**15738**	**242647**	**102192**
339520	121252	15376	893	141069	44926
130131	81387	10299	8618	27324	11359
208981	92614	20007	6081	70849	45221
21589	5815	630	145	3405	685
8247429	2471841	539133	149523	1981261	729689
934509	68444	70283	3660	232867	37343
135855	12881	10027	1080	43693	6503
3027312	963410	229467	84562	928748	347227
534834	83265	35989	3999	140170	30660
3463645	665560	200284	24662	610181	166543
700528	335945	47987	12416	207333	114825
388020	158819	26117	9683	120530	52183

1-11 续表

项　目	营业额		客房收入	
	限额以上	大中型企业	限额以上	大中型企业
二、餐饮业	**26863602**	**7345842**	**1209553**	**142566**
(一)按登记注册类型分				
1.内资企业	**20163643**	**2626186**	**1150555**	**133568**
国有企业	671807	86651	146407	22709
集体企业	330797	19873	31473	583
股份合作企业	257425	36220	22015	2140
联营企业	18968		605	
国有联营企业				
集体联营企业	2456		193	
国有与集体联营企业	1038			
其他联营企业	15475		413	
有限责任公司	4031915	722960	255405	42728
国有独资公司	17336		1575	
其他有限责任公司	4014579	722960	253830	42728
股份有限公司	805195	365234	51876	17157
私营企业	13544901	1386163	610128	48252
私营独资企业	3681902	91647	172724	8471
私营合伙企业	626020	8647	35226	439
私营有限责任公司	8460768	1105019	359082	35214
私营股份有限公司	776211	180849	43096	4129
其他企业	502635	9085	32645	
2.港、澳、台商投资企业	**2082433**	**996383**	**33982**	**8997**
合资经营企业	457143	179057	15842	3827
合作经营企业	142112	51454	674	
独资经营企业	1223128	531623	16154	5170
投资股份有限公司	260049	234248	1312	
3.外商投资企业	**4617526**	**3723273**	**25016**	
中外合资经营企业	1099838	906003	9987	
中外合作经营企业	232371	126563	3502	
外资企业	3151133	2598886	9512	
外商投资股份有限公司	134184	91822	2015	
(二)按国民经济行业分				
正餐服务	20650984	2725355	1182331	141945
快餐服务	5010624	4191811	5822	621
饮料及冷饮服务	260027	86875	468	
其他餐饮服务	941967	341801	20933	
(三)按控股情况分				
国有控股	1188376	352198	175354	35914
集体控股	721291	155914	68304	14897
私人控股	15671764	1770654	741445	66342
港澳台控股	1930377	912240	30383	7795
外商控股	3886270	3149626	19645	622

单位：万元

餐费收入		商品销售收入		其他收入	
限额以上	大中型企业	限额以上	大中型企业	限额以上	大中型企业
24413071	**6960650**	**759656**	**126219**	**481321**	**116407**
17927237	**2293035**	**691656**	**115201**	**394196**	**84382**
462393	52570	33756	5119	29252	6254
273469	13355	11691	199	14164	5736
218116	24068	9189	4799	8106	5214
18018		287		59	
2129		115		19	
1038					
14851		172		40	
3477758	608567	149987	39709	148765	31956
14382		534		846	
3463377	608567	149453	39709	147919	31956
692503	305755	36987	25919	23829	16404
12340558	1281061	430857	39457	163359	17392
3311310	78498	165824	4579	32045	99
565219	7390	18631	349	6944	469
7765507	1021151	230065	33372	106115	15282
698522	174022	16338	1156	18255	1542
444422	7659	18904		6663	1427
1964140	**959761**	**41550**	**5925**	**42761**	**21699**
396689	153926	18051	5378	26561	15926
131282	47791	6624	304	3533	3359
1178792	523796	16266	243	11916	2414
257376	234248	609		752	
4521695	**3707853**	**26450**	**5094**	**44365**	**10327**
1066525	900638	10527	2269	12800	3095
210398	120883	2192		16279	5680
3117374	2595087	10185	2368	14062	1431
127398	91245	3546	456	1225	120
18367500	2369829	710307	112204	390846	101377
4953346	4182258	17534	2964	33922	5968
245645	83136	10141	2269	3773	1469
846581	325426	21674	8782	52780	7593
894811	274281	53472	16958	64739	25044
567075	102628	53816	24301	32096	14088
14237822	1629015	481804	48682	210694	26616
1831026	882657	31026	684	37942	21104
3811154	3138506	15909	2824	39562	7675

1-12 大中型住宿和餐饮业

项　　目	流动资产合计		固定资产原价	
	限额以上	大中型企业	限额以上	大中型企业
总　　计	**27745492**	**7486336**	**63758543**	**19470318**
一、住宿业	**18748384**	**5581739**	**52449870**	**17084824**
(一)按登记注册类型分				
1.内资企业	**14183109**	**3629400**	**38399116**	**10643800**
国有企业	3261871	927116	13389311	3970152
集体企业	376567	27701	1304387	143893
股份合作企业	96115	14481	409126	107381
联营企业	74806	18514	293191	54562
国有联营企业	44787	18514	168425	54562
集体联营企业	3928		19323	
国有与集体联营企业	20475		83888	
其他联营企业	5616		21555	
有限责任公司	4922762	1496911	12140149	4073995
国有独资公司	153337	23399	922459	278331
其他有限责任公司	4769426	1473512	11217691	3795664
股份有限公司	845828	395383	1819865	566281
私营企业	4407493	684409	8704236	1609970
私营独资企业	644174	39288	1544681	137403
私营合伙企业	161805	584	331054	15100
私营有限责任公司	3338125	599133	6289788	1362546
私营股份有限公司	263389	45404	538712	94921
其他企业	197666	64885	338851	117565
2.港、澳、台商投资企业	**2605374**	**1126026**	**8451658**	**4047902**
合资经营企业	1368524	536064	4705198	2330525
合作经营企业	501420	195951	1182067	337550
独资经营企业	674610	365096	2383832	1348655
投资股份有限公司	60819	28916	180562	31171
3.外商投资企业	**1959902**	**826312**	**5599095**	**2393123**
中外合资经营企业	908550	322144	2462211	681995
中外合作经营企业	236661	118003	1069028	619971
外资企业	793876	382606	1946558	1070234
外商投资股份有限公司	20816	3560	121298	20922
(二)按国民经济行业分				
旅游饭店	16457824	5133084	47640450	16380455
一般旅馆	2066958	422977	4170070	610933
其他住宿服务	223602	25678	639350	93437
(三)按控股情况分				
国有控股	5550473	1935585	21539908	7435673
集体控股	800334	117993	2480137	501653
私人控股	6783857	1360936	12853176	2734719
港澳台控股	1960261	964543	6391437	3100770
外商控股	1301096	522410	3483843	1520806

企业年末资产负债

单位：万元

累计折旧		资产总计		负债合计		所有者权益合计	
限额以上	大中型企业	限额以上	大中型企业	限额以上	大中型企业	限额以上	大中型企业
22242670	**7165548**	**89377665**	**26089356**	**60278743**	**17471733**	**29101984**	**8617624**
18672193	**6266396**	**67238565**	**21020760**	**45968833**	**14494499**	**21272524**	**6526261**
12646043	**3468975**	**51527232**	**14030347**	**33665525**	**8949527**	**17863084**	**5080820**
4839376	1400975	14873168	4640819	8263299	2440849	6611246	2199970
509834	53242	1461952	142458	977766	76498	484186	65961
113745	14939	491530	119291	322540	96968	168991	22323
128112	19042	303265	57191	175988	15492	127277	41700
84759	19042	163289	57191	85246	15492	78043	41700
6574		21916		18453		3463	
32104		93512		58605		34907	
4676		24548		13683		10865	
3930898	1266996	17287466	5489887	11596977	3601383	5690489	1888504
339946	106483	1145270	343832	619976	202078	525294	141754
3590952	1160514	16142196	5146055	10977001	3399305	5165196	1746750
643985	221069	2583014	1005107	1570813	538630	1012201	466477
2366223	441157	13987412	2419758	10412044	2103387	3575368	316370
355147	37774	2232283	169375	1290148	98269	942135	71105
75949	4621	524730	17801	307901	11848	216830	5953
1806342	376880	10380419	2096177	8169872	1868152	2210548	228025
128785	21882	849980	136404	644124	125118	205856	11287
113871	51555	539424	155836	346099	76321	193325	79515
3631342	**1743358**	**9485588**	**4416163**	**7760027**	**3580361**	**1725561**	**835802**
2267622	1156465	5046164	2371048	4246312	2008352	799852	362697
536222	180507	1372786	408655	1223059	382079	149727	26577
747303	386029	2844067	1590349	2112918	1173823	731149	416526
80194	20359	222571	46111	177738	16108	44832	30003
2394808	**1054063**	**6225746**	**2574250**	**4543281**	**1964611**	**1683879**	**609639**
1177237	357205	2607326	744166	1831238	498989	776089	245177
470036	269294	1023064	598175	998129	584162	26348	14012
709451	417054	2457048	1215496	1617229	856872	839819	358624
38084	10511	138308	16413	96684	24588	41624	-8175
17357311	6098161	59779810	19796707	41244508	13850072	18538468	5946636
1132749	142196	6579796	1085357	4124653	553359	2455143	531998
182133	26040	878959	138696	599672	91069	278912	47627
8134996	2832319	24353848	8842187	13544431	4641070	10812208	4201117
895105	147559	3064954	603827	2103939	392160	961015	211668
3597137	777036	20925094	4309132	15539198	3557638	5385896	751494
2718082	1305012	7093504	3398248	6027267	2993509	1066237	404739
1354058	588736	4113252	1751040	2993533	1322447	1119719	428592

1-12 续表

项　目	流动资产合计		固定资产原价	
	限额以上	大中型企业	限额以上	大中型企业
二、餐饮业	**8997108**	**1904598**	**11308673**	**2385494**
(一)按登记注册类型分				
1.内资企业	**7480429**	**1279371**	**9082573**	**1215454**
国有企业	292115	49180	876159	133651
集体企业	106788	3696	193270	3776
股份合作企业	121171	43518	134141	39993
联营企业	5858		7907	
国有联营企业				
集体联营企业	513		517	
国有与集体联营企业	162		374	
其他联营企业	5184		7016	
有限责任公司	1819067	380494	2218861	400224
国有独资公司	7887		2505	
其他有限责任公司	1811179	380494	2216355	400224
股份有限公司	473159	277601	470636	218554
私营企业	4525754	522644	4944040	412119
私营独资企业	811046	33372	1518702	55843
私营合伙企业	132371	3356	214511	8534
私营有限责任公司	3339538	431841	2946279	306283
私营股份有限公司	242800	54075	264549	41460
其他企业	136517	2238	237559	7138
2.港、澳、台商投资企业	**734378**	**245688**	**858745**	**334599**
合资经营企业	211003	57702	221337	62938
合作经营企业	42443	15388	59641	24398
独资经营企业	441865	145015	518211	205268
投资股份有限公司	39067	27584	59557	41996
3.外商投资企业	**782301**	**379538**	**1367356**	**835440**
中外合资经营企业	193290	95303	326965	168144
中外合作经营企业	52195	10357	150365	36286
外资企业	497215	242185	842941	608193
外商投资股份有限公司	39602	31694	47085	22817
(二)按国民经济行业分				
正餐服务	7883562	1339621	9723115	1318862
快餐服务	740614	433410	1205751	974676
饮料及冷饮服务	81492	29120	72807	10975
其他餐饮服务	291439	102446	307000	80980
(三)按控股情况分				
国有控股	585314	200327	1301991	329672
集体控股	267892	77574	530781	106958
私人控股	5516005	762677	6019125	575083
港澳台控股	677005	226818	773541	293387
外商控股	657876	333185	1150136	732293

单位：万元

累计折旧		资产总计		负债合计		所有者权益合计	
限额以上	大中型企业	限额以上	大中型企业	限额以上	大中型企业	限额以上	大中型企业
3570477	**899152**	**22139099**	**5068596**	**14309910**	**2977233**	**7829461**	**2091363**
2635898	**386924**	**18070554**	**2922780**	**11697594**	**1673636**	**6372946**	**1249144**
280215	41878	1133296	173069	626650	79517	506645	93552
58575	2563	308449	7837	190345	5229	118104	2608
44067	15382	321841	134826	194733	82614	127109	52213
3215		12062		9445		2617	
182		1541		1004		537	
196		522		468		54	
2837		9999		7973		2026	
636020	122819	4519262	913614	3131190	557139	1388054	356475
1020		12917		8641		4276	
635000	122819	4506345	913614	3122549	557139	1383779	356475
146805	74339	1160146	624586	552731	270757	607415	353829
1407727	126429	10238657	1062105	6791255	676099	3447407	386007
370267	15264	2437027	89863	1148441	46181	1288586	43682
52385	2530	359951	11761	181099	9677	178852	2084
915756	99652	6916111	856833	5121553	568972	1794559	287861
69319	8983	525568	103649	340163	51269	185410	52379
59274	3515	376841	6743	201245	2282	175596	4462
344943	**141946**	**1608587**	**601001**	**1041653**	**356143**	**567219**	**244858**
83483	17747	449373	140120	319091	92982	130282	47139
24985	7963	101620	38204	59440	16525	42180	21679
205004	92637	950107	341807	621135	215427	329256	126380
31471	23599	107487	80870	41987	31209	65500	49661
589636	**370282**	**2459959**	**1544816**	**1570663**	**947455**	**889295**	**597361**
150382	87681	599065	352221	344684	152230	254381	199991
71725	17020	187949	59561	147295	72016	40655	-12455
349246	255512	1584520	1071444	1020218	680090	564302	391354
18283	10070	88425	61591	58466	43120	29958	18470
2885349	423634	19032955	3071957	12440050	1769411	6592892	1302547
528344	438633	2336873	1755052	1435518	1073478	901640	681573
32213	5789	148664	44299	77459	15352	71206	28947
124571	31096	620608	197289	356884	118993	263724	78296
404868	115290	1971493	577500	1039637	241789	931857	335711
154792	28075	901241	234432	590287	166423	310954	68009
1706038	169375	12514533	1498748	8286103	830166	4228430	668582
317480	131283	1462342	535402	911437	294472	551190	240930
500570	317746	2094909	1378172	1356368	861404	738540	516768

1-13 大中型住宿和餐饮业

项　　目	实收资本		国家资本		集体资本	
	限额以上	大中型企业	限额以上	大中型企业	限额以上	大中型企业
总　　计	**33123376**	**8165126**	**9756455**	**2653387**	**1382633**	**230817**
一、住宿业	**25217553**	**7037705**	**9109294**	**2551322**	**1074031**	**212980**
(一)按登记注册类型分						
1.内资企业	**18749470**	**4414501**	**8482483**	**2365714**	**1007513**	**187051**
国有企业	6322359	1573668	5807106	1436190	46320	27653
集体企业	525917	59834	27843	14844	449632	44990
股份合作企业	174501	20991	32136	3305	51608	12485
联营企业	122621	15580	80694	15080	21616	
国有联营企业	71727	15580	67567	15080	673	
集体联营企业	11579				10079	
国有与集体联营企业	31103		10227		8536	
其他联营企业	8212		2901		2328	
有限责任公司	6487324	1995305	2189040	780768	307273	89819
国有独资公司	484514	153436	378908	98779		
其他有限责任公司	6002810	1841869	1810133	681989	307273	89819
股份有限公司	881185	267495	291198	92036	86755	9764
私营企业	4070229	435399	16783	5730	29989	1680
私营独资企业	872100	60026	6573		6077	
私营合伙企业	159447	5003	230		430	
私营有限责任公司	2795965	341370	9885	5730	22711	1680
私营股份有限公司	242717	29000	95		771	
其他企业	165334	46231	37683	17761	14320	660
2.港、澳、台商投资企业	**3813964**	**1560996**	**360519**	**134432**	**36814**	**12568**
合资经营企业	1907412	786179	285252	114371	22730	12568
合作经营企业	523647	94229	57704	20061	11691	
独资经营企业	1258707	669600	3313		2392	
投资股份有限公司	124198	10988	14250			
3.外商投资企业	**2654120**	**1062208**	**266292**	**51176**	**29704**	**13361**
中外合资经营企业	1069857	333300	219968	27662	10966	
中外合作经营企业	373991	185306	42652	20393	16738	13361
外资企业	1164193	540775	1812	1312		
外商投资股份有限公司	46079	2828	1860	1810	2000	
(二)按国民经济行业分						
旅游饭店	22221102	6457977	8404264	2536750	902396	208615
一般旅馆	2620247	490432	616770	14472	139348	2366
其他住宿服务	376204	89295	88261	100	32287	2000
(三)按控股情况分						
国有控股	10559472	3338170	8720177	2401350	27777	4319
集体控股	991697	194429	21707	560	901305	179013
私人控股	6222097	952703	24832	5730	29711	299
港澳台控股	3075080	1262664	129771	60278	32783	7768
外商控股	1863501	780029	40739	9471	15957	13361

企业实收资本及构成

单位：万元

法人资本		个人资本		港澳台资本		外商资本	
限额以上	大中型企业	限额以上	大中型企业	限额以上	大中型企业	限额以上	大中型企业
8015559	**2011851**	**7868074**	**773228**	**3526648**	**1352863**	**2574007**	**1142981**
5822193	**1707603**	**4431303**	**561756**	**2890666**	**1180868**	**1890067**	**823175**
4875658	**1295908**	**4329491**	**534198**	**37548**	**21030**	**16776**	**10600**
428313	103194	27986		8193	3430	4441	3200
40550		7891					
38158	2000	52589	3200			10	
17379	500	2932					
1788	500	1700					
1500							
12340							
1752		1232					
2725746	911348	1248862	202870	8558	5000	7844	5500
105576	54657	30					
2620170	856691	1248832	202870	8558	5000	7844	5500
252240	52768	245392	107426	3700	3600	1900	1900
1315906	207408	2696873	220581	8098		2581	
223347	22139	635060	37887	1041		2	
30603		128184	5003				
976302	174869	1777912	159091	6577		2579	
85654	10400	155717	18600	480			
57366	18690	46965	120	9000	9000		
583783	**259639**	**46128**	**4352**	**2620911**	**1087455**	**165809**	**62550**
431225	189037	43827	3154	1049245	464875	75133	2175
73879	15059			359452	59108	20921	
73381	54043			1117649	555182	61972	60375
5300	1500	2301	1198	94565	8290	7783	
362751	**152056**	**55684**	**23206**	**232207**	**72383**	**1707482**	**750026**
213956	88898	38179	12555	115176	24472	471612	179713
117822	58871	14879	10651	52120	13582	129780	68448
30366	4287	2472		63481	33311	1066063	501865
608		154		1430	1018	40028	
5070193	1473776	3494588	486350	2704336	1117394	1645326	635093
609373	163827	858370	70406	171499	62974	224887	176388
142627	70000	78345	5000	14830	500	19854	11695
1470892	755008	79839	49421	164237	82168	96550	45905
48224	11400	17306	1856	2470	1600	684	
2299205	487253	3794555	430017	19725	7461	54069	21943
325324	114135	6506	1198	2566000	1077110	14697	2175
138925	24912	20120	8801	12455		1635305	723484

1-13 续表

项　　目	实收资本		国家资本		集体资本	
	限额以上	大中型企业	限额以上	大中型企业	限额以上	大中型企业
二、餐饮业	**7905823**	**1127422**	**647161**	**102066**	**308602**	**17837**
(一)按登记注册类型分						
1.内资企业	**6343814**	**568741**	**608744**	**94493**	**276588**	**17730**
国有企业	481407	68644	443741	67486	595	
集体企业	114536	680	1667		98799	680
股份合作企业	104345	38776	1611		21685	1231
联营企业	3653		406		528	
国有联营企业						
集体联营企业	298				278	
国有与集体联营企业	206		206			
其他联营企业	3150		200		250	
有限责任公司	1580695	138058	127414	14106	108936	5180
国有独资公司	5993		4159			
其他有限责任公司	1574702	138058	123255	14106	108936	5180
股份有限公司	272216	95855	21170	12901	22244	10638
私营企业	3656149	221928	5796		21046	
私营独资企业	1043725	20457	3376		4768	
私营合伙企业	166314	2325	200		1926	
私营有限责任公司	2300810	181828	1395		11450	
私营股份有限公司	145300	17318	825		2902	
其他企业	130814	4800	6940		2756	
2.港、澳、台商投资企业	**720478**	**203122**	**30671**	**6134**	**19708**	**108**
合资经营企业	220140	44549	11457	5150	18713	108
合作经营企业	57139	15036	8733	983	937	
独资经营企业	401537	120962				
投资股份有限公司	41661	22575	10482		58	
3.外商投资企业	**841531**	**355559**	**7746**	**1440**	**12307**	
中外合资经营企业	200822	50548	7746	1440	10207	
中外合作经营企业	81520	13564			2100	
外资企业	514226	259050				
外商投资股份有限公司	44963	32396				
(二)按国民经济行业分						
正餐服务	6858089	646481	611777	94061	283987	17057
快餐服务	761870	416590	13326	5327	4841	780
饮料及冷饮服务	69473	13081	1136		239	
其他餐饮服务	216390	51270	20923	2678	19536	
(三)按控股情况分						
国有控股	688369	156152	575365	96697	3531	2073
集体控股	284764	23002	5236	1415	230107	10545
私人控股	4526156	307183	14749	21	17945	4811
港澳台控股	638343	168057	19503	983	5549	108
外商控股	703578	322902	1119		7673	

单位：万元

法人资本		个人资本		港澳台资本		外商资本	
限额以上	大中型企业	限额以上	大中型企业	限额以上	大中型企业	限额以上	大中型企业
2193366	**304247**	**3436771**	**211472**	**635982**	**171995**	**683940**	**319805**
2039195	**245232**	**3394031**	**202515**	**9979**	**2158**	**15278**	**6614**
30970		4844		1258	1158		
6186		7884					
45978	37500	35005	45			65	
647		2073					
20							
627		2073					
859044	76652	473089	41120	5835	1000	6378	
1835							
857209	76652	473089	41120	5835	1000	6378	
105813	32914	122346	39402	644			
946710	93366	2672427	121948	1696		8475	6614
259419	15270	775322	5187	340		500	
36446		127557	2325	185			
622077	77097	1657082	98118	1171		7635	6614
28768	1000	112466	16318			339	
43847	4800	76363		547		360	
51429	**17598**	**25509**	**6892**	**587311**	**169188**	**5849**	**3203**
43142	17300	21607	6732	122634	13725	2588	1534
4285	226	256		42928	13827		
2112	72	3646	160	392518	119062	3261	1668
1890				29231	22575		
102742	**41417**	**17232**	**2065**	**38692**	**649**	**662813**	**309988**
69233	20017	15404	2065	12651	649	85580	26378
4334		164		16580		58342	13564
6010		1664		9461		497092	259050
23165	21400					21798	10996
1990489	240221	3229288	183645	439747	60883	302802	50614
146738	53004	139894	13997	127425	96834	329647	246648
7713		12474	2065	34021	108	13891	10909
48426	11023	55116	11766	34789	14170	37601	11634
69657	31821	30806	22209	6978	2875	2033	477
30577	9351	7950	1691	10035		858	
1433674	133326	3050087	168400	6062	625	3640	
26427	7022	8889	6338	570825	152072	7150	1534
63097	32606	3484		2022	541	626184	289755

1-14 大中型住宿和餐饮业

项 目	主营业务收入		主营业务成本	
	限额以上	大中型企业	限额以上	大中型企业
总 计	**49496830**	**13406760**	**21551221**	**4706582**
一、住宿业	**22816455**	**6057125**	**8090968**	**1777969**
(一)按登记注册类型分				
1.内资企业	**18224109**	**4120522**	**6626376**	**1221794**
国有企业	4961242	1340337	1733618	363187
集体企业	630132	53770	246755	12456
股份合作企业	180059	36208	71400	13709
联营企业	108097	22781	32010	5169
国有联营企业	57283	22781	17006	5169
集体联营企业	9605		2798	
国有与集体联营企业	31373		9442	
其他联营企业	9836		2763	
有限责任公司	5570323	1503163	1821370	446448
国有独资公司	268810	56165	80264	12049
其他有限责任公司	5301513	1446998	1741107	434400
股份有限公司	836298	295026	336420	124068
私营企业	5645967	825271	2271547	246330
私营独资企业	1083975	93128	512470	33179
私营合伙企业	286128	4853	138019	1204
私营有限责任公司	3968771	689095	1506568	199240
私营股份有限公司	307092	38196	114489	12708
其他企业	291992	43967	113257	10426
2.港、澳、台商投资企业	**2671439**	**1095608**	**898630**	**282388**
合资经营企业	1622127	611187	618266	161691
合作经营企业	375392	144236	96351	28792
独资经营企业	616350	319400	167478	86495
投资股份有限公司	57570	20786	16534	5411
3.外商投资企业	**1920906**	**840994**	**565963**	**273786**
中外合资经营企业	935179	318392	212728	55174
中外合作经营企业	301029	184766	114058	87940
外资企业	634268	325178	226418	126982
外商投资股份有限公司	50430	12658	12759	3690
(二)按国民经济行业分				
旅游饭店	19556755	5723108	6702266	1625534
一般旅馆	2883001	303040	1145538	140119
其他住宿服务	376699	30976	243164	12317
(三)按控股情况分				
国有控股	7906078	2392135	2788387	695699
集体控股	1223617	181525	457191	61499
私人控股	7899864	1411956	2965101	429164
港澳台控股	1809381	851893	470064	180369
外商控股	1078184	475015	363304	177742

企业损益及分配

单位：万元

主营业务税金及附加		主营业务利润		其他业务利润		营业费用	
限额以上	大中型企业	限额以上	大中型企业	限额以上	大中型企业	限额以上	大中型企业
2581934	**697182**	**24728917**	**7855636**	**336812**	**96429**	**14560936**	**4521009**
1216325	**324225**	**13138935**	**3883518**	**231176**	**79251**	**7101957**	**1816387**
996431	**223818**	**10278243**	**2628621**	**172364**	**35916**	**5879389**	**1293868**
258008	68483	2879629	922993	43188	9165	1630892	437861
33897	3081	331655	33126	6169	148	197320	12773
9890	2031	93900	19606	3015	21	50797	7611
6770	1543	68795	16069	1068	569	37086	9061
3622	1543	36876	16069	692	569	21913	9061
556		5888				3792	
2081		19582		376		7723	
512		6450				3658	
311672	83826	3307322	931521	52120	12110	1878892	479497
14571	3024	172530	41092	4203	164	102915	21592
297101	80802	3134792	890429	47917	11946	1775977	457905
43659	14876	432673	157457	7666	2334	215340	56174
316727	47492	3007610	516795	57015	11295	1794679	276151
58713	5376	491415	51967	7812	210	251884	31367
16204	321	127564	3328	1382		64922	1380
224654	39539	2224024	438270	44197	10958	1371788	230004
17157	2257	164606	23231	3624	127	106085	13400
15809	2488	156660	31054	2125	274	74384	14740
120031	**54522**	**1633327**	**755885**	**23126**	**14945**	**710077**	**312785**
66849	30184	919118	416498	18487	12308	371132	165942
18786	7398	259588	108046	662	420	108180	36553
31381	15875	417057	217030	3516	1955	214827	105168
3015	1065	37564	14311	462	263	15938	5123
99863	**45885**	**1227365**	**499013**	**35686**	**28390**	**512491**	**209733**
47796	16615	668115	242282	5085	2698	250663	88686
16608	10572	164389	80778	2415	281	72541	28706
33426	17983	359424	167701	26477	23756	174445	88681
2034	716	35437	8252	1710	1654	14841	3661
1042485	305585	11420212	3730533	183637	61957	6059769	1737140
153837	16961	1517537	136005	43258	17137	924025	75384
20003	1680	201186	16980	4282	158	118163	3862
400047	123177	4552579	1563217	68098	14378	2430790	716319
66373	9849	672947	104208	11559	251	396937	54743
442769	79697	4291360	879860	76128	15119	2492956	433459
92366	43591	1228952	616420	21711	18685	581504	269681
55353	25397	642724	258486	29048	23711	295642	121910

1-14 续表 1

项目	主营业务收入		主营业务成本	
	限额以上	大中型企业	限额以上	大中型企业
二、餐饮业	**26680375**	**7349636**	**13460253**	**2928613**
(一)按登记注册类型分				
1.内资企业	**20020486**	**2642965**	**10953361**	**1281977**
国有企业	672345	87689	363390	38164
集体企业	327587	17613	184944	13778
股份合作企业	257702	36220	139881	15291
联营企业	18924		10083	
国有联营企业				
集体联营企业	2456		1543	
国有与集体联营企业	1038		235	
其他联营企业	15430		8306	
有限责任公司	4017467	728056	2127771	380260
国有独资公司	17134		9875	
其他有限责任公司	4000332	728056	2117896	380260
股份有限公司	801613	388623	395435	173097
私营企业	13424740	1375679	7444373	656593
私营独资企业	3627923	94493	2204146	50330
私营合伙企业	619376	7728	362578	4863
私营有限责任公司	8407327	1092847	4417519	480311
私营股份有限公司	770114	180610	460131	121089
其他企业	500109	9085	287485	4793
2.港、澳、台商投资企业	**2064061**	**985165**	**861810**	**372241**
合资经营企业	451117	175650	193963	66573
合作经营企业	139609	48745	58421	15295
独资经营企业	1213278	526523	517466	211609
投资股份有限公司	260057	234248	91959	78764
3.外商投资企业	**4595828**	**3721505**	**1645082**	**1274395**
中外合资经营企业	1094580	903786	403132	314986
中外合作经营企业	230557	125220	88955	51238
外资企业	3139851	2600865	1105063	877482
外商投资股份有限公司	130839	91635	47933	30689
(二)按国民经济行业分				
正餐服务	20521218	2744632	10965262	1280489
快餐服务	4987380	4185629	1881059	1479999
饮料及冷饮服务	256667	86874	89415	28768
其他餐饮服务	915110	332501	524517	139357
(三)按控股情况分				
国有控股	1222783	385450	622423	170664
集体控股	713852	150618	369362	67256
私人控股	15532044	1755684	8507913	836032
港澳台控股	1916629	903107	787936	335600
外商控股	3870253	3148760	1373500	1073185

单位：万元

主营业务税金及附加		主营业务利润		其他业务利润		营业费用	
限额以上	大中型企业	限额以上	大中型企业	限额以上	大中型企业	限额以上	大中型企业
1365609	**372957**	**11589983**	**3972118**	**105636**	**17178**	**7458979**	**2704622**
1027763	**136582**	**7804818**	**1181524**	**85270**	**17965**	**4741646**	**712465**
33818	4332	273851	45527	6402	1226	163206	24470
16394	1080	124962	2755	4720	2248	73973	2869
13195	1828	99958	19101	1366		60391	10317
965		7383				3599	
136		464				472	
43		761				229	
786		6159				2898	
203261	33851	1639893	307979	18221	5104	1062959	173698
906		5633		24		4172	
202355	33851	1634260	307979	18198	5104	1058787	173698
40092	19493	361681	196033	15674	1812	200372	104878
694060	75493	5118840	606342	38297	7576	3085440	393194
169520	6289	1213976	37874	6358	2	513433	20084
31078	577	215045	6	1428		112490	1941
455788	60073	3426558	517494	26742	7330	2285128	341026
37675	8554	263261	50967	3769	244	174390	30144
25978	506	178251	3787	590		91706	3040
105694	**48612**	**1087034**	**563782**	**11027**	**2039**	**792313**	**408575**
21900	8298	229815	100048	3490	226	141795	56627
6343	2177	74844	31273	3130	2559	51555	16415
64221	26321	627966	288793	5480	329	478518	221730
13231	11817	154408	143668	-1072	-1075	120444	113804
232151	**187762**	**2698131**	**2226813**	**9338**	**-2826**	**1925020**	**1583582**
54470	45528	634467	543272	51	-754	438346	380002
11979	6412	129102	67570	825	119	91048	50482
158849	131034	1858508	1559814	8140	-2305	1341367	1111689
6852	4788	76054	56158	323	114	54259	41409
1062669	141315	8296492	1308469	87397	17093	5110469	780433
248777	211752	2823490	2461343	12698	-253	2024311	1768869
16641	3921	152453	54185	421		115151	43334
37522	15969	317548	148121	5120	338	209048	111986
60613	18170	533902	195231	10033	3094	326098	116331
36374	8104	302263	75258	10151	5159	174428	40164
804409	95652	6024316	783826	55197	8842	3676014	501452
98604	44561	1019550	522946	10367	1959	743454	373140
195736	159009	2283842	1884231	9431	-1963	1635411	1335565

1-14 续表 2

项　　目	管理费用		财务费用		营业利润	
	限额以上	大中型企业	限额以上	大中型企业	限额以上	大中型企业
总　　计	**9175955**	**2634922**	**1276622**	**404245**	**1058552**	**618800**
一、住宿业	**6489893**	**1990179**	**942308**	**331221**	**-512930**	**-38626**
(一)按登记注册类型分						
1.内资企业	**4866217**	**1280215**	**674008**	**219021**	**-427868**	**-42347**
国有企业	1476151	445812	123398	52016	-197960	-18443
集体企业	148093	23656	13357	3073	312	-1097
股份合作企业	39257	7876	7884	3617	3651	1386
联营企业	34520	5748	2115	694	240	1136
国有联营企业	17587	5748	1083	694	-1122	1136
集体联营企业	2815		80		-435	
国有与集体联营企业	10624		794		1274	
其他联营企业	3493		158		523	
有限责任公司	1642595	498402	227466	82846	-217991	-49624
国有独资公司	102723	29475	6493	2340	-32168	-12080
其他有限责任公司	1539872	468927	220972	80506	-185822	-37544
股份有限公司	188966	57054	34442	16852	45722	44555
私营企业	1261161	224965	260398	58817	-76666	-19087
私营独资企业	173862	23270	37378	3917	60603	-1782
私营合伙企业	44762	1113	10316	675	15828	160
私营有限责任公司	972380	187781	191044	47913	-138688	-8374
私营股份有限公司	70157	12801	21661	6312	-14408	-9090
其他企业	75474	16703	4948	1107	14824	-1172
2.港、澳、台商投资企业	**973865**	**451624**	**166416**	**68159**	**-122583**	**-35127**
合资经营企业	521181	231326	100257	43839	-11054	13858
合作经营企业	136087	54858	29600	9800	-11205	7255
独资经营企业	292187	160007	35076	14144	-96976	-59882
投资股份有限公司	24410	5433	1483	376	-3349	3642
3.外商投资企业	**649812**	**258339**	**101884**	**44041**	**37521**	**38848**
中外合资经营企业	333023	111490	42484	12137	60716	35436
中外合作经营企业	95483	48283	25977	15625	-21419	-6078
外资企业	205089	94191	31441	16250	-5784	7648
外商投资股份有限公司	16216	4376	1983	29	4008	1841
(二)按国民经济行业分						
旅游饭店	5745806	1893613	855553	319487	-502717	-45357
一般旅馆	643141	82214	74706	10375	-2326	9167
其他住宿服务	100947	14352	12050	1359	-7887	-2436
(三)按控股情况分						
国有控股	2379655	791740	208860	91792	-158213	31465
集体控股	306372	58448	30131	7542	-15327	-7664
私人控股	1850833	376984	383972	100214	-123516	5693
港澳台控股	769792	392425	128215	62257	-175424	-65991
外商控股	363958	142060	61417	27217	-20765	6286

单位：万元

利润总额		应交所得税		劳动、失业保险费		住房公积金和住房补贴	
限额以上	大中型企业	限额以上	大中型企业	限额以上	大中型企业	限额以上	大中型企业
995121	**616142**	**557417**	**225801**	**139395**	**42142**	**188287**	**82878**
-427219	**-48545**	**196249**	**63757**	**80507**	**21289**	**124950**	**43628**
-333546	**-35907**	**137877**	**37749**	**67636**	**16010**	**95179**	**30325**
-111616	-6651	30891	12429	25976	7135	50331	17048
-4047	-6120	5781	160	1850	101	2466	134
3589	1331	2101	495	680	18	582	9
-3409	1159	1068	346	554	18	910	154
-1188	1159	667	346	183	18	291	154
-602		29		63		33	
-2628		202		281		551	
1009		170		27		35	
-188312	-49704	41691	12782	20507	5861	28462	9990
-33948	-12029	1273	14	1339	167	3015	592
-154364	-37674	40419	12769	19168	5695	25447	9397
47139	41668	11693	6144	3259	998	3898	1749
-82228	-16905	42850	4936	13905	1623	7535	883
43019	-3476	11058	354	2170	49	1331	95
14017	-11	2938		567		631	
-123864	-4391	27079	4576	10280	1544	4632	774
-15400	-9027	1776	6	889	30	941	14
5338	-686	1802	458	907	257	996	358
-132981	**-45483**	**32391**	**11707**	**8116**	**3599**	**18554**	**8307**
173	13444	24858	8119	4917	2199	12875	5822
-26160	-1712	2292	73	1188	753	2488	851
-97801	-60909	4894	3348	1812	486	3043	1635
-9193	3694	348	167	199	161	148	
39308	**32845**	**25981**	**14301**	**4755**	**1679**	**11216**	**4996**
64854	36954	15407	8530	1982	601	5963	2179
-30015	-13909	2462	1896	642	305	1962	1077
238	8175	7614	3875	1756	772	3197	1730
4232	1625	498		374	1	95	11
-433116	-57332	164763	57650	72022	20352	111833	41732
10090	11087	28533	5994	7658	866	11578	1844
-4193	-2300	2953	113	827	71	1539	52
-53086	41711	81083	35577	37959	11844	76954	27910
-25403	-15282	9354	651	4407	368	6438	848
-115981	963	60183	10924	20437	3272	13137	2788
-193276	-71870	13081	6089	6204	2514	12793	5604
-23765	11	13009	4717	2847	1097	6247	3173

1-14 续表 3

项　　目	管理费用		财务费用		营业利润	
	限额以上	大中型企业	限额以上	大中型企业	限额以上	大中型企业
二、餐饮业	**2686061**	**644743**	**334313**	**73024**	**1571483**	**657426**
(一)按登记注册类型分						
1.内资企业	**2074323**	**292322**	**277845**	**41754**	**1093922**	**211502**
国有企业	120809	18017	7294	1300	9534	4962
集体企业	38489	883	4174	241	13549	1010
股份合作企业	26336	4569	4152	1323	9442	2893
联营企业	1639		190		2458	
国有联营企业						
集体联营企业	175		16		124	
国有与集体联营企业	258		72		202	
其他联营企业	1206		102		2132	
有限责任公司	458433	78724	52823	10299	143648	58182
国有独资公司	1826		162		226	
其他有限责任公司	456607	78724	52661	10299	143422	58182
股份有限公司	93522	47398	14384	7722	87994	50293
私营企业	1286473	142258	189304	20872	785904	93888
私营独资企业	254674	10523	46468	2305	444609	4964
私营合伙企业	50342	166	6621	512	57842	-332
私营有限责任公司	920794	123358	127501	16065	251464	78388
私营股份有限公司	60663	8211	8714	1989	31989	10868
其他企业	48622	474	5525	-3	41393	274
2.港、澳、台商投资企业	**213794**	**84958**	**20927**	**8094**	**77389**	**65218**
合资经营企业	69984	31197	7097	3039	10928	9620
合作经营企业	17922	10382	1646	482	6853	6554
独资经营企业	113824	35143	11534	4051	39115	29013
投资股份有限公司	12064	8236	650	522	20493	20030
3.外商投资企业	**397944**	**267462**	**35541**	**23177**	**400172**	**380706**
中外合资经营企业	74097	46513	8459	2350	115529	113652
中外合作经营企业	28760	10668	4082	2675	5812	3274
外资企业	284681	205561	21249	16582	270083	256419
外商投资股份有限公司	10406	4720	1751	1570	8749	7361
(二)按国民经济行业分						
正餐服务	2201453	321096	297167	43775	1042657	209051
快餐服务	368201	281435	29500	26586	464691	416762
饮料及冷饮服务	24945	5175	966	-40	13952	5716
其他餐饮服务	91462	37037	6681	2703	50183	25898
(三)按控股情况分						
国有控股	197592	60502	12045	4283	44146	28973
集体控股	99977	23489	10648	3928	29071	12869
私人控股	1526968	180511	218945	24936	886328	130995
港澳台控股	202880	81305	18340	6271	75683	64481
外商控股	353681	243012	28087	19991	322411	314642

单位：万元

利润总额		应交所得税		劳动、失业保险费		住房公积金和住房补贴	
限额以上	大中型企业	限额以上	大中型企业	限额以上	大中型企业	限额以上	大中型企业
1422339	**664688**	**361168**	**162045**	**58887**	**20853**	**63337**	**39250**
975053	**228889**	**225944**	**47855**	**39682**	**5886**	**26272**	**8294**
13085	4379	6013	1986	3495	523	3863	602
12922	1033	3431	541	773	53	451	87
14320	3686	2937	922	488	42	408	73
2432		414		72		87	
112		8		29		12	
222				1		2	
2098		406		42		74	
133431	63208	41190	10663	8034	1674	5798	1332
341		129		54		22	
133090	63208	41061	10663	7980	1674	5777	1332
88744	67257	15357	11587	2783	1913	4378	3482
675408	89047	151416	22157	23094	1677	10650	2718
389614	4827	53270	995	5536	100	2279	248
48775	-346	7681		1191		495	
206609	73604	82791	18184	15156	1518	7434	2324
30411	10962	7674	2978	1210	59	442	146
34712	279	5186		941	5	637	
78636	**70529**	**32565**	**20401**	**3014**	**1171**	**6109**	**3330**
10203	11147	5606	2652	709	162	1405	776
7090	5811	2176	1377	192	54	416	218
37015	29991	18626	10758	1833	751	3594	1686
24329	23580	6157	5615	280	204	695	650
368650	**365269**	**102659**	**93789**	**16192**	**13797**	**30956**	**27626**
108355	112838	30980	29117	1876	1530	11768	11388
3303	654	1658	588	857	203	1670	1070
249092	244943	68031	62238	13281	11915	17302	15056
7900	6835	1990	1846	178	149	217	112
922938	231427	230552	48942	41382	6077	29453	9943
435265	402077	113451	102330	15722	14205	29981	27739
15290	6793	3171	1652	518	162	1235	468
48846	24391	13994	9121	1265	409	2669	1100
68206	50412	15984	8474	6505	2684	7981	3120
33570	16789	8394	4226	1445	223	3399	1985
760047	131904	175419	29715	27170	2396	13087	3212
75255	69302	31216	20077	2843	1058	5334	2707
302489	300955	84147	77385	15042	12937	24201	21323

1-15 大中型住宿和餐饮业企业工资及福利

单位：万元

项目	本年应付工资总额		本年应付福利费总额	
	限额以上	大中型企业	限额以上	大中型企业
总计	**7634301**	**2012647**	**594874**	**218023**
一、住宿业	**4072985**	**1074454**	**342778**	**115713**
(一)按登记注册类型分				
1.内资企业	**3332390**	**742196**	**249474**	**69661**
国有企业	1021233	266076	82318	27158
集体企业	112031	9196	7937	691
股份合作企业	33436	7258	2442	834
联营企业	22107	4665	1360	147
国有联营企业	11867	4665	890	147
集体联营企业	2264		185	
国有与集体联营企业	6098		154	
其他联营企业	1879		132	
有限责任公司	1020120	266773	76952	24234
国有独资公司	59621	11311	5036	961
其他有限责任公司	960499	255462	71916	23273
股份有限公司	133711	40512	12998	3981
私营企业	940137	138288	61534	11083
私营独资企业	169726	14949	11461	1222
私营合伙企业	42587	652	2135	12
私营有限责任公司	670444	115741	43892	9474
私营股份有限公司	57381	6946	4047	376
其他企业	49614	9428	3934	1535
2.港、澳、台商投资企业	**427412**	**196119**	**55108**	**28483**
合资经营企业	245058	111768	27797	14506
合作经营企业	57674	22072	10699	5591
独资经营企业	114641	59112	15610	8249
投资股份有限公司	10040	3167	1003	136
3.外商投资企业	**313184**	**136138**	**38196**	**17569**
中外合资经营企业	153617	53623	17260	6211
中外合作经营企业	53723	33987	6047	3878
外资企业	99615	47688	13952	7391
外商投资股份有限公司	6228	841	936	89
(二)按国民经济行业分				
旅游饭店	3505987	1018233	308676	112021
一般旅馆	494666	50114	29703	3339
其他住宿服务	72332	6107	4399	354
(三)按控股情况分				
国有控股	1530379	457153	128062	45890
集体控股	224802	34922	15363	2675
私人控股	1320146	228214	90166	19633
港澳台控股	329776	153414	43241	21144
外商控股	176966	78191	24619	12468

1-15 续表

单位：万元

项目	本年应付工资总额		本年应付福利费总额	
	限额以上	大中型企业	限额以上	大中型企业
二、餐饮业	**3561316**	**938193**	**252096**	**102310**
(一)按登记注册类型分				
1.内资企业	**2710275**	**383211**	**161180**	**26194**
国有企业	127825	18925	8854	1575
集体企业	47924	2738	3520	314
股份合作企业	35430	4775	1667	220
联营企业	3183		99	
国有联营企业				
集体联营企业	500		14	
国有与集体联营企业	289		7	
其他联营企业	2394		79	
有限责任公司	585610	101966	36727	7323
国有独资公司	3022		153	
其他有限责任公司	582588	101966	36574	7323
股份有限公司	111945	57063	8278	5044
私营企业	1733180	196294	97452	11692
私营独资企业	403270	17217	23762	1087
私营合伙企业	76977	1655	4406	28
私营有限责任公司	1162842	161093	65348	10256
私营股份有限公司	90092	16329	3936	321
其他企业	65177	1450	4584	27
2.港、澳、台商投资企业	**250415**	**99529**	**18260**	**11697**
合资经营企业	62400	22407	2874	1122
合作经营企业	17945	6894	1492	893
独资经营企业	159523	63519	8270	4138
投资股份有限公司	10548	6709	5624	5544
3.外商投资企业	**600626**	**455453**	**72657**	**64418**
中外合资经营企业	128525	99581	14927	13464
中外合作经营企业	30775	12108	1638	801
外资企业	422241	330898	52904	47118
外商投资股份有限公司	19085	12866	3187	3036
(二)按国民经济行业分				
正餐服务	2821545	392650	168423	29463
快餐服务	592857	488040	75568	68445
饮料及冷饮服务	29358	6637	1905	1362
其他餐饮服务	117556	50865	6201	3040
(三)按控股情况分				
国有控股	224413	70914	15433	4859
集体控股	103485	20687	7327	2638
私人控股	2049697	255406	116478	16646
港澳台控股	230980	87614	17125	10975
外商控股	521870	398192	61906	54747

1-16 大中型住宿和餐饮业

项目	负债比率(%)		主营业务毛利率(%)	
	限额以上	大中型企业	限额以上	大中型企业
总计	**67.4**	**67.0**	**56.5**	**64.9**
一、住宿业	**68.4**	**69.0**	**64.5**	**70.6**
(一)按登记注册类型分				
1.内资企业	**65.3**	**63.8**	**63.6**	**70.3**
国有企业	55.6	52.6	65.1	72.9
集体企业	66.9	53.7	60.8	76.8
股份合作企业	65.6	81.3	60.3	62.1
联营企业	58.0	27.1	70.4	77.3
国有联营企业	52.2	27.1	70.3	77.3
集体联营企业	84.2		70.9	
国有与集体联营企业	62.7		69.9	
其他联营企业	55.7		71.9	
有限责任公司	67.1	65.6	67.3	70.3
国有独资公司	54.1	58.8	70.1	78.5
其他有限责任公司	68.0	66.1	67.2	70.0
股份有限公司	60.8	53.6	59.8	57.9
私营企业	74.4	86.9	59.8	70.2
私营独资企业	57.8	58.0	52.7	64.4
私营合伙企业	58.7	66.6	51.8	75.2
私营有限责任公司	78.7	89.1	62.0	71.1
私营股份有限公司	75.8	91.7	62.7	66.7
其他企业	64.2	49.0	61.2	76.3
2.港、澳、台商投资企业	**81.8**	**81.1**	**66.4**	**74.2**
合资经营企业	84.1	84.7	61.9	73.5
合作经营企业	89.1	93.5	74.3	80.0
独资经营企业	74.3	73.8	72.8	72.9
投资股份有限公司	79.9	34.9	71.3	74.0
3.外商投资企业	**73.0**	**76.3**	**70.5**	**67.4**
中外合资经营企业	70.2	67.1	77.3	82.7
中外合作经营企业	97.6	97.7	62.1	52.4
外资企业	65.8	70.5	64.3	60.9
外商投资股份有限公司	69.9	149.8	74.7	70.8
(二)按国民经济行业分				
旅游饭店	69.0	70.0	65.7	71.6
一般旅馆	62.7	51.0	60.3	53.8
其他住宿服务	68.2	65.7	35.4	60.2
(三)按控股情况分				
国有控股	55.6	52.5	64.7	70.9
集体控股	68.6	64.9	62.6	66.1
私人控股	74.3	82.6	62.5	69.6
港澳台控股	85.0	88.1	74.0	78.8
外商控股	72.8	75.5	66.3	62.6

企业经济效益分析指标

人均营业收入(万元)		流动资产周转次数(次)		费用率(%)	
限额以上	大中型企业	限额以上	大中型企业	限额以上	大中型企业
12.5	**14.9**	**1.8**	**1.8**	**50.0**	**55.8**
11.6	**15.2**	**1.2**	**1.1**	**62.7**	**67.2**
10.8	**14.3**	**1.3**	**1.2**	**61.7**	**66.9**
10.9	15.0	1.5	1.5	64.1	69.0
9.9	13.1	1.7	1.9	56.0	73.3
9.2	9.4	1.9	2.5	52.6	52.7
11.1	13.6	1.5	1.3	66.9	65.2
11.0	13.6	1.3	1.3	69.1	65.2
9.6		2.5		68.3	
12.9		1.6		60.2	
8.7		1.8		74.3	
11.3	14.0	1.1	1.0	66.4	69.8
12.1	13.9	1.8	2.4	76.8	94.8
11.3	14.0	1.1	1.0	65.8	68.8
12.0	19.0	1.0	0.8	51.4	43.0
10.2	13.1	1.3	1.2	57.9	66.8
9.3	12.0	1.7	2.4	42.1	62.5
9.7	9.2	1.8	8.3	41.6	65.3
10.6	13.3	1.2	1.2	62.9	66.4
9.1	13.8	1.2	0.9	63.4	84.1
10.2	10.9	1.5	0.7	52.3	73.5
16.7	**17.0**	**1.0**	**1.0**	**68.5**	**74.9**
19.0	17.4	1.2	1.2	60.4	70.6
16.1	17.5	0.8	0.7	72.7	69.8
13.3	16.2	0.9	0.9	87.2	86.9
11.8	13.6	1.0	0.7	72.1	51.9
17.0	**18.2**	**1.0**	**1.1**	**64.3**	**58.7**
17.1	16.9	1.0	1.0	66.5	66.0
16.7	19.4	1.3	1.6	63.8	50.0
16.9	19.2	0.8	0.9	61.5	56.7
15.9	13.6	2.5	4.0	63.4	56.4
11.8	15.2	1.2	1.1	63.8	68.1
10.7	15.0	1.4	0.8	55.6	51.4
9.5	9.6	1.7	1.2	60.5	62.9
12.4	16.2	1.4	1.2	62.6	66.2
10.3	12.0	1.6	1.5	59.0	66.3
10.3	13.7	1.2	1.1	58.9	63.4
14.0	15.5	0.9	0.9	80.5	83.0
16.9	19.1	0.9	1.0	64.7	58.1

1-16 续表

项　　目	负债比率(%)		主营业务毛利率(%)	
	限额以上	大中型企业	限额以上	大中型企业
二、餐饮业	**64.6**	**58.7**	**49.5**	**60.2**
(一)按登记注册类型分				
1.内资企业	**64.7**	**57.3**	**45.3**	**51.5**
国有企业	55.3	45.9	46.0	56.5
集体企业	61.7	66.7	43.5	21.8
股份合作企业	60.5	61.3	45.7	57.8
联营企业	78.3		46.7	
国有联营企业				
集体联营企业	65.1		37.2	
国有与集体联营企业	89.7		77.4	
其他联营企业	79.7		46.2	
有限责任公司	69.3	61.0	47.0	47.8
国有独资公司	66.9		42.4	
其他有限责任公司	69.3	61.0	47.1	47.8
股份有限公司	47.6	43.3	50.7	55.5
私营企业	66.3	63.7	44.5	52.3
私营独资企业	47.1	51.4	39.2	46.7
私营合伙企业	50.3	82.3	41.5	37.1
私营有限责任公司	74.1	66.4	47.5	56.0
私营股份有限公司	64.7	49.5	40.3	33.0
其他企业	53.4	33.8	42.5	47.2
2.港、澳、台商投资企业	**64.8**	**59.3**	**58.2**	**62.2**
合资经营企业	71.0	66.4	57.0	62.1
合作经营企业	58.5	43.3	58.2	68.6
独资经营企业	65.4	63.0	57.3	59.8
投资股份有限公司	39.1	38.6	64.6	66.4
3.外商投资企业	**63.8**	**61.3**	**64.2**	**65.8**
中外合资经营企业	57.5	43.2	63.2	65.1
中外合作经营企业	78.4	120.9	61.4	59.1
外资企业	64.4	63.5	64.8	66.3
外商投资股份有限公司	66.1	70.0	63.4	66.5
(二)按国民经济行业分				
正餐服务	65.4	57.6	46.6	53.3
快餐服务	61.4	61.2	62.3	64.6
饮料及冷饮服务	52.1	34.7	65.2	66.9
其他餐饮服务	57.5	60.3	42.7	58.1
(三)按控股情况分				
国有控股	52.7	41.9	49.1	55.7
集体控股	65.5	71.0	48.3	55.3
私人控股	66.2	55.4	45.2	52.4
港澳台控股	62.3	55.0	58.9	62.8
外商控股	64.7	62.5	64.5	65.9

人均营业收入(万元)		流动资产周转次数(次)		费用率(%)	
限额以上	大中型企业	限额以上	大中型企业	限额以上	大中型企业
13.3	**14.6**	**3.0**	**3.9**	**39.0**	**46.3**
12.8	**14.1**	**2.7**	**2.1**	**35.1**	**39.2**
10.2	11.2	2.3	1.8	42.5	48.5
11.6	19.8	3.1	5.4	34.8	20.1
12.6	15.9	2.1	0.8	35.0	44.7
10.4		3.2		28.7	
7.5		4.8		27.0	
7.0		6.5		53.3	
11.5		3.0		27.3	
12.6	14.2	2.2	1.9	38.8	35.8
9.7		2.2		35.5	
12.7	14.2	2.2	1.9	38.8	35.8
14.8	18.4	1.7	1.4	37.4	40.9
13.0	13.2	3.0	2.7	33.8	40.1
13.4	12.9	4.5	2.8	22.3	34.7
12.3	8.4	4.7	2.3	27.2	33.9
12.7	12.4	2.5	2.6	39.4	43.5
14.3	23.5	3.2	3.3	31.4	22.3
12.3	11.2	3.7	4.1	29.1	38.6
16.7	**15.9**	**2.8**	**4.0**	**49.3**	**50.7**
15.2	14.9	2.2	3.1	47.9	51.4
18.4	14.8	3.4	3.3	49.6	53.0
18.5	19.2	2.8	3.6	49.5	49.5
12.3	12.1	6.7	8.5	51.1	52.3
14.8	**14.7**	**5.9**	**9.8**	**51.0**	**50.2**
14.7	14.7	5.7	9.5	47.2	47.2
17.4	17.6	4.4	12.1	53.5	50.8
14.6	14.6	6.4	10.8	52.1	51.2
16.0	15.6	3.4	2.9	49.9	52.0
12.9	14.3	2.6	2.1	36.8	41.4
14.8	14.9	6.8	9.7	48.2	49.4
22.6	30.1	3.2	3.0	54.8	55.8
14.8	12.7	3.2	3.3	32.7	45.5
12.0	15.4	2.1	2.0	43.2	46.4
12.5	17.0	2.7	2.0	39.2	43.3
12.9	13.3	2.8	2.3	34.7	39.9
16.8	16.2	2.9	4.0	50.0	50.8
14.5	14.5	5.9	9.5	51.7	50.6

地区篇

简要说明：

一、本篇资料主要内容为分地区的大中型批发和零售业、住宿和餐饮业企业的单位数和从业人员数情况；分地区的大中型批发和零售业企业的商品购、销、存情况及住宿和餐饮业企业的经营情况；分地区的大中型批发和零售业、住宿和餐饮业企业的主要财务、劳动工资及经济效益分析指标等。

二、批发和零售业、住宿和餐饮业统计采用“法人在地统计”原则，即按法人企业主要经营活动所在地确定法人企业所在地区。

2-1 各地区大中型批发和零售业企业基本情况

地区	大中型		大型		中型	
	法人单位数（个）	年末从业人数（人）	法人单位数（个）	年末从业人数（人）	法人单位数（个）	年末从业人数（人）
全国	**8711**	**3942825**	**2721**	**2889281**	**5990**	**1053544**
北京	552	277700	216	222557	336	55143
天津	132	59163	44	44990	88	14173
河北	307	129023	95	87524	212	41499
山西	265	118687	86	84622	179	34065
内蒙古	124	61640	43	47641	81	13999
辽宁	258	149458	103	121046	155	28412
吉林	106	48784	32	35869	74	12915
黑龙江	160	87612	72	70956	88	16656
上海	527	307006	235	259685	292	47321
江苏	640	356626	197	276856	443	79770
浙江	461	172067	145	117175	316	54892
安徽	305	132782	99	93922	206	38860
福建	263	122932	68	89536	195	33396
江西	154	60165	52	42527	102	17638
山东	865	395170	226	282112	639	113058
河南	661	176905	98	80201	563	96704
湖北	333	192830	92	147669	241	45161
湖南	273	98927	70	63520	203	35407
广东	879	384761	289	284546	590	100215
广西	160	57499	52	38674	108	18825
海南	41	12461	11	7498	30	4963
重庆	202	107533	55	82897	147	24636
四川	315	131704	106	94762	209	36942
贵州	104	43079	28	29672	76	13407
云南	167	84481	58	64088	109	20393
西藏	10	2301	2	983	8	1318
陕西	179	94076	59	71517	120	22559
甘肃	86	23810	27	12281	59	11529
青海	25	8049	9	5342	16	2707
宁夏	35	9023	11	5206	24	3817
新疆	122	36571	41	23407	81	13164

2-2 各地区大中型批发和零售业企业商品购、销、存情况

单位：万元

地 区	商品购进额	进 口	商品销售额	出 口	期末商品库存额
全 国	**646730200**	**40108389**	**764654864**	**24726083**	**59047694**
北 京	110613303	15580398	126235490	6100567	9768397
天 津	31163583	496519	32626084	154909	1742016
河 北	13509091	32461	17399620	64486	1016949
山 西	13552160	18800	15907094	118345	919494
内蒙古	5297281		6426756	510	489546
辽 宁	36492498	1386391	40654559	133905	1811984
吉 林	5138470	125	6366585	6806	480746
黑龙江	11761194	316534	14222885	841548	1016510
上 海	62742852	10544903	74685193	3924902	6527154
江 苏	43694349	2024833	56720188	4701724	4670337
浙 江	35254058	3153387	39298479	2894774	2180485
安 徽	18198389	338875	20232390	424787	1049411
福 建	15535001	1779188	18364937	771755	1548979
江 西	4736964	900	7299354		414677
山 东	35165716	937320	43645755	827896	3625181
河 南	15458387	13513	16921083	69943	4055385
湖 北	23943994	977122	28370490	286570	1679102
湖 南	6978660	44061	10865335	46895	947134
广 东	80905821	2144263	88280093	3137696	4560797
广 西	7075580		7111899	293	548789
海 南	1036541	18896	1850360		106942
重 庆	13861833	42	16056808	3415	1099195
四 川	15933437	115620	19547722	118709	1498240
贵 州	4102720	8888	6775323	65182	651806
云 南	9430647	18679	14088839	17728	3510038
西 藏	205270	17896	285422		27759
陕 西	9171934	110172	11026407	11313	780563
甘 肃	8425483	26353	9256803	168	1267732
青 海	610996		989932		73308
宁 夏	988105		1216606		68103
新 疆	5745886	2252	11926376	1260	910935

2-3 各地区大型批发和零售业企业商品购、销、存情况

单位：万元

地区	商品购进额	进口	商品销售额	出口	期末商品库存额
全国	**604339961**	**38976558**	**719014561**	**23813257**	**51072502**
北京	108312289	15388536	123367306	6026017	9319353
天津	30489125	471909	31783594	104625	1611601
河北	12074739	26131	15797564	11123	754590
山西	12459938	18800	14621906	118345	754138
内蒙古	4825988		5937652		365996
辽宁	35584208	1348433	39484030	89860	1632342
吉林	4667493	109	5865922		268630
黑龙江	11250350	316534	13613399	841548	916567
上海	60468470	10211016	71759733	3827138	6057677
江苏	40613239	2023008	53147660	4604302	4095954
浙江	32656703	3075763	36351867	2682430	1776032
安徽	16870287	331892	18809794	400625	846069
福建	14188008	1763097	16849590	718955	1342022
江西	4086547		6535907		325736
山东	31503866	909606	39584645	821548	2933552
河南	12729943	386	13980871	42741	2907870
湖北	22412713	956896	26659785	259120	1459371
湖南	5736997	34169	9461368	23926	770101
广东	76499831	1850891	82946596	3060784	3732811
广西	3142121		6239676	293	247527
海南	855159		1602690		75681
重庆	12829780		14879838		967220
四川	14607272	115590	17979102	114530	1315303
贵州	3664880	1834	6283398	65182	547481
云南	8686517		13204738		3352531
西藏	161957		221836		19882
陕西	8602897	105608	10273142		684772
甘肃	8012498	26353	8772951	168	1194729
青海	487269		857340		52066
宁夏	859248		1072914		47458
新疆	4999630		11067745		697439

2-4 各地区中型批发和零售业企业商品购、销、存情况

单位：万元

地区	商品购进额	进口	商品销售额	出口	期末商品库存额
全国	**42390239**	**1131831**	**45640303**	**912826**	**7975192**
北京	2301014	191862	2868184	74550	449045
天津	674458	24610	842490	50285	130415
河北	1434352	6330.9	1602056	53363	262359
山西	1092222		1285188		165355
内蒙古	471292		489104	510	123550
辽宁	908289	37958	1170528	44045	179642
吉林	470977	16	500662	6806	212116
黑龙江	510845		609486		99943
上海	2274383	333887	2925460	97764	469477
江苏	3081110	1825	3572529	97422	574383
浙江	2597355	77625	2946612	212344	404453
安徽	1328102	6982	1422596	24162	203342
福建	1346994	16091	1515347	52800	206957
江西	650417	900	763446		88941
山东	3661850	27714	4061109	6348	691630
河南	2728444	13128	2940211	27202	1147515
湖北	1531281	20227	1710704	27450	219731
湖南	1241663	9892	1403967	22969	177033
广东	4405990	293371	5333497	76912	827986
广西	3933459		872223		301262
海南	181382	18896	247670		31260
重庆	1032053	42	1176970	3415	131975
四川	1326165	30	1568620	4179	182937
贵州	437840	7055	491926		104325
云南	744129	18679	884101	17728	157507
西藏	43312	17896	63586		7876
陕西	569037	4564	753265	11313	95791
甘肃	412985		483852		73004
青海	123728		132592		21242
宁夏	128857		143693		20645
新疆	746256	2252	858631	1260	213496

2-5 各地区大中型批发业企业商品购、销、存情况

单位：万元

地区	商品购进额	进口	商品销售额	出口	期末商品库存额
全国	**506637472**	**39631707**	**586121928**	**24595463**	**43335999**
北京	94724088	15462044	108164423	6093626	8456317
天津	25975784	490586	27021567	154909	1331239
河北	9878461	32461	12916800	64486	648559
山西	10249781	18800	11485667	118345	522243
内蒙古	2705619		3216306	510	249745
辽宁	31711869	1376441	34111369	125808	1306047
吉林	3738074	109	4191070	6806	296093
黑龙江	8989460	316534	10429326	841548	666801
上海	49343813	10440534	56656869	3924902	4799694
江苏	32695565	2024785	42366984	4683532	3477052
浙江	27862459	3131795	31216657	2879177	1436896
安徽	14852642	338747	16716054	424787	677678
福建	12435840	1759543	14998034	771079	1172784
江西	3134515		5069746		267979
山东	22317398	926620	28007592	812350	2059271
河南	11158911	12912	12393126	69943	3061290
湖北	16271131	976839	19435155	286569	906364
湖南	4395708	37526	5040717	46719	628171
广东	67029078	1987096	66624100	3072602	3133903
广西	5945787		5673521		418562
海南	656968	17992	879132		41199
重庆	9374415		10699901	3415	662730
四川	9039074	115590	11724694	118709	783612
贵州	3361272	1834	5685279	65182	571649
云南	8503432	6256	12296704	17719	3321130
西藏	179853	17896	241856		21830
陕西	6482702	110165	7901402	11313	470074
甘肃	7461657	26353	8161919	168	1046715
青海	524543		879587		60078
宁夏	683543		882848		42263
新疆	4954033	2252	11033524	1260	798033

2-6 各地区大中型零售业企业商品购、销、存情况

单位：万元

地 区	商品购进额	进 口	商品销售额	出 口	期末商品库存额
全 国	**140092729**	**476682**	**178532936**	**130621**	**15711695**
北 京	15889215	118354	18071067	6940	1312080
天 津	5187799	5933	5604517		410778
河 北	3630630		4482821		368390
山 西	3302380		4421427		397250
内蒙古	2591662		3210450		239801
辽 宁	4780628	9951	6543190	8097	505938
吉 林	1400397	16	2175515		184653
黑龙江	2771734		3793558		349709
上 海	13399039	104369	18028325		1727460
江 苏	10998784	48	14353205	18192	1193285
浙 江	7391599	21593	8081822	15597	743589
安 徽	3345748	127	3516336		371733
福 建	3099162	19645	3366903	677	376195
江 西	1602449	900	2229608		146698
山 东	12848318	10700	15638163	15546	1565910
河 南	4299476	602	4527957		994095
湖 北	7672863	283	8935335		772738
湖 南	2582951	6535	5824617	176	318962
广 东	13876744	157166	21655992	65093	1426894
广 西	1129794		1438378	293	130227
海 南	379573	904	971228		65743
重 庆	4487417	42	5356907		436465
四 川	6894363	30	7823028		714629
贵 州	741448	7055	1090044		80157
云 南	927214	12423	1792135	10	188908
西 藏	25417		43566		5928
陕 西	2689232	7	3125005		310489
甘 肃	963826		1094884		221018
青 海	86453		110346		13231
宁 夏	304562		333759		25840
新 疆	791853		892853		112902

2-7 各地区大中型批发和零售业企业年末资产负债

单位：万元

地 区	流动资产合计	固定资产原价	累计折旧	资产总计	负债合计	所有者权益合计
全 国	**220788786**	**58866231**	**18823890**	**324635850**	**208188584**	**116102971**
北 京	47553330	5240401	1872016	71244684	46408632	24836052
天 津	3781536	1665520	476045	5686525	3983962	1702563
河 北	5353840	2021728	625792	7930255	5208166	2487862
山 西	5657201	2051644	598593	8559190	6269020	2290170
内蒙古	1108076	737103	219548	2111382	1393828	717554
辽 宁	7067468	2252122	771652	10591521	6604764	3895491
吉 林	1140555	946880	261737	2297612	1541227	756385
黑龙江	3546147	1126408	398148	4609462	2633119	1976344
上 海	22799256	4338835	1557002	32851512	21568463	11283049
江 苏	20294699	4555477	1460872	27642222	18200462	9441761
浙 江	10304409	2754124	812208	15622152	9901114	5721038
安 徽	5257987	1752071	523999	7494952	4822562	2672390
福 建	6248714	1101905	356463	8889937	4719673	4170263
江 西	1688675	924448	224101	2731075	1476091	1254984
山 东	16862182	5154500	1459189	23510564	15770159	7740405
河 南	3348330	1818913	526457	5523123	3434226	2088897
湖 北	6479045	3193584	1019174	10409144	7041085	3368059
湖 南	2561386	1484200	484059	5181099	2473901	2707198
广 东	22795809	6069222	1915722	33101576	21653200	11429573
广 西	1480106	879209	298411	2433374	1325933	1107441
海 南	358252	300757	86115	696180	259784	436396
重 庆	3533828	1104774	352352	4983536	3246197	1737338
四 川	5046603	1508934	470902	7374380	4368300	3006080
贵 州	2588702	672091	281009	3550241	2136823	1413418
云 南	6838439	2062190	772253	8818579	4543883	4274696
西 藏	49535	28876	4212	136231	50857	85374
陕 西	2599662	1117942	340659	4076671	2728579	1348092
甘 肃	2016218	759192	257151	2753843	1482882	1270961
青 海	222624	197987	51543	435892	278929	156963
宁 夏	287576	151313	39170	513196	234396	278800
新 疆	1918600	893878	307337	2875741	2428368	447373

2-8 各地区大型批发和零售业企业年末资产负债

单位：万元

地 区	流动资产合计	固定资产原价	累计折旧	资产总计	负债合计	所有者权益合计
全 国	**198834892**	**50445362**	**16336024**	**291547372**	**183070479**	**108132598**
北 京	45465116	4795011	1717652	68566993	44292845	24274148
天 津	3320781	1498967	429374	5021348	3465800	1555548
河 北	4705034	1671244	538434	6838328	4377472	2226628
山 西	4976167	1767777	517801	7526933	5408057	2118876
内蒙古	694440	592592	181992	1386657	823591	563066
辽 宁	6341300	1895412	675492	9238572	5568255	3579052
吉 林	825770	745306	207140	1771505	1104071	667434
黑龙江	3309633	975205	348933	4186144	2277203	1908941
上 海	21141680	3765864	1389741	30549212	19940275	10608937
江 苏	18533459	3899280	1232080	25028596	16002865	9025731
浙 江	8816521	2203441	659766	13249410	8076861	5172549
安 徽	4771193	1512231	456243	6666199	4175834	2490365
福 建	5551796	922491	300648	7974971	4052529	3922443
江 西	1445946	802532	194707	2351685	1187731	1163954
山 东	15386791	4142665	1189931	20946303	13854880	7091424
河 南	2430828	1349365	397595	4065219	2369032	1696187
湖 北	5755637	2932830	938200	9327444	6216487	3110957
湖 南	2001358	1279551	422575	4183604	1858758	2324846
广 东	20149218	5453842	1705028	29562491	18929193	10614495
广 西	984293	734707	257384	1650763	755975	894788
海 南	255546	274337	77967	566301	167964	398337
重 庆	3216223	973242	315301	4522271	2947175	1575096
四 川	4396309	1274040	397689	6433559	3660505	2773054
贵 州	2259369	566184	236519	3091456	1775121	1316335
云 南	6333082	1857025	708207	8036993	4027221	4009772
西 藏	26086	13264	8	100283	28774	71509
陕 西	2190215	897566	302997	3383574	2228269	1155305
甘 肃	1735174	681929	233906	2370650	1159166	1211484
青 海	180155	165326	41014	361028	234773	126256
宁 夏	182977	109122	23954	352448	120005	232443
新 疆	1452798	693017	237748	2236432	1983792	252640

2-9 各地区中型批发和零售业企业年末资产负债

单位：万元

地 区	流动资产合计	固定资产原价	累计折旧	资产总计	负债合计	所有者权益合计
全 国	**21953895**	**8420869**	**2487866**	**33088478**	**25118105**	**7970373**
北 京	2088214	445390	154364	2677691	2115787	561904
天 津	460755	166554	46672	665177	518163	147015
河 北	648806	350484	87358	1091927	830693	261234
山 西	681034	283868	80792	1032257	860963	171294
内蒙古	413637	144511	37556	724725	570237	154488
辽 宁	726168	356710	96161	1352949	1036509	316440
吉 林	314785	201574	54597	526107	437156	88952
黑龙江	236514	151204	49214	423318	355916	67403
上 海	1657576	572971	167261	2302300	1628188	674112
江 苏	1761240	656197	228792	2613626	2197597	416029
浙 江	1487888	550683	152442	2372741	1824253	548489
安 徽	486795	239841	67757	828753	646728	182025
福 建	696918	179414	55816	914966	667145	247821
江 西	242728	121917	29394	379390	288360	91030
山 东	1475391	1011835	269257	2564261	1915280	648982
河 南	917502	469548	128862	1457904	1065193	392710
湖 北	723408	260754	80974	1081700	824598	257102
湖 南	560028	204649	61483	997495	615143	382352
广 东	2646591	615380	210694	3539085	2724006	815079
广 西	495813	144501	41027	782611	569958	212653
海 南	102706	26420	8149	129879	91820	38059
重 庆	317605	131532	37052	461265	299022	162243
四 川	650294	234894	73213	940821	707795	233026
贵 州	329334	105908	44490	458785	361702	97083
云 南	505356	205165	64046	781586	516661	264925
西 藏	23449	15613	4204	35949	22083	13865
陕 西	409447	220376	37662	693096	500310	192787
甘 肃	281044	77263	23245	383193	323716	59477
青 海	42469	32661	10529	74863	44156	30707
宁 夏	104599	42192	15216	160747	114391	46357
新 疆	465802	200861	69589	639310	444576	194734

2-10 各地区大中型批发业企业年末资产负债

单位：万元

地区	流动资产合计	固定资产原价	累计折旧	资产总计	负债合计	所有者权益合计
全国	**165576150**	**32511961**	**10661942**	**233601608**	**145499379**	**87776736**
北京	40825168	2950459	1045485	60497435	39009012	21488423
天津	2550342	758236	202483	3388471	2425646	962824
河北	3900550	1100472	352271	5502264	3248873	2019164
山西	4522776	1299421	384041	6497265	4736617	1760648
内蒙古	717364	383980	116416	1188289	720762	467527
辽宁	5116473	1065989	384440	7027173	4045563	2890345
吉林	715447	381283	122388	1281426	760027	521399
黑龙江	2426713	567350	217180	2960048	1288426	1671622
上海	17217298	1919825	679835	23980472	15338747	8641725
江苏	15568298	2645476	819200	20015764	12596865	7418900
浙江	7596959	1424638	454498	11054351	6465003	4589348
安徽	4174428	1240707	377857	5738990	3482425	2256566
福建	4840218	637468	217127	6866351	3368911	3497440
江西	1073054	498910	135476	1625127	705595	919532
山东	10270388	2743840	770903	13731391	9790713	3940678
河南	2162249	1045669	328462	3480766	1834413	1646353
湖北	4334534	1637370	526314	6408048	4240648	2167400
湖南	1478692	545452	205885	2665971	1179379	1486593
广东	15707657	3524171	1073108	22323184	14648771	7674413
广西	1139324	556859	199120	1756199	894089	862111
海南	228888	46149	13937	327118	93380	233738
重庆	2253047	663679	219124	3027825	1887686	1140139
四川	2919660	617316	227358	3930933	2170241	1760693
贵州	2362892	526176	233690	2984880	1689622	1295257
云南	6323167	1768309	694144	7920408	4044436	3875972
西藏	29806	15727	766	106391	29620	76771
陕西	1395960	458532	166925	2104550	1269391	835159
甘肃	1863626	549773	189749	2383210	1213571	1169640
青海	180216	146770	34972	348853	218430	130423
宁夏	135872	82168	24039	226600	61972	164628
新疆	1545087	709787	244751	2251856	2040549	211307

2-11 各地区大中型零售业企业年末资产负债

单位：万元

地区	流动资产合计	固定资产原价	累计折旧	资产总计	负债合计	所有者权益合计
全国	**55212636**	**26354270**	**8161947**	**91034242**	**62689205**	**28326234**
北京	6728162	2289942	826531	10747249	7399620	3347629
天津	1231194	907284	273562	2298055	1558316	739738
河北	1453290	921256	273521	2427991	1959293	468699
山西	1134425	752224	214552	2061925	1532404	529521
内蒙古	390712	353123	103132	923092	673066	250027
辽宁	1950995	1186133	387213	3564349	2559202	1005147
吉林	425108	565596	139349	1016186	781200	234986
黑龙江	1119434	559058	180968	1649415	1344693	304722
上海	5581959	2419010	877167	8871040	6229716	2641324
江苏	4726401	1910001	641672	7626458	5603597	2022861
浙江	2707450	1329486	357711	4567800	3436111	1131690
安徽	1083560	511365	146142	1755962	1340138	415824
福建	1408496	464437	139337	2023586	1350762	672823
江西	615620	425538	88625	1105949	770496	335453
山东	6591794	2410660	688286	9779174	5979446	3799727
河南	1186081	773244	197995	2042356	1599812	442544
湖北	2144511	1556214	492860	4001096	2800437	1200659
湖南	1082693	938748	278174	2515128	1294522	1220605
广东	7088151	2545052	842614	10778392	7004429	3755160
广西	340782	322350	99291	677175	431845	245330
海南	129365	254608	72178	369062	166404	202658
重庆	1280781	441095	133228	1955710	1358511	597199
四川	2126943	891618	243544	3443447	2198059	1245388
贵州	225810	145915	47319	565362	447201	118161
云南	515272	293882	78109	898171	499447	398724
西藏	19729	13149	3446	29840	21237	8603
陕西	1203702	659410	173734	1972121	1459188	512933
甘肃	152592	209419	67403	370633	269312	101322
青海	42408	51217	16571	87038	60499	26540
宁夏	151704	69145	15131	286596	172424	114172
新疆	373512	184090	62586	623886	387819	236067

2-12 各地区大中型批发和零售业企业实收资本及构成

单位：万元

地 区	实收资本	国家资本	集体资本	法人资本	个人资本	港澳台资本	外商资本
全 国	**48118730**	**19684755**	**1130296**	**10700893**	**6283782**	**2446245**	**7872759**
北 京	10963415	926149	48450	4515666	795430	273434	4404286
天 津	909816	333579	9369	371695	104549	30752	59872
河 北	858318	310889	65062	152151	326702	40	3474
山 西	780963	503320	45325	86379	137876	7066	997
内蒙古	399310	195493	16406	77645	109766		
辽 宁	1643386	872540	54095	189432	266819	88141	172359
吉 林	389818	237739	23361	41704	75142	10284	1588
黑龙江	579781	382546	21699	88436	63848	13150	10103
上 海	5760795	2384621	48944	648516	358853	545207	1774655
江 苏	3747423	1498742	121584	937843	634470	243392	311393
浙 江	1986773	735863	79631	572175	506686	41494	50925
安 徽	998686	686581	15800	94180	172374	16904	12848
福 建	1179856	443240	14062	274274	181902	114829	151549
江 西	336980	141483	5232	34670	141379	8808	5408
山 东	2511882	903683	240771	515224	665102	57945	129156
河 南	1579284	1171625	48991	152766	130652	57982	17268
湖 北	1386504	703195	37576	316210	240254	56142	33127
湖 南	1052584	644792	30391	99603	180708	28074	69016
广 东	5228886	2721184	37281	721793	585043	662928	500658
广 西	571830	452761	7250	56333	52725	410	2351
海 南	223974	122338	505	53551	10658	24762	12160
重 庆	786361	520865	5843	100717	99753	22326	36857
四 川	1021165	608207	11937	146723	85789	116922	51588
贵 州	269434	217789	56	19168	19966	10096	2360
云 南	669343	364592	21193	150652	97254	8960	26692
西 藏	12926	8621	1199	1500	1606		
陕 西	666810	343798	66182	163994	84042	6200	2595
甘 肃	959668	867775	22094	20783	47015		2000
青 海	129948	94472	3795	7505	5051		19126
宁 夏	99252	56208	452	36862	5580		150
新 疆	413559	230065	25766	52741	96787		8201

2-13 各地区大型批发和零售业企业实收资本及构成

单位：万元

地 区	实收资本	国家资本	集体资本	法人资本	个人资本	港澳台资本	外商资本
全 国	**40602071**	**18306084**	**698601**	**8895337**	**3626713**	**1969014**	**7106322**
北 京	9900751	898490	38190	4219314	188810	267803	4288144
天 津	757408	294138	3597	344127	66440	16888	32217
河 北	640329	263801	37990	89966	248073		500
山 西	602336	452690	31290	44331	67588	6436	
内蒙古	279430	155881	8693	48530	66326		
辽 宁	1229473	798317	45320	133465	181247	46488	24636
吉 林	302022	204462	15932	20988	51450	7601	1588
黑龙江	496743	355037	16780	57826	43847	13150	10103
上 海	5145042	2310591	33919	516846	271631	414111	1597944
江 苏	3275723	1460669	66534	869027	444960	167203	267331
浙 江	1609423	696218	38437	460978	372963	31650	9178
安 徽	825868	652372	6984	37728	107800	12134	8850
福 建	958935	404433	13223	193457	111379	102203	134240
江 西	229204	114175	4852	28741	74290	5647	1500
山 东	1974873	846487	159013	409117	427239	51637	81381
河 南	1238368	1104978	1970	57767	24593	45180	3881
湖 北	1145963	659044	30106	232066	162519	38425	23803
湖 南	748435	485005	25468	79714	71031	23488	63730
广 东	4581100	2629497	22165	544172	370500	579467	435298
广 西	381996	317373	503	29717	33103		1300
海 南	190589	120708		45276		22985	1620
重 庆	667457	489939	1000	65013	67481	19744	24281
四 川	834981	575261		94584	26546	90575	48014
贵 州	201642	190472		3109	7550		510
云 南	528005	328976	14000	111794	54786		18449
西 藏	1760	1760					
陕 西	480767	303179	52438	104721	13728	6200	500
甘 肃	894045	862443	11669	5825	14108		
青 海	114472	90880	3447		1018		19126
宁 夏	77828	44773		33054			
新 疆	287107	194035	15080	14084	55707		8201

2-14 各地区中型批发和零售业企业实收资本及构成

单位：万元

地区	实收资本	国家资本	集体资本	法人资本	个人资本	港澳台资本	外商资本
全 国	**7516658**	**1378671**	**431695**	**1805556**	**2657069**	**477231**	**766436**
北 京	1062664	27660	10260	296352	606620	5631	116142
天 津	152408	39441	5772	27568	38109	13864	27655
河 北	217989	47089	27072	62185	78629	40	2974
山 西	178627	50630	14035	42048	70288	630	997
内蒙古	119880	39612	7713	29114	43441		
辽 宁	413914	74223	8775	55968	85572	41654	147723
吉 林	87797	33277	7428	20716	23692	2683	
黑龙江	83038	27509	4919	30610	20000		
上 海	615753	74031	15025	131670	87222	131095	176711
江 苏	471700	38073	55050	68816	189510	76189	44062
浙 江	377350	39646	41195	111197	133722	9844	41747
安 徽	172818	34208	8816	56453	64574	4769	3998
福 建	220922	38806	839	80817	70523	12626	17310
江 西	107776	27308	380	5929	67090	3161	3908
山 东	537009	57197	81758	106107	237863	6309	47775
河 南	340915	66647	47021	94999	106060	12802	13387
湖 北	240541	44151	7470	84144	77736	17717	9324
湖 南	304149	159788	4923	19889	109676	4586	5287
广 东	647787	91687	15115	177621	214542	83460	65360
广 西	189833	135388	6747	26616	19622	410	1051
海 南	33385	1630	505	8275	10658	1776	10540
重 庆	118904	30926	4843	35704	32272	2583	12576
四 川	186185	32946	11937	52139	59243	26347	3574
贵 州	67793	27317	56	16058	12416	10096	1850
云 南	141338	35616	7193	38858	42468	8960	8243
西 藏	11166	6861	1199	1500	1606		
陕 西	186043	40618	13744	59273	70314		2094
甘 肃	65622	5333	10425	14958	32908		2000
青 海	15476	3591	347	7505	4033		
宁 夏	21425	11435	452	3808	5580		150
新 疆	126452	36030	10686	38656	41080		

2-15 各地区大中型批发业企业实收资本及构成

单位：万元

地区	实收资本						
		国家资本	集体资本	法人资本	个人资本	港澳台资本	外商资本
全国	**32538923**	**16028774**	**464518**	**6454049**	**2788841**	**1024472**	**5778269**
北京	9071697	818733	21220	3883415	128219	196700	4023410
天津	429166	303140	2545	71120	16210	13979	22173
河北	531314	269808	12728	43482	205255	40	
山西	392302	310645	33298	23122	25007	230	
内蒙古	211556	138504	813	38550	33689		
辽宁	1058004	721383	39927	70255	66398	25726	134314
吉林	277926	232030	5000	6707	34189		
黑龙江	324066	245928	16209	13811	47568	550	
上海	3695979	1674815	9420	296803	174144	365350	1175448
江苏	2375574	1466468	93153	231501	394967	126683	62803
浙江	1290305	597298	37589	339376	308131	5299	2613
安徽	733325	589955	8277	56038	65871	12134	1050
福建	637267	281133	13698	94998	91512	39442	116484
江西	139915	85133	230	11044	36322	5687	1500
山东	1369243	747242	57988	138867	376993	46681	1472
河南	1153708	1044082	24610	46549	38397	70	
湖北	890400	621333	10204	182190	69289	6400	984
湖南	520517	396498	932	31348	75568	14633	1539
广东	3718679	2463472	9629	500643	398504	134158	212273
广西	429667	401437	2011	12906	13314		
海南	81887	16698		40416	1788	22985	
重庆	541622	460586	1217	40018	38299	1473	30
四川	287041	178467	906	67507	38839	22	1300
贵州	158901	144159		5539	6323	2881	
云南	487233	294575	18530	133159	36019	3350	1600
西藏	4992	4992					
陕西	393763	331210	15098	33090	14366		
甘肃	857682	828898	10305	3570	14909		
青海	114968	94472	302		1068		19126
宁夏	52116	49398		2568			150
新疆	308107	216282	18682	35459	37683		

2-16 各地区大中型零售业企业实收资本及构成

单位：万元

地 区	实收资本	国家资本	集体资本	法人资本	个人资本	港澳台资本	外商资本
全 国	**15579807**	**3655982**	**665777**	**4246844**	**3494941**	**1421773**	**2094490**
北 京	1891718	107416	27230	632251	667212	76734	380876
天 津	480650	30439	6824	300575	88339	16773	37700
河 北	327005	41081	52334	108669	121447		3474
山 西	388662	192676	12027	63258	112869	6836	997
内蒙古	187754	56989	15593	39095	76077		
辽 宁	585383	151157	14167	119177	200421	62416	38044
吉 林	111893	5709	18361	34997	40953	10284	1588
黑龙江	255715	136618	5489	74625	16280	12600	10103
上 海	2064816	709807	39524	351713	184709	179856	599207
江 苏	1371849	32274	28432	706342	239503	116709	248590
浙 江	696468	138565	42042	232799	198555	36196	48312
安 徽	265361	96626	7523	38142	106503	4769	11798
福 建	542589	162106	364	179277	90390	75387	35065
江 西	197065	56351	5002	23626	105058	3121	3908
山 东	1142638	156441	182783	376357	288110	11264	127684
河 南	425576	127543	24381	106217	92256	57912	17268
湖 北	496104	81862	27372	134021	170965	49742	32143
湖 南	532066	248294	29459	68255	105140	13441	67477
广 东	1510207	257712	27652	221150	186539	528769	288385
广 西	142162	51324	5239	43428	39411	410	2351
海 南	142087	105640	505	13135	8870	1776	12160
重 庆	244739	60279	4627	60699	61454	20854	36827
四 川	734124	429740	11031	79216	46949	116899	50288
贵 州	110533	73631	56	13629	13643	7215	2360
云 南	182110	70017	2663	17493	61235	5610	25092
西 藏	7934	3629	1199	1500	1606		
陕 西	273047	12588	51084	130905	69676	6200	2595
甘 肃	101986	38877	11789	17213	32106		2000
青 海	14980		3493	7505	3983		
宁 夏	47136	6810	452	34294	5580		
新 疆	105452	13783	7083	17281	59104		8201

2-17 各地区大中型批发和零售业企业损益及分配

单位：万元

地　区	主营业务收入	主营业务成本	主营业务税金及附加	主营业务利润
全　国	**683206661**	**604058022**	**3750582**	**78072423**
北　京	107895911	96469898	144072	11281941
天　津	28130416	26852668	47212	1202688
河　北	15398963	13850930	112881	1293903
山　西	15180641	14013951	103702	1413103
内蒙古	6108395	5067605	66527	829148
辽　宁	35247940	32839809	140123	2197930
吉　林	5413260	4708440	48296	625464
黑龙江	12456833	10415763	185303	1474618
上　海	68442846	59277967	129925	9079725
江　苏	50472847	43802215	266969	6171885
浙　江	33937941	30479821	247531	3210589
安　徽	17351412	15305594	121154	1907574
福　建	15975872	14053954	128512	1754992
江　西	6732064	5542830	97080	978563
山　东	45840897	40725000	292130	9853454
河　南	15421782	13182322	245705	1993754
湖　北	23367952	20665743	135230	2271303
湖　南	10277147	8626927	92179	835376
广　东	78331348	70015948	286563	8111751
广　西	6395119	5366889	68706	897398
海　南	1763741	1441966	18015	240746
重　庆	14113843	12086373	115513	1779888
四　川	17736514	15587508	288322	1979206
贵　州	6297772	4637983	81835	1528890
云　南	12784918	10619292	113571	2026336
西　藏	286679	188645	3901	92605
陕　西	10251352	8623558	88174	1149620
甘　肃	8998057	8106441	31155	860461
青　海	949019	860061	6532	75041
宁　夏	1076908	915961	10659	130390
新　疆	10568273	9725962	33108	824082

2-17 续表

地区	其他业务利润	营业费用	管理费用	财务费用
全国	**6079887**	**34099349**	**17327925**	**1807713**
北京	1483112	5901693	3002190	338506
天津	143540	531925	263785	42375
河北	126061	619311	443734	38788
山西	104001	426304	441782	84109
内蒙古	20367	297141	145800	23591
辽宁	143305	1103677	557850	108753
吉林	20779	200060	158844	27467
黑龙江	79293	568761	333084	42486
上海	877600	6042246	1880489	152546
江苏	386317	2781518	1554752	108863
浙江	327913	1524851	710358	52578
安徽	67940	935254	427924	23780
福建	109018	718658	396075	34094
江西	21698	356318	187890	13158
山东	240577	1766336	1180366	195409
河南	108279	584314	607568	32623
湖北	212805	958875	597340	60027
湖南	61360	523046	413668	30261
广东	996461	3736149	1460435	179261
广西	40466	303267	227295	12449
海南	15252	98831	50636	2395
重庆	89746	874899	571894	55067
四川	137333	803932	472654	46427
贵州	47077	329965	261123	-1567
云南	56246	777070	429137	-3502
西藏	77	28470	14662	362
陕西	105950	457215	254429	30817
甘肃	17286	372441	108965	35521
青海	3274	34126	26348	2659
宁夏	4603	46410	26849	2605
新疆	32154	396290	119999	35805

单位：万元

营业利润	利润总额	应交所得税	劳动、失业保险费	住房公积金和住房补贴
27739335	**29274546**	**6203690**	**469645**	**716760**
4362936	5357787	1012327	121388	112098
569711	585795	150286	3586	14022
400124	453293	108748	21816	14740
606504	640648	176493	8448	11184
394769	350524	55017	5001	7516
600568	748467	139673	12181	25341
257117	266739	47442	2689	9204
468393	433627	106677	11059	16570
1933252	2189231	540199	29270	69103
2386475	2553769	598401	42454	48034
1263082	1525029	362060	18799	24211
671819	665723	157919	8584	18989
760854	832753	186890	7787	20899
443349	437188	105332	5758	6116
1949731	1989592	356350	22314	55399
755088	762049	205462	15970	21889
716331	745215	198211	10487	19320
621324	501046	96056	8525	11222
3693192	3205489	590674	25319	61823
402402	284865	75237	6382	12622
104132	109656	16227	1443	1738
393410	399521	80738	10659	17881
786525	899164	193960	12849	19636
990278	1054073	255418	7138	37460
894312	1009421	228670	10031	28463
52073	18706	2498	5	868
525763	513337	94943	3870	15930
360820	324039	28530	27356	4468
10512	22231	3960	764	909
70125	72413	11408	822	1290
294367	323157	17885	6892	7817

2-18 各地区大型批发和

地 区	主营业务收入	主营业务成本	主营业务税金及附加	主营业务利润	其他业务利润	营业费用
全 国	**640373172**	**567899325**	**3466996**	**72058777**	**5230936**	**30275121**
北 京	105177836	94329724	129495	10718618	1395258	5516028
天 津	27394796	26225534	43099	1103327	122464	439630
河 北	13899418	12534318	106848	1144520	102627	519657
山 西	13949431	12928551	98661	1291105	84032	359588
内蒙古	5617877	4660165	61925	759782	15577	265846
辽 宁	34136905	31919534	120807	2040993	52071	1011127
吉 林	4939681	4293812	44715	568686	8987	165879
黑龙江	11904587	9959544	180985	1384788	65552	534390
上 海	65543448	56969621	119643	8492652	772329	5649111
江 苏	47244756	41024825	247571	5788233	322319	2461541
浙 江	31315072	28205081	237863	2872128	255406	1260274
安 徽	16055261	14161854	116749	1771398	50963	826752
福 建	14609854	12871575	123813	1581919	86964	592702
江 西	6026635	4941852	93748	901039	16269	300262
山 东	41980025	37495037	255943	9280536	199003	1539094
河 南	12606549	10748547	197885	1660117	76906	447545
湖 北	21719943	19245060	128329	2064435	196818	826128
湖 南	8918914	7551268	77972	677167	53167	417067
广 东	73360345	65869643	268577	7310130	908787	3194865
广 西	5573131	4650336	62008	808409	27839	221664
海 南	1529974	1251647	16800	198509	8262	69751
重 庆	12989803	11137284	106601	1633693	83722	802763
四 川	16272407	14317545	280359	1790934	116963	684791
贵 州	5833843	4249620	80126	1464925	37509	284940
云 南	11948761	9901303	109318	1917294	40549	711233
西 藏	221836	135609	2749	83478		23349
陕 西	9540961	8047706	82228	1038362	96460	401027
甘 肃	8513473	7673341	28261	811871	12375	343382
青 海	823530	752372	6262	59955	1968	26513
宁 夏	952456	807059	10056	115343	540	38783
新 疆	9771667	9039958	27603	724429	19248	339441

零售业企业损益及分配

单位：万元

管理费用	财务费用	营业利润	利润总额	应交所得税	劳动、失业保险费	住房公积金和住房补贴
14885969	**1465094**	**27129101**	**28414900**	**5975844**	**414941**	**653904**
2768311	331936	4299880	5279794	989422	116917	101994
216732	36769	577987	586622	146963	2519	11826
363974	26598	411542	451368	104350	18928	13501
378761	74230	606038	629602	173660	7690	10148
119580	18180	376720	324705	53577	4081	7196
466277	61972	577345	714667	136053	10341	23573
121173	18072	268903	270554	46369	2129	8701
295847	36111	446630	423501	104847	10545	15959
1590122	143469	1931116	2157704	515682	24921	60808
1391920	78888	2397280	2484697	578940	35875	42853
560373	28188	1287966	1523516	353557	15877	20532
371609	16319	675033	669115	154874	7752	17978
345014	26324	753861	805856	176582	6990	19409
162840	7772	440552	431155	103028	5415	5566
967306	159778	1732126	1778291	323168	19203	50941
496992	21101	687710	696923	191819	13557	20134
523107	50044	690244	720163	191121	9344	17138
346028	18724	532308	446139	89250	6512	9181
1198224	148809	3628513	3096500	565789	21558	56195
174534	4454	439411	314542	72797	3869	11510
38595	1855	96570	102786	14337	1172	1654
530950	48579	356403	365670	75721	9131	16467
401531	35961	779825	884211	187681	9323	18514
232675	-6321	985959	1049438	253538	6703	36728
385876	-9162	880219	992787	225298	9605	27061
10652	80	49396	15586	2290		319
217283	24777	505317	495903	91651	3517	15145
90307	30426	360132	315757	26810	27121	4073
19650	2129	7738	16084	2683	627	822
19805	204	67977	69602	11124	706	1099
79923	28830	278402	301663	12863	3014	6883

2-19 各地区中型批发和

地　区	主营业务收入	主营业务成本	主营业务税金及附加	主营业务利润	其他业务利润	营业费用
全　国	**42833489**	**36158697**	**283586**	**6013647**	**848952**	**3824227**
北　京	2718074	2140174	14578	563322	87854	385665
天　津	735621	627134	4113	99361	21076	92295
河　北	1499546	1316612	6032	149383	23434	99653
山　西	1231211	1085400	5041	121998	19969	66716
内蒙古	490518	407439	4602	69366	4790	31296
辽　宁	1111035	920276	19317	156936	91234	92550
吉　林	473579	414627	3582	56778	11792	34181
黑龙江	552247	456218	4318	89829	13741	34371
上　海	2899398	2308346	10282	587073	105271	393135
江　苏	3228091	2777390	19398	383652	63998	319977
浙　江	2622868	2274740	9668	338460	72507	264576
安　徽	1296151	1143740	4405	136176	16976	108503
福　建	1366018	1182380	4699	173073	22054	125956
江　西	705429	600978	3332	77525	5430	56056
山　东	3860873	3229963	36188	572918	41574	227242
河　南	2815233	2433776	47820	333637	31373	136769
湖　北	1648009	1420683	6901	206867	15987	132747
湖　南	1358233	1075659	14207	158209	8193	105980
广　东	4971003	4146304	17985	801621	87674	541284
广　西	821987	716553	6698	88989	12627	81603
海　南	233768	190320	1215	42237	6990	29080
重　庆	1124040	949089	8912	146196	6024	72136
四　川	1464106	1269964	7964	188272	20370	119141
贵　州	463929	388363	1708	63965	9567	45024
云　南	836157	717989	4253	109041	15697	65836
西　藏	64843	53035	1151	9127	77	5121
陕　西	710391	575852	5946	111257	9490	56188
甘　肃	484584	433100	2894	48590	4911	29059
青　海	125489	107689	270	15087	1306	7613
宁　夏	124452	108902	603	15047	4063	7628
新　疆	796606	686005	5505	99654	12906	56849

零售业企业损益及分配

单位：万元

管理费用	财务费用	营业利润	利润总额	应交所得税	劳动、失业保险费	住房公积金和住房补贴
2441955	**342619**	**610234**	**859647**	**227846**	**54704**	**62856**
233880	6570	63056	77993	22905	4470	10104
47053	5606	-8276	-827	3323	1066	2196
79760	12190	-11418	1926	4399	2888	1239
63021	9879	467	11047	2833	757	1036
26220	5411	18049	25819	1440	920	320
91573	46780	23223	33801	3620	1840	1768
37671	9396	-11787	-3816	1073	560	502
37237	6376	21763	10126	1830	514	611
290367	9077	2135	31527	24517	4349	8296
162832	29975	-10805	69072	19461	6578	5181
149984	24390	-24885	1513	8504	2923	3679
56314	7461	-3215	-3392	3045	833	1011
51061	7770	6993	26897	10309	798	1491
25050	5386	2797	6032	2304	343	550
213060	35632	217605	211300	33182	3112	4457
110576	11522	67378	65125	13643	2413	1755
74233	9984	26087	25052	7090	1143	2183
67640	11537	89016	54907	6806	2013	2041
262212	30452	64679	108989	24885	3761	5628
52761	7995	-37009	-29677	2440	2513	1113
12040	541	7562	6870	1889	271	84
40944	6489	37007	33852	5017	1529	1413
71123	10466	6699	14953	6279	3526	1122
28448	4754	4319	4635	1880	435	733
43261	5660	14093	16635	3372	425	1402
4010	282	2677	3120	208	5	549
37146	6040	20447	17434	3291	353	785
18659	5096	688	8282	1720	236	395
6697	530	2773	6147	1277	137	87
7045	2401	2148	2811	284	116	191
40076	6975	15965	21494	5022	3878	933

2-20 各地区大中型批发业

地 区	主营业务收入	主营业务成本	主营业务税金及附加	主营业务利润	其他业务利润	营业费用
全 国	**527858891**	**470316721**	**2898116**	**58299584**	**2123009**	**21842361**
北 京	92368175	83054116	97185	9216875	799009	4338613
天 津	23319982	22470891	37044	801080	19328	177676
河 北	11930684	10762772	96741	941648	12547	413298
山 西	11128583	10385438	94135	1037604	56877	213488
内蒙古	3145939	2573295	55823	493760	1811	152990
辽 宁	29450825	27894462	97450	1433624	59487	740413
吉 林	3909445	3406221	39316	447004	2269	141357
黑龙江	9318689	7967560	82232	891886	15347	344056
上 海	53244141	46166372	91691	7024546	231767	4378377
江 苏	38102070	33027333	221984	4717976	77728	1830229
浙 江	26858534	24220106	217348	2421081	74396	900831
安 徽	14258296	12550103	110872	1603558	21721	731495
福 建	13074364	11609761	113926	1350478	49704	412721
江 西	4692943	3780115	86892	719171	1039	229588
山 东	31322173	27876987	223993	8269284	18222	1043818
河 南	11280437	9537137	209011	1534289	9925	362360
湖 北	16832263	14976211	100165	1488149	34624	479528
湖 南	4871071	4033385	67562	431053	5114	195251
广 东	59272790	54194724	222673	4933708	480761	1913149
广 西	5161228	4354338	58636	712275	6356	193983
海 南	794878	573473	15888	142499	5767	46793
重 庆	9508005	8471446	70173	942102	11328	482759
四 川	10672931	9328403	157870	1202608	40940	307890
贵 州	5273962	3782197	79097	1407022	34323	266341
云 南	11115922	9210408	108545	1772151	27651	617831
西 藏	241856	152757	3540	85559	1	23978
陕 西	7369216	6277657	69007	694393	6904	221646
甘 肃	7941076	7166118	27468	747490	10982	316630
青 海	845379	768596	6278	63272	757	26111
宁 夏	780149	666184	8307	85661	1154	23835
新 疆	9772886	9078158	27268	687782	5171	315327

企业损益及分配

单位：万元

管理费用	财务费用	营业利润	利润总额	应交所得税	劳动、失业保险费	住房公积金和住房补贴
11113567	**1054742**	**22435864**	**24471587**	**5231999**	**303576**	**535388**
2348393	280247	3854436	4838346	879224	108012	80106
128030	20543	508978	513499	132509	1237	6162
225096	16757	369869	412819	95027	9913	11826
342156	41966	512378	545144	165058	7169	9010
95140	12507	245908	258824	47897	3132	5258
225276	70693	425272	583062	107296	5603	15300
74869	15430	214446	224768	35961	1904	8474
141092	23437	371226	342509	79333	6401	13101
1143417	88914	1655897	1880800	415425	18688	46044
1025430	53953	2089200	2254753	515382	20485	31634
452452	23469	1128718	1364831	307301	8425	15225
294367	6374	596840	601311	147199	5844	16169
297271	24727	658795	751063	166719	4184	12476
130700	-345	355026	370125	91981	2885	4694
637952	72849	1443344	1481338	277258	15165	46511
444093	19567	616869	633645	172726	13624	19923
332257	33014	509185	568731	150990	6889	14995
219508	11045	356616	309106	65844	4473	7590
924548	133808	2383429	2271190	473734	14930	43956
155846	7218	366938	245922	67444	2597	10547
26847	-371	74996	81460	12921	1031	1310
207667	6250	264861	277886	62026	7782	14463
282549	25247	623738	689883	168340	9057	12751
234594	-5612	953564	1017073	251964	6812	36993
371366	-9339	833017	947357	220548	9366	26454
11712	85	49786	15988	2372	5	801
149020	17701	326293	343066	71307	2325	11614
88732	30685	322425	294374	27052	1661	3714
18577	2159	11492	19449	2947	190	805
15560	376	50595	52592	8506	693	1061
69049	31393	261728	280675	9709	3095	6419

2-21 各地区大中型零售业

地 区	主营业务收入	主营业务成本	主营业务税金及附加	主营业务利润	其他业务利润	营业费用
全 国	**155347770**	**133741301**	**852467**	**19772839**	**3956878**	**12256988**
北 京	15527736	13415782	46888	2065066	684103	1563080
天 津	4810434	4381777	10168	401607	124212	354249
河 北	3468279	3088159	16140	352256	113514	206013
山 西	4052059	3628514	9567	375499	47125	212816
内蒙古	2962456	2494310	10704	335388	18556	144152
辽 宁	5797115	4945348	42673	764306	83818	363264
吉 林	1503815	1302219	8980	178460	18509	58703
黑龙江	3138145	2448202	103071	582732	63946	224705
上 海	15198705	13111595	38234	2055179	645833	1663868
江 苏	12370777	10774882	44986	1453910	308589	951288
浙 江	7079406	6259715	30183	789508	253516	624020
安 徽	3093116	2755491	10282	304016	46219	203760
福 建	2901508	2444194	14585	404514	59315	305936
江 西	2039121	1762714	10188	259393	20659	126730
山 东	14518725	12848013	68137	1584171	222355	722518
河 南	4141345	3645185	36694	459466	98354	221954
湖 北	6535689	5689532	35065	783153	178182	479347
湖 南	5406077	4593542	24617	404323	56245	327795
广 东	19058558	15821224	63890	3178043	515699	1823000
广 西	1233891	1012551	10070	185123	34110	109285
海 南	968863	868493	2127	98247	9485	52038
重 庆	4605838	3614927	45340	837787	78417	392140
四 川	7063583	6259105	130452	776598	96393	496042
贵 州	1023810	855786	2738	121869	12754	63623
云 南	1668996	1408884	5026	254184	28595	159239
西 藏	44823	35887	360	7046	76	4492
陕 西	2882136	2345901	19168	455227	99046	235570
甘 肃	1056981	940323	3687	112971	6305	55811
青 海	103640	91465	254	11769	2517	8015
宁 夏	296759	249777	2352	44729	3450	22576
新 疆	795387	647805	5840	136301	26983	80963

企业损益及分配

单位：万元

管理费用	财务费用	营业利润	利润总额	应交所得税	劳动、失业保险费	住房公积金和住房补贴
6214358	**752972**	**5303471**	**4802959**	**971691**	**166069**	**181372**
653797	58259	508501	519442	133104	13376	31992
135755	21831	60733	72296	17777	2349	7859
218638	22031	30255	40475	13721	11904	2914
99626	42144	94126	95505	11435	1278	2175
50660	11084	148861	91700	7120	1869	2258
332574	38060	175297	165405	32377	6578	10041
83975	12037	42671	41971	11481	784	730
191992	19050	97166	91118	27345	4657	3469
737072	63633	277354	308431	124774	10582	23059
529322	54910	297275	299016	83019	21968	16399
257905	29109	134363	160197	54759	10374	8986
133556	17406	74978	64412	10721	2741	2820
98804	9368	102059	81690	20171	3604	8423
57190	13503	88323	67062	13351	2873	1422
542415	122561	506387	508254	79092	7150	8888
163475	13056	138219	128403	32736	2346	1966
265083	27013	207146	176484	47221	3598	4325
194160	19216	264708	191940	30212	4052	3632
535887	45453	1309763	934299	116940	10389	17867
71449	5231	35464	38943	7793	3785	2075
23788	2766	29136	28196	3306	412	428
364226	48817	128550	121636	18712	2878	3417
190105	21180	162787	209281	25620	3792	6885
26529	4045	36714	36999	3453	326	467
57771	5837	61295	62064	8122	665	2009
2951	278	2288	2718	126		67
105409	13116	199471	170271	23635	1545	4316
20233	4837	38395	29665	1478	25695	754
7770	500	-980	2782	1013	574	104
11289	2230	19530	19821	2902	128	229
50951	4412	32639	42483	8176	3796	1398

2-22 各地区大中型批发和

地区	大中型批发和零售业企业			大型批发和零售业企业		
	本年应付工资总额	本年应付福利费总额	本年应交增值税	本年应付工资总额	本年应付福利费总额	本年应交增值税
全国	**11809040**	**821886**	**14010500**	**9810870**	**702430**	**12985487**
北京	1692763	128433	1841850	1497866	117833	1766023
天津	210846	10747	296177	173029	10014	269353
河北	271613	12911	236923	218331	10641	214947
山西	262407	15527	355857	217571	12791	317459
内蒙古	154249	13566	157584	130156	12679	145656
辽宁	330215	17834	373037	281864	15049	351560
吉林	120951	8178	136646	100109	6895	128539
黑龙江	257571	19204	722490	224795	15970	707063
上海	1307286	80488	1325793	1123422	70027	1207252
江苏	992840	81737	946193	839340	69090	875616
浙江	547105	33943	519510	432668	28172	474264
安徽	306638	23199	400126	256537	20341	377959
福建	331527	16071	303197	271742	13477	277416
江西	141392	11431	153471	114565	9240	135220
山东	733572	45494	898957	571556	33706	809578
河南	388743	26596	375521	269369	21697	332220
湖北	392910	58586	449498	330533	53945	400969
湖南	256701	23410	237504	194572	18170	202063
广东	1310599	78869	1589746	1054861	64496	1467523
广西	156854	13598	183568	120021	11160	165020
海南	33384	2086	44988	21961	1425	35454
重庆	290681	15978	303725	253338	13909	279648
四川	369423	23976	410538	309845	20493	377726
贵州	163053	13284	316351	141793	11876	305410
云南	338969	17921	385918	301031	16179	364159
西藏	6179	159	5717	3491		4231
陕西	218803	12794	472232	190326	10457	457074
甘肃	65318	4459	252627	48479	3800	234565
青海	21575	1160	9646	16691	896	7541
宁夏	21829	1469	28260	16171	1052	26351
新疆	113045	8779	276851	84838	6952	267628

零售业企业工资、福利及增值税

单位：万元

中型批发和零售业企业			大中型批发业企业			大中型零售业企业		
本年应付工资总额	本年应付福利费总额	本年应交增值税	本年应付工资总额	本年应付福利费总额	本年应交增值税	本年应付工资总额	本年应付福利费总额	本年应交增值税
1998170	**119456**	**1025013**	**7008464**	**549917**	**10102181**	**4800576**	**271969**	**3908319**
194898	10600	75827	1172741	96212	1499953	520022	32221	341897
37817	733	26824	91453	6653	245590	119393	4094	50587
53282	2270	21976	158036	6394	181118	113578	6518	55805
44836	2736	38398	182200	9812	298058	80207	5715	57800
24093	887	11928	80959	9269	96946	73290	4298	60638
48351	2785	21477	149517	9565	261923	180699	8268	111114
20842	1283	8107	88227	5780	112119	32724	2399	24527
32777	3235	15426	126075	10859	452889	131496	8345	269600
183864	10462	118541	792803	59791	946138	514483	20697	379655
153499	12647	70576	513745	48447	733806	479095	33290	212386
114437	5771	45246	317337	23539	376482	229768	10404	143028
50101	2859	22167	214112	17773	355889	92525	5426	44237
59785	2593	25781	202801	10890	227757	128726	5181	75440
26827	2191	18250	99012	8891	125150	42380	2541	28320
162017	11789	89379	367769	22405	579285	365804	23090	319672
119374	4899	43302	248301	20649	200383	140441	5946	175138
62377	4640	48529	196386	44987	302222	196524	13599	147276
62129	5240	35441	113566	11061	147325	143135	12350	90179
255738	14373	122223	713747	43705	946310	596852	35164	643436
36833	2437	18549	99943	10191	145119	56911	3406	38449
11424	661	9534	18914	1105	26715	14470	981	18274
37343	2069	24077	174862	12024	236853	115819	3954	66872
59578	3484	32812	193950	12707	226378	175473	11270	184160
21260	1409	10941	142124	11756	294615	20929	1528	21736
37938	1741	21759	266574	15831	337355	72396	2090	48563
2688	159	1486	4078	109	4629	2101	50	1088
28478	2337	15158	128209	6797	255335	90594	5996	216898
16839	659	18062	45804	3511	230474	19513	948	22154
4884	265	2105	16491	1134	8194	5084	26	1453
5657	417	1909	12761	1036	21333	9068	433	6927
28207	1827	9223	75969	7036	225839	37076	1744	51012

2-23 各地区大中型批发和零售业企业经济效益分析指标

地　区	负债比率 (%)	主营业务毛利率 (%)	人均营业收入 (万元)	流动资产周转次数 (次)	费用率 (%)
全　国	**64.1**	**11.6**	**176.4**	**3.1**	**7.7**
北　京	65.1	10.6	384.5	2.3	8.4
天　津	70.1	4.5	480.9	7.5	3.0
河　北	65.7	10.1	121.5	2.9	7.1
山　西	73.2	7.7	129.4	2.7	6.2
内蒙古	66.0	17.0	100.7	5.5	7.6
辽　宁	62.4	6.8	239.3	5.0	5.0
吉　林	67.1	13.0	110.8	4.8	7.0
黑龙江	57.1	16.4	143.7	3.6	7.5
上　海	65.7	13.4	233.6	3.1	11.6
江　苏	65.8	13.2	146.6	2.5	8.7
浙　江	63.4	10.2	202.7	3.3	6.7
安　徽	64.3	11.8	134.5	3.3	7.9
福　建	53.1	12.0	131.7	2.6	7.1
江　西	54.0	17.7	113.1	4.0	8.2
山　东	67.1	11.2	117.4	2.7	6.8
河　南	62.2	14.5	88.2	4.7	7.9
湖　北	67.6	11.6	123.5	3.7	6.8
湖　南	47.7	16.1	103.8	4.1	9.3
广　东	65.4	10.6	207.1	3.5	6.8
广　西	54.5	16.1	114.0	4.4	8.4
海　南	37.3	18.2	145.3	5.0	8.5
重　庆	65.1	14.4	133.1	4.1	10.5
四　川	59.2	12.1	138.5	3.6	7.3
贵　州	60.2	26.4	144.9	2.5	9.2
云　南	51.5	16.9	145.2	1.9	9.2
西　藏	37.3	34.2	128.1	5.8	15.1
陕　西	66.9	15.9	115.0	4.0	7.2
甘　肃	53.8	9.9	377.0	4.5	5.7
青　海	64.0	9.4	118.8	4.3	6.6
宁　夏	45.7	14.9	119.9	3.8	7.0
新　疆	84.4	8.0	289.5	5.5	5.2

注：费用率等于营业费用、管理费用、财务费用三项之和除以营业收入合计(下表同)。

2-24 各地区大型批发和零售业企业经济效益分析指标

地区	负债比率(%)	主营业务毛利率(%)	人均营业收入(万元)	流动资产周转次数(次)	费用率(%)
全国	**62.8**	**11.3**	**224.9**	**3.3**	**7.2**
北京	64.6	10.3	463.5	2.4	8.0
天津	69.0	4.3	620.9	8.3	2.5
河北	64.0	9.8	160.8	3.0	6.5
山西	71.8	7.3	166.3	2.8	5.8
内蒙古	59.4	17.0	119.9	8.1	7.2
辽宁	60.3	6.5	285.0	5.4	4.5
吉林	62.3	13.1	136.1	6.1	6.1
黑龙江	54.4	16.3	169.2	3.6	7.2
上海	65.3	13.1	265.2	3.2	11.1
江苏	63.9	13.2	177.2	2.6	8.2
浙江	61.0	9.9	273.6	3.6	5.8
安徽	62.6	11.8	176.3	3.4	7.5
福建	50.8	11.9	164.9	2.7	6.5
江西	50.5	18.0	142.6	4.2	7.8
山东	66.1	10.7	150.0	2.8	6.3
河南	58.3	14.7	158.8	5.2	7.6
湖北	66.6	11.4	149.8	3.8	6.4
湖南	44.4	15.3	138.8	4.5	8.7
广东	64.0	10.2	260.5	3.7	6.1
广西	45.8	16.6	145.7	5.8	7.1
海南	29.7	18.2	211.1	6.0	7.2
重庆	65.2	14.3	158.0	4.1	10.5
四川	56.9	12.0	175.7	3.8	6.8
贵州	57.4	27.2	192.9	2.6	8.6
云南	50.1	17.1	173.9	1.9	8.9
西藏	28.7	38.9	225.7	8.5	15.4
陕西	65.9	15.7	142.5	4.4	6.7
甘肃	48.9	9.9	684.6	4.9	5.4
青海	65.0	8.6	154.9	4.6	5.8
宁夏	34.0	15.3	184.1	5.2	6.2
新疆	88.7	7.5	414.5	6.8	4.6

2-25 各地区中型批发和零售业企业经济效益分析指标

地 区	负债比率 (%)	主营业务毛利率 (%)	人均营业收入 (万元)	流动资产周转次数 (次)	费用率 (%)
全 国	**75.9**	**15.6**	**42.2**	**2.0**	**15.0**
北 京	79.0	21.3	51.5	1.4	22.1
天 津	77.9	14.7	52.7	1.7	18.9
河 北	76.1	12.2	37.5	2.4	12.5
山 西	83.4	11.8	37.2	1.9	11.1
内蒙古	78.7	16.9	35.7	1.2	12.7
辽 宁	76.6	17.2	43.3	1.7	19.1
吉 林	83.1	12.4	38.5	1.6	16.4
黑龙江	84.1	17.4	35.4	2.5	13.2
上 海	70.7	20.4	64.6	1.8	22.8
江 苏	84.1	14.0	42.0	1.9	15.5
浙 江	76.9	13.3	50.3	1.8	16.2
安 徽	78.0	11.8	34.4	2.7	13.0
福 建	72.9	13.4	42.1	2.0	13.2
江 西	76.0	14.8	41.1	2.9	12.1
山 东	74.7	16.3	35.3	2.7	12.0
河 南	73.1	13.5	29.6	3.1	9.0
湖 北	76.2	13.8	37.2	2.3	13.0
湖 南	61.7	20.8	39.1	2.5	13.5
广 东	77.0	16.6	51.8	1.9	16.4
广 西	72.8	12.8	46.2	1.7	17.0
海 南	70.7	18.6	48.7	2.4	17.2
重 庆	64.8	15.6	47.0	3.6	10.5
四 川	75.2	13.3	41.3	2.3	13.4
贵 州	78.8	16.3	35.4	1.4	16.4
云 南	66.1	14.1	43.5	1.7	13.3
西 藏	61.4	18.2	52.3	2.8	14.2
陕 西	72.2	18.9	32.2	1.8	13.7
甘 肃	84.5	10.6	42.7	1.7	10.8
青 海	59.0	14.2	47.2	3.0	11.7
宁 夏	71.2	12.5	33.5	1.2	13.3
新 疆	69.5	13.9	62.6	1.8	12.7

2-26 各地区大中型批发业企业经济效益分析指标

地 区	负债比率 (%)	主营业务毛利率 (%)	人均营业收入 (万元)	流动资产周转次数 (次)	费用率 (%)
全 国	**62.3**	**10.9**	**356.7**	**3.2**	**6.4**
北 京	64.5	10.1	807.8	2.3	7.4
天 津	71.6	3.6	1560.9	9.2	1.4
河 北	59.0	9.8	252.7	3.1	5.4
山 西	72.9	6.7	200.0	2.5	5.3
内蒙古	60.7	18.2	123.8	4.4	8.3
辽 宁	57.6	5.3	796.3	5.8	3.5
吉 林	59.3	12.9	138.5	5.5	5.8
黑龙江	43.5	14.5	323.5	3.9	5.4
上 海	64.0	13.3	476.1	3.1	10.5
江 苏	62.9	13.3	275.4	2.5	7.6
浙 江	58.5	9.8	455.8	3.6	5.1
安 徽	60.7	12.0	233.1	3.4	7.2
福 建	49.1	11.2	304.7	2.7	5.6
江 西	43.4	19.5	169.8	4.4	7.6
山 东	71.3	11.0	238.0	3.1	5.6
河 南	52.7	15.5	187.0	5.2	7.3
湖 北	66.2	11.0	303.1	3.9	5.0
湖 南	44.2	17.2	183.5	3.3	8.7
广 东	65.6	8.6	388.3	3.8	5.0
广 西	50.9	15.6	206.4	4.6	6.8
海 南	28.5	27.9	230.4	3.5	9.1
重 庆	62.3	10.9	229.7	4.3	7.2
四 川	55.2	12.6	263.6	3.7	5.7
贵 州	56.6	28.3	182.0	2.3	9.3
云 南	51.1	17.1	213.1	1.8	8.6
西 藏	27.8	36.8	218.7	8.1	14.8
陕 西	60.3	14.8	260.6	5.3	5.3
甘 肃	50.9	9.8	808.5	4.3	5.5
青 海	62.6	9.1	176.8	4.7	5.5
宁 夏	27.3	14.6	235.6	5.8	5.1
新 疆	90.6	7.1	438.2	6.3	4.2

2-27 各地区大中型零售业企业经济效益分析指标

地 区	负债比率 (%)	主营业务毛利率 (%)	人均营业收入 (万元)	流动资产周转次数 (次)	费用率 (%)
全 国	**68.9**	**13.9**	**65.9**	**2.9**	**12.0**
北 京	68.9	13.6	95.9	2.4	13.9
天 津	67.8	8.9	113.8	4.1	10.2
河 北	80.7	11.0	44.4	2.5	12.4
山 西	74.3	10.5	66.0	3.6	8.6
内蒙古	72.9	15.8	84.2	7.7	6.9
辽 宁	71.8	14.7	53.2	3.0	12.4
吉 林	76.9	13.4	73.2	3.6	10.0
黑龙江	81.5	22.0	54.9	2.9	13.5
上 海	70.2	13.7	86.5	2.9	15.3
江 苏	73.5	12.9	60.7	2.7	12.1
浙 江	75.2	11.6	66.7	2.7	12.4
安 徽	76.3	10.9	46.2	2.9	11.2
福 建	66.8	15.8	37.6	2.1	13.9
江 西	69.7	13.6	64.2	3.4	9.6
山 东	61.1	11.5	56.6	2.2	9.4
河 南	78.3	12.0	36.6	3.6	9.4
湖 北	70.0	12.9	49.6	3.1	11.5
湖 南	51.5	15.0	74.9	5.1	9.9
广 东	65.0	17.0	85.5	2.8	12.2
广 西	63.8	17.9	40.6	3.8	14.4
海 南	45.1	10.4	111.7	7.6	8.0
重 庆	69.5	21.5	71.4	3.7	17.1
四 川	63.8	11.4	81.4	3.4	9.7
贵 州	79.1	16.4	70.6	4.6	9.1
云 南	55.6	15.6	46.6	3.3	13.1
西 藏	71.2	19.9	40.4	2.3	16.7
陕 西	74.0	18.6	48.4	2.5	11.8
甘 肃	72.7	11.0	77.1	7.2	7.4
青 海	69.5	11.7	32.9	2.5	15.3
宁 夏	60.2	15.8	52.6	2.0	12.0
新 疆	62.2	18.6	57.8	2.2	16.4

2-28 各地区大中型住宿和餐饮业企业基本情况

地区	大中型		大型		中型	
	法人单位数（个）	年末从业人数（人）	法人单位数（个）	年末从业人数（人）	法人单位数（个）	年末从业人数（人）
全国	**1053**	**878405**	**150**	**411644**	**903**	**466761**
北京	137	110667	31	58009	106	52658
天津	20	25325	2	16579	18	8746
河北	27	14227			27	14227
山西	20	12815	1	2300	19	10515
内蒙古	12	6292			12	6292
辽宁	30	28508	6	16740	24	11768
吉林	11	5756			11	5756
黑龙江	10	5603			10	5603
上海	74	85610	19	57458	55	28152
江苏	59	64286	10	40118	49	24168
浙江	84	67055	6	27635	78	39420
安徽	14	7918	1	1179	13	6739
福建	46	41840	5	20063	41	21777
江西	10	7131	1	2733	9	4398
山东	57	46093	8	20977	49	25116
河南	22	14814	2	4496	20	10318
湖北	28	23943	5	12257	23	11686
湖南	36	27386	4	9547	32	17839
广东	200	168592	26	74737	174	93855
广西	17	10496	1	2013	16	8483
海南	20	10843	2	1854	18	8989
重庆	20	16289	4	8208	16	8081
四川	32	34832	10	23494	22	11338
贵州	3	2069	1	1039	2	1030
云南	17	9603	1	1816	16	7787
西藏						
陕西	25	18649	4	8392	21	10257
甘肃	5	2984			5	2984
青海	4	1875			4	1875
宁夏	4	1865			4	1865
新疆	9	5039			9	5039

2-29 各地区大中型住宿和餐饮业企业经营情况

单位：万元

地区	营业额	客房收入	餐费收入	商品销售收入	其他收入
全国	**13368951**	**2684711**	**9513815**	**280483**	**889942**
北京	2213907	430313	1528615	20329	234650
天津	356380	31863	310790	995	12732
河北	149545	43936	86069	4029	15511
山西	168776	35907	123506	3484	5879
内蒙古	79805	29520	45630	534	4120
辽宁	525313	71773	429612	7505	16423
吉林	70530	26977	36534	1359	5660
黑龙江	76787	21339	50822	1898	2729
上海	1541930	236171	1199421	29117	77221
江苏	915231	131601	723241	31189	29200
浙江	1103152	192462	860224	9459	41008
安徽	94287	22882	58728	5124	7554
福建	536701	107895	392847	13560	22399
江西	82426	21677	50429	2612	7709
山东	647230	161890	400292	37741	47308
河南	178243	49673	98593	10714	19263
湖北	357883	34269	314619	2351	6644
湖南	333917	73111	232883	5841	22082
广东	2404626	537218	1641331	32314	193763
广西	137561	33387	88727	10258	5189
海南	181537	109964	52165	3260	16148
重庆	223704	45979	159673	4070	13983
四川	492688	103504	343841	13113	32229
贵州	28419	5564	21462	1031	361
云南	121699	31893	72234	5038	12534
西藏					
陕西	216520	51912	125594	16122	22893
甘肃	28125	10567	12485	982	4091
青海	17284	8955	7935	67	327
宁夏	22530	7848	11558	570	2554
新疆	62219	14663	33958	5819	7780

2-30 各地区大型住宿和餐饮业企业经营情况

单位：万元

地区	营业额	客房收入	餐费收入	商品销售收入	其他收入
全国	**7082108**	**651712**	**5999611**	**136871**	**293914**
北京	1397650	179623	1081004	7856	129167
天津	248724		248724		
河北					
山西	49264		49264		
内蒙古					
辽宁	348813	16051	324258	2050	6454
吉林					
黑龙江					
上海	1012977	71572	888682	27103	25621
江苏	550027	15847	507006	24816	2358
浙江	515311	8047	500970	2301	3994
安徽	17759		17759		
福建	250772		238206	11399	1167
江西	35477		35477		
山东	320976	44443	230205	23781	22547
河南	54590	4218	44056	3949	2368
湖北	217103		217103		
湖南	135421	16030	115140	87	4164
广东	1231008	185460	979146	7115	59287
广西	31790		31790		
海南	60612	38985	14944	2798	3885
重庆	115647	5478	106193	872	3104
四川	333973	48570	258760	10866	15777
贵州	15370		15370		
云南	27786		27786		
西藏					
陕西	111059	17389	67770	11879	14021
甘肃					
青海					
宁夏					
新疆					

2-31 各地区中型住宿和餐饮业企业经营情况

单位：万元

地 区	营业额	客房收入	餐费收入	商品销售收入	其他收入
全 国	**6286843**	**2032999**	**3514205**	**143612**	**596027**
北 京	816257	250691	447611	12473	105482
天 津	107656	31863	62066	995	12732
河 北	149545	43936	86069	4029	15511
山 西	119512	35907	74242	3484	5879
内蒙古	79805	29520	45630	534	4120
辽 宁	176500	55722	105354	5455	9970
吉 林	70530	26977	36534	1359	5660
黑龙江	76787	21339	50822	1898	2729
上 海	528952	164600	310739	2014	51599
江 苏	365204	115754	216235	6373	26841
浙 江	587841	184415	359254	7158	37014
安 徽	76528	22882	40969	5124	7554
福 建	285929	107895	154642	2161	21231
江 西	46949	21677	14952	2612	7709
山 东	326254	117447	170087	13960	24761
河 南	123653	45455	54537	6765	16895
湖 北	140779	34269	97515	2351	6644
湖 南	198496	57081	117743	5754	17918
广 东	1173618	351758	662185	25199	134476
广 西	105771	33387	56937	10258	5189
海 南	120924	70978	37221	462	12263
重 庆	108058	40501	53480	3198	10879
四 川	158715	54935	85081	2248	16452
贵 州	13049	5564	6093	1031	361
云 南	93913	31893	44449	5038	12534
西 藏					
陕 西	105461	34522	57824	4243	8872
甘 肃	28125	10567	12485	982	4091
青 海	17284	8955	7935	67	327
宁 夏	22530	7848	11558	570	2554
新 疆	62219	14663	33958	5819	7780

2-32 各地区大中型住宿业企业经营情况

单位：万元

地区	营业额	客房收入	餐费收入	商品销售收入	其他收入
全国	**6023109**	**2542145**	**2553166**	**154264**	**773534**
北京	972167	428882	328782	17428	197075
天津	63631	29441	21284	989	11918
河北	114903	39834	58474	1307	15289
山西	81462	29814	44439	1686	5523
内蒙古	61008	23909	32446	534	4120
辽宁	158275	67042	70002	4808	16423
吉林	37725	14825	19567	1020	2312
黑龙江	49805	21339	24916	822	2729
上海	527624	233754	212394	9085	72391
江苏	320228	120090	147153	26190	26795
浙江	488303	183746	260001	6191	38365
安徽	58306	22882	25019	2952	7453
福建	260081	106356	130342	2161	21223
江西	46949	21677	14952	2612	7709
山东	349795	136366	159543	12712	41174
河南	104079	43999	39207	5461	15411
湖北	70245	32527	30423	656	6639
湖南	184495	69365	89998	5175	19957
广东	1225145	519445	507693	21983	176024
广西	95567	33387	47851	9140	5189
海南	181537	109964	52165	3260	16148
重庆	105639	43175	48843	3396	10224
四川	199377	99671	73666	2019	24021
贵州	13049	5564	6093	1031	361
云南	63282	28106	22883	1727	10567
西藏					
陕西	88663	40402	40085	2954	5222
甘肃	22584	10567	6944	982	4091
青海	10224	7793	2036	67	327
宁夏	6746	3562	2010	100	1075
新疆	62219	14663	33958	5819	7780

2-33 各地区大中型餐饮业企业经营情况

单位：万元

地区	营业额	客房收入	餐费收入	商品销售收入	其他收入
全国	**7345842**	**142566**	**6960650**	**126219**	**116407**
北京	1241740	1431	1199834	2901	37574
天津	292749	2422	289506	6	815
河北	34642	4102	27596	2722	222
山西	87314	6093	79067	1798	356
内蒙古	18796	5612	13185		
辽宁	367039	4731	359611	2698	
吉林	32806	12151	16968	339	3348
黑龙江	26982		25906	1076	
上海	1014306	2417	987027	20032	4829
江苏	595002	11511	576087	4999	2405
浙江	614849	8716	600223	3267	2643
安徽	35981		33708	2172	101
福建	276620	1539	262506	11399	1176
江西	35477		35477		
山东	297435	25524	240749	25029	6134
河南	74164	5674	59386	5253	3852
湖北	287638	1743	284195	1695	5
湖南	149422	3746	142885	666	2125
广东	1179481	17773	1133638	10331	17739
广西	41994		40875	1119	
海南					
重庆	118066	2803	110829	674	3759
四川	293311	3834	270175	11094	8208
贵州	15370		15370		
云南	58417	3787	49352	3311	1967
西藏					
陕西	127858	11509	85509	13169	17671
甘肃	5542		5542		
青海	7060	1162	5898		
宁夏	15784	4287	9548	470	1479
新疆					

2-34 各地区大中型住宿和餐饮业企业年末资产负债

单位：万元

地 区	流动资产合计	固定资产原价	累计折旧	资产总计	负债合计	所有者权益合计
全 国	**7486336**	**19470318**	**7165548**	**26089356**	**17471733**	**8617624**
北 京	1495434	3680497	1495458	5423843	3722231	1701613
天 津	132979	290190	102829	428880	315985	112895
河 北	84195	343097	74605	427993	324415	103579
山 西	63071	217829	46037	304693	196108	108585
内蒙古	41005	192390	41985	239027	140184	98843
辽 宁	168942	634925	263497	643175	367388	275787
吉 林	33615	230924	43689	258148	96010	162138
黑龙江	30929	128648	40553	129860	108072	21788
上 海	715030	1905811	763682	2319755	1298413	1021342
江 苏	381824	1138309	427837	1741592	1193309	548284
浙 江	507000	1327464	439090	1828447	1221655	606792
安 徽	118056	91408	39411	221236	134009	87227
福 建	225438	658176	210997	822586	462722	359864
江 西	29974	143870	39821	165152	130025	35127
山 东	382360	1060063	365000	1306348	792472	513876
河 南	143680	219610	84346	343620	251713	91907
湖 北	83261	299853	113216	358172	222248	135923
湖 南	217585	552520	170945	845844	601786	244057
广 东	1514948	3466530	1313365	4829473	3431595	1397878
广 西	57178	277422	117289	299870	196176	103694
海 南	243750	515798	228822	594918	358443	236475
重 庆	223944	369720	143322	528330	414800	113530
四 川	248700	679637	210503	932091	726957	205133
贵 州	11970	25987	13462	29267	20460	8806
云 南	104434	211313	94620	286772	126287	160485
西 藏						
陕 西	105445	371205	160599	389351	378994	10358
甘 肃	15637	77663	33511	67042	50390	16652
青 海	6821	53536	7429	54825	25553	29273
宁 夏	29260	85846	5695	43087	38156	4931
新 疆	69874	220079	73936	225962	125180	100782

2-35 各地区大型住宿和餐饮业企业年末资产负债

单位：万元

地　区	流动资产合计	固定资产原价	累计折旧	资产总计	负债合计	所有者权益合计
全　国	**2612390**	**5585614**	**2175681**	**8689517**	**4784891**	**3904627**
北　京	867625	1593762	743916	2639336	1480470	1158866
天　津	14743	47825	22031	88116	38017	50099
河　北						
山　西	2915	6099	2668	18122	5209	12913
内蒙古						
辽　宁	61054	275620	126244	282203	147342	134861
吉　林						
黑龙江						
上　海	324065	700283	286002	960178	504272	455906
江　苏	146572	206055	87938	615598	246026	369572
浙　江	85830	152487	53373	274891	160426	114466
安　徽	523	6628	2991	8207	6623	1584
福　建	20447	54091	22516	89898	55745	34154
江　西	929	7763	3209	11934	4167	7767
山　东	111732	426630	128768	543233	276587	266647
河　南	45701	27210	12217	74335	44063	30271
湖　北	34789	68532	27337	129263	115307	13956
湖　南	122282	136911	54925	336645	228811	107834
广　东	476524	1154726	417159	1570416	841480	728936
广　西	1550	4882	2235	11036	4795	6241
海　南	50399	118666	17654	174316	76638	97678
重　庆	80548	92398	32609	193325	129515	63811
四　川	105766	355937	73667	464761	319685	145076
贵　州	6643	8299	2782	14487	9145	5342
云　南	971	3827	1558	8470	3616	4854
西　藏						
陕　西	50783	136985	53883	180748	86953	93795
甘　肃						
青　海						
宁　夏						
新　疆						

2-36 各地区中型住宿和餐饮业企业年末资产负债

单位：万元

地区	流动资产合计	固定资产原价	累计折旧	资产总计	负债合计	所有者权益合计
全国	**4873946**	**13884704**	**4989868**	**17399839**	**12686842**	**4712997**
北京	627809	2086735	751542	2784508	2241760	542747
天津	118236	242365	80799	340765	277968	62797
河北	84195	343097	74605	427993	324415	103579
山西	60156	211730	43368	286570	190899	95672
内蒙古	41005	192390	41985	239027	140184	98843
辽宁	107888	359305	137253	360972	220046	140926
吉林	33615	230924	43689	258148	96010	162138
黑龙江	30929	128648	40553	129860	108072	21788
上海	390965	1205528	477680	1359577	794142	565436
江苏	235252	932255	339899	1125994	947283	178711
浙江	421170	1174977	385717	1553556	1061229	492326
安徽	117533	84780	36420	213029	127386	85643
福建	204991	604084	188481	732688	406977	325711
江西	29046	136107	36613	153218	125858	27360
山东	270628	633434	236232	763115	515886	247229
河南	97978	192400	72128	269285	207649	61636
湖北	48473	231322	85879	228909	106942	121967
湖南	95303	415609	116020	509198	372976	136223
广东	1038424	2311804	896206	3259058	2590115	668943
广西	55628	272540	115054	288834	191381	97453
海南	193350	397132	211168	420602	281805	138797
重庆	143396	277322	110713	335004	285285	49719
四川	142934	323700	136836	467330	407272	60058
贵州	5327	17688	10680	14779	11315	3464
云南	103463	207487	93062	278302	122671	155631
西藏						
陕西	54661	234220	106715	208603	292040	-83437
甘肃	15637	77663	33511	67042	50390	16652
青海	6821	53536	7429	54825	25553	29273
宁夏	29260	85846	5695	43087	38156	4931
新疆	69874	220079	73936	225962	125180	100782

2-37 各地区大中型住宿业企业年末资产负债

单位：万元

地 区	流动资产合计	固定资产原价	累计折旧	资产总计	负债合计	所有者权益合计
全 国	**5581739**	**17084824**	**6266396**	**21020760**	**14494499**	**6526261**
北 京	1097575	3398766	1370349	4601140	3339034	1262105
天 津	71842	224633	74310	272563	223551	49013
河 北	72913	327993	68860	406022	306068	99954
山 西	33953	159048	31131	209346	133487	75859
内蒙古	24311	187430	40991	207804	125848	81956
辽 宁	139932	480440	206387	478030	257899	220132
吉 林	29353	127666	32684	134245	60895	73350
黑龙江	21980	124410	38500	111869	100805	11064
上 海	371184	1664632	658878	1660226	859573	800653
江 苏	283206	1004042	369368	1448487	998044	450443
浙 江	353105	1189890	385598	1440254	991343	448911
安 徽	108170	80815	34874	195803	113484	82319
福 建	198811	592173	184140	717546	397701	319845
江 西	29046	136107	36613	153218	125858	27360
山 东	288483	849995	302690	937671	543896	393775
河 南	107485	180900	69592	261122	191371	69751
湖 北	29330	217881	80574	185688	82122	103566
湖 南	194063	504792	151418	760970	535168	225801
广 东	1263752	3089020	1162728	4099446	3026477	1072969
广 西	54268	271819	114735	286072	190396	95675
海 南	243750	515798	228822	594918	358443	236475
重 庆	173888	324140	128940	402233	343755	58477
四 川	155969	584498	173395	662016	566420	95596
贵 州	5327	17688	10680	14779	11315	3464
云 南	72979	175780	82999	221485	86363	135122
西 藏						
陕 西	51583	247339	112672	209036	313828	-104792
甘 肃	15275	76563	32570	66521	50189	16332
青 海	5600	41608	6643	40698	20394	20304
宁 夏	14734	68880	1323	15591	15592	-1
新 疆	69874	220079	73936	225962	125180	100782

2-38 各地区大中型餐饮业企业年末资产负债

单位：万元

地区	流动资产合计	固定资产原价	累计折旧	资产总计	负债合计	所有者权益合计
全国	**1904598**	**2385494**	**899152**	**5068596**	**2977233**	**2091363**
北京	397859	281731	125109	822704	383196	439508
天津	61137	65558	28519	156317	92434	63883
河北	11282	15104	5745	21971	18346	3625
山西	29118	58781	14905	95347	62621	32726
内蒙古	16694	4959	994	31223	14337	16887
辽宁	29010	154486	57109	165144	109489	55655
吉林	4262	103257	11005	123903	35115	88788
黑龙江	8949	4238	2053	17991	7267	10724
上海	343846	241179	104804	659529	438840	220689
江苏	98618	134267	58470	293106	195265	97841
浙江	153895	137574	53492	388192	230312	157881
安徽	9886	10593	4537	25432	20524	4908
福建	26627	66002	26858	105040	65021	40019
江西	929	7763	3209	11934	4167	7767
山东	93878	210069	62310	368677	248576	120101
河南	36195	38710	14753	82498	60342	22156
湖北	53932	81973	32642	172483	140126	32357
湖南	23523	47728	19528	84874	66618	18256
广东	251196	377510	150638	730028	405118	324910
广西	2909	5603	2554	13798	5780	8019
海南						
重庆	50056	45580	14383	126097	71045	55052
四川	92732	95138	37108	270075	160537	109538
贵州	6643	8299	2782	14487	9145	5342
云南	31455	35534	11621	65287	39924	25363
西藏						
陕西	53862	123866	47927	180315	65165	115150
甘肃	362	1100	941	521	201	320
青海	1221	11928	786	14127	5159	8968
宁夏	14526	16966	4372	27496	22564	4932
新疆						

2-39 各地区大中型住宿和餐饮业企业实收资本及构成

单位：万元

地区	实收资本						
		国家资本	集体资本	法人资本	个人资本	港澳台资本	外商资本
全国	**8165126**	**2653387**	**230817**	**2011851**	**773228**	**1352863**	**1142981**
北京	1494175	255486	8581	835810	113936	218772	61591
天津	138287	10400	4366	93515	14870		15136
河北	199895	103821		23260	60618	500	11695
山西	84613	42504		28680	11690		1739
内蒙古	88752	14760	50	21797	200	31603	20342
辽宁	198953	51918	4800	12119	3084	88512	38521
吉林	63676	44776		18400	500		
黑龙江	27746	5700		1100	5050	13414	2482
上海	908881	450719	54830	126995	38975	107077	130285
江苏	609547	350186	661	58340	93640	41197	65524
浙江	499429	101067	18055	110519	85620	151932	32236
安徽	81860	6085		66764	5930	2040	1042
福建	321298	102188	1000	48133	25962	103756	40259
江西	25708	5594			18005		2109
山东	316423	145638	13935	54811	9835	7191	85012
河南	95760	27092	300	22927	6558	37145	1738
湖北	161573	39261	55263	8614	14566	4870	38999
湖南	251087	119800	15985	22279	69597	1600	21826
广东	1474538	294378	51101	240982	81547	380053	426478
广西	86340	30238	660	1350	9660	41548	2885
海南	233286	92712		53710	8550	39816	38498
重庆	77597	1807		7400	6823	25564	36003
四川	209693	17195	1231	94600	28314	20312	48041
贵州	6385	4885			1000	500	
云南	150094	123295		19983	1615	4144	1057
西藏							
陕西	151923	60731		21993	36338	26851	6010
甘肃	29368	9054		6842			13472
青海	29746	13500			16246		
宁夏	6500	2000			4500		
新疆	141993	126599		10928		4466	

2-40 各地区大型住宿和餐饮业企业实收资本及构成

单位：万元

地区	实收资本	国家资本	集体资本	法人资本	个人资本	港澳台资本	外商资本
全国	**2544328**	**667478**	**11869**	**590035**	**199996**	**425397**	**649554**
北京	653839	30952	4811	388303	68270	118206	43297
天津	9026						9026
河北							
山西	1739						1739
内蒙古							
辽宁	80250	9785				50383	20082
吉林							
黑龙江							
上海	430570	247792		42633	3490	43971	92684
江苏	271685	226815		1986	18685	1731	22468
浙江	37815	4752	1412	8884	11388	108	11271
安徽	2040					2040	
福建	23127			1560		13849	7718
江西	2109						2109
山东	97009	19361	4415	3745			69488
河南	31430					29691	1738
湖北	25868			5407	5790		14671
湖南	60027	19534		16648	19020	600	4225
广东	563959	49971		59676	28472	139437	286403
广西	2235						2235
海南	50000	50000					
重庆	15603			2000	323		13280
四川	118712	4263	1231	46750	13400	6528	46541
贵州	1000				1000		
云南	579						579
西藏							
陕西	65706	4252		12443	30157	18853	
甘肃							
青海							
宁夏							
新疆							

2-41 各地区中型住宿和餐饮业企业实收资本及构成

单位：万元

地　区	实收资本	国家资本	集体资本	法人资本	个人资本	港澳台资本	外商资本
全　国	**5620798**	**1985910**	**218948**	**1421816**	**573232**	**927466**	**493426**
北　京	840336	224534	3770	447507	45666	100566	18293
天　津	129261	10400	4366	93515	14870		6110
河　北	199895	103821		23260	60618	500	11695
山　西	82874	42504		28680	11690		
内蒙古	88752	14760	50	21797	200	31603	20342
辽　宁	118703	42133	4800	12119	3084	38129	18438
吉　林	63676	44776		18400	500		
黑龙江	27746	5700		1100	5050	13414	2482
上　海	478311	202927	54830	84362	35485	63106	37601
江　苏	337862	123371	661	56354	74955	39465	43056
浙　江	461614	96315	16643	101635	74232	151825	20966
安　徽	79820	6085		66764	5930		1042
福　建	298171	102188	1000	46573	25962	89908	32541
江　西	23599	5594			18005		
山　东	219413	126277	9520	51066	9835	7191	15524
河　南	64330	27092	300	22927	6558	7453	
湖　北	135705	39261	55263	3207	8776	4870	24327
湖　南	191061	100266	15985	5631	50576	1000	17602
广　东	910579	244407	51101	181306	53075	240616	140075
广　西	84106	30238	660	1350	9660	41548	650
海　南	183286	42712		53710	8550	39816	38498
重　庆	61994	1807		5400	6500	25564	22723
四　川	90980	12932		47850	14914	13784	1500
贵　州	5385	4885				500	
云　南	149515	123295		19983	1615	4144	477
西　藏							
陕　西	86217	56478		9550	6181	7998	6010
甘　肃	29368	9054		6842			13472
青　海	29746	13500			16246		
宁　夏	6500	2000			4500		
新　疆	141993	126599		10928		4466	

2-42 各地区大中型住宿业企业实收资本及构成

单位：万元

地　区	实收资本						
		国家资本	集体资本	法人资本	个人资本	港澳台资本	外商资本
全　国	**7037705**	**2551322**	**212980**	**1707603**	**561756**	**1180868**	**823175**
北　京	1326746	254923	1000	771200	73425	195046	31152
天　津	110301	10000	4366	88700	4435		2800
河　北	195784	101929		23060	58600	500	11695
山　西	76394	40504		27280	8610		
内蒙古	73342	14750	50	6897	200	31603	19842
辽　宁	173775	51510	4800	11339	2000	87733	16393
吉　林	25543	19643		5400	500		
黑龙江	20214	5700		1100		13414	
上　海	709334	434934	54710	94084	31000	47006	47601
江　苏	562486	349710		49094	79385	39465	44832
浙　江	428568	90923	15413	97771	58284	151825	14351
安　徽	76725	6085		66764	2835		1042
福　建	294865	102093	1000	44523	24800	89908	32541
江　西	23599	5594			18005		
山　东	256176	132932	9520	31950	4617	3741	73416
河　南	84625	25802		18829	2850	37145	
湖　北	124687	39261	55263	845	2249	4870	22199
湖　南	237168	119800	15985	20348	61833	1600	17602
广　东	1294036	293294	50213	197162	61443	338388	353535
广　西	83076	30238	660	350	9630	41548	650
海　南	233286	92712		53710	8550	39816	38498
重　庆	67677	607		5350	3550	25564	32606
四　川	146308	17195		50300	18054	17822	42937
贵　州	5385	4885				500	
云　南	142898	121600		19228		2069	
西　藏							
陕　西	73046	35546		4750	19900	6840	6010
甘　肃	29168	9054		6642			13472
青　海	20500	13500			7000		
宁　夏							
新　疆	141993	126599		10928		4466	

2-43 各地区大中型餐饮业企业实收资本及构成

单位：万元

地　区	实收资本	国家资本	集体资本	法人资本	个人资本	港澳台资本	外商资本
全　国	**1127422**	**102066**	**17837**	**304247**	**211472**	**171995**	**319805**
北　京	167429	563	7581	64610	40511	23725	30439
天　津	27986	400		4815	10435		12336
河　北	4111	1893		200	2018		
山　西	8219	2000		1400	3080		1739
内蒙古	15410	10		14900			500
辽　宁	25178	408		780	1084	779	22127
吉　林	38133	25133		13000			
黑龙江	7532				5050		2482
上　海	199547	15785	120	32911	7975	60072	82684
江　苏	47061	476	661	9246	14255	1731	20693
浙　江	70861	10144	2642	12748	27336	108	17885
安　徽	5135				3095	2040	
福　建	26433	94		3610	1162	13849	7718
江　西	2109						2109
山　东	60246	12707	4415	22861	5218	3450	11596
河　南	11135	1290	300	4098	3708		1738
湖　北	36886			7769	12317		16800
湖　南	13919			1931	7764		4225
广　东	180503	1083	888	43821	20103	41665	72943
广　西	3265			1000	30		2235
海　南							
重　庆	9920	1200		2050	3273		3397
四　川	63385		1231	44300	10260	2490	5104
贵　州	1000				1000		
云　南	7196	1695		755	1615	2075	1057
西　藏							
陕　西	78877	25185		17243	16438	20011	
甘　肃	200			200			
青　海	9246				9246		
宁　夏	6500	2000			4500		
新　疆							

2-44 各地区大中型住宿和餐饮业企业损益及分配

单位：万元

地区	主营业务收入	主营业务成本	主营业务税金及附加	主营业务利润
全国	**13406760**	**4706582**	**697182**	**7855636**
北京	2257404	777074	115480	1364851
天津	355386	127136	18190	201736
河北	148287	69435	8385	70467
山西	168276	66298	8546	90824
内蒙古	82807	30358	4480	47969
辽宁	521081	167122	26418	325810
吉林	70409	28826	4095	38457
黑龙江	69015	18591	5133	43226
上海	1552738	551234	75245	926284
江苏	912257	316116	45826	512023
浙江	1124373	444992	58405	620976
安徽	95101	34667	5663	50959
福建	533974	166456	28901	338617
江西	81851	23785	4291	53774
山东	654875	220268	33703	424523
河南	176628	55572	9404	111653
湖北	360176	144264	18810	197128
湖南	336386	129096	17452	102847
广东	2392871	836374	130507	1416968
广西	136445	44380	6695	83426
海南	181238	37121	9189	126008
重庆	225341	102554	11443	107984
四川	476064	134335	24891	311911
贵州	28245	11955	1541	14750
云南	121310	42786	6103	72420
西藏				
陕西	214074	72035	11273	130766
甘肃	28124	12857	1644	13623
青海	17284	5043	989	11252
宁夏	22533	6605	874	15054
新疆	62207	29247	3608	29352

2-44 续表

地 区	其他业务利润	营业费用	管理费用	财务费用
全 国	**96429**	**4521009**	**2634922**	**404245**
北 京	16222	731649	526936	87969
天 津	-49	127926	42998	7939
河 北	491	48144	30921	11211
山 西	68	46959	30450	2406
内蒙古	1162	19237	24182	1476
辽 宁	1074	171359	93330	5156
吉 林	121	14542	19732	2521
黑龙江		14029	17898	2315
上 海	5900	587348	270741	37868
江 苏	843	312643	157958	22972
浙 江	16201	379586	173242	37705
安 徽	113	32556	17682	3670
福 建	4077	176928	117282	15323
江 西	-70	28161	14703	3302
山 东	4027	194941	148849	18960
河 南	1325	59197	47301	6083
湖 北	-203	128354	44784	9798
湖 南	748	76333	67716	17390
广 东	26041	915445	450715	61635
广 西	1179	49305	28079	5515
海 南	22	46213	61486	8406
重 庆	1836	40299	38178	9522
四 川	13094	161711	101801	12938
贵 州	164	9189	4526	321
云 南	1216	34416	29013	1322
西 藏				
陕 西	492	72139	47449	5539
甘 肃		6349	6764	94
青 海	248	9157	2852	639
宁 夏	50	8898	4750	1247
新 疆	37	17997	12601	3004

单位：万元

营业利润	利润总额	应交所得税	劳动、失业保险费	住房公积金和住房补贴
618800	**616142**	**225801**	**42142**	**82878**
74796	81759	49703	5503	21354
31153	34633	11230	1082	2350
-19763	-19598	417	704	616
16082	19072	3413	48	256
5652	4722	643	265	339
59142	60555	12956	6948	8192
2829	2891	253	84	179
19609	11890	260	93	399
36226	37810	18221	6425	8254
63414	60772	16428	4298	7949
46703	75925	21953	3357	8643
953	-1021	1239	135	339
33161	31168	8198	699	4193
7541	8384	1750	43	138
46146	41867	12388	1180	4594
397	1040	2434	554	685
14353	12840	5918	1226	686
43327	23121	4546	682	923
22956	17991	28599	4096	7764
3672	3523	1511	377	757
18247	17099	1501	581	188
21875	21544	4114	427	581
53341	48777	11042	683	1168
878	855	205	124	16
8886	13284	3213	456	920
11628	7109	3217	1782	850
416	424	55	77	266
-918	-646			
208	-1149	35	20	74
-4108	-498	361	194	206

2-45 各地区大型住宿和

地区	主营业务收入	主营业务成本	主营业务税金及附加	主营业务利润	其他业务利润	营业费用
全国	**7111729**	**2595320**	**358324**	**4099471**	**24600**	**2567994**
北京	1427705	495319	71804	860581	410	467010
天津	248009	84431	12478	151100	-1489	90141
河北						
山西	49264	16889	2280	30095	-378	16930
内蒙古						
辽宁	348862	109091	17723	221049	-859	123444
吉林						
黑龙江						
上海	1024926	404376	47685	572865	-455	404523
江苏	548575	199931	26331	293259	-1533	202780
浙江	517914	237273	25527	255115	950	185622
安徽	17759	6786	888	10084		8027
福建	249605	81035	13876	154694	604	82124
江西	35564	12411	1778	21375	-70	12786
山东	330995	114885	16314	199796	155	102814
河南	54590	17621	2755	34214	133	21289
湖北	218516	81612	11070	125834	-274	92325
湖南	135351	46904	7054	52834	-210	41929
广东	1224872	444088	64723	716061	19849	513983
广西	31751	11068	1619	19063	-142	11824
海南	60600	23292	3222	34087	7	4311
重庆	115550	60930	5960	48660	376	17422
四川	318875	94801	17013	207061	7231	113340
贵州	15370	9252	869	5248		3605
云南	27786	9640	1442	16703	145	9165
西藏						
陕西	109292	33687	5912	69693	150	42602
甘肃						
青海						
宁夏						
新疆						

餐饮业企业损益及分配

单位：万元

管理费用	财务费用	营业利润	利润总额	应交所得税	劳动、失业保险费	住房公积金和住房补贴
863922	**123571**	**687823**	**684533**	**167754**	**20486**	**47785**
238085	44551	151711	152644	42447	2697	12550
17307	497	41666	40798	10342	354	1327
3750	-1	9037	9021	2255	33	190
48782	2122	47214	46432	11683	6129	7107
91742	14509	61636	53568	13939	4384	4034
53904	4131	59980	62017	14442	880	5815
15445	5066	49932	63966	13593	1289	5462
418	270	1370	1301	325	37	186
44335	-91	28930	26654	5174	354	2711
2617	34	5868	6149	1568		
57153	6675	33346	35074	8355	243	2472
9421	776	2861	3009	686	51	218
15715	7046	10465	9810	3947	219	0
19965	7536	26785	26642	2739	112	203
150879	16029	54331	50922	19768	1776	4051
2628	107	4362	4161	1048		
8639	2829	18316	18312	48	35	73
4552	2712	24350	24231	2668	258	72
62754	5926	32272	30809	8141	458	801
694	183	766	785	196	26	
2094	9	5580	5596	1319	57	129
13044	2653	17046	12632	3071	1094	384

2-46 各地区中型住宿和

地区	主营业务收入	主营业务成本	主营业务税金及附加	主营业务利润	其他业务利润	营业费用
全　国	**6295031**	**2111262**	**338858**	**3756165**	**71829**	**1953015**
北　京	829700	281755	43675	504270	15812	264639
天　津	107377	42706	5712	50636	1441	37786
河　北	148287	69435	8385	70467	491	48144
山　西	119012	49409	6266	60729	446	30029
内蒙古	82807	30358	4480	47969	1162	19237
辽　宁	172218	58031	8695	104761	1934	47915
吉　林	70409	28826	4095	38457	121	14542
黑龙江	69015	18591	5133	43226		14029
上　海	527812	146858	27560	353419	6354	182825
江　苏	363682	116185	19494	218764	2377	109864
浙　江	606458	207719	32878	365861	15250	193964
安　徽	77343	27880	4775	40874	113	24530
福　建	284369	85421	15025	183923	3473	94804
江　西	46287	11375	2513	32399		15376
山　东	323880	105384	17388	224727	3872	92128
河　南	122039	37951	6649	77439	1192	37908
湖　北	141660	62651	7740	71294	71	36029
湖　南	201035	82193	10398	50013	958	34404
广　东	1167999	392286	65784	700907	6192	401462
广　西	104695	33312	5076	64362	1321	37481
海　南	120637	13829	5967	91922	15	41902
重　庆	109791	41623	5483	59324	1460	22878
四　川	157189	39534	7879	104850	5863	48370
贵　州	12875	2702	672	9501	164	5583
云　南	93524	33146	4661	55717	1071	25250
西　藏						
陕　西	104782	38348	5361	61073	342	29537
甘　肃	28124	12857	1644	13623		6349
青　海	17284	5043	989	11252	248	9157
宁　夏	22533	6605	874	15054	50	8898
新　疆	62207	29247	3608	29352	37	17997

餐饮业企业损益及分配

单位：万元

管理费用	财务费用	营业利润	利润总额	应交所得税	劳动、失业保险费	住房公积金和住房补贴
1771000	**280675**	**-69023**	**-68391**	**58047**	**21656**	**35092**
288851	43418	-76916	-70885	7256	2806	8805
25691	7442	-10513	-6166	888	728	1022
30921	11211	-19763	-19598	417	704	616
26700	2407	7045	10051	1157	15	66
24182	1476	5652	4722	643	265	339
44548	3034	11928	14122	1273	819	1085
19732	2521	2829	2891	253	84	179
17898	2315	19609	11890	260	93	399
179000	23359	-25410	-15758	4282	2041	4220
104054	18841	3434	-1245	1986	3418	2134
157798	32639	-3230	11959	8359	2067	3181
17264	3400	-417	-2323	914	98	153
72947	15414	4231	4514	3024	345	1482
12086	3268	1673	2235	182	43	138
91696	12285	12800	6793	4033	938	2122
37880	5307	-2464	-1969	1748	503	467
29069	2751	3888	3030	1971	1007	686
47752	9854	16543	-3521	1807	570	720
299836	45605	-31374	-32931	8831	2320	3713
25451	5408	-691	-638	463	377	757
52847	5578	-68	-1213	1453	546	115
33626	6810	-2475	-2687	1446	169	508
39047	7012	21068	17968	2901	225	367
3832	138	113	71	9	99	16
26919	1313	3306	7689	1894	399	791
34405	2886	-5418	-5523	146	688	466
6764	94	416	424	55	77	266
2852	639	-918	-646			
4750	1247	208	-1149	35	20	74
12601	3004	-4108	-498	361	194	206

2-47 各地区大中型住宿业

地 区	主营业务收入	主营业务成本	主营业务税金及附加	主营业务利润	其他业务利润	营业费用
全 国	**6057125**	**1777969**	**324225**	**3883518**	**79251**	**1816387**
北 京	991715	282405	51976	657333	11420	252456
天 津	63629	20717	3453	32864	-22	24756
河 北	114877	51548	6460	56869	257	37128
山 西	81462	32625	4197	42022	101	21751
内蒙古	60946	19915	3305	37726	1162	16948
辽 宁	156113	35850	7629	112634	1801	35010
吉 林	37725	14164	2351	21845		10556
黑龙江	44647	8967	3044	30570		11666
上 海	532029	140272	28883	362899	2466	151356
江 苏	319006	95483	15766	198517	2236	92301
浙 江	508083	150479	27331	330273	13690	172365
安 徽	59120	19132	3701	32475	33	18510
福 建	258530	71268	13872	173390	3314	87478
江 西	46287	11375	2513	32399		15376
山 东	347815	109816	17990	243629	3209	92248
河 南	103707	28690	5502	69516	358	31846
湖 北	73142	28665	3695	40606	55	17696
湖 南	187151	64282	9549	68862	819	26246
广 东	1235765	378450	70408	779328	23366	444847
广 西	95609	28109	4529	61027	1127	34642
海 南	181238	37121	9189	126008	22	46213
重 庆	107368	35895	5251	62861	1559	25132
四 川	187979	28654	9766	144633	10707	63493
贵 州	12875	2702	672	9501	164	5583
云 南	62176	16316	3404	42457	831	18160
西 藏						
陕 西	86373	23012	4358	59004	342	28625
甘 肃	22583	10031	1228	11323		4693
青 海	10224	1065	594	8564	195	7493
宁 夏	6746	1715		5032		3817
新 疆	62207	29247	3608	29352	37	17997

企业损益及分配

单位：万元

管理费用	财务费用	营业利润	利润总额	应交所得税	劳动、失业保险费	住房公积金和住房补贴
1990179	**331221**	**-38626**	**-48545**	**63757**	**21289**	**43628**
401517	79856	-31658	-23527	21423	3774	13264
19304	6694	-11314	-8064	175	695	927
29090	10324	-19861	-19686	131	622	590
19004	1918	4455	7649	740	14	66
20630	276	3660	634	17	199	119
64703	2678	12417	14182	1634	947	1239
9229	1505	-395	-319		73	167
16614	2160	12737	10084		67	257
198865	27161	-12017	-18728	3712	2255	4814
105076	17229	-1231	-1421	2225	2873	3675
143800	32255	-4397	9245	7081	1863	2996
16250	2770	-1234	-3050	460	94	153
71032	15165	3029	3409	2712	293	1453
12086	3268	1673	2235	182	43	138
113201	11829	9749	3848	2160	952	2501
36380	5021	-3373	-3132	1344	138	331
20565	2033	544	-327	1097	819	450
57177	15536	29288	9982	1531	518	739
360621	54184	-50659	-51361	10362	2369	6009
25287	5368	-1177	-1126	385	367	757
61486	8406	18247	17099	1501	581	188
32694	8848	-2200	-2404	1626	160	502
73038	8897	14698	13697	2253	396	655
3832	138	113	71	9	99	16
22187	662	2279	853	571	103	572
34859	3299	-7438	-7480	65	688	510
6299	91	240	249		77	266
1552	624	-683	-661			
1200	23	-9	1		14	72
12601	3004	-4108	-498	361	194	206

2-48 各地区大中型餐饮业

地 区	主营业务收入	主营业务成本	主营业务税金及附加	主营业务利润	其他业务利润	营业费用
全 国	**7349636**	**2928613**	**372957**	**3972118**	**17178**	**2704622**
北 京	1265690	494668	63503	707519	4802	479194
天 津	291757	106419	14737	168872	-27	103171
河 北	33410	17887	1925	13598	234	11016
山 西	86814	33673	4349	48802	-33	25209
内蒙古	21861	10443	1175	10243		2289
辽 宁	364968	131272	18789	213176	-727	136349
吉 林	32685	14662	1744	16612	121	3985
黑龙江	24368	9624	2088	12656		2363
上 海	1020709	410961	46362	563385	3433	435992
江 苏	593251	220633	30059	313506	-1392	220343
浙 江	616290	294514	31073	290703	2510	207221
安 徽	35981	15535	1962	18484	80	14046
福 建	275444	95188	15030	165226	763	89450
江 西	35564	12411	1778	21375	-70	12786
山 东	307060	110453	15712	180894	818	102693
河 南	72921	26882	3902	42137	967	27351
湖 北	287035	115598	15115	156522	-257	110658
湖 南	149236	64814	7903	33984	-71	50087
广 东	1157106	457924	60099	637640	2675	470598
广 西	40836	16271	2166	22399	52	14663
海 南						
重 庆	117973	66658	6192	45123	277	15168
四 川	288085	105681	15125	167278	2386	98218
贵 州	15370	9252	869	5248		3605
云 南	59134	26471	2700	29963	385	16256
西 藏						
陕 西	127701	49023	6915	71763	150	43514
甘 肃	5542	2826	416	2300		1656
青 海	7060	3978	395	2688	53	1664
宁 夏	15787	4891	874	10022	50	5081
新 疆						

企业损益及分配

单位：万元

管理费用	财务费用	营业利润	利润总额	应交所得税	劳动、失业保险费	住房公积金和住房补贴
644743	**73024**	**657426**	**664688**	**162045**	**20853**	**39250**
125419	8113	106453	105286	28280	1729	8091
23694	1245	42467	42697	11055	387	1422
1831	887	98	88	285	82	26
11446	488	11628	11423	2673	34	190
3552	1200	1992	4088	626	66	221
28627	2478	46726	46373	11322	6001	6953
10504	1016	3225	3210	253	11	12
1284	155	6872	1806	260	26	143
71877	10707	48243	56538	14510	4169	3441
52882	5744	64645	62193	14203	1425	4274
29443	5450	51100	66680	14871	1494	5647
1431	900	2187	2029	780	41	186
46250	158	30132	27759	5486	406	2740
2617	34	5868	6149	1568		
35648	7131	36397	38019	10228	228	2093
10921	1062	3770	4172	1090	416	354
24220	7764	13809	13167	4822	407	237
10539	1854	14039	13140	3014	164	184
90094	7451	73615	69352	18237	1727	1755
2793	147	4849	4649	1126	10	
5484	674	24076	23947	2489	266	79
28763	4042	38642	35080	8789	287	513
694	183	766	785	196	26	
6826	660	6607	12431	2642	353	348
12590	2240	19066	14589	3152	1094	341
465	3	175	175	55		
1300	15	-235	15			
3550	1225	217	-1149	35	6	2

2-49 各地区大中型住宿和

地 区	大中型住宿和餐饮业企业		大型住宿和餐饮业企业	
	本年应付工资总额	本年应付福利费总额	本年应付工资总额	本年应付福利费总额
全 国	**2012647**	**218023**	**907043**	**111373**
北 京	371596	27654	208084	15010
天 津	40701	6762	21668	5220
河 北	27587	887		
山 西	23069	718	3684	
内蒙古	14472	1868		
辽 宁	66071	19687	40687	15052
吉 林	10594	2653		
黑龙江	13388	2003		
上 海	203290	26131	113802	17184
江 苏	116277	19655	58508	12262
浙 江	142524	9240	48585	3563
安 徽	14593	1507	1695	772
福 建	83452	6368	32859	1282
江 西	9591	784	2093	40
山 东	90874	13266	36844	8417
河 南	25881	1311	6880	232
湖 北	52756	5897	26453	3591
湖 南	51775	5563	15910	2137
广 东	432649	39662	215307	17746
广 西	20528	2564	2430	1188
海 南	26256	7857	6721	3305
重 庆	27453	2018	9021	405
四 川	62758	4557	38437	2100
贵 州	4054	99	1655	
云 南	18463	1490	2528	23
西 藏				
陕 西	37677	5592	13194	1844
甘 肃	5205	382		
青 海	3192	74		
宁 夏	4107	517		
新 疆	11817	1255		

餐饮业企业工资及福利

单位：万元

中型住宿和餐饮业企业		大中型住宿业企业		大中型餐饮业企业	
本年应付工资总额	本年应付福利费总额	本年应付工资总额	本年应付福利费总额	本年应付工资总额	本年应付福利费总额
1105604	**106650**	**1074454**	**115713**	**938193**	**102310**
163511	12644	197819	17047	173777	10607
19033	1542	11823	656	28878	6106
27587	887	22077	765	5511	122
19385	718	13373	661	9695	57
14472	1868	8844	1408	5628	460
25384	4634	25938	7405	40133	12282
10594	2653	5835	1003	4759	1651
13388	2003	9221	1174	4168	829
89488	8947	94718	13117	108571	13014
57769	7393	48761	6541	67516	13115
93939	5678	80899	5173	61625	4067
12899	735	10658	692	3936	815
50593	5086	46717	4869	36735	1500
7498	745	7498	745	2093	40
54031	4849	52327	4207	38548	9059
19001	1079	15138	693	10743	618
26303	2306	13576	1291	39180	4606
35865	3426	32554	2697	19221	2866
217342	21916	235827	25072	196822	14590
18098	1377	16491	1260	4037	1304
19536	4552	26256	7857		
18432	1613	18020	1655	9433	363
24321	2458	28919	2600	33840	1957
2399	99	2399	99	1655	
15935	1467	11662	1107	6802	383
24483	3748	17866	4234	19811	1358
5205	382	4353	382	852	
3192	74	2002		1190	74
4107	517	1069	48	3038	470
11817	1255	11817	1255		

2-50 各地区大中型住宿和餐饮业企业经济效益分析指标

地 区	负债比率(%)	主营业务毛利率(%)	人均营业收入(万元)	流动资产周转次数(次)	费用率(%)
全 国	**67.0**	**64.9**	**14.9**	**1.8**	**55.8**
北 京	68.6	65.6	16.7	1.5	59.0
天 津	73.7	64.2	13.6	2.7	50.1
河 北	75.8	53.2	10.6	1.8	60.2
山 西	64.4	60.6	12.2	2.7	47.3
内蒙古	58.6	63.3	13.1	2.0	53.5
辽 宁	57.1	67.9	18.0	3.1	51.5
吉 林	37.2	59.1	12.2	2.1	52.2
黑龙江	83.2	73.1	12.7	2.2	49.6
上 海	56.0	64.5	17.5	2.2	57.4
江 苏	68.5	65.3	14.2	2.4	53.8
浙 江	66.8	60.4	17.5	2.3	51.4
安 徽	60.6	63.5	12.1	0.8	56.5
福 建	56.3	68.8	13.0	2.4	57.4
江 西	78.7	70.9	11.6	2.8	56.0
山 东	60.7	66.4	14.3	1.7	54.6
河 南	73.3	68.5	12.0	1.2	63.2
湖 北	62.1	59.9	15.0	4.3	50.7
湖 南	71.1	61.6	12.4	1.6	47.8
广 东	71.1	65.0	14.2	1.6	58.9
广 西	65.4	67.5	13.1	2.4	59.6
海 南	60.3	79.5	16.7	0.7	64.0
重 庆	78.5	54.5	13.9	1.0	38.7
四 川	78.0	71.8	14.7	2.0	56.3
贵 州	69.9	57.7	13.4	2.4	49.4
云 南	44.0	64.7	13.0	1.2	52.6
西 藏					
陕 西	97.3	66.4	11.3	2.0	58.2
甘 肃	75.2	54.3	9.5	1.8	47.0
青 海	46.6	70.8	9.4	2.6	72.1
宁 夏	88.6	70.7	12.1	0.8	65.9
新 疆	55.4	53.0	12.5	0.9	54.0

注：费用率等于营业费用、管理费用、财务费用三项之和除以营业收入合计(下表同)。

2-51 各地区大型住宿和餐饮业企业经济效益分析指标

地区	负债比率 (%)	主营业务毛利率 (%)	人均营业收入 (万元)	流动资产周转次数 (次)	费用率 (%)
全国	**55.1**	**63.5**	**16.2**	**2.7**	**49.7**
北京	56.1	65.3	17.2	1.7	52.3
天津	43.1	66.0	14.2	16.8	43.5
河北					
山西	28.7	65.7	15.2	16.9	42.0
内蒙古					
辽宁	52.2	68.7	20.5	5.7	50.0
吉林					
黑龙江					
上海	52.5	60.5	16.8	3.2	49.8
江苏	40.0	63.6	13.7	3.7	47.5
浙江	58.4	54.2	19.9	6.0	39.7
安徽	80.7	61.8	15.1	33.9	49.1
福建	62.0	67.5	12.5	12.3	50.4
江西	34.9	65.1	13.0	38.3	43.4
山东	50.9	65.3	15.7	3.0	50.3
河南	59.3	67.7	12.2	1.2	57.5
湖北	89.2	62.7	17.5	6.3	52.7
湖南	68.0	65.3	14.1	1.1	51.3
广东	53.6	63.7	16.2	2.6	54.6
广西	43.4	65.1	14.7	20.5	45.8
海南	44.0	61.6	32.5	1.2	26.0
重庆	67.0	47.3	14.1	1.4	21.3
四川	68.8	70.3	14.8	3.1	55.7
贵州	63.1	39.8	15.4	2.3	29.2
云南	42.7	65.3	15.4	28.8	40.3
西藏					
陕西	48.1	69.2	13.1	2.2	53.3
甘肃					
青海					
宁夏					
新疆					

2-52 各地区中型住宿和餐饮业企业经济效益分析指标

地　区	负债比率 (%)	主营业务毛利率 (%)	人均营业收入 (万元)	流动资产周转次数 (次)	费用率 (%)
全　国	**72.9**	**66.5**	**13.7**	**1.3**	**62.6**
北　京	80.5	66.0	15.9	1.4	70.4
天　津	81.6	60.2	12.3	0.9	64.9
河　北	75.8	53.2	10.6	1.8	60.2
山　西	66.6	58.5	11.3	2.0	49.4
内蒙古	58.6	63.3	13.1	2.0	53.5
辽　宁	61.0	66.3	14.6	1.6	54.5
吉　林	37.2	59.1	12.2	2.1	52.2
黑龙江	83.2	73.1	12.7	2.2	49.6
上　海	58.4	72.2	18.9	1.4	71.9
江　苏	84.1	68.1	15.0	1.6	63.2
浙　江	68.3	65.7	16.0	1.5	61.1
安　徽	59.8	64.0	11.6	0.7	58.2
福　建	55.5	70.0	13.4	1.4	63.5
江　西	82.1	75.4	10.8	1.6	65.5
山　东	67.6	67.5	13.1	1.2	59.0
河　南	77.1	68.9	12.0	1.3	65.7
湖　北	46.7	55.8	12.4	2.9	47.8
湖　南	73.2	59.1	11.5	2.1	45.5
广　东	79.5	66.4	12.5	1.1	63.5
广　西	66.3	68.2	12.7	1.9	63.7
海　南	67.0	88.5	13.5	0.6	83.0
重　庆	85.2	62.1	13.7	0.8	56.8
四　川	87.1	74.8	14.4	1.1	57.7
贵　州	76.6	79.0	11.6	2.4	73.2
云　南	44.1	64.6	12.5	0.9	56.2
西　藏					
陕　西	140.0	63.4	9.8	1.9	63.4
甘　肃	75.2	54.3	9.5	1.8	47.0
青　海	46.6	70.8	9.4	2.6	72.1
宁　夏	88.6	70.7	12.1	0.8	65.9
新　疆	55.4	53.0	12.5	0.9	54.0

2-53 各地区大中型住宿业企业经济效益分析指标

地区	负债比率 (%)	主营业务毛利率 (%)	人均营业收入 (万元)	流动资产周转次数 (次)	费用率 (%)
全国	**69.0**	**70.6**	**15.2**	**1.1**	**67.2**
北京	72.6	71.5	18.3	0.9	73.0
天津	82.0	67.4	12.2	0.9	79.8
河北	75.4	55.1	10.4	1.6	66.4
山西	63.8	60.0	10.8	2.4	52.3
内蒙古	60.6	67.3	14.8	2.6	60.9
辽宁	54.0	77.0	15.4	1.1	64.8
吉林	45.4	62.5	11.7	1.3	56.4
黑龙江	90.1	79.9	12.4	2.0	68.2
上海	51.8	73.6	22.4	1.4	70.4
江苏	68.9	70.1	17.0	1.1	66.6
浙江	68.8	70.4	16.5	1.5	65.9
安徽	58.0	67.6	11.9	0.5	63.2
福建	55.4	72.4	13.8	1.3	66.2
江西	82.1	75.4	10.8	1.6	65.5
山东	58.0	68.4	15.2	1.2	61.0
河南	73.3	72.3	12.6	1.0	70.4
湖北	44.2	60.8	14.6	2.5	55.0
湖南	70.3	65.7	13.6	1.0	52.6
广东	73.8	69.4	13.8	1.0	68.1
广西	66.6	70.6	12.9	1.8	67.2
海南	60.3	79.5	16.7	0.7	64.0
重庆	85.5	66.6	15.6	0.6	61.2
四川	85.6	84.8	16.5	1.3	72.9
贵州	76.6	79.0	11.6	2.4	73.2
云南	39.0	73.8	12.1	0.9	64.5
西藏					
陕西	150.1	73.4	10.9	1.7	76.8
甘肃	75.4	55.6	10.0	1.5	49.1
青海	50.1	89.6	10.5	1.9	92.8
宁夏	100.0	74.6	14.4	0.5	74.7
新疆	55.4	53.0	12.5	0.9	54.0

2-54 各地区大中型餐饮业企业经济效益分析指标

地　区	负债比率(%)	主营业务毛利率(%)	人均营业收入(万元)	流动资产周转次数(次)	费用率(%)
全　国	**58.7**	**60.2**	**14.6**	**3.9**	**46.3**
北　京	46.6	60.9	15.6	3.2	48.0
天　津	59.1	63.5	13.9	4.8	43.6
河　北	83.5	46.5	11.4	3.1	39.6
山　西	65.7	61.2	14.0	3.0	42.5
内蒙古	45.9	52.2	9.8	1.3	32.2
辽　宁	66.3	64.0	19.4	12.6	45.7
吉　林	28.3	55.1	12.8	7.7	47.3
黑龙江	40.4	60.5	13.4	2.7	15.6
上　海	66.5	59.7	15.7	3.0	50.5
江　苏	66.6	62.8	13.0	6.0	46.9
浙　江	59.3	52.2	18.6	4.0	39.1
安　徽	80.7	56.8	12.6	3.7	45.4
福　建	61.9	65.4	12.3	10.4	49.1
江　西	34.9	65.1	13.0	38.3	43.4
山　东	67.4	64.0	13.3	3.3	47.2
河　南	73.1	63.1	11.3	2.0	53.0
湖　北	81.2	59.7	15.1	5.3	49.6
湖　南	78.5	56.6	11.2	6.4	41.8
广　东	55.5	60.4	14.6	4.6	48.9
广　西	41.9	60.2	13.6	14.4	41.9
海　南					
重　庆	56.3	43.5	12.7	2.4	18.0
四　川	59.4	63.3	13.6	3.1	45.0
贵　州	63.1	39.8	15.4	2.3	29.2
云　南	61.2	55.2	14.2	1.9	39.9
西　藏					
陕　西	36.1	61.6	11.5	2.4	45.6
甘　肃	38.6	49.0	7.8	15.3	38.3
青　海	36.5	43.7	8.2	5.8	41.9
宁　夏	82.1	69.0	11.3	1.1	62.2
新　疆					

行业篇

简要说明：

一、本篇资料主要内容为分行业分地区的大中型批发和零售业、住宿和餐饮业企业的单位数和从业人员数情况；分行业分地区的大中型批发和零售业企业的商品购、销、存情况及住宿和餐饮业企业分行业的经营情况；分行业分地区的大中型批发和零售、住宿和餐饮业企业的主要财务、劳动工资及经济效益分析指标等。

二、行业分类按照《国民经济行业分类》(GB/T 4754-2002)列示，包括批发和零售业、住宿和餐饮业两个门类，批发业、零售业、住宿业、餐饮业四个大类和25个行业中类。

3-1 大中型批发业企业分行业基本情况

地区	批发业		农畜产品批发		食品、饮料及烟草制品批发	
	法人单位数(个)	年末从业人数(人)	法人单位数(个)	年末从业人数(人)	法人单位数(个)	年末从业人数(人)
全国	**3361**	**1493533**	**189**	**46574**	**800**	**440961**
北京	276	115232	6	1692	38	12748
天津	50	15010	1	76	5	3839
河北	109	48149	7	1038	21	11974
山西	101	56385	1	108	16	8658
内蒙古	47	25662	9	1485	18	10005
辽宁	76	36959	4	645	24	10426
吉林	39	28289	12	11928	10	4664
黑龙江	64	28471	15	2182	13	8002
上海	302	112885	2	552	56	18809
江苏	227	143711	12	2759	41	21445
浙江	197	61506	5	768	44	18643
安徽	107	62738	5	1165	28	20523
福建	95	43551	3	394	25	15934
江西	63	28109	5	808	19	12987
山东	240	132250	21	5254	59	38923
河南	161	60676	15	2405	49	32204
湖北	101	56058	11	1618	24	17852
湖南	81	26463	5	732	26	13018
广东	414	156000	2	364	101	44144
广西	65	25136	3	1037	21	9943
海南	17	3589			4	1101
重庆	91	40809	6	1336	23	16402
四川	120	40786	5	611	44	19505
贵州	44	28435	1	135	19	21966
云南	82	46379	3	802	24	27428
西藏	3	1106			2	527
陕西	50	28835	2	313	12	11116
甘肃	38	9715	2	305	12	3657
青海	11	4797			3	691
宁夏	13	3317			5	1122
新疆	77	22525	26	6062	14	2705

3-1 续表 1

地 区	纺织、服装及日用品批发		文化、体育用品及器材批发		医药及医疗器材批发	
	法人单位数（个）	年末从业人数（人）	法人单位数（个）	年末从业人数（人）	法人单位数（个）	年末从业人数（人）
全 国	**364**	**159806**	**104**	**31747**	**408**	**137458**
北 京	41	8708	22	6705	32	11547
天 津	8	1074	3	379	5	1800
河 北	3	381	1	390	21	5330
山 西			1	455	6	3046
内蒙古	2	2870			1	123
辽 宁	5	753			7	2874
吉 林			1	132	5	1139
黑龙江	2	630	1	227	5	2100
上 海	75	30279	5	2739	24	15067
江 苏	41	20737	10	4116	22	18472
浙 江	48	14445	6	1362	27	7324
安 徽	7	5413	3	636	16	4864
福 建	11	8324	4	603	14	3508
江 西					15	6489
山 东	21	34692	8	2062	20	8406
河 南	4	556	5	864	13	2897
湖 北	3	440	4	802	21	4804
湖 南	3	735	6	1182	18	4266
广 东	60	19365	14	6312	48	12462
广 西	3	601	1	462	5	1053
海 南	2	202	2	420	8	1692
重 庆	10	4028			10	2353
四 川	8	3184			25	5912
贵 州	1	105	1	221	8	1513
云 南	1	242	1	480	12	4446
西 藏					1	579
陕 西	2	1625			9	1865
甘 肃	1	105	2	397	5	923
青 海						
宁 夏			1	130	1	110
新 疆	2	312	2	671	4	494

3-1 续表 2

地区	矿产品、建材及化工产品批发		机械设备、五金交电及电子产品批发	
	法人单位数（个）	年末从业人数（人）	法人单位数（个）	年末从业人数（人）
全国	**782**	**423781**	**597**	**221479**
北京	41	17338	87	53634
天津	16	5124	10	2328
河北	41	23505	15	5531
山西	65	40203	10	3559
内蒙古	12	10268	4	791
辽宁	24	18881	10	2260
吉林	11	10426		
黑龙江	20	12939	6	1267
上海	34	16104	88	24635
江苏	43	36809	41	35093
浙江	33	10038	33	8778
安徽	29	24911	17	4959
福建	11	6984	20	3869
江西	14	5992	9	1701
山东	67	29636	35	11024
河南	58	19012	13	2191
湖北	18	23979	14	3508
湖南	8	3089	13	2650
广东	66	30465	104	39296
广西	23	10053	9	1987
海南			1	174
重庆	19	11245	17	4612
四川	24	8714	14	2860
贵州	10	3918	3	426
云南	25	9546	13	2694
西藏				
陕西	22	13445	3	471
甘肃	12	3736	4	592
青海	8	4106		
宁夏	5	1817		
新疆	23	11498	4	589

3-1 续表 3

地　区	贸易经纪与代理		其他批发	
	法人单位数(个)	年末从业人数(人)	法人单位数(个)	年末从业人数(人)
全　国	**26**	**9476**	**91**	**22251**
北　京	5	1819	4	1041
天　津	1	243	1	147
河　北				
山　西			2	356
内蒙古			1	120
辽　宁	1	960	1	160
吉　林				
黑龙江			2	1124
上　海	6	1755	12	2945
江　苏	2	274	15	4006
浙　江			1	148
安　徽			2	267
福　建	2	1054	5	2881
江　西			1	132
山　东	2	524	7	1729
河　南			4	547
湖　北	2	1949	4	1106
湖　南			2	791
广　东	4	791	15	2801
广　西				
海　南				
重　庆			6	833
四　川				
贵　州			1	151
云　南			3	741
西　藏				
陕　西				
甘　肃				
青　海				
宁　夏			1	138
新　疆	1	107	1	87

3-2 大中型批发业企业分行业商品购、销、存情况

农畜产品批发

单位：万元

地　区	商品购进额	进　口	商品销售额	出　口	期末商品库存额
全　国	**6484145**	**466313**	**7040021**	**119421**	**2596633**
北　京	546840	185769	604814	33090	49579
天　津	5932	4	6458	1500	1361
河　北	156635		165243		16064
山　西	12018		10938		1868
内蒙古	108486		96243	510	57069
辽　宁	34892	3530	72985	15212	7289
吉　林	781884		796311	6806	32200
黑龙江	225672		320072		105779
上　海	285601	246816	310476	3538	10978
江　苏	182950		314713		79872
浙　江	28656		30914		29998
安　徽	105600	3115	96908	24162	38314
福　建	24044		28862	745	6877
江　西	41038		42198		12923
山　东	407755	6499	430772	2926	50088
河　南	138331		152700		89495
湖　北	275532	10141	302558	6935	43359
湖　南	69995	3358	84416	18094	4039
广　东	61294	4830	66057		3965
广　西	47016		47077		5191
海　南					
重　庆	108684		123358	1725	8261
四　川	46837		56272	4179	4782
贵　州	460		4158		2706
云　南	1693203		1719810		1526842
西　藏					
陕　西	6346		29073		5856
甘　肃	24091		35317		10579
青　海					
宁　夏					
新　疆	1064355	2252	1091319		391301

3-2 续表 1

食品、饮料及烟草制品批发　　单位：万元

地　区	商品购进额	进　口	商品销售额	出　口	期末商品库存额
全　国	**75410858**	**773316**	**99438103**	**1296653**	**8130405**
北　京	4596034	479164	5068943	425264	369733
天　津	950033	5495	1164184	25454	126774
河　北	2280798	6231	2940009	15017	140398
山　西	1577112		2201637		122114
内蒙古	1128375		1442604		65456
辽　宁	1916626		2542523	2804	228020
吉　林	902927	109	1175951		128401
黑龙江	1044636	6645	1527453		146689
上　海	3816831	22478	4701925		561012
江　苏	5196748	4182	6936073	672	355013
浙　江	6618041	47392	8429299	184511	219922
安　徽	2564566	62049	3429949	5642	87160
福　建	4650426	8455	5469961		206310
江　西	1745213		2234482		148606
山　东	5203980	15733	7281044	920	429869
河　南	3393787	386	4469181		788303
湖　北	2365635		3229040		148736
湖　南	2089590	31539	2339341	23926	404257
广　东	7785592	63482	9810256	547095	404246
广　西	1335836		1778152		126414
海　南	453518		558232		24098
重　庆	1831243		2590608		251030
四　川	3640249		4904388		436098
贵　州	2246957	1834	3850702	65182	504198
云　南	3475459		5320402		1457584
西　藏	137627	17896	198917		21811
陕　西	1173260		1884178		111740
甘　肃	497847	247	848172	168	41948
青　海	181211		204813		3854
宁　夏	173512		243557		11318
新　疆	437189		662129		59294

3-2 续表 2

纺织、服装及日用品批发　　　　单位：万元

地　区	商品购进额	进　口	商品销售额	出　口	期末商品库存额
全　国	**21052632**	**2530247**	**28793994**	**7101835**	**2512853**
北　京	797647	16906	980194	8301	168360
天　津	130534	759	164089	53180	6926
河　北	44836	100	49021	19464	2976
山　西					
内蒙古	69937		89383		9174
辽　宁	154599	2615	158521	81070	18086
吉　林					
黑龙江	935492	283630	1035428	840241	14793
上　海	2903347	890747	5799414	694910	802286
江　苏	5033087	921829	7526411	3032473	594797
浙　江	2321761	49976	2606841	948022	180409
安　徽	1523434		1609880	148280	30335
福　建	1043357	11561	1331158	182250	167413
江　西					
山　东	2097891	181402	2380409	30825	90848
河　南	64350	12526	71585	27202	17296
湖　北	56722	6334	59171	23039	1586
湖　南	30504		59550		11830
广　东	3316652	151863	4156390	1012580	313648
广　西	58887		69292		6719
海　南	14394		14642		389
重　庆	183989		198696		28674
四　川	199872		258254		33291
贵　州	5343		5852		1021
云　南			57365		299
西　藏					
陕　西	42154		84052		7635
甘　肃	11049		11366		804
青　海					
宁　夏					
新　疆	12796		17033		3258

3-2 续表 3

文化、体育用品及器材批发　　单位：万元

地　区	商品购进额	进　口	商品销售额	出　口	期末商品库存额
全　国	**5122398**	**15178**	**5536721**	**88206**	**1134150**
北　京	1575869	4387	1775140	5294	203520
天　津	36767	1556	41107		5876
河　北	180776		158456		22320
山　西	112447		108607		14071
内蒙古					
辽　宁					
吉　林	6532		6327		4360
黑龙江	59500		58401		1099
上　海	276832	8137	322569	859	41869
江　苏	802370	24	685974	35366	135179
浙　江	315682	88	339749	25602	141728
安　徽	68495		64665		32424
福　建	18864		25846	15285	2464
江　西					
山　东	300078		410686	582	64742
河　南	181162		215044		52983
湖　北	192261		186636		27956
湖　南	138409		208069		65939
广　东	344119	987	413104	5219	215308
广　西	106830		99703		9266
海　南	34936		44608		11406
重　庆					
四　川					
贵　州	99538		92506		23137
云　南	78213		81427		27872
西　藏					
陕　西					
甘　肃	71702		71965		13413
青　海					
宁　夏	11686		12005		289
新　疆	109331		114127		16928

3-2 续表 4

医药及医疗器材批发　　　　单位：万元

地区	商品购进额	进口	商品销售额	出口	期末商品库存额
全国	**29736585**	**1558862**	**32351041**	**427414**	**2838457**
北京	3045431	737231	3307377	122559	420217
天津	1048146	30780	1066449		74779
河北	1230088		1381576		93032
山西	125284		145396		4652
内蒙古	7634		7507		1062
辽宁	706524		850697		56210
吉林	119653		146745		56903
黑龙江	310868		464019	1307	19453
上海	4206322	623250	4676835	26138	498698
江苏	2431739		2675273	414	170047
浙江	2294611	37546	2442072	252911	195968
安徽	1751783		1769827		101719
福建	656460		795043	25	57440
江西	737658		809686		37966
山东	2161917	6173	2206706	1921	206565
河南	633790		654893		77699
湖北	906807	5827	891624	306	92469
湖南	388190	2629	658597		53489
广东	3457224	91914	3591610	21833	324794
广西	105953		146711		9078
海南	141603	17992	248364		5287
重庆	602066		597499		57777
四川	1370406	5431	1459419		106636
贵州	153838		162551		14620
云南	753520		772237		74544
西藏	42226		42939		19
陕西	161116	89	193878		11105
甘肃	127537		124059		9547
青海					
宁夏	5178		5322		293
新疆	53014		56133		6391

3-2 续表 5

矿产品、建材及化工产品批发　　单位：万元

地区	商品购进额	进口	商品销售额	出口	期末商品库存额
全国	**254364203**	**14265082**	**272967835**	**4016838**	**15603648**
北京	45200713	4498789	45835891	983930	3461929
天津	22032548	37707	22613284	61549	1004131
河北	4558312	26131	6033823	29831	150799
山西	7952433	18800	8520778	118345	353541
内蒙古	1352325		1513350		104135
辽宁	28562827	1345813	30063818	693	957579
吉林	1927078		2065736		74230
黑龙江	5897367	6000	6454481		282357
上海	11887020	2438502	12004324	927008	1419728
江苏	13124885	257084	13170105	255267	639083
浙江	13237909	2800662	14042135	753469	520303
安徽	7343034	122339	8080941	27156	277403
福建	4908009	1585511	5727284	519449	617310
江西	312231		1661910		53102
山东	6046317	79981	8467250	26474	977284
河南	5789161		5797562	42741	1124451
湖北	6805411		8272658	2100	324232
湖南	1006713		1002195	4699	59555
广东	40106839	795169	34976784	130956	894366
广西	3959097		3179051		233070
海南					
重庆	2178293		2509605	1116	145392
四川	3104289	110159	4264802	114530	158150
贵州	511925		1218064		12779
云南	787275	6256	2524218	6213	65514
西藏					
陕西	5066141	110076	5675261	11313	331918
甘肃	6652123	26106	6990708		963922
青海	343333		674774		56223
宁夏	489167		617873		27815
新疆	3221427		9009172		313347

3-2 续表 6

机械设备、五金交电及电子产品批发 单位：万元

地区	商品购进额	进口	商品销售额	出口	期末商品库存额
全国	**100327515**	**17713434**	**123993591**	**10069103**	**9337796**
北京	37456070	9324421	49032695	3946064	3519187
天津	1604704	410195	1778284	12362	111273
河北	1427016		2188672	174	222970
山西	380273		403038		20142
内蒙古	29472		59059		11619
辽宁	300364	24483	383463	26030	22300
吉林					
黑龙江	402973	20259	428024		37036
上海	22752345	5331565	25296141	1961717	1213196
江苏	5129853	841667	10223182	1336296	1485381
浙江	3017453	167786	3297141	714663	146461
安徽	1471278	151244	1638795	219547	107640
福建	460642	33730	526262	54	73203
江西	293572		313925		15161
山东	5416836	636833	6167197	688134	199015
河南	913789		992062		898839
湖北	1332986		1683438		74800
湖南	313149		328477		26956
广东	11098271	771251	12288330	1150723	848989
广西	332168		353535		28825
海南	12517		13286		19
重庆	4415082		4622185	575	170282
四川	677420		781560		44655
贵州	330620		339534		3366
云南	599532		665647	11505	41978
西藏					
陕西	33684		34960		1820
甘肃	77309		80334		6501
青海					
宁夏					
新疆	48137		74366	1260	6182

3-2 续表 7

贸易经纪与代理　　　　单位：万元

地　区	商品购进额	进　口	商品销售额	出　口	期末商品库存额
全　国	**6169893**	**1329442**	**6647104**	**628887**	**388073**
北　京	850335	174623	863824	211017	99363
天　津	152945	4090	171403	866	119
河　北					
山　西					
内蒙古					
辽　宁	31380		34672		15943
吉　林					
黑龙江					
上　海	307775	177240	422035	102246	37188
江　苏	25908		29022		9433
浙　江					
安　徽					
福　建	256365		254932		11318
江　西					
山　东	150587		142975	60569	15289
河　南					
湖　北	4290792	954538	4619541	254190	191613
湖　南					
广　东	97302	18951	103208		6572
广　西					
海　南					
重　庆					
四　川					
贵　州					
云　南					
西　藏					
陕　西					
甘　肃					
青　海					
宁　夏					
新　疆	6506		5493		1235

3-2 续表 8

其他批发 单位：万元

地区	商品购进额	进口	商品销售额	出口	期末商品库存额
全国	**7969243**	**979835**	**9353518**	**847106**	**793984**
北京	655149	40755	695547	358109	164430
天津	14175		16308		
河北					
山西	90214		95272		5855
内蒙古	9390		8160		1230
辽宁	4658		4691		620
吉林					
黑龙江	112953		141448		59596
上海	2907740	701799	3123149	208486	214740
江苏	768027		806230	23044	8247
浙江	28345	28345	28508		2107
安徽	24451		25090		2683
福建	417674	120287	838685	53271	30448
江西	4803		7545		222
山东	532038		520555		25572
河南	44542		40100		12224
湖北	44984		190489		1615
湖南	359158		360073		2105
广东	761784	88650	1218362	204197	122014
广西					
海南					
重庆	55058		57950		1314
四川					
贵州	12590		11914		9822
云南	1116230		1155600		126497
西藏					
陕西					
甘肃					
青海					
宁夏	4000		4091		2549
新疆	1278		3752		96

3-3 大中型批发业企业分行业年末资产负债

农畜产品批发　　单位：万元

地　区	流动资产合计	固定资产原价	累计折旧	资产总计	负债合计	所有者权益合计
全　国	**6108267**	**1098844**	**315723**	**12895753**	**8341397**	**4554356**
北　京	1540019	246731	23068	6802697	3536398	3266298
天　津	22087	12578	2845	32583	34627	-2044
河　北	49997	24082	9183	71512	57350	14162
山　西	7071	4903	1831	12425	9303	3122
内蒙古	77503	28844	9570	125001	90486	34515
辽　宁	106392	16326	5583	174710	108523	66187
吉　林	155706	77912	15152	255312	209853	45459
黑龙江	186485	43023	18739	239568	212251	27318
上　海	290964	20198	4464	743537	340622	402915
江　苏	145859	62803	24818	214853	176793	38061
浙　江	54078	23859	7416	83560	64986	18574
安　徽	66302	23715	8509	130040	65670	64370
福　建	37102	8513	3337	45944	11335	34609
江　西	21183	16492	4907	33931	42450	-8519
山　东	284506	52774	16934	353275	295076	58199
河　南	101668	51324	11445	162742	98024	64718
湖　北	191270	28685	8842	223003	184220	38783
湖　南	26632	18628	4452	70063	16445	53618
广　东	137770	7005	1306	216780	189433	27347
广　西	15219	5461	1968	26749	16147	10602
海　南						
重　庆	21839	26308	6086	46674	18673	28001
四　川	11462	8277	2993	19143	11351	7792
贵　州	4966	2718	548	7136	6336	800
云　南	1713734	58223	36432	1738980	1619967	119013
西　藏						
陕　西	36003	12071	4336	71297	82135	-10838
甘　肃	58376	14203	3265	70412	69288	1124
青　海						
宁　夏						
新　疆	744073	203190	77693	923828	773658	150170

3-3 续表 1

食品、饮料及烟草制品批发　　单位：万元

地　区	流动资产合计	固定资产原价	累计折旧	资产总计	负债合计	所有者权益合计
全　国	**30953529**	**8774911**	**3459081**	**41784676**	**13867400**	**27917276**
北　京	1533444	236123	90649	2195069	1238527	956543
天　津	379413	112929	37842	492823	127866	364957
河　北	724681	156632	80626	912418	105704	806714
山　西	456484	256018	71149	683657	91992	591665
内蒙古	391843	137299	46435	565753	242310	323443
辽　宁	896108	217393	99538	1115043	225479	889565
吉　林	353628	138478	43079	487313	143359	343954
黑龙江	335835	154566	55800	452437	32075	420362
上　海	1128332	339522	159352	1455663	748071	707592
江　苏	3048431	665026	206505	3846511	852737	2993774
浙　江	2660781	442061	154454	3787825	1485395	2302430
安　徽	1113802	226409	100201	1310441	207104	1103337
福　建	1277219	355055	133505	2227993	318216	1909777
江　西	652334	225522	71851	905047	255446	649601
山　东	1963928	571281	209805	2548984	922854	1626130
河　南	993980	374835	156723	1318306	457637	860669
湖　北	1034703	386670	150121	1358066	545316	812750
湖　南	661208	401379	172860	1332344	326852	1005492
广　东	2339802	642888	242840	3341824	1438635	1903189
广　西	502958	182015	85200	656990	255607	401383
海　南	38373	26901	11159	76111	17010	59101
重　庆	898313	274253	110426	1147771	555757	592013
四　川	1498525	389148	145079	1920333	548957	1371377
贵　州	1937742	372605	186113	2261046	1131822	1129224
云　南	3263432	1108728	501609	4112691	1284554	2828138
西　藏	16804	15700	758	93363	17452	75911
陕　西	370672	202394	67980	553042	121290	431752
甘　肃	270464	72657	31429	346082	65108	280974
青　海	14905	9927	3123	24018	9512	14506
宁　夏	77921	20403	7284	94868	9262	85607
新　疆	117469	60094	25587	160843	85496	75347

3-3 续表 2

纺织、服装及日用品批发　　　　单位：万元

地　区	流动资产合计	固定资产原价	累计折旧	资产总计	负债合计	所有者权益合计
全　国	**11263179**	**1395770**	**444819**	**15236300**	**9710571**	**5525729**
北　京	439798	26503	9667	596039	324830	271209
天　津	48791	10113	2060	63275	36589	26686
河　北	17457	3332	1260	24889	13922	10967
山　西						
内蒙古	9580	22095	204	33141	27777	5364
辽　宁	145946	38652	25046	641565	59256	582309
吉　林						
黑龙江	64351	16820	1949	98557	78029	20528
上　海	2498772	352254	99804	3582097	1928928	1653169
江　苏	3893554	399788	151550	4881541	3453911	1427630
浙　江	897005	194997	49410	1329027	910135	418891
安　徽	339754	64054	11612	458999	471449	-12450
福　建	464685	33548	9482	582212	287892	294320
江　西						
山　东	352439	73345	29543	494205	321421	172784
河　南	20472	5537	914	26238	24241	1997
湖　北	20760	1014	420	22743	19686	3058
湖　南	42040	3092	439	47226	27727	19499
广　东	1760709	123804	39810	2069087	1543531	525556
广　西	30827	128	66	37721	20643	17078
海　南	1661	183	85	1759	1533	227
重　庆	42617	2933	1189	45674	28076	17598
四　川	65884	14888	6260	86954	60531	26423
贵　州	1061	74	50	1084	875	209
云　南	44441	437	398	45044	18169	26876
西　藏						
陕　西	51332	7274	3292	57378	43519	13859
甘　肃	3155	539	143	3550	3038	513
青　海						
宁　夏						
新　疆	6091	370	166	6296	4866	1430

3-3 续表 3

文化、体育用品及器材批发　　单位：万元

地区	流动资产合计	固定资产原价	累计折旧	资产总计	负债合计	所有者权益合计
全国	**2890086**	**773325**	**203466**	**4412594**	**2784625**	**1627970**
北京	820068	86335	23702	961934	737534	224401
天津	19447	7545	2193	32297	31571	725
河北	58789	18073	6004	100673	67712	32961
山西	39551	5331	2542	58011	35754	22257
内蒙古						
辽宁						
吉林	4888	2120	896	6908	6016	892
黑龙江	21341	4735	2617	27198	27083	115
上海	130470	37683	17033	181584	155377	26207
江苏	353881	107071	21946	603720	320334	283387
浙江	233944	45524	14382	533637	226577	307061
安徽	34192	2015	1215	35111	29100	6011
福建	27014	5938	1368	35311	19690	15621
江西						
山东	148921	59308	11322	262253	217117	45137
河南	61870	62631	12092	121934	75965	45969
湖北	71472	31832	7618	123988	81469	42520
湖南	125868	14306	3989	271950	100573	171377
广东	360721	122168	37066	515179	303919	211260
广西	76424	23268	6245	111040	71038	40003
海南	31336	12185	1071	61892	19396	42496
重庆						
四川						
贵州	133929	14432	3924	144640	132095	12545
云南	42377	46117	14277	74216	33014	41203
西藏						
陕西						
甘肃	40393	29694	3651	66756	45896	20860
青海						
宁夏	6618	3135	1210	9398	6044	3353
新疆	46573	31880	7106	72966	41355	31611

3-3 续表 4

医药及医疗器材批发　　单位：万元

地　区	流动资产合计	固定资产原价	累计折旧	资产总计	负债合计	所有者权益合计
全　国	**11415905**	**1051896**	**358716**	**14570542**	**10687024**	**3883518**
北　京	1444001	89379	32355	1740109	1289209	450900
天　津	411027	17176	9304	468649	366138	102511
河　北	411064	31979	11881	466907	479108	-12201
山　西	44286	11400	2066	54406	46435	7971
内蒙古	5425	129	29	5726	5316	410
辽　宁	444305	68021	19764	535806	349420	186387
吉　林	146324	8031	3443	154126	116625	37501
黑龙江	110059	3034	1603	112466	12068	100398
上　海	1659566	187254	72711	2998350	1584152	1414198
江　苏	1039831	80740	22116	1221092	1075763	145329
浙　江	756824	104002	38656	922967	700094	222873
安　徽	304058	60643	15639	382477	340312	42166
福　建	241258	42857	10214	288246	217034	71212
江　西	223712	21686	4996	294512	195982	98530
山　东	812802	57700	14189	900412	808993	91419
河　南	175450	14498	3889	193014	165971	27043
湖　北	482038	39057	12580	675259	487663	187596
湖　南	198356	30614	6031	246107	190235	55872
广　东	1256588	66688	30065	1432435	1174508	257927
广　西	36336	4931	1854	41854	33244	8611
海　南	156029	6803	1564	185848	53934	131914
重　庆	164181	20522	8343	216675	148982	67693
四　川	440957	38089	16239	500189	431208	68981
贵　州	61903	10059	2783	80859	65939	14920
云　南	264601	23437	11138	294033	210832	83201
西　藏	13002	27	8	13029	12169	860
陕　西	47892	6880	3398	69109	60626	8483
甘　肃	51565	2311	1010	59600	54948	4651
青　海						
宁　夏	1192	619	120	2149	1593	556
新　疆	11274	3333	729	14132	8527	5606

3-3 续表 5

矿产品、建材及化工产品批发 单位：万元

地区	流动资产合计	固定资产原价	累计折旧	资产总计	负债合计	所有者权益合计
全国	**52404739**	**16101097**	**4750042**	**80319174**	**55110942**	**24882739**
北京	12896834	803712	332268	17160945	13188353	3972592
天津	1232691	573122	140774	1834732	1479927	354805
河北	1712967	821179	231763	2690798	1517683	938889
山西	3842896	981569	293379	5515810	4431640	1084170
内蒙古	159147	182374	59029	365106	283225	81881
辽宁	3393481	710084	227284	4294121	3201061	1001794
吉林	54902	154742	59817	377768	284173	93594
黑龙江	1547503	317363	128451	1835524	792729	1042795
上海	3522031	705473	200201	5630687	3222188	2408499
江苏	2570721	980161	309973	4130452	2527618	1602834
浙江	1892278	492161	154579	2947198	2032291	914907
安徽	1788957	838412	231853	2847435	1837064	1010371
福建	2166496	93259	21118	2861999	2107628	754371
江西	112694	229197	52656	316608	149102	167506
山东	3595651	1718099	446225	5777496	4128385	1649110
河南	673792	530394	141239	1501619	887358	614261
湖北	669972	1071892	319141	1852089	1163913	688176
湖南	255388	62439	14545	415576	342935	72641
广东	5489617	2227718	609126	9582862	6019208	3563653
广西	309382	334352	102195	694302	356809	337493
海南						
重庆	263949	325238	90378	679634	310232	369403
四川	778561	157774	53510	1272411	1013121	259290
贵州	169408	120528	36007	430099	316739	113360
云南	247242	437326	83612	738080	296379	441701
西藏						
陕西	886339	217977	87344	1337742	956186	381556
甘肃	1406688	427150	149056	1801288	940226	861062
青海	165312	136843	31849	324835	208918	115917
宁夏	41071	54910	14452	106789	38257	68532
新疆	558768	395649	128217	995173	1077598	-82424

3-3 续表 6

机械设备、五金交电及电子产品批发　　　　单位：万元

地区	流动资产合计	固定资产原价	累计折旧	资产总计	负债合计	所有者权益合计
全国	**43973713**	**2648182**	**881702**	**55866173**	**39115946**	**16750227**
北京	19951486	1295461	463695	28109267	16620171	11489096
天津	406255	23133	6471	432240	324734	107506
河北	925595	45194	11553	1235067	1007395	227672
山西	107154	39049	12545	145233	96016	49217
内蒙古	73232	12953	1088	91698	69885	21813
辽宁	105228	10879	4932	236335	91490	144846
吉林						
黑龙江	104297	16805	2283	121920	112539	9381
上海	6568953	183888	92423	7595667	6078569	1517098
江苏	4467496	327663	71206	5016977	4124020	892957
浙江	1094935	121756	35512	1442835	1038511	404324
安徽	522505	24426	8749	567470	527808	39662
福建	273807	35232	8142	343385	207546	135839
江西	62014	5501	903	73562	61949	11613
山东	3014565	162263	38501	3237286	3005907	231379
河南	119605	5022	1775	136076	107545	28531
湖北	342109	7734	3004	357278	325774	31504
湖南	86499	14082	3070	120622	96123	24499
广东	3976319	234287	94150	4636244	3569881	1066362
广西	168177	6704	1592	187542	140602	46941
海南	1489	77	58	1508	1508	
重庆	852042	11355	1907	876988	815779	61209
四川	124272	9141	3277	131904	105074	26830
贵州	52902	407	135	53681	33660	20021
云南	477798	26408	8052	589208	465908	123300
西藏						
陕西	3723	11936	576	15982	5635	10347
甘肃	32985	3219	1194	35522	35067	455
青海						
宁夏						
新疆	58273	13611	4906	74678	46852	27826

3-3 续表 7

贸易经纪与代理　　单位：万元

地　区	流动资产合计	固定资产原价	累计折旧	资产总计	负债合计	所有者权益合计
全　国	**3100957**	**126851**	**53962**	**3652739**	**2781567**	**871172**
北　京	1174791	63560	28728	1438263	1027931	410332
天　津	27888	1476	948	28779	21899	6880
河　北						
山　西						
内蒙古						
辽　宁	19963	368	161	21094	1839	19255
吉　林						
黑龙江						
上　海	207931	18873	6661	232544	180438	52107
江　苏	11035	910	651	14154	12406	1748
浙　江						
安　徽						
福　建	67392	943	370	68140	53930	14210
江　西						
山　东	46656	7390	2049	59017	48497	10520
河　南						
湖　北	1519446	31460	13828	1760719	1414582	346137
湖　南						
广　东	24008	1071	427	27520	19930	7589
广　西						
海　南						
重　庆						
四　川						
贵　州						
云　南						
西　藏						
陕　西						
甘　肃						
青　海						
宁　夏						
新　疆	1846	801	139	2508	114	2393

3-3 续表 8

其他批发　　　　单位：万元

地　区	流动资产合计	固定资产原价	累计折旧	资产总计	负债合计	所有者权益合计
全　国	**3465776**	**541085**	**194431**	**4863658**	**3099908**	**1763751**
北　京	1024727	102656	41352	1493112	1046060	447053
天　津	2743	164	46	3094	2295	799
河　北						
山　西	25335	1151	529	27725	25477	2248
内蒙古	634	287	61	1864	1764	100
辽　宁	5050	4269	2132	8499	8496	3
吉　林						
黑龙江	56842	11006	5738	72378	21652	50726
上　海	1210280	74680	27186	1560343	1100403	459940
江　苏	37490	21314	10435	86464	53283	33181
浙　江	7114	278	89	7304	7015	288
安　徽	4857	1033	79	7017	3918	3099
福　建	285245	62124	29592	413121	145642	267479
江　西	1117	513	164	1467	667	800
山　东	50921	41680	2334	98464	42463	56000
河　南	15412	1429	386	20839	17673	3166
湖　北	2764	39028	10760	34904	18027	16877
湖　南	82702	914	498	162084	78490	83594
广　东	362123	98542	18318	501254	389725	111529
广　西						
海　南						
重　庆	10106	3071	795	14409	10187	4222
四　川						
贵　州	983	5353	4129	6335	2157	4178
云　南	269543	67634	38627	328154	115613	212541
西　藏						
陕　西						
甘　肃						
青　海						
宁　夏	9069	3102	973	13397	6817	6580
新　疆	720	860	208	1431	2084	-652

3-4 大中型批发业企业分行业实收资本及构成

农畜产品批发　　　　单位：万元

地区	实收资本	国家资本	集体资本	法人资本	个人资本	港澳台资本	外商资本
全国	**1073455**	**757215**	**34867**	**132441**	**134166**		**14766**
北京	356033	290784		56883			8366
天津	5353	5353					
河北	9185	3350	2350	2845	640		
山西	2277	2277					
内蒙古	14227	10133	773	3000	321		
辽宁	75822	48722		27100			
吉林	57082	24082			33000		
黑龙江	21537	16874	1000	1163	2500		
上海	157899	157899					
江苏	39021	31213	371	2800	4636		
浙江	3383	3383					
安徽	31482	24443	1324		5715		
福建	9522	2950		1000			5573
江西	4478	4478					
山东	35023	7791	3973	9085	13347		828
河南	20802	7051	3203	1374	9174		
湖北	19875	4937	1341	9887	3710		
湖南	23497	22809			688		
广东	26000				26000		
广西	3213	2710	3		500		
海南							
重庆	18028	5914			12114		
四川	6096	4158	50	1265	623		
贵州	800	800					
云南	26187	23186		2806	195		
西藏							
陕西	6778	2180	4598				
甘肃	6647	545	5771		331		
青海							
宁夏							
新疆	93210	49195	10110	13232	20674		

3-4 续表 1

食品、饮料及烟草制品批发　　单位：万元

地　区	实收资本	国家资本	集体资本	法人资本	个人资本	港澳台资本	外商资本
全　国	**2988624**	**1882327**	**74187**	**520100**	**277652**	**136098**	**98259**
北　京	391011	162029		130614	7995	53961	36412
天　津	23754	10338	1025	12391			
河　北	51501	42945	7248	700	608		
山　西	33930	18846	12783		2300		
内蒙古	62731	52282		2017	8432		
辽　宁	42332	36610		1863	3860		
吉　林	39956	38257		1699			
黑龙江	27316	25166		68	2083		
上　海	241504	66348	6292	129880	4839	6376	27770
江　苏	169886	80731	5523	19149	63952		532
浙　江	146735	75267	5511	12238	50470	3250	
安　徽	50118	22889	315	13996	734	12134	50
福　建	104976	78226		24800	1950		
江　西	18191	11803		5668	620		100
山　东	121533	40660	22527	20675	19137	18536	
河　南	89984	74907	7616	4696	2715	50	
湖　北	177095	161016		10459	5620		
湖　南	216649	177729	832	5756	17700	14633	
广　东	317462	103555	3389	80425	70919	27158	32015
广　西	91653	86365		2638	2650		
海　南	16698	16698					
重　庆	129994	125804		1500	2660		30
四　川	73640	66196	46	4643	2655		100
贵　州	95652	93420		2134	98		
云　南	141563	112942	1080	20881	5560		1100
西　藏	4892	4892					
陕　西	29246	23440		5806			
甘　肃	22328	20828		1452	48		
青　海	5069	5069					
宁　夏	5997	4278		1568			150
新　疆	45229	42794		2386	50		

3-4 续表 2

纺织、服装及日用品批发　　　　　　　　　　　　　　　　　　　　　　　　单位：万元

地　区	实收资本	国家资本	集体资本	法人资本	个人资本	港澳台资本	外商资本
全　国	**2124694**	**508088**	**31282**	**290605**	**532541**	**285707**	**476471**
北　京	122308	1400		49296	16455	4390	50768
天　津	15505	965	879	1302	1732	10627	
河　北	7800		1700	60	6000	40	
山　西							
内蒙古	1007				1007		
辽　宁	97867	18392		32876	46599		
吉　林							
黑龙江	17760			7760	10000		
上　海	610710	80320	260	32636	21950	118998	356546
江　苏	567834	337785	5542	34839	100650	74218	14800
浙　江	196487	12639	13533	58683	106971	2049	2613
安　徽	38922	8380		410	29132		1000
福　建	94405	2797		5812	27263	28122	30411
江　西							
山　东	112113	10883	845	12889	63224	23935	337
河　南	4208	3135	573	500			
湖　北	1050	1000		30	20		
湖　南	4833			859	3975		
广　东	185010	27131		40860	73693	23330	19997
广　西	1800			300	1500		
海　南	228				228		
重　庆	13708			9308	4400		
四　川	16523	261		1600	14662		
贵　州	150				150		
云　南	3000	3000					
西　藏							
陕　西	9500		7500		2000		
甘　肃	450		450				
青　海							
宁　夏							
新　疆	1516			585	931		

3-4 续表 3

文化、体育用品及器材批发　　　　单位：万元

地　区	实收资本	国家资本	集体资本	法人资本	个人资本	港澳台资本	外商资本
全　国	**750972**	**512329**	**4536**	**101470**	**34609**	**83883**	**14145**
北　京	51146	2540	4536	20628	7013	16429	
天　津	4263	2651					1613
河　北	6742	1930		4812			
山　西	13800	13800					
内蒙古							
辽　宁							
吉　林	282			168	114		
黑龙江	2000	2000					
上　海	21480				5500	14861	1119
江　苏	183800	150000		1020	5520	15905	11356
浙　江	63650	60500		1000	2150		
安　徽	2700	2000			700		
福　建	11880			9380	2500		
江　西							
山　东	15374	7316		2700	5300		58
河　南	12461	12010		400	51		
湖　北	12706	11006		200		1500	
湖　南	157240	156390		300	550		
广　东	96974	46788		14494	503	35190	
广　西	16315	16315					
海　南	39276			38816	460		
重　庆							
四　川							
贵　州	9918	9918					
云　南	9600			5352	4248		
西　藏							
陕　西							
甘　肃	13069	12069		1000			
青　海							
宁　夏	2097	2097					
新　疆	4200	3000		1200			

3-4 续表 4

医药及医疗器材批发

单位：万元

地　区	实收资本	国家资本	集体资本	法人资本	个人资本	港澳台资本	外商资本
全　国	**1852348**	**567051**	**52303**	**671191**	**434627**	**38894**	**88283**
北　京	191704	280	884	139827	34733	260	15721
天　津	79430	54980		15069			9381
河　北	65839	44697	448	9952	10743		
山　西	8538	870		5716	1952		
内蒙古	5000				5000		
辽　宁	131395	95050	35000		1345		
吉　林	3625			2550	1075		
黑龙江	31388	3000		1000	27388		
上　海	335698	234582	1400	34187	47351	2516	15663
江　苏	121465	3057	5000	70142	33526		9741
浙　江	106082	16502		48996	40583		
安　徽	27249	11794	4438	1500	9517		
福　建	51631	18404	475	26822	4930	1000	
江　西	52108	17000	200	156	33352		1400
山　东	48589	4950	1890	18675	18964	4110	
河　南	21956	3536		10231	8190		
湖　北	163806	16	698	125087	37022		984
湖　南	39065	7370		3675	28021		
广　东	158863	18228	418	64357	32466	8000	35394
广　西	5119			819	4300		
海　南	25685			1600	1100	22985	
重　庆	33547	12905		7000	13642		
四　川	46612	11521	453	20564	14053	22	
贵　州	9302	3727			5575		
云　南	71695	320		57884	13491		
西　藏	100	100					
陕　西	7340	2797		2534	2010		
甘　肃	5639	441	1000	1018	3180		
青　海							
宁　夏	426	426					
新　疆	3454	501		1834	1119		

3-4 续表 5

矿产品、建材及化工产品批发　　单位：万元

地　区	实收资本	国家资本	集体资本	法人资本	个人资本	港澳台资本	外商资本
全　国	**15480236**	**11233673**	**186142**	**2233254**	**755652**	**66329**	**1005186**
北　京	2915553	358829	12000	1713572	27826		803326
天　津	262922	221829		28615	12478		
河　北	225244	176346	482	17014	31402		
山　西	298146	243249	18155	16306	20436		
内蒙古	107157	76089	40	12228	18800		
辽　宁	538925	522610	1095	4171	11049		
吉　林	176982	169692	5000	2290			
黑龙江	215519	195210	15209	3000	2100		
上　海	1288439	1087988	580	42474	74491		82906
江　苏	1018097	784225	38658	23817	141457	29940	
浙　江	558477	412502	18545	79311	48120		
安　徽	560927	514828	2200	31749	12150		
福　建	218500	148824	13223	7805	48648		
江　西	51452	51052			400		
山　东	791033	610452	16731	21145	142505		200
河　南	985252	937444	11443	28599	7766		
湖　北	383560	330770	8165	26427	18197		
湖　南	35627	18680		8645	6762		1539
广　东	2554418	2237122	3892	83414	101742	30158	98089
广　西	301079	296047	1922	3000	111		
海　南							
重　庆	328655	310351	37	15191	3076		
四　川	128354	95331	357	31036	1630		
贵　州	34365	28080		3404		2881	
云　南	75162	57278	3450	3956	7128	3350	
西　藏							
陕　西	330544	302794	3000	24750			
甘　肃	807149	794015	3083		10050		
青　海	109899	89403	302		1068		19126
宁　夏	42597	42597					
新　疆	136208	120038	8573	1338	6259		

3-4 续表 6

机械设备、五金交电及电子产品批发 单位：万元

地区	实收资本						
		国家资本	集体资本	法人资本	个人资本	港澳台资本	外商资本
全国	**7095805**	**303666**	**66077**	**1919225**	**535712**	**306055**	**3965071**
北京	4511735	2871		1249131	34197	121660	3103876
天津	33160	7024		12916	2000	42	11179
河北	165004	541	500	8100	155863		
山西	34451	30542	2359	1000	320	230	
内蒙古	21334			21205	129		
辽宁	147374		3000	4245	3546	2269	134314
吉林							
黑龙江	4667			620	3497	550	
上海	817926	32538	588	35806	15813	148429	584752
江苏	256332	79356	37459	79001	27522	6621	26374
浙江	214992	16506		139148	59338		
安徽	20427	5120		7383	7924		
福建	105499	100		8478	6100	10321	80500
江西	12887		30	5220	1950	5687	
山东	177256	64431	4275	44972	63428	100	50
河南	16180	6000	900	650	8610	20	
湖北	24900	5500		10100	4400	4900	
湖南	38577	13521	100	8513	16443		
广东	346096	24400	1780	205334	87130	5126	22325
广西	10489		86	6149	4254		
海南							
重庆	15160	5612	1000	6090	2358	100	
四川	15816	1000		8400	5216		1200
贵州	2500	2000			500		
云南	66679	5003	14000	42280	4895		500
西藏							
陕西	10356				10356		
甘肃	2400	1000		100	1300		
青海							
宁夏							
新疆	23610	600		14385	8625		

3-4 续表 7

贸易经纪与代理　　　　单位：万元

地　区	实收资本	国家资本	集体资本	法人资本	个人资本	港澳台资本	外商资本
全　国	**506106**	**96218**		**362799**	**7000**	**26765**	**13324**
北　京	329100			329100			
天　津	4138			828		3311	
河　北							
山　西							
内蒙古							
辽　宁	23454					23454	
吉　林							
黑龙江							
上　海	32604	5000		16771			10833
江　苏	1200			700	500		
浙　江							
安　徽							
福　建	9600			9600			
江　西							
山　东	8000			5000	3000		
河　南							
湖　北	91218	91218					
湖　南							
广　东	6292			300	3500		2492
广　西							
海　南							
重　庆							
四　川							
贵　州							
云　南							
西　藏							
陕　西							
甘　肃							
青　海							
宁　夏							
新　疆	500			500			

3-4 续表 8

其他批发

单位：万元

地 区	实收资本	国家资本	集体资本	法人资本	个人资本	港澳台资本	外商资本
全 国	**666684**	**168207**	**15126**	**222964**	**76881**	**80742**	**102763**
北 京	203105		3800	194364			4941
天 津	641		641				
河 北							
山 西	1160	1060		100			
内蒙古	100			100			
辽 宁	835		832			3	
吉 林							
黑龙江	3879	3679		200			
上 海	189720	10140	300	5050	4200	74170	95860
江 苏	17940	100	601	34	17205		
浙 江	500				500		
安 徽	1500	500		1000			
福 建	31255	29834		1301	120		
江 西	800	800					
山 东	60322	759	7748	3728	48088		
河 南	2866		875	100	1891		
湖 北	16191	15871			320		
湖 南	5030			3600	1430		
广 东	27566	6248	150	11459	2550	5197	1962
广 西							
海 南							
重 庆	2531		180	929	50	1373	
四 川							
贵 州	6214	6214					
云 南	93349	92847			502		
西 藏							
陕 西							
甘 肃							
青 海							
宁 夏	1000			1000			
新 疆	180	155			26		

3-5 大中型批发业企业分行业损益及分配

农畜产品批发

地　区	主营业务收入	主营业务成本	主营业务税金及附加	主营业务利润	其他业务利润	营业费用
全　国	**6534612**	**6082560**	**18097**	**457192**	**29455**	**172919**
北　京	542546	498855	2170	41521	4361	14853
天　津	2280	2420	6	-146	287	78
河　北	157014	155244	42	1727	1276	2791
山　西	7259	6854		405		370
内蒙古	98778	91237	490	6340	91	5633
辽　宁	66216	43710	151	22355	1659	7752
吉　林	796311	778473	109	17733	951	11310
黑龙江	311259	274429	2536	33840	7196	9168
上　海	279715	271808	653	7254	1400	5858
江　苏	304462	270218	612	33632	3267	7783
浙　江	31785	28919	16	2850	405	3265
安　徽	95357	77443	29	16490	440	9103
福　建	28105	22220	103	5783	73	1476
江　西	35537	31040	3	944	249	1407
山　东	424829	374793	1216	48833	624	11307
河　南	153956	128025	4290	21641	634	6903
湖　北	276589	259054	421	17114	726	6295
湖　南	84416	65581	2056	12613	533	7501
广　东	64377	59462	3	4912	43	566
广　西	47077	46357	2	711		948
海　南						
重　庆	121453	107092	2541	11819	148	3643
四　川	51324	48265	53	3005	164	1110
贵　州	4158	4392		-235		60
云　南	1471642	1427386		44256	1665	27194
西　藏						
陕　西	24058	23416	13	629	748	277
甘　肃	34090	32763	7	1320	238	684
青　海						
宁　夏						
新　疆	1020022	953104	576	99846	2278	25588

单位：万元

管理费用	财务费用	营业利润	利润总额	应交所得税	劳动、失业保险费	住房公积金和住房补贴
233360	**133807**	**219664**	**296424**	**43796**	**3023**	**5499**
99307	75654	156445	155617	27369	317	1220
540	-283	-194	-133		21	21
3084	1292	-4163	-844	45	34	113
538	178	-681	15		15	
5713	3401	-3963	1998	77	239	
5289	2664	8308	13566	77	102	155
9776	4803	-5943	6508	2660	55	165
5759	7798	18484	6881	30	66	23
6678	-846	-3036	16126	1498	22	118
9473	1725	17586	9988	1376	313	167
3898	1479	-5386	322		92	168
7105	1287	896	4265	412	35	188
1806	-21	2595	11371	2275	12	93
1697	755	-1407	514		17	1
12548	4332	20733	24275	2904	104	240
6862	1571	-349	5331	1114	128	85
4751	2942	4178	5713	383	77	93
4442	2336	2501	1539	18	13	46
1625	864	1901	545	10	6	
961	206	-1211	264	103	86	46
4918	1434	1972	7332	914	874	1000
1499	389	171	1728	65	14	9
316	155	-733	273			
8309	-45	10463	10688	934	13	799
1011	460	-371	77	14	10	11
791	1363	-1279	-547	75	17	42
24666	17916	2146	13013	1442	340	693

3-5 续表 1

食品、饮料及烟草制品批发

地　区	主营业务收入	主营业务成本	主营业务税金及附加	主营业务利润	其他业务利润	营业费用
全　国	**89440617**	**68145280**	**2301791**	**18821479**	**307903**	**4259419**
北　京	4172570	3606620	9232	556717	19932	374375
天　津	1028732	823530	22722	179867	429	31186
河　北	2546982	1951544	87684	489220	2291	80700
山　西	1942797	1453393	68115	425237	1657	36947
内蒙古	1409509	1049926	48640	310888	1470	60588
辽　宁	2214172	1696180	79357	435396	2582	53696
吉　林	1073860	823463	37821	241387	1286	21997
黑龙江	1324453	975573	46473	364437	458	45951
上　海	4158826	3112574	58262	987990	32142	580556
江　苏	6140779	4506982	170691	1377125	15121	207233
浙　江	7604439	6119981	194073	1290385	26341	314739
安　徽	3073565	2298123	97431	690200	7638	97725
福　建	4766406	4015200	93977	657229	7083	118767
江　西	2141086	1532927	83195	448927	992	65111
山　东	6715161	5044058	181666	1459818	13497	407465
河　南	4091080	3036237	141796	913047	3965	160467
湖　北	2902147	2202559	83520	840066	17291	128252
湖　南	2305347	1687658	61040	346909	1798	101976
广　东	8817927	6962574	181499	1679288	80102	331133
广　西	1676605	1265998	55091	341044	2759	57278
海　南	498741	378029	15076	42617	153	7304
重　庆	2244245	1714615	58931	457747	3042	101726
四　川	4509202	3447472	129006	946752	9907	163753
贵　州	3536480	2169830	75079	1291572	34016	207726
云　南	4874376	3461404	97554	1311449	16837	398867
西　藏	198917	132300	3127	63490	1	2842
陕　西	1726872	1285601	61879	379392	2305	64723
甘　肃	781147	574752	26155	180240	1220	13704
青　海	177190	154699	5763	14436		3039
宁　夏	209071	154337	7352	47382	791	4155
新　疆	577935	507142	19583	51226	795	15438

单位：万元

管理费用	财务费用	营业利润	利润总额	应交所得税	劳动、失业保险费	住房公积金和住房补贴
4346701	**-70713**	**10651443**	**11231884**	**2748866**	**112317**	**275940**
123705	10451	143070	238807	33455	2728	5155
42968	2047	106725	113383	29560	157	1444
137502	-1486	282026	300761	76354	5347	8709
113792	758	271676	276456	71650	1173	4594
73085	1647	176021	185477	43880	943	3221
113396	-4352	208977	282393	71112	2936	6697
56564	2676	140455	157031	32479	762	4783
86344	-2793	194851	192478	43597	4289	6685
176117	1479	261980	286324	71218	5013	5088
237386	-22602	1053891	1049543	266721	5662	7475
210013	-26192	828935	841849	223448	3838	6644
150984	-20815	461274	460880	114502	4251	9871
155473	-4466	394856	444162	104774	2890	7240
101066	-2945	286752	300920	76822	2384	3904
349161	18845	704854	724360	179844	12858	38452
323922	1351	434744	447245	117586	9014	17038
187167	-8875	331659	399919	114345	5756	8395
165238	-1260	300135	265052	60052	3586	6653
325132	5144	1098060	1075802	239854	3580	22041
107925	1114	177776	182131	46067	1464	8840
18003	324	17139	17279	3665	838	1208
167129	-926	193637	206487	50277	5673	9779
228759	5009	560077	615452	154066	8123	10744
209811	-8110	917402	977762	243503	6621	35429
267813	-19845	689234	805882	189989	8634	22365
11470	81	49097	15988	2372	5	801
112753	1365	201892	204001	47899	1415	8116
51034	542	116179	113815	26805	1469	2689
5802	140	5658	5750	2081	52	155
10903	-511	33626	33319	7767	647	516
26285	1491	8788	11174	3123	208	1209

3-5 续表 2

纺织、服装及日用品批发

地　区	主营业务收入	主营业务成本	主营业务税金及附加	主营业务利润	其他业务利润	营业费用
全　国	**26459357**	**20491133**	**53653**	**5877628**	**120043**	**3181501**
北　京	857708	682455	2140	173113	2888	105882
天　津	148888	129178	209	15280	781	13041
河　北	47772	41855	48	5869	184	2956
山　西						
内蒙古	89383	69029	2807	17547		2680
辽　宁	141774	125594	300	14880	1211	6650
吉　林						
黑龙江	1000353	906456	3843	90053	7160	60603
上　海	5292939	3105955	8743	2178241	31089	1437879
江　苏	6979241	5568662	16324	1391044	11153	431537
浙　江	2418840	2072477	6542	339822	10053	193305
安　徽	1404729	1038840	562	365326	2465	338023
福　建	1165334	893104	1297	270923	32728	124254
江　西						
山　东	2396326	2029026	1453	365847	4558	117855
河　南	68231	61429	1089	5713	150	3464
湖　北	55649	51201	114	4335	1048	4690
湖　南	59205	46186	394	6719	6	4281
广　东	3684103	3152435	5053	505022	11804	266097
广　西	55873	46739	158	8975	1554	1700
海　南	14642	13853	20	769		605
重　庆	194066	174395	534	18875	108	9113
四　川	211988	173089	797	37363	145	21933
贵　州	5002	4368	11	623	61	262
云　南	57365	13669	776	42920		28785
西　藏						
陕　西	84052	67322	416	16314	920	4541
甘　肃	11366	10544	9	814		442
青　海						
宁　夏						
新　疆	14530	13273	15	1243	-22	925

单位：万元

管理费用	财务费用	营业利润	利润总额	应交所得税	劳动、失业保险费	住房公积金和住房补贴
1127493	**69601**	**1707756**	**1962785**	**372364**	**8304**	**26026**
34409	3186	37200	56207	10848	356	1209
4790	497	1974	2436	665	67	282
2939	252	-94	55		18	73
5218	1127	8523	8523	197	344	
14021	-2575	-1005	97110	151	23	174
5620	2914	30076	30246	7583		
278464	13768	482241	531725	125923	3511	10318
473569	25024	509789	562162	136442	1589	6488
73884	13604	69111	89749	20129	559	1690
34778	1456	-3437	-229	1062	331	1989
48862	-739	131283	132733	28832	41	397
23384	3743	225496	225828	5643	154	544
1482	621	-745	-590	16	51	61
1275	348	934	106	268	24	119
1934	527	5861	5926	444	63	50
107621	4401	161195	173555	29759	802	2349
801	33	10125	10178	3	8	3
159	1	3	4	7	3	
4889	387	5418	1994	305	105	71
4600	917	10798	11415	1685	204	119
392		30	27	7	1	
393	-130	13871	14122	2155		
3510	171	9013	9409	242	41	84
289	47	37	37		2	2
213	23	60	59		7	3

3-5 续表 3

文化、体育用品及器材批发

地区	主营业务收入	主营业务成本	主营业务税金及附加	主营业务利润	其他业务利润	营业费用
全国	**4738251**	**3892835**	**14698**	**813014**	**35368**	**402937**
北京	1552235	1201724	5951	344559	2040	187622
天津	34751	30438	28	1720		2864
河北	94848	86708	54	8086		2417
山西	73487	64752	115	8620	37	3896
内蒙古						
辽宁						
吉林	6327	5406	14	907	4	413
黑龙江	40150	35900	94	4156	11	1234
上海	317833	254848	109	62877	7709	50527
江苏	595622	509928	1297	84371	960	41637
浙江	299116	269624	736	28756	397	11348
安徽	36929	33870	355	3043	2230	2796
福建	23949	19622	13	4314	-19	2280
江西						
山东	342131	277031	2133	62914	271	9289
河南	191226	170668	254	20304	1365	7764
湖北	131259	116797	308	14153	419	5132
湖南	209353	185307	828	7822	19	7141
广东	370988	294607	1425	74955	17979	41721
广西	78506	64021	240	14245	249	7459
海南	34266	30683	70	3513	120	1827
重庆						
四川						
贵州	62184	56959		5225	114	2051
云南	84229	41783	500	41946	471	8002
西藏						
陕西						
甘肃	50025	43260	53	6712		2381
青海						
宁夏	10624	9292	17	1316	161	363
新疆	98214	89605	107	8502	833	2776

单位：万元

管理费用	财务费用	营业利润	利润总额	应交所得税	劳动、失业保险费	住房公积金和住房补贴
239310	**11187**	**214360**	**225839**	**39320**	**5470**	**13953**
74377	2467	82147	90479	22858	625	2666
1550	203	-416	-413	52	19	100
4903		767	769		607	214
4205	12	545	456	114	40	199
275	4	219	215	56	9	8
2415		518	582		19	157
19532	4233	-3705	-1659	426	598	5929
23227	-537	21029	24921	3201	266	933
8307	-2270	11566	5021	174	52	295
1844	-67	2207	623		17	82
2404	11	-400	187	82	8	7
11472	1714	40997	41162	705	89	642
7735	638	5533	5713	1431	56	129
5765	-314	3990	3747	449	80	321
8773	-190	7418	7557	62	214	180
35563	3201	12444	16253	2822	1471	1170
3761	-60	3335	3549	987	642	194
1396	14	397	391		33	41
2429	-12	870	861	215	12	500
10314	2119	21983	21956	5489		
3646	34	651	530	11	4	
800	7	307	307	50	15	40
4618	-20	1960	2634	136	591	144

3-5 续表 4

医药及医疗器材批发

地　区	主营业务收入	主营业务成本	主营业务税金及附加	主营业务利润	其他业务利润	营业费用
全　国	**29262458**	**26574092**	**36889**	**2622339**	**128762**	**1581834**
北　京	2853867	2506377	4491	342999	38450	210741
天　津	892500	835046	1070	56385	1765	20823
河　北	1244826	1171232	932	54360	805	31230
山　西	136633	118504	256	17874		15300
内蒙古	7507	7251	11	245		412
辽　宁	791900	745697	864	45340	624	11656
吉　林	139980	124423	267	16063		11838
黑龙江	397199	352633	693	34946	327	24194
上　海	4712680	4298402	4809	447937	25821	210491
江　苏	2411301	1905251	4986	498457	1924	399985
浙　江	2152759	1994430	2995	155335	11906	90332
安　徽	1524890	1486352	692	36442	932	17128
福　建	636687	604157	472	31872	2503	14589
江　西	767029	633821	1953	131255	1104	103968
山　东	2013698	1909294	2053	102322	2909	46411
河　南	595232	572867	1160	21205	844	6029
湖　北	778080	733833	1318	42237	11979	21960
湖　南	619059	559213	1025	27596	1341	27459
广　东	3164170	2881179	2435	280292	14090	171711
广　西	146419	139107	211	7038	104	2711
海　南	235873	140209	721	94943	5479	35708
重　庆	520802	502258	316	15859	1545	8429
四　川	1306191	1255674	1233	49284	3451	23403
贵　州	149948	137560	317	9765	5	4390
云　南	668304	612101	815	55386	688	33908
西　藏	42939	20457	413	22069		21136
陕　西	172925	154901	270	17754	115	12581
甘　肃	124690	121389	67	3234	27	1518
青　海						
宁　夏	5322	5153	1	168		101
新　疆	49049	45324	45	3680	25	1693

单位：万元

管理费用	财务费用	营业利润	利润总额	应交所得税	劳动、失业保险费	住房公积金和住房补贴
554072	**101009**	**553712**	**599812**	**136255**	**19998**	**27437**
78481	9807	100792	100701	24664	1337	4282
19011	4705	18170	17773	4931	189	585
12260	4537	-31393	-30146	2835	1326	308
3133	362	-885	-729	63	8	
309	1	-478	-478		2	
15122	5227	13588	14691	3841	172	343
2489	109	3507	2686	704	312	53
8278	91	2710	3170	546	36	122
111509	18310	133448	129397	32514	2024	5172
59620	5195	51181	41524	12516	8966	9677
37775	10123	29420	47827	9772	2186	1569
14116	1023	6867	6235	1719	207	344
8986	4374	6601	6045	1582	195	535
11924	1477	14961	14528	3496	282	104
30621	8442	15744	22297	5275	203	824
6769	638	7376	7771	1549	28	43
17506	6070	9368	17355	2414	146	659
12920	2287	16378	12231	1725	145	121
47807	11676	70189	89761	10462	1132	2015
3779	409	243	216	39	89	14
7290	-722	58145	64477	9225	152	61
7503	514	3228	3279	388	364	37
14565	3044	11804	12168	2046	384	131
4996	963	176	3882	441	22	11
9608	1399	11161	12289	3221	40	231
241	3	688				
4734	340	227	174	147	47	186
1254	587	-98	65	23		4
84	26	-42	-24		4	
1381	-7	636	646	119	1	6

3-5 续表 5

矿产品、建材及化工产品批发

地 区	主营业务收入	主营业务成本	主营业务税金及附加	主营业务利润	其他业务利润	营业费用
全 国	**246909797**	**233656525**	**302103**	**16589696**	**550991**	**5421325**
北 京	39930637	39228941	32994	668703	23989	422805
天 津	19498758	19066753	10570	421010	10799	22925
河 北	5667522	5304389	5719	314568	452	216605
山 西	8475784	7887768	24456	550702	54866	138461
内蒙古	1459666	1292047	3762	147758	250	77254
辽 宁	25843797	24921075	16447	885225	52753	641504
吉 林	1892967	1674456	1104	170915	29	95800
黑龙江	5712778	4988914	25782	305217	65	176454
上 海	10957754	10119101	13511	825142	15810	350470
江 苏	11830053	11155045	11161	655723	19777	330424
浙 江	11272659	10856234	8729	407696	16079	174318
安 徽	6805964	6385075	7182	406608	3589	216755
福 建	4835331	4615708	9312	210311	5118	111218
江 西	1473489	1327095	1354	117862	-1568	44869
山 东	13175374	12308296	16648	5915636	-6923	351053
河 南	5271081	4726018	55623	489440	-693	130654
湖 北	7357614	6425485	11208	429838	661	244411
湖 南	997015	940137	1189	8183	473	27330
广 东	30620904	29292049	12174	1412622	314544	491412
广 西	2843943	2509385	2127	310996	346	110406
海 南						
重 庆	2322438	2178754	2957	134314	-754	109829
四 川	3899346	3772681	3954	130071	25148	67601
贵 州	1138984	1060839	3461	73327	47	37335
云 南	2299941	2095040	6177	177878	2254	94264
西 藏						
陕 西	5326349	4713220	6313	278657	2816	139308
甘 肃	6857015	6309549	1121	546345	9224	292442
青 海	668190	613897	515	48836	757	23072
宁 夏	551041	494310	806	35926	195	19215
新 疆	7923405	7394265	5749	510192	891	263131

单位：万元

管理费用	财务费用	营业利润	利润总额	应交所得税	劳动、失业保险费	住房公积金和住房补贴
1786823	**594356**	**4515025**	**4417337**	**907312**	**45107**	**98338**
223993	85645	141784	183223	85319	12248	13347
34629	10570	362057	355915	92228	585	2497
49627	8103	95521	55931	7039	1714	1944
205159	39811	240552	265992	92339	5732	4184
9874	5121	63179	61795	3586	1582	2036
68845	69533	192269	171913	30863	2225	7790
5766	7839	76207	58328	61	767	3465
21864	14986	98468	87432	21540	1853	5610
174339	13492	309921	379252	73803	2335	5311
101507	40060	224788	236209	53878	2049	3875
72772	20565	156567	321472	41930	838	3447
59972	20672	115422	113227	25806	880	3192
15958	19836	68457	89536	12822	241	601
12189	352	52461	51073	11115	139	673
137610	21075	306055	283111	51896	699	4041
86238	14614	165970	163107	48859	4262	2426
82784	22207	120226	103222	25887	596	4014
18084	6929	5368	6223	1800	365	204
210544	82241	843367	682329	153291	1328	11085
32627	5814	165216	38011	18692	229	1422
5540	7133	17668	13905	2896	640	3358
26807	14808	35709	43879	9583	293	1711
15110	223	23723	22323	4856	156	1053
35839	5640	45294	39516	8558	333	1529
26312	15134	115032	128905	22994	813	3216
28375	28115	206636	180178	120	141	821
12775	2019	5834	13699	866	137	650
3290	789	16378	18562	658	27	505
8396	11032	244896	249072	4030	1900	4330

3-5 续表 6

机械设备、五金交电及电子产品批发

地　区	主营业务收入	主营业务成本	主营业务税金及附加	主营业务利润	其他业务利润	营业费用
全　国	**110103095**	**98061382**	**128201**	**12180930**	**863755**	**6356336**
北　京	40973882	33970392	35632	6967858	681429	2900679
天　津	1568971	1443964	2205	121660	5263	85527
河　北	2171720	2051799	2263	67818	7539	76599
山　西	397350	761974	1034	31847	352	17500
内蒙古	72936	63116	110	9711		6278
辽　宁	356634	330464	243	25928	187	15929
吉　林						
黑龙江	398569	338701	2262	20811	161	14027
上　海	24094912	21940598	4650	2149663	68540	1528917
江　苏	9117146	8451817	8495	623492	25520	396889
浙　江	3054571	2855075	4231	195265	9216	112949
安　徽	1292337	1207207	4583	84127	4428	49614
福　建	474923	412965	1483	60475	1220	20771
江　西	269352	249844	346	19162	262	14201
山　东	5625228	5351681	4531	281934	3039	90171
河　南	873811	807331	4653	61827	2874	46199
湖　北	1490454	1416570	1160	72763	404	47587
湖　南	299483	259148	623	20509	944	14563
广　东	11319971	10391022	19226	908522	38919	577889
广　西	312806	282732	807	29267	1344	13481
海　南	11356	10698		658	15	1349
重　庆	4050016	3747318	4288	297987	6919	248778
四　川	694881	631222	22828	36134	2125	30091
贵　州	365292	338427	229	26656	82	13864
云　南	622231	575612	1090	45529	2331	21931
西　藏						
陕　西	34960	33196	117	1647		216
甘　肃	82744	73862	56	8826	274	5459
青　海						
宁　夏						
新　疆	76558	64650	1055	10853	371	4878

单位：万元

管理费用	财务费用	营业利润	利润总额	应交所得税	劳动、失业保险费	住房公积金和住房补贴
2515612	**194075**	**4198947**	**5263086**	**889839**	**106105**	**75162**
1635862	92684	3108556	3939100	660067	90035	49728
19881	2919	21131	23313	4756	191	1067
14782	4059	27205	86294	8754	867	465
14184	613	679	2449	752	163	17
643	1209	1797	682	153	4	2
6219	961	3006	3255	1066	137	125
4710	545	1690	647	727	13	71
275509	41181	372596	423824	83353	3974	10704
110857	2097	183966	258030	27777	1452	2937
45646	6081	38347	58487	11849	860	1412
24633	2669	13725	16273	3663	116	487
31014	1081	8829	8709	1443	98	515
3768	14	1327	2144	312	11	13
67180	14337	113831	115642	29942	970	1677
9922	-59	4683	4739	2060	36	132
8655	60	16536	16852	3111	59	320
6657	538	18664	5826	1687	73	58
178111	20881	180711	212838	33049	6540	4572
5993	-298	11455	11572	1554	80	27
	12	-689	-692	23	6	
16500	-2311	42421	42994	7121	117	208
6319	1080	5180	5242	895	40	37
716	1140	12007	11857	2942		
21473	1406	7430	8412	1927	223	399
700	231	500	500	11		
3342	-3	301	297	19	27	155
2337	948	3062	3801	825	17	33

3-5 续表 7

贸易经纪与代理

地　区	主营业务收入	主营业务成本	主营业务税金及附加	主营业务利润	其他业务利润	营业费用
全　国	**5518335**	**5268602**	**4859**	**243390**	**19169**	**160048**
北　京	768379	739210	2112	27057	13262	47528
天　津	131164	124422	26	6717		1126
河　北						
山　西						
内蒙古						
辽　宁	29634	24883		4751	4	3153
吉　林						
黑龙江						
上　海	404614	294333	58	110223	3520	86933
江　苏	27289	23865	233	1710		801
浙　江						
安　徽						
福　建	236992	220344	292	16354	283	2110
江　西						
山　东	142975	134299	142	8534	6	3558
河　南						
湖　北	3671928	3612837	1813	57278	2094	9662
湖　南						
广　东	95939	85766	46	10126		5057
广　西						
海　南						
重　庆						
四　川						
贵　州						
云　南						
西　藏						
陕　西						
甘　肃						
青　海						
宁　夏						
新　疆	9421	8644	138	640		120

单位：万元

管理费用	财务费用	营业利润	利润总额	应交所得税	劳动、失业保险费	住房公积金和住房补贴
91358	**5655**	**81240**	**58418**	**13106**	**1416**	**4653**
35430	-6762	46503	21919	3804	209	1664
4511	-118	1197	1189	307		155
1627	-786	761	742	185		
23013	989	2808	3594	2301	941	1698
406	116	295	545	135	6	51
614	1211	5493	6276	1546		
1316	525	2742	2808	463	81	44
20285	10516	19971	19869	4027	143	1026
3883	-37	1223	1229	304	6	14
273		247	247	33	30	

3-5 续表 8

其他批发

地　区	主营业务收入	主营业务成本	主营业务税金及附加	主营业务利润	其他业务利润	营业费用
全　国	**8892368**	**8144312**	**37825**	**693918**	**67564**	**306044**
北　京	716352	619542	2462	94348	12659	74129
天　津	13939	15140	210	-1411	4	107
河　北						
山　西	95272	92194	159	2920	-35	1015
内蒙古	8160	689	4	1271		145
辽　宁	6700	6861	89	-250	467	72
吉　林						
黑龙江	133928	94954	548	38427	-30	12425
上　海	3024868	2768755	895	255218	45736	126747
江　苏	696177	635566	8186	52422	7	13941
浙　江	24366	23366	26	973		575
安　徽	24524	23194	38	1322		351
福　建	906638	806442	6979	93218	716	17257
江　西	6449	5389	40	1020		31
山　东	486452	448510	14152	23446	242	6710
河　南	35820	34562	146	1112	785	882
湖　北	168542	157874	303	10365	1	11538
湖　南	297192	290154	406	702		5001
广　东	1134412	1075631	813	57968	3281	27565
广　西						
海　南						
重　庆	54985	47014	604	5501	319	1240
四　川						
贵　州	11914	9822		89		654
云　南	1037836	983413	1634	52789	3405	4881
西　藏						
陕　西						
甘　肃						
青　海						
宁　夏	4091	3092	131	869	7	
新　疆	3752	2151		1601		777

单位：万元

管理费用	财务费用	营业利润	利润总额	应交所得税	劳动、失业保险费	住房公积金和住房补贴
218839	**15763**	**293718**	**416004**	**81141**	**1837**	**8381**
42830	7116	37940	52293	10841	157	834
150	4	-1667	36	9	7	10
1146	232	492	505	140	37	16
297		829	829	4	20	
757	22	-634	-609		7	16
6103	-105	24430	21075	5310	125	432
78257	-3693	99643	112218	24389	270	1705
9386	2875	26675	71830	13336	183	31
158	80	160	105			
935	148	-113	38	35	7	14
32155	3440	41082	52044	13363	698	3088
55	2	932	946	237	52	
4659	-165	12892	41855	586	7	46
1164	194	-343	329	112	49	9
4070	62	2323	1948	106	8	48
1462	-121	290	4751	57	14	279
14263	5436	14340	18879	4184	65	712
1189	18	517	1895	125	8	10
823	28	89	89			
17616	116	33581	34492	8276	122	1131
484	65	326	427	31		
880	10	-66	29		3	

3-6 大中型批发业企业分行业工资、福利及增值税

单位：万元

地区	批发业			农畜产品批发		
	本年应付工资总额	本年应付福利费总额	本年应交增值税	本年应付工资总额	本年应付福利费总额	本年应交增值税
全国	**7008464**	**549917**	**10102181**	**105301**	**6863**	**37813**
北京	1172741	96212	1499953	22077	293	9980
天津	91453	6653	245590	395		
河北	158036	6394	181118	1342	30	81
山西	182200	9812	298058	150		
内蒙古	80959	9269	96946	2257	187	1239
辽宁	149517	9565	261923	1685	76	3938
吉林	88227	5780	112119	8746	524	341
黑龙江	126075	10859	452889	9252	1705	2600
上海	792803	59791	946138	2489	34	19
江苏	513745	48447	733806	5060	451	1045
浙江	317337	23539	376482	2657	259	
安徽	214112	17773	355889	2506	201	211
福建	202801	10890	227757	1450	195	16
江西	99012	8891	125150	979	72	138
山东	367769	22405	579285	8279	721	4759
河南	248301	20649	200383	3806	365	2846
湖北	196386	44987	302222	2793	214	1500
湖南	113566	11061	147325	1674	36	55
广东	713747	43705	946310	1012		30
广西	99943	10191	145119	1403	58	118
海南	18914	1105	26715			
重庆	174862	12024	236853	2415	326	3444
四川	193950	12707	226378	813	5	166
贵州	142124	11756	294615	126	3	267
云南	266574	15831	337355	6873	13	189
西藏	4078	109	4629			
陕西	128209	6797	255335	216	35	60
甘肃	45804	3511	230474	445	3	1
青海	16491	1134	8194			
宁夏	12761	1036	21333			
新疆	75969	7036	225839	14400	1056	4770

3-6 续表 1

单位：万元

地区	食品、饮料及烟草制品批发			纺织、服装及日用品批发		
	本年应付工资总额	本年应付福利费总额	本年应交增值税	本年应付工资总额	本年应付福利费总额	本年应交增值税
全　国	**2540379**	**214755**	**3424669**	**703489**	**44859**	**822431**
北　京	87863	5139	75471	35226	2062	25853
天　津	25610	2206	49125	6026	74	1981
河　北	72134	2106	91793	1968	3	417
山　西	48835	4805	95402			
内蒙古	46322	6523	60087	6114	408	295
辽　宁	64938	3252	86253	4388	159	658
吉　林	37854	2186	43024			
黑龙江	43686	2956	59532	3275	239	10359
上　海	102699	6578	146442	198195	11168	305978
江　苏	100328	8745	267903	151933	21346	138877
浙　江	134987	11797	221441	52701	1451	32912
安　徽	85534	8212	131373	53042	2756	56434
福　建	85063	4263	120426	26878	732	34131
江　西	63089	5595	82827			
山　东	176127	12325	288207	59919	694	32275
河　南	188984	16210	141932	841	77	198
湖　北	84856	31094	113590	1378	1	468
湖　南	76382	8618	102203	2462	14	2051
广　东	220493	16142	288963	77860	2675	161069
广　西	66654	7208	70784	978		1074
海　南	10741	862	8345	346	4	107
重　庆	112880	7636	77533	7393	128	1283
四　川	137997	9279	183956	7651	129	6706
贵　州	123353	10701	220413	231		73
云　南	208989	11929	266703	529	331	7678
西　藏	870	109	496			
陕　西	74399	2679	68270	3191	360	1337
甘　肃	28306	2362	31616	354	50	100
青　海	4042	219	3205			
宁　夏	6699	623	15667			
新　疆	19667	2399	11689	612		117

3-6 续表 2

单位：万元

地区	文化、体育用品及器材批发			医药及医疗器材批发		
	本年应付工资总额	本年应付福利费总额	本年应交增值税	本年应付工资总额	本年应付福利费总额	本年应交增值税
全国	**147876**	**10099**	**100858**	**448088**	**29787**	**504154**
北京	38983	3649	48216	79139	3574	18190
天津	1198	26	576	11121	1806	23768
河北	2279	272	487	9136	627	10000
山西	2255		947	4862	448	2646
内蒙古				307		26
辽宁				6302	262	7390
吉林	260	36	141	3380	180	657
黑龙江	681		947	6779	73	23724
上海	17648	1438	11392	70557	5765	64517
江苏	16819	755	7034	45729	4214	61597
浙江	4964	546	2750	32266	1801	23918
安徽	1643	205	455	7640	468	5834
福建	1963	32	76	8965	656	3893
江西				18273	2005	22091
山东	5357	366	5013	18135	903	17416
河南	1990	131	1880	5023	125	2522
湖北	3881	350	2981	11495	772	8178
湖南	5723	333	4130	7462	712	13521
广东	29263	1222	6441	53436	3325	143871
广西	1968	174	1498	1727	100	1478
海南	1221	77	641	6056	125	17480
重庆				5899	278	3963
四川				12984	483	8630
贵州	2225	3	981	2985	100	2629
云南	3645		2632	9767	710	8313
西藏				3208		4134
陕西				3012	187	2712
甘肃	1580	122	514	1254	11	624
青海						
宁夏	492	83	54	95	2	26
新疆	1838	278	1072	1096	74	407

3-6 续表 3

单位：万元

地区	矿产品、建材及化工产品批发			机械设备、五金交电及电子产品批发		
	本年应付工资总额	本年应付福利费总额	本年应交增值税	本年应付工资总额	本年应付福利费总额	本年应交增值税
全国	**1410463**	**117151**	**2976847**	**1481913**	**114678**	**1835811**
北京	148780	15731	197903	730164	63841	1002995
天津	28368	1439	109154	16273	1104	57193
河北	58282	3040	61308	12894	316	17033
山西	113778	3826	192410	12110	669	6344
内蒙古	24072	1995	32145	1672	131	3122
辽宁	64849	5470	161376	4985	302	1847
吉林	37987	2853	67956			
黑龙江	51328	4218	339673	4541	1325	5207
上海	114231	8577	97259	230059	23994	277117
江苏	64753	5338	100244	121389	6963	91094
浙江	52968	5219	72094	36516	2466	23146
安徽	47720	5474	129848	15702	450	31415
福建	41611	4190	14017	15034	786	4856
江西	11235	1070	17152	4790	110	2556
山东	60229	5487	159212	36946	1506	40218
河南	38592	3494	41426	8369	239	8557
湖北	63687	7253	116039	14898	801	18725
湖南	9564	747	5971	7245	600	15583
广东	155298	12899	177383	163768	7008	159688
广西	20949	2436	65451	6264	217	4717
海南				550	37	141
重庆	32001	3298	104561	13392	335	44345
四川	28272	2244	22978	6233	567	3943
贵州	11363	949	68329	1494	1	1918
云南	18694	1258	25451	11636	654	12650
西藏						
陕西	46044	3498	182786	1346	39	169
甘肃	11881	924	197200	1984	40	419
青海	12449	915	4989			
宁夏	5275	307	5576			
新疆	36204	3006	206957	1661	182	815

3-6 续表 4

单位：万元

地区	贸易经纪与代理			其他批发		
	本年应付工资总额	本年应付福利费总额	本年应交增值税	本年应付工资总额	本年应付福利费总额	本年应交增值税
全　国	**61723**	**7289**	**156514**	**109232**	**4437**	**243085**
北　京	19489	1431	102998	11020	492	18347
天　津	2342		1425	120		2370
河　北						
山　西				211	64	310
内蒙古				216	25	32
辽　宁	2154	30	37	217	15	423
吉　林						
黑龙江				6534	344	10847
上　海	20115	1199	9818	36810	1039	33596
江　苏	512	94	783	7222	541	65230
浙　江				279		220
安　徽				324	7	319
福　建	2102		199	19735	36	50142
江　西				646	40	386
山　东	1224	155	1499	1553	248	30687
河　南				697	11	1022
湖　北	10911	4303	38725	2488	199	2018
湖　南				3054		3810
广　东	2650	44	1017	9968	390	7848
广　西						
海　南						
重　庆				882	23	1725
四　川						
贵　州				348		6
云　南				6441	936	13739
西　藏						
陕　西						
甘　肃						
青　海						
宁　夏				200	21	10
新　疆	225	34	13	266	8	

3-7 大中型批发业企业分行业经济效益分析指标

农畜产品批发

地　区	负债比率(%)	主营业务毛利率(%)	人均营业收入(万元)	流动资产周转次数(次)	费用率(%)
全　国	**64.7**	**6.9**	**143.2**	**1.1**	**8.2**
北　京	52.0	8.1	331.4	0.4	34.2
天　津	106.3	-6.2	16.0	0.1	12.9
河　北	80.2	1.1	153.6	3.2	4.5
山　西	74.9	5.6	67.2	1.0	15.0
内蒙古	72.4	7.6	69.7	1.3	14.9
辽　宁	62.1	34.0	105.3	0.6	23.1
吉　林	82.2	2.2	67.1	5.1	3.2
黑龙江	88.6	11.8	156.8	1.8	6.7
上　海	45.8	2.8	467.1	1.0	4.2
江　苏	82.3	11.2	112.7	2.1	6.1
浙　江	77.8	9.0	42.1	0.6	26.8
安　徽	50.5	18.8	82.3	1.4	18.2
福　建	24.7	20.9	72.3	0.8	11.6
江　西	125.1	12.7	51.8	1.7	10.8
山　东	83.5	11.8	81.0	1.5	6.6
河　南	60.2	16.8	64.5	1.5	9.9
湖　北	82.6	6.3	183.3	1.5	4.9
湖　南	23.5	22.3	116.3	3.2	16.7
广　东	87.4	7.6	178.4	0.5	4.7
广　西	60.4	1.5	46.0	3.1	4.5
海　南					
重　庆	40.0	11.8	91.4	5.6	8.2
四　川	59.3	6.0	80.4	4.5	5.8
贵　州	88.8	-5.6	31.0	0.8	12.7
云　南	93.2	3.0	1979.6	0.9	2.4
西　藏					
陕　西	115.2	2.7	83.2	0.7	7.0
甘　肃	98.4	3.9	112.6	0.6	8.3
青　海					
宁　夏					
新　疆	83.7	6.6	172.9	1.4	6.6

注：费用率等于营业费用、管理费用、财务费用三项之和除以营业收入合计(下表同)。

3-7 续表 1

食品、饮料及烟草制品批发

地　区	负债比率(%)	主营业务毛利率(%)	人均营业收入(万元)	流动资产周转次数(次)	费用率(%)
全　国	**33.2**	**23.8**	**203.3**	**2.9**	**9.4**
北　京	56.4	13.6	331.3	2.8	11.8
天　津	25.9	19.9	268.6	2.7	7.4
河　北	11.6	23.4	213.6	3.5	8.5
山　西	13.5	25.2	227.2	4.3	7.8
内蒙古	42.8	25.5	140.7	3.6	9.6
辽　宁	20.2	23.4	213.9	2.5	7.3
吉　林	29.4	23.3	242.0	3.2	7.2
黑龙江	7.1	26.3	163.8	4.0	9.7
上　海	51.4	25.2	228.2	3.7	18.0
江　苏	22.2	26.6	298.9	2.0	6.8
浙　江	39.2	19.5	427.3	2.9	6.5
安　徽	15.8	25.2	160.1	2.8	7.3
福　建	14.3	15.8	304.4	3.8	5.6
江　西	28.2	28.4	171.1	3.3	7.6
山　东	36.2	24.9	175.2	3.4	11.5
河　南	34.7	25.8	127.7	4.1	11.8
湖　北	40.2	24.1	167.5	2.8	10.5
湖　南	24.5	26.8	177.2	3.5	11.5
广　东	43.0	21.0	207.7	3.8	7.4
广　西	38.9	24.5	166.0	3.4	9.9
海　南	22.3	24.2	460.3	13.0	5.1
重　庆	48.4	23.6	131.2	2.6	11.7
四　川	28.6	23.5	232.1	3.1	8.6
贵　州	50.1	38.6	157.3	1.9	11.3
云　南	31.2	29.0	146.4	1.6	12.7
西　藏	18.7	33.5	377.5	11.8	7.2
陕　西	21.9	25.6	161.9	4.7	10.3
甘　肃	18.8	26.4	207.7	2.9	8.3
青　海	39.6	12.7	257.2	11.9	5.1
宁　夏	9.8	26.2	186.4	2.7	6.9
新　疆	53.2	12.2	216.5	4.9	7.5

3-7 续表 2

纺织、服装及日用品批发

地区	负债比率(%)	主营业务毛利率(%)	人均营业收入(万元)	流动资产周转次数(次)	费用率(%)
全国	**63.7**	**22.6**	**167.2**	**2.4**	**16.4**
北京	54.5	20.4	93.8	2.0	16.7
天津	57.8	13.2	140.3	3.2	11.9
河北	55.9	12.4	125.2	2.7	12.8
山西					
内蒙古	83.8	22.8	31.1	9.3	10.1
辽宁	9.2	11.4	176.1	1.0	12.6
吉林					
黑龙江	79.2	9.4	1599.2	15.7	6.9
上海	53.8	41.3	178.1	2.1	32.4
江苏	70.8	20.2	332.3	1.8	13.3
浙江	68.5	14.3	167.8	2.7	11.5
安徽	102.7	26.0	264.8	4.2	26.0
福建	49.4	23.4	145.9	2.6	14.4
江西					
山东	65.0	15.3	69.5	6.8	6.0
河南	92.4	10.0	123.3	3.3	8.1
湖北	86.6	8.0	132.8	2.7	11.1
湖南	58.7	22.0	80.7	1.4	11.4
广东	74.6	14.4	197.2	2.1	10.2
广西	54.7	16.3	103.2	1.9	4.2
海南	87.1	5.4	71.4	8.8	5.2
重庆	61.5	10.1	48.9	4.6	7.4
四川	69.6	18.3	68.0	3.2	12.9
贵州	80.7	12.7	50.6	4.8	12.9
云南	40.3	76.2	277.1	1.3	50.6
西藏					
陕西	75.8	19.9	53.5	1.7	9.7
甘肃	85.6	7.2	108.2	3.6	6.8
青海					
宁夏					
新疆	77.3	8.7	45.9	2.4	8.0

3-7 续表 3

文化、体育用品及器材批发

地　区	负债比率 (%)	主营业务毛利率 (%)	人均营业收入 (万元)	流动资产周转次数 (次)	费用率 (%)
全　国	**63.1**	**17.8**	**152.5**	**1.7**	**13.5**
北　京	76.7	22.6	245.8	1.9	16.9
天　津	97.8	12.4	84.8	1.8	13.3
河　北	67.3	8.6	246.8	1.6	7.6
山　西	61.6	11.9	161.6	1.9	11.0
内蒙古					
辽　宁					
吉　林	87.1	14.6	44.6	1.3	10.9
黑龙江	99.6	10.6	176.9	1.9	9.1
上　海	85.6	19.8	108.3	2.5	22.8
江　苏	53.1	14.4	152.9	1.7	10.6
浙　江	42.5	9.9	202.9	1.3	5.8
安　徽	82.9	8.3	61.5	1.2	11.5
福　建	55.8	18.1	39.3	0.9	19.6
江　西					
山　东	82.8	19.0	166.0	2.3	6.6
河　南	62.3	10.8	223.1	3.1	8.4
湖　北	65.7	11.0	177.5	1.8	8.0
湖　南	37.0	11.5	175.9	1.7	7.5
广　东	59.0	20.6	62.4	1.1	20.4
广　西	64.0	18.5	216.7	1.3	10.8
海　南	31.3	10.5	82.5	1.1	9.4
重　庆					
四　川					
贵　州	91.3	8.4	280.9	0.5	7.2
云　南	44.5	50.4	176.5	2.0	24.1
西　藏					
陕　西					
甘　肃	68.8	13.5	124.8	1.2	12.1
青　海					
宁　夏	64.3	12.5	83.0	1.6	10.8
新　疆	56.7	8.8	150.2	2.1	7.4

3-7 续表 4

医药及医疗器材批发

地 区	负债比率 (%)	主营业务毛利率 (%)	人均营业收入 (万元)	流动资产周转次数 (次)	费用率 (%)
全 国	**73.3**	**9.2**	**215.1**	**2.6**	**7.6**
北 京	74.1	12.2	261.1	2.0	10.3
天 津	78.1	6.4	482.3	2.2	5.0
河 北	102.6	5.9	238.2	3.0	3.8
山 西	85.3	13.3	44.9	3.1	13.8
内蒙古	92.8	3.4	62.6	1.4	9.6
辽 宁	65.2	5.8	271.2	1.8	4.0
吉 林	75.7	11.1	122.9	1.0	10.3
黑龙江	10.7	11.2	189.3	3.6	8.2
上 海	52.8	8.8	316.6	2.9	7.2
江 苏	88.1	21.0	129.0	2.3	19.3
浙 江	75.9	7.4	294.9	2.9	6.4
安 徽	89.0	2.5	314.1	5.0	2.1
福 建	75.3	5.1	188.3	2.7	4.4
江 西	66.5	17.4	123.3	3.5	15.2
山 东	89.8	5.2	249.3	2.5	4.2
河 南	86.0	3.8	205.8	3.4	2.3
湖 北	72.2	5.7	162.5	1.6	5.8
湖 南	77.3	9.7	144.2	3.1	6.9
广 东	82.0	8.9	246.1	2.5	7.3
广 西	79.4	5.0	138.4	4.0	4.7
海 南	29.0	40.6	151.3	1.5	17.5
重 庆	68.8	3.6	220.0	3.2	3.1
四 川	86.2	3.9	226.6	3.0	3.1
贵 州	81.5	8.3	100.6	2.4	6.9
云 南	71.7	8.4	152.6	2.5	6.7
西 藏	93.4	52.4	74.2	3.3	49.8
陕 西	87.7	10.4	92.2	3.6	10.2
甘 肃	92.2	2.6	142.2	2.4	2.7
青 海					
宁 夏	74.1	3.2	48.4	4.5	4.0
新 疆	60.3	7.6	104.4	4.4	6.3

3-7 续表 5

矿产品、建材及化工产品批发

地　区	负债比率 (%)	主营业务毛利率 (%)	人均营业收入 (万元)	流动资产周转次数 (次)	费用率 (%)
全　国	**68.6**	**5.4**	**584.4**	**4.7**	**3.1**
北　京	76.9	1.8	2142.9	3.1	1.8
天　津	80.7	2.2	3967.7	15.8	0.3
河　北	56.4	6.4	247.2	3.4	4.8
山　西	80.3	6.9	213.5	2.2	4.5
内蒙古	77.6	11.5	144.8	9.2	6.3
辽　宁	74.5	3.6	1344.0	7.6	3.0
吉　林	75.2	11.5	175.3	34.5	5.8
黑龙江	43.2	12.7	429.0	3.7	3.7
上　海	57.2	7.7	677.3	3.1	4.9
江　苏	61.2	5.7	339.5	4.7	3.9
浙　江	69.0	3.7	1300.6	6.0	2.4
安　徽	64.5	6.2	274.1	3.8	4.4
福　建	73.6	4.5	690.2	2.2	3.0
江　西	47.1	9.9	232.2	13.1	3.9
山　东	71.5	6.6	429.1	3.7	3.9
河　南	59.1	10.3	278.3	7.9	4.4
湖　北	62.8	12.7	305.6	11.0	4.7
湖　南	82.5	5.7	307.0	3.9	5.2
广　东	62.8	4.3	1025.6	5.7	2.5
广　西	51.4	11.8	284.2	9.2	5.2
海　南					
重　庆	45.6	6.2	204.9	8.9	5.2
四　川	79.6	3.2	445.9	5.1	2.8
贵　州	73.6	6.9	291.8	6.7	4.6
云　南	40.2	8.9	247.5	9.3	5.9
西　藏					
陕　西	71.5	11.5	397.9	6.0	3.4
甘　肃	52.2	8.0	1798.8	4.9	5.1
青　海	64.3	8.1	163.3	4.1	5.6
宁　夏	35.8	10.3	304.0	13.4	4.2
新　疆	108.3	6.7	692.2	14.2	3.6

3-7 续表 6

机械设备、五金交电及电子产品批发

地　区	负债比率 (%)	主营业务毛利率 (%)	人均营业收入 (万元)	流动资产周转次数 (次)	费用率 (%)
全　国	**70.0**	**10.9**	**513.5**	**2.5**	**8.1**
北　京	59.1	17.1	780.1	2.1	11.0
天　津	75.1	8.0	686.5	3.9	6.9
河　北	81.6	5.5	406.4	2.4	4.4
山　西	66.1	-91.8	113.3	3.7	8.1
内蒙古	76.2	13.5	92.2	1.0	11.1
辽　宁	38.7	7.3	185.6	3.4	6.5
吉　林					
黑龙江	92.3	15.0	315.2	3.8	4.8
上　海	80.0	8.9	987.1	3.7	7.6
江　苏	82.2	7.3	281.0	2.1	5.5
浙　江	72.0	6.5	368.1	2.8	5.3
安　徽	93.0	6.6	264.4	2.5	5.9
福　建	60.4	13.0	123.3	1.7	11.1
江　西	84.2	7.2	157.8	4.4	6.7
山　东	92.9	4.9	532.8	1.9	3.0
河　南	79.0	7.6	407.6	7.5	6.3
湖　北	91.2	5.0	426.0	4.4	3.8
湖　南	79.7	13.5	118.1	3.5	7.2
广　东	77.0	8.2	292.3	2.9	6.8
广　西	75.0	9.6	165.5	1.9	6.1
海　南	100.0	5.8	65.5	7.6	11.9
重　庆	93.0	7.5	896.5	4.8	6.4
四　川	79.7	9.2	248.6	5.6	5.4
贵　州	62.7	7.4	859.5	6.9	4.3
云　南	79.1	7.5	231.4	1.3	7.1
西　藏					
陕　西	35.3	5.0	74.2	9.4	3.3
甘　肃	98.7	10.7	146.8	2.5	10.6
青　海					
宁　夏					
新　疆	62.7	15.6	129.1	1.3	10.6

3-7 续表 7

贸易经纪与代理

地　区	负债比率 (%)	主营业务毛利率 (%)	人均营业收入 (万元)	流动资产周转次数 (次)	费用率 (%)
全　国	**76.2**	**4.5**	**635.1**	**1.9**	**4.4**
北　京	71.5	3.8	736.7	0.9	7.2
天　津	76.1	5.1	539.8	4.7	4.2
河　北					
山　西					
内蒙古					
辽　宁	8.7	16.0	30.9	1.5	13.5
吉　林					
黑龙江					
上　海	77.6	27.3	221.0	2.0	27.2
江　苏	87.6	12.5	99.6	2.5	4.8
浙　江					
安　徽					
福　建	79.1	7.0	225.1	3.5	1.7
江　西					
山　东	82.2	6.1	272.9	3.1	3.8
河　南					
湖　北	80.3	1.6	1889.4	2.4	1.1
湖　南					
广　东	72.4	10.6	121.8	4.0	9.3
广　西					
海　南					
重　庆					
四　川					
贵　州					
云　南					
西　藏					
陕　西					
甘　肃					
青　海					
宁　夏					
新　疆	4.6	8.3	86.4	5.1	4.2

3-7 续表 8

其他批发

地区	负债比率(%)	主营业务毛利率(%)	人均营业收入(万元)	流动资产周转次数(次)	费用率(%)
全国	**63.7**	**8.4**	**403.3**	**2.6**	**6.0**
北京	70.1	13.5	700.1	0.7	16.9
天津	74.2	-8.6	93.0	5.1	1.9
河北					
山西	91.9	3.2	300.1	4.2	2.2
内蒙古	94.6	91.6	68.0	12.9	5.4
辽宁	100.0	-2.4	44.8	1.4	11.9
吉林					
黑龙江	29.9	29.1	119.2	2.4	13.8
上海	70.5	8.5	1069.7	2.5	6.5
江苏	61.6	8.7	172.9	18.6	3.8
浙江	96.1	4.1	164.6	3.4	3.3
安徽	55.8	5.4	98.5	5.0	5.9
福建	35.3	11.1	318.6	3.2	5.7
江西	45.5	16.4	44.2	5.8	1.4
山东	43.1	7.8	283.6	9.6	2.3
河南	84.8	3.5	66.9	2.4	6.1
湖北	51.6	6.3	143.8	61.2	9.3
湖南	48.4	2.4	375.7	3.6	2.1
广东	77.7	5.2	398.4	3.1	4.1
广西					
海南					
重庆	70.7	14.5	67.8	5.6	4.3
四川					
贵州	34.1	17.6	78.9	12.1	12.6
云南	35.2	5.2	1489.8	3.9	2.2
西藏					
陕西					
甘肃					
青海					
宁夏	50.9	24.4	29.7	0.5	13.4
新疆	145.6	42.7	35.1	5.2	44.4

3-8 大中型零售业企业分行业基本情况

地 区	零售业		综合零售		食品、饮料及烟草制品专门零售	
	法人单位数（个）	年末从业人数（人）	法人单位数（个）	年末从业人数（人）	法人单位数（个）	年末从业人数（人）
全 国	**5350**	**2449292**	**2892**	**1593769**	**253**	**85303**
北 京	276	162468	102	98074	18	8643
天 津	82	44153	43	26469	10	2194
河 北	198	80874	130	62945	3	423
山 西	164	62302	76	32716	9	4302
内蒙古	77	35978	43	19311		
辽 宁	182	112499	102	83394	8	1841
吉 林	67	20495	38	14271	4	910
黑龙江	96	59141	50	40576	1	300
上 海	225	194121	70	129283	20	4202
江 苏	413	212915	263	158505	23	5846
浙 江	264	110561	145	78105	15	3308
安 徽	198	70044	153	55331	7	2122
福 建	168	79381	95	45142	15	15478
江 西	91	32056	60	21155	1	130
山 东	625	262920	357	187648	31	7942
河 南	500	116229	265	69006	30	6279
湖 北	232	136772	147	104203	8	2012
湖 南	192	72464	119	43206	5	801
广 东	465	228761	190	114762	10	2792
广 西	95	32363	46	19213	4	3779
海 南	24	8872	11	2206	1	453
重 庆	111	66724	47	44668	4	1017
四 川	195	90918	113	55131	7	1720
贵 州	60	14644	27	7369	3	502
云 南	85	38102	40	13830	7	2652
西 藏	7	1195	5	956		
陕 西	129	65241	83	44550	2	4585
甘 肃	48	14095	29	8486	3	463
青 海	14	3252	5	1833		
宁 夏	22	5706	12	4067	3	489
新 疆	45	14046	26	7358	1	118

3-8 续表 1

地区	纺织、服装及日用品专门零售		文化、体育用品及器材专门零售		医药及医疗器材专门零售	
	法人单位数(个)	年末从业人数(人)	法人单位数(个)	年末从业人数(人)	法人单位数(个)	年末从业人数(人)
全国	**466**	**144924**	**276**	**73364**	**562**	**167443**
北京	57	18533	24	6151	25	6488
天津	14	3149	3	442	2	499
河北	9	3526	9	1770	20	4564
山西	11	2595	8	1513	9	3160
内蒙古	5	1197	2	225	7	1288
辽宁	16	3471	11	2297	22	11571
吉林	9	1702	3	786	6	1944
黑龙江	3	2303	8	2121	18	8199
上海	47	20073	12	5425	24	7555
江苏	17	3600	18	3954	48	12836
浙江	17	6184	12	2201	40	9265
安徽	8	1352	7	1648	12	3072
福建	11	3373	6	4930	12	2207
江西	2	809	2	233	10	4105
山东	40	7275	19	3638	60	12722
河南	40	6579	44	6792	66	13933
湖北	25	10475	5	1720	19	4495
湖南	10	3698	10	1402	20	8440
广东	65	27355	30	5609	42	16933
广西	6	1324	6	991	17	4109
海南	2	740			2	685
重庆	17	3454	3	3285	17	5269
四川	11	2812	3	7013	14	3639
贵州	5	657	5	1019	11	2396
云南	3	870	10	4988	8	11240
西藏						
陕西	8	5615	5	1416	16	3178
甘肃	1	155	2	302	7	1873
青海	2	490	1	150	3	402
宁夏			1	220	1	128
新疆	5	1558	7	1123	4	1248

3-8 续表 2

地　区	汽车、摩托车、燃料及零配件专门零售		家用电器及电子产品专门零售	
	法人单位数（个）	年末从业人数（人）	法人单位数（个）	年末从业人数（人）
全　国	**339**	**165928**	**346**	**152793**
北　京	14	4078	17	14584
天　津	4	7254	4	3072
河　北	10	2476	13	3840
山　西	32	14057	11	2390
内 蒙 古	11	9869	4	811
辽　宁	10	6361	9	2986
吉　林	2	211	4	498
黑 龙 江	6	3021	9	2521
上　海	18	4480	10	16115
江　苏	8	4674	26	22253
浙　江	10	3643	23	7415
安　徽	5	4329	3	910
福　建	9	1551	17	5737
江　西	5	2815	10	1909
山　东	35	15778	40	9999
河　南	18	5902	21	5188
湖　北	12	5666	13	6597
湖　南	17	10803	5	2099
广　东	43	28571	55	25745
广　西	5	1224	8	982
海　南	3	3986	5	802
重　庆	2	208	7	4740
四　川	32	15427	13	4582
贵　州	7	2385	2	316
云　南	9	2957	5	1186
西　藏	2	239		
陕　西	5	1297	5	3876
甘　肃	4	2496	1	108
青　海	1	170	1	102
宁　夏			4	544
新　疆			1	886

3-8 续表 3

地区	五金、家具及室内装修材料专门零售		无店铺及其他零售	
	法人单位数(个)	年末从业人数(人)	法人单位数(个)	年末从业人数(人)
全国	**117**	**43980**	**99**	**21788**
北京	9	3753	10	2164
天津	1	960	1	114
河北	2	935	2	395
山西	6	1011	2	558
内蒙古	3	2821	2	456
辽宁	2	291	2	287
吉林	1	173		
黑龙江	1	100		
上海	12	5102	12	1886
江苏	5	663	5	584
浙江	1	102	1	338
安徽	3	1280		
福建	1	120	2	843
江西	1	900		
山东	32	15428	11	2490
河南	9	1584	7	966
湖北	2	461	1	1143
湖南	1	93	5	1922
广东	8	2142	22	4852
广西			3	741
海南				
重庆	10	3406	4	677
四川	1	209	1	385
贵州				
云南	1	100	2	279
西藏				
陕西	3	379	2	345
甘肃	1	212		
青海			1	105
宁夏			1	258
新疆	1	1755		

3-9 大中型零售业企业分行业商品购、销、存情况

综合零售　　　　单位：万元

地区	商品购进额	进口	商品销售额	出口	期末商品库存额
全国	**77405056**	**81143**	**95353161**	**46393**	**7855136**
北京	7785491	28384	9129005	2406	490982
天津	1487203	5933	1676362		184009
河北	3008156		3771149		272276
山西	694472		852344		95368
内蒙古	624436		646313		92463
辽宁	2629711	6	3921298	8097	304266
吉林	1245434	16	2012333		106159
黑龙江	1204421		2025226		115011
上海	9005841	1328	11746257		783927
江苏	7177043	18	10139741	18190	843451
浙江	4420211	5085	4813070	8365	460865
安徽	2165335	127	2274285		287347
福建	1708553	825	1931749	677	172136
江西	872018		1019765		82324
山东	9090138	10700	10292453	8246	944101
河南	2120912		2232462		348187
湖北	5338404	283	6078931		574079
湖南	1955819	6535	2116865	120	222158
广东	6564920	20961	8608929		622866
广西	693962		848758	293	83909
海南	99513	904	110833		18016
重庆	2334833		2820109		208511
四川	2057519	30	2562862		178594
贵州	224862		239894		27887
云南	432825		518972		58840
西藏	9174		23604		3550
陕西	1622487	7	1939363		194728
甘肃	211897		262149		34856
青海	37401		58158		4937
宁夏	242228		266949		17218
新疆	339838		412976		22114

3-9 续表 1

食品、饮料及烟草制品专门零售　　　　单位：万元

地　区	商品购进额	进　口	商品销售额	出　口	期末商品库存额
全　国	**1872368**	**65168**	**2341116**	**7300**	**312069**
北　京	124886		208569		14753
天　津	32621		51316		1672
河　北	16650		18941		5101
山　西	67150		111426		7068
内蒙古					
辽　宁	29526		49254		6827
吉　林	11660		17324		1264
黑龙江	2996		3974		25
上　海	116215	748	128199		6836
江　苏	225147		250590		22738
浙　江	107914		127614		9047
安　徽	72668		80161		4163
福　建	251833		212337		63527
江　西	4833		4854		306
山　东	299610		382415	7300	16991
河　南	109113		119849		43188
湖　北	60966		64081		3810
湖　南	28681		30106		2594
广　东	120354	59305	178158		46599
广　西	24326		37114		1549
海　南			3093		97
重　庆	18181		23595		809
四　川	45134		56674		2676
贵　州	9170		9342		1952
云　南	46103	5115	48111		5163
西　藏					
陕　西	19506		95627		40248
甘　肃	13647		14254		1657
青　海					
宁　夏	10833		11451		1154
新　疆	2644		2688		259

3-9 续表 2

纺织、服装及日用品专门零售　　　　单位：万元

地　区	商品购进额	进　口	商品销售额	出　口	期末商品库存额
全　国	**4543762**	**121910**	**6022215**	**779**	**1146268**
北　京	539465	2788	737723	52	172552
天　津	64824		101054		35461
河　北	92934		122404		7244
山　西	35067		55626		23806
内蒙古	49514		48999		3940
辽　宁	130849		215308		41610
吉　林	30290		30721		9164
黑龙江	48908		54491		820
上　海	910090	96729	1305268		238968
江　苏	79867		102031		14909
浙　江	232043	16508	254030		66145
安　徽	33196		37649		11970
福　建	104848		127650		17439
江　西	9796		11552		4279
山　东	161847		181095		18744
河　南	91951		103857		45147
湖　北	199029		257918		57288
湖　南	109618		167464		38377
广　东	1125267	5844	1526178	727	239674
广　西	40488		42509		8249
海　南	24216		25474		2375
重　庆	72528	42	82396		13237
四　川	111658		143074		25633
贵　州	30105		35836		4699
云　南	24085		28075		11722
西　藏					
陕　西	146608		177163		15729
甘　肃	4277		4194		82
青　海	2105		2836		979
宁　夏					
新　疆	38289		39640		16028

3-9 续表 3

文化、体育用品及器材专门零售　　　　单位：万元

地区	商品购进额	进口	商品销售额	出口	期末商品库存额
全国	**2983933**	**73154**	**3281688**	**3576**	**1038654**
北京	202090	71592	295004	3576	76415
天津	14150		31054		15650
河北	39672		40648		17482
山西	34283		34813		10451
内蒙古	1720		2687		2416
辽宁	57511		76177		24305
吉林	17805		17394		9925
黑龙江	119237		153545		47866
上海	196005	1563	266016		71118
江苏	189541		202828		62216
浙江	112838		120597		43023
安徽	83343		83981		5463
福建	337087		339881		62045
江西	12721		12334		424
山东	140636		150179		38712
河南	119953		118482		35135
湖北	52534		46840		26405
湖南	56676		56444		13541
广东	178071		195398		76602
广西	37684		34549		8948
海南					
重庆	304569		300784		33894
四川	336387		362554		237466
贵州	23475		25562		10766
云南	175235		174825		54340
西藏					
陕西	54462		54018		23208
甘肃	7101		6412		1909
青海	1629		1749		410
宁夏	6232		5929		2082
新疆	71285		71004		26437

3-9 续表 4

医药及医疗器材专门零售　　　　单位：万元

地区	商品购进额	进口	商品销售额	出口	期末商品库存额
全国	**6371861**	**3193**	**7152706**	**11**	**951029**
北京	970538	2146	1024688		108740
天津	9248		9990		1099
河北	101674		113438		19561
山西	215960		229603		23230
内蒙古	46707		49830		7319
辽宁	228788		293555		34913
吉林	57617		56455		53454
黑龙江	579295		685572		61370
上海	209492		279431		59854
江苏	561256	30	614068	2	66210
浙江	252539		295171		43730
安徽	76250		73398		12163
福建	58829	103	66938		10862
江西	215631		249437		23546
山东	356464		391013		45835
河南	326178	602	308839		77323
湖北	83963		100827		11564
湖南	153957		195601		25998
广东	400846	195	456333		77409
广西	82758		100697		15641
海南	12050		11952		1884
重庆	809883		854580		67477
四川	75400		88747		13039
贵州	55638	118	59458		10925
云南	165150		246272	10	32565
西藏					
陕西	60167		69772		12222
甘肃	20106		29634		6421
青海	16150		18302		2555
宁夏	2562		3152		963
新疆	166766		175954		23157

3-9 续表 5

汽车、摩托车、燃料及零配件专门零售　　　　单位：万元

地　区	商品购进额	进　口	商品销售额	出　口	期末商品库存额
全　国	**28893905**	**35360**	**43647902**	**71598**	**2135274**
北　京	3369268	2	3622264		103484
天　津	2950743		3071890		119433
河　北	176568		205623		13398
山　西	2083531		2951251		210908
内蒙古	1760079		2353743		122459
辽　宁	1333329	9945	1475549		75084
吉　林	18106		19748		1425
黑龙江	593654		606072		92383
上　海	1609268	1208	1698257		93772
江　苏	595231		904598		25608
浙　江	1550645		1740712	7232	50144
安　徽	781489		825452		36915
福　建	131163	887	161953		9773
江　西	345024	900	789462		20788
山　东	1328284		2613621		168447
河　南	1072338		1158130		351908
湖　北	856450		1317956		17462
湖　南	30277		2908192		3666
广　东	3037353	8173	7997205	64366	157933
广　西	173227		286070		4814
海　南	215935		786355		38062
重　庆	19096		19822		1361
四　川	3671768		3963781		208567
贵　州	381293	6937	705629		17785
云　南	55450	7308	635116		9314
西　藏	16243		19963		2379
陕　西	33782		35328		1117
甘　肃	691583		762176		175659
青　海	12730		11984		1226
宁　夏					
新　疆					

3-9 续表 6

家用电器及电子产品专门零售 单位：万元

地 区	商品购进额	进 口	商品销售额	出 口	期末商品库存额
全 国	**14834893**		**16847699**	**56**	**1739506**
北 京	2383402		2339656		215777
天 津	569773		602276		44701
河 北	156319		167342		30675
山 西	151748		156330		23701
内蒙古	29429		29643		3255
辽 宁	353826		486008		15755
吉 林	17184		19173		3111
黑龙江	221636		262445		31693
上 海	1035725		2245624		446376
江 苏	2133244		2089667		154091
浙 江	698582		710463		69381
安 徽	104506		106951		12603
福 建	477779		491059		39799
江 西	114829		113109		14911
山 东	728404		732383		106090
河 南	413868		432181		74346
湖 北	853629		840666		74870
湖 南	128812		163016	56	9838
广 东	2194705		2368852		186608
广 西	50140		55525		5546
海 南	27860		33521		5310
重 庆	482429		726748		70847
四 川	587471		628936		45152
贵 州	16904		14323		6144
云 南	26511		135631		15534
西 藏					
陕 西	730856		734016		18874
甘 肃	14131		14507		177
青 海	7563		8707		74
宁 夏	38827		40614		3470
新 疆	84800		98329		10799

3-9 续表 7

五金、家具及室内装修材料专门零售　　单位：万元

地　区	商品购进额	进　口	商品销售额	出　口	期末商品库存额
全　国	**2045953**	**614**	**2462383**		**374570**
北　京	183732	28	275591		27931
天　津	58142		59474		8682
河　北	21278		23888		708
山　西	10391		13612		2425
内蒙古	63302		63107		5922
辽　宁	5193		5574		1058
吉　林	2300		2367		152
黑龙江	1587		2234		541
上　海	268465	586	306804		21069
江　苏	21664		32902		3433
浙　江	5507		6284		879
安　徽	28961		34460		1110
福　建	4893		5533		
江　西	27599		29095		120
山　东	666089		801963		213959
河　南	28971		35444		11015
湖　北	12615		17890		2211
湖　南	3591		4852		407
广　东	93433		122808		10775
广　西					
海　南					
重　庆	430416		504459		39691
四　川	1842		2357		3369
贵　州					
云　南	98		2616		893
西　藏					
陕　西	16570		15251		3856
甘　肃	1084		1557		256
青　海					
宁　夏					
新　疆	88231		92262		14109

3-9 续表 8

无店铺及其他零售　　　　单位：万元

地区	商品购进额	进口	商品销售额	出口	期末商品库存额
全国	**1140999**	**96140**	**1424067**	**907**	**159190**
北京	330342	13413	438567	907	101447
天津	1095		1101		72
河北	17380		19388		1945
山西	9777		16423		294
内蒙古	16475		16128		2028
辽宁	11895		20466		2120
吉林					
黑龙江					
上海	47938	2209	52470		5540
江苏	15790		16781		629
浙江	11319		13881		376
安徽					
福建	24177	17830	29804		614
江西					
山东	76845		93041		13030
河南	16192		18713		7847
湖北	215273		210226		5048
湖南	115521		182078		2382
广东	161796	62688	202132		8429
广西	27208		33157		1570
海南					
重庆	15484		24414		640
四川	7184		14042		132
贵州					
云南	1758		2515		538
西藏					
陕西	4794		4467		508
甘肃					
青海	8875		8609		3048
宁夏	3881		5663		954
新疆					

3-10 大中型零售业企业分行业年末资产负债

综合零售　　单位：万元

地　区	流动资产合计	固定资产原价	累计折旧	资产总计	负债合计	所有者权益合计
全　国	**28692988**	**16939879**	**5413564**	**50591013**	**37402317**	**13188696**
北　京	3714911	1394446	541158	6274403	4175753	2098650
天　津	668148	503746	151448	1207943	928358	279585
河　北	1052189	760672	228880	1837720	1462014	375705
山　西	413000	201282	66598	668872	570997	97875
内蒙古	166320	152451	30756	385728	247658	138071
辽　宁	1342845	934874	305268	2606391	1845403	760987
吉　林	354061	531144	129553	907401	690102	217299
黑龙江	439059	455325	155163	855967	694639	161328
上　海	2908530	1806856	657723	5368810	3837656	1531155
江　苏	2710748	1538450	524871	4544894	3667050	877844
浙　江	1761321	1045148	263024	3122422	2513750	608672
安　徽	674963	357344	104692	1159450	906825	252625
福　建	546383	191944	57157	810611	602423	208188
江　西	318824	219696	49524	612791	438408	174383
山　东	3192852	1660472	479846	5111211	3942963	1168248
河　南	639294	459428	118764	1126268	933665	192603
湖　北	1523197	1190195	401921	2981043	2076065	904978
湖　南	709015	525327	163323	1290406	768360	522047
广　东	2704866	1247883	465903	4603076	3390566	1212510
广　西	199922	238374	74539	439180	296665	142515
海　南	49509	26409	7771	74319	51468	22851
重　庆	582781	242034	64919	971658	705624	266035
四　川	743691	284544	79537	1113640	904630	209010
贵　州	86863	61598	21244	142319	122790	19529
云　南	167220	106726	31083	311271	200556	110714
西　藏	15225	5772	1066	20147	15894	4253
陕　西	657884	435391	127002	1207193	883687	323507
甘　肃	84630	144906	45912	245395	180989	64406
青　海	9909	39016	11691	41846	32917	8928
宁　夏	92788	55103	9423	213100	111301	101798
新　疆	162041	123323	43807	335541	203142	132399

3-10 续表 1

食品、饮料及烟草制品专门零售 单位：万元

地　区	流动资产合计	固定资产原价	累计折旧	资产总计	负债合计	所有者权益合计
全　国	**897953**	**530128**	**150360**	**1496955**	**901690**	**595265**
北　京	108425	73940	20309	180277	77096	103181
天　津	15347	13076	4412	36232	15385	20847
河　北	14208	1743	770	18154	16842	1312
山　西	39443	57771	20109	93318	67264	26054
内蒙古						
辽　宁	8768	15159	3742	22798	13969	8829
吉　林	9278	4687	846	15250	18444	-3194
黑龙江	140	6244	1658	4726	3177	1549
上　海	47559	25751	8509	78513	66956	11557
江　苏	65054	31243	10728	98617	45549	53068
浙　江	29109	23378	7751	51464	35054	16410
安　徽	22617	12258	3251	37900	31165	6735
福　建	90652	29653	6558	120642	75727	44915
江　西	1342	375	102	1681	178	1503
山　东	87891	57801	11892	147299	111352	35948
河　南	24590	17072	3656	42061	28878	13183
湖　北	6104	5887	1527	12246	8669	3577
湖　南	15769	3971	881	22988	18767	4221
广　东	164859	17910	10255	242677	84854	157823
广　西	8372	3279	1054	13643	8044	5599
海　南		1616	236	1862	298	1564
重　庆	2603	2783	806	4678	2986	1692
四　川	12033	4577	674	18768	12910	5859
贵　州	3129	3671	2164	6122	3640	2482
云　南	12632	4585	1506	17647	5065	12582
西　藏						
陕　西	95468	103863	24504	187187	135782	51405
甘　肃	4522	2398	625	6590	5120	1470
青　海						
宁　夏	7673	5379	1816	13207	8095	5112
新　疆	366	59	17	409	425	-16

3-10 续表 2

纺织、服装及日用品专门零售 单位：万元

地区	流动资产合计	固定资产原价	累计折旧	资产总计	负债合计	所有者权益合计
全国	**2601031**	**815161**	**255591**	**3495338**	**2631684**	**863654**
北京	302526	65026	21915	381700	292553	89147
天津	108151	12447	4344	131622	124240	7382
河北	22332	67216	17193	88919	68650	20269
山西	19318	20577	2804	43203	37705	5498
内蒙古	5064	5249	1642	11162	7178	3984
辽宁	84886	32967	12226	141818	93839	47979
吉林	7151	9504	2389	17993	13789	4204
黑龙江	5789	14423	1454	21911	18046	3865
上海	488702	221931	86803	652827	485095	167732
江苏	41238	19246	3856	61147	51778	9369
浙江	112793	5314	2407	131645	95027	36618
安徽	20878	2499	583	29078	23451	5627
福建	50476	6736	2541	59703	35482	24220
江西	6755	1260	432	14296	10150	4147
山东	40339	28122	8493	66414	42038	24376
河南	36299	15011	2941	54780	43951	10829
湖北	101849	22995	7380	149703	112239	37464
湖南	46661	5391	2682	53533	39550	13983
广东	763410	111002	47138	886428	620906	265523
广西	15073	1552	827	17668	15625	2043
海南	9519	51063	9753	51597	45328	6269
重庆	29245	9149	4335	44900	35232	9668
四川	47734	10286	2191	62872	38620	24252
贵州	14366	2425	574	20191	16897	3294
云南	30236	2553	1155	35966	23063	12903
西藏						
陕西	153371	63270	4844	216318	203379	12939
甘肃	2789	122	79	5025	3939	1086
青海	1504	2370	254	3760	1562	2198
宁夏						
新疆	32579	5457	2356	39160	32374	6786

3-10 续表 3

文化、体育用品及器材专门零售　　单位：万元

地　区	流动资产合计	固定资产原价	累计折旧	资产总计	负债合计	所有者权益合计
全　国	**2133446**	**1138071**	**359381**	**3449468**	**1974218**	**1475250**
北　京	257786	73713	30843	382038	279619	102419
天　津	37289	22213	4572	58914	31922	26993
河　北	28380	28764	8578	68623	53046	15578
山　西	19941	18772	5244	37943	27430	10513
内蒙古	1993	11485	3068	14568	10551	4017
辽　宁	47865	29666	8702	74212	57507	16705
吉　林	10450	6506	2699	17222	13990	3231
黑龙江	60495	17921	6319	72708	63712	8997
上　海	187362	104520	24044	294479	171230	123249
江　苏	76453	45265	22055	126854	96121	30734
浙　江	109307	45988	11901	153067	82157	70910
安　徽	27872	33109	11646	61440	14439	47001
福　建	222730	110948	47437	317846	166823	151023
江　西	2159	5891	608	10728	4545	6183
山　东	64341	55065	14266	125710	86498	39213
河　南	46506	55273	16009	99709	47262	52447
湖　北	30681	36663	7698	73144	50715	22428
湖　南	29041	21674	5370	63096	34895	28201
广　东	131029	66814	28041	219536	129886	89650
广　西	17355	30400	8175	49716	35071	14644
海　南						
重　庆	149743	72483	23653	224590	141480	83110
四　川	378576	120104	29970	593608	186455	407152
贵　州	17789	3078	1327	30304	24957	5347
云　南	92447	51413	14693	135512	79568	55945
西　藏						
陕　西	31069	24559	7182	50123	36621	13502
甘　肃	5630	2065	845	6855	6090	765
青　海	1469	3635	2314	3444	2474	970
宁　夏	3390	3818	1436	5781	4811	970
新　疆	44299	36269	10687	77700	34345	43354

3-10 续表 4

医药及医疗器材专门零售　　　　单位：万元

地区	流动资产合计	固定资产原价	累计折旧	资产总计	负债合计	所有者权益合计
全国	**2569714**	**548856**	**184098**	**3321794**	**2503258**	**818536**
北京	387271	54708	18847	493766	367960	125806
天津	3016	1275	256	4184	4499	-315
河北	38901	8778	3195	49905	39237	10668
山西	90560	6542	3628	102589	85654	16935
内蒙古	17360	3846	1350	21334	18879	2455
辽宁	106900	25245	9357	147673	101611	46062
吉林	29361	9992	2693	39763	31413	8350
黑龙江	187153	49412	13279	253408	221623	31786
上海	81169	33669	10907	115557	55275	60282
江苏	209534	42053	17665	256261	225584	30677
浙江	133617	35082	10916	172288	144712	27576
安徽	35070	9110	2849	42465	33392	9073
福建	26599	6926	1477	34883	25047	9836
江西	81632	31496	6571	110662	93433	17229
山东	133140	51230	19343	184772	162362	22410
河南	85074	30531	9045	113191	95633	17558
湖北	46957	13018	4106	75039	52163	22876
湖南	99727	17698	5782	132704	58197	74506
广东	209706	20350	8493	254943	179433	75510
广西	40263	3295	1363	44092	33330	10762
海南	5587	372	128	5939	3147	2792
重庆	231356	51436	16635	298160	221331	76829
四川	37943	5742	2219	50469	20772	29697
贵州	25714	4341	1265	29948	24893	5055
云南	91679	11938	5814	109785	69951	39834
西藏						
陕西	42898	7578	2495	59174	44866	14308
甘肃	17971	4751	1471	29632	22303	7329
青海	17771	1780	942	20519	11280	9238
宁夏	1461	122	68	3174	2990	184
新疆	54326	6539	1938	65516	52285	13231

3-10 续表 5

汽车、摩托车、燃料及零配件专门零售 单位：万元

地区	流动资产合计	固定资产原价	累计折旧	资产总计	负债合计	所有者权益合计
全国	**7758077**	**4902974**	**1365789**	**15067680**	**7089063**	**7959815**
北京	168943	526158	141193	783685	273428	510257
天津	128788	313011	96766	546348	203347	343001
河北	187240	40237	11237	239609	224168	15441
山西	420347	427957	111233	949504	600572	348932
内蒙古	108930	159715	59743	282496	276020	6477
辽宁	122988	144063	45541	293222	221153	72068
吉林	4804	1613	855	6267	2407	3860
黑龙江	279400	1891	833	280537	216009	64528
上海	347598	74353	28814	575294	127410	447883
江苏	132298	65170	11600	317948	184381	133567
浙江	188613	148262	52390	514148	238127	276022
安徽	269211	88060	21644	382856	296459	86397
福建	36924	16535	3961	80035	25447	54587
江西	55439	152161	29948	191351	82257	109094
山东	2285361	270794	79434	3011189	904380	2106809
河南	73901	161275	38823	261305	159855	101451
湖北	41303	150985	51800	171235	95525	75710
湖南	84160	337044	92314	800806	266124	534681
广东	2095184	938712	238859	3337877	1595547	1723527
广西	35421	39446	9993	78585	19872	58713
海南	51808	174113	53854	221388	54592	166795
重庆	3795	1824	449	5246	4828	418
四川	481081	412498	118913	1109940	649435	460505
贵州	53509	70584	20645	309371	228467	80904
云南	42152	113010	22357	200391	63712	136679
西藏	4505	7377	2380	9693	5342	4351
陕西	13876	11673	1728	29420	18307	11114
甘肃	31988	54148	18405	69199	44605	24594
青海	8510	304	78	8736	7287	1450
宁夏						
新疆						

3-10 续表 6

家用电器及电子产品专门零售

单位：万元

地　区	流动资产合计	固定资产原价	累计折旧	资产总计	负债合计	所有者权益合计
全　国	**8896364**	**689326**	**170883**	**11042550**	**8449224**	**2593326**
北　京	1317923	26961	11596	1726318	1349358	376961
天　津	255522	31543	3954	292636	229261	63375
河　北	102035	8920	2200	111428	89316	22111
山　西	121078	8869	2662	140821	128970	11852
内蒙古	13002	1558	501	111602	106793	4809
辽　宁	232519	3280	1770	273108	219840	53268
吉　林	3864	1911	298	5928	4468	1460
黑龙江	147143	7068	2229	153163	127408	25755
上　海	1360771	56564	11884	1546167	1302101	244066
江　苏	1463366	128572	34340	2160591	1289213	871378
浙　江	363215	21054	6708	410601	321450	89151
安　徽	31174	887	511	32428	27272	5156
福　建	344576	13366	4335	376110	309551	66560
江　西	146592	14031	1389	160739	137528	23211
山　东	471344	167148	46116	636411	523529	112882
河　南	254478	12411	2921	296722	253732	42990
湖　北	386545	79058	9132	482409	375342	107066
湖　南	45963	14641	1492	67198	57017	10181
广　东	840825	30954	15121	926651	741322	185330
广　西	15485	276	142	17262	13958	3304
海　南	12942	1036	437	13958	11571	2387
重　庆	217995	2723	917	275979	202050	73928
四　川	377338	44925	6645	431741	347032	84709
贵　州	24439	218	100	27107	25558	1550
云　南	73892	1182	612	77567	49092	28476
西　藏						
陕　西	177970	4840	1517	185467	120243	65224
甘　肃	3353	754	11	5000	4890	110
青　海	510	3091	447	3154	1769	1385
宁　夏	44073	713	462	46045	44199	1847
新　疆	46433	773	435	48239	35395	12844

3-10 续表 7

五金、家具及室内装修材料专门零售　　　　单位：万元

地　区	流动资产合计	固定资产原价	累计折旧	资产总计	负债合计	所有者权益合计
全　国	**985020**	**432568**	**158125**	**1455563**	**883833**	**571729**
北　京	184173	44362	28380	207472	202855	4617
天　津	12496	8841	7235	17181	16646	535
河　北	386	3922	1177	5264	3376	1889
山　西	4010	6431	1515	14792	7645	7147
内蒙古	76008	16437	5279	87851	1903	85948
辽　宁	886	834	593	1195	1799	-604
吉　林	6138	241	16	6363	6587	-224
黑龙江	254	6775	34	6995	80	6915
上　海	128393	74326	40096	185950	158928	27022
江　苏	20019	13595	5055	35507	22590	12917
浙　江	3534	1617	313	4838	4116	722
安　徽	1776	8097	966	10345	7135	3210
福　建	706	145	57	794	234	561
江　西	2877	628	50	3701	3998	-297
山　东	266411	97320	21973	412365	151783	260582
河　南	12804	12137	2608	25455	18859	6595
湖　北	4624	2821	2323	5410	6826	-1416
湖　南	4077	425	333	4413	3945	468
广　东	120463	56589	11882	188544	165129	23415
广　西						
海　南						
重　庆	57278	57492	20761	123489	40463	83026
四　川	13045	38	37	13198	13387	-189
贵　州						
云　南	1066	313	27	1416	1074	342
西　藏						
陕　西	28417	7239	4017	32768	13249	19520
甘　肃	1710	275	55	2938	1375	1562
青　海						
宁　夏						
新　疆	33469	11670	3347	57321	29853	27468

3-10 续表 8

无店铺及其他零售　　　　单位：万元

地　区	流动资产合计	固定资产原价	累计折旧	资产总计	负债合计	所有者权益合计
全　国	**678044**	**357308**	**104157**	**1113883**	**853919**	**259964**
北　京	286205	30629	12292	317590	380999	-63409
天　津	2437	1133	575	2995	4659	-1665
河　北	7619	1005	290	8369	2643	5727
山　西	6727	4023	759	10883	6166	4717
内蒙古	2035	2381	794	8350	4084	4267
辽　宁	3340	45	15	3933	4082	-149
吉　林						
黑龙江						
上　海	31877	21041	8387	53443	25066	28377
江　苏	7691	26407	11501	24640	21331	3308
浙　江	5940	3644	2300	7328	1717	5611
安　徽						
福　建	89450	88184	15815	222962	110029	112933
江　西						
山　东	50116	22709	6923	83804	54544	29260
河　南	13134	10107	3228	22866	17978	4888
湖　北	3251	54591	6973	50869	22893	27976
湖　南	48281	12577	5998	79984	47667	32316
广　东	57809	54837	16923	118661	96786	21874
广　西	8891	5729	3198	17030	9280	7750
海　南						
重　庆	5987	1171	753	7011	4517	2494
四　川	35503	8904	3359	49211	24819	24392
贵　州						
云　南	3949	2163	861	8616	7367	1249
西　藏						
陕　西	2748	998	445	4470	3055	1416
甘　肃						
青　海	2735	1021	844	5581	3210	2371
宁　夏	2320	4011	1925	5289	1028	4261
新　疆						

3-11 大中型零售业企业分行业实收资本及构成

综合零售　　　　单位：万元

地　区	实收资本	国家资本	集体资本	法人资本	个人资本	港澳台资本	外商资本
全　国	**7563030**	**842504**	**452597**	**1995111**	**1831499**	**1040940**	**1400379**
北　京	849197	86936	23880	353291	102986	63953	218152
天　津	220116	19858	6398	81673	71122	13577	27488
河　北	264601	29800	50843	84712	97322		1924
山　西	89960	2446	4378	49340	33297		500
内蒙古	89223	11634	12775	34435	30379		
辽　宁	368300	55747	9834	80517	159374	25003	37824
吉　林	87065	3609	12105	24986	35425	9351	1588
黑龙江	134256	50311	1786	56297	3158	12600	10103
上　海	926424	194775	32038	166042	56503	125966	351101
江　苏	574584	18514	22574	163079	157308	97229	115881
浙　江	398379	18301	23817	140132	134637	33496	47996
安　徽	181140	47201	7523	21517	89362	4769	10768
福　建	182504	3727	364	83100	49115	15539	30659
江　西	114270	2027	4942	21211	79061	3121	3908
山　东	616590	113663	92248	116827	164212	11264	118375
河　南	209486	12390	19372	54804	54123	57912	10885
湖　北	340713	62168	22722	61669	148818	20320	25016
湖　南	196261	6811	27500	25410	66057	3006	67477
广　东	906733	37468	13739	95032	74970	475976	209548
广　西	75595	11954	615	29590	31726	410	1300
海　南	22012			3725	4350	1776	12160
重　庆	137906	21985	3578	42965	23049	19644	26685
四　川	155632	12783	7184	30177	31385	39904	34199
贵　州	19008	2648		7630	8005	125	600
云　南	53982	1150	737	9327	19320		23449
西　藏	3365		1199	1500	666		
陕　西	192864	2133	28003	101411	52723	6000	2595
甘　肃	52836	1072	11577	16742	21446		2000
青　海	5055		3333	1300	423		
宁　夏	34860		452	32529	1879		
新　疆	60117	11395	7083	4142	29297		8201

3-11 续表 1

食品、饮料及烟草制品专门零售

单位：万元

地区	实收资本	国家资本	集体资本	法人资本	个人资本	港澳台资本	外商资本
全国	**289412**	**75915**	**10952**	**81840**	**81994**	**31787**	**6924**
北京	52429	510	100	36584	14252	983	
天津	9030	6543		298	2005	184	
河北	1360			1360			
山西	19650	5242	1437	2606	4128	6236	
内蒙古							
辽宁	5336	222		450	4664		
吉林	4288			4238	50		
黑龙江	500	500					
上海	13337	2439	100	2491	3530	1946	2831
江苏	15328	578	1105	1901	11002		742
浙江	6657	1024	50	1751	3516		316
安徽	5534	543		1899	3092		
福建	23974	2300		4750	7076	9847	
江西	550				550		
山东	16677	5479	1232	2435	7530		
河南	14033	2372	401	7629	3631		
湖北	9474	1182		387	2600	5305	
湖南	1968	418	960		590		
广东	48751	36681		250	1500	7285	3035
广西	1698	667			1032		
海南	1630	1630					
重庆	1317	267	50	1000			
四川	2167		11	130	2026		
贵州	1668			1481	186		
云南	7125	4796	1279	200	850		
西藏							
陕西	15200		4020	10000	1180		
甘肃	6241	33	207		6000		
青海							
宁夏	3488	2488			1000		
新疆	5				5		

3-11 续表 2

纺织、服装及日用品专门零售　　单位：万元

地区	实收资本	国家资本	集体资本	法人资本	个人资本	港澳台资本	外商资本
全国	**780712**	**50436**	**28271**	**148814**	**168694**	**178175**	**206322**
北京	75341	3143	1112	24590	14039	11238	21218
天津	12884	1020		1529	5123		5212
河北	13258			5050	7158		1050
山西	14637	5358		330	8349	600	
内蒙古	2882			1052	1830		
辽宁	61992	1350	550	4280	18180	37412	220
吉林	3838	200	132	20	2553	933	
黑龙江	1401			351	1050		
上海	196064	2888		22111	14283	35706	121075
江苏	23342	64	194	230	7532	15323	
浙江	21700		600	10360	10540	200	
安徽	5580			3050	2500		30
福建	15105			2335	11770	1000	
江西	6237				6237		
山东	20761	3843	5246	1437	10235		
河南	11134	620	1835	3098	5581		
湖北	42779	30	989	8245	5793	24117	3605
湖南	3343	113		900	1550	780	
广东	161894	30800	54	45008	16316	20155	49561
广西	4677	1006	1060	1205	355		1051
海南	6500			6000	500		
重庆	4955			700	3555	700	
四川	33029		500	5128	1152	24200	2050
贵州	3046			296	1500		1250
云南	7610			1450	550	5610	
西藏							
陕西	18790		16000	50	2540	200	
甘肃	1000				1000		
青海	2005				2005		
宁夏							
新疆	4928			10	4918		

3-11 续表 3

文化、体育用品及器材专门零售　　　　单位：万元

地区	实收资本	国家资本	集体资本	法人资本	个人资本	港澳台资本	外商资本
全　国	**731204**	**421693**	**1640**	**114793**	**51981**	**58072**	**83025**
北　京	73865	3127	138	46411	5720		18470
天　津	12799	2519		10280			
河　北	9700	9700					
山　西	5056	4543		12	501		
内蒙古	6705	6705					
辽　宁	13750	11264		200	2286		
吉　林	2300	1900		400			
黑龙江	6339	2273	150	1636	2280		
上　海	101771	29888		6500	1750	6278	57354
江　苏	14153	4453		1400	8300		
浙　江	32692	20136		12000	556		
安　徽	20443	20443					
福　建	116472	109004		2560	1300		3608
江　西	5407	5407					
山　东	19914	4829	710	7000	7375		
河　南	20700	19400			1300		
湖　北	18990	9025		8499	1466		
湖　南	22565	21065			1500		
广　东	49345	41963	218	1250	3964		1950
广　西	3359	2449			910		
海　南							
重　庆	14378	12100		1278	490	510	
四　川	115349	64822		5334	1000	44194	
贵　州	9445	2199	56		100	7090	
云　南	18671	5291	348	1604	9786		1643
西　藏							
陕　西	6509	4176	20	2200	113		
甘　肃	465	465					
青　海	1100			1100			
宁　夏	461	461					
新　疆	8502	2088		5130	1284		

3-11 续表 4

医药及医疗器材专门零售 单位：万元

地区	实收资本	国家资本	集体资本	法人资本	个人资本	港澳台资本	外商资本
全国	**526742**	**140764**	**20684**	**206194**	**149735**	**8855**	**510**
北京	56695	1200		49830	5665		
天津	926	500	426				
河北	12077	131	308	4482	7157		
山西	16632	11172	700	2100	2659		
内蒙古	1896	150	252	100	1394		
辽宁	28812	14612	3483	7046	3670		
吉林	5788		124	3853	1811		
黑龙江	33627	20046	3508	7741	2332		
上海	32157	17690	861	7846	5760		
江苏	29868	8097	485	8828	12458		
浙江	24434	2858	392	12500	8683		
安徽	10039	291		8288	1460		
福建	8164	1877		2885	3402		
江西	6137	2777	60	2100	1200		
山东	40322	9752	1692	13175	15704		
河南	21342	6663	1426	8236	5016		
湖北	19812	2162	600	14388	2662		
湖南	33552	3415		2000	19283	8855	
广东	44650	4071	3994	26335	10250		
广西	7413	200	1064	4076	2073		
海南	3680				3680		
重庆	28760	23927	813	2086	1934		
四川	6960	1262	336	2956	2406		
贵州	4484	1000		1222	1752		510
云南	23056	1600		100	21356		
西藏							
陕西	10424	4620		2405	3399		
甘肃	2577	390		472	1715		
青海	3860		160	3145	555		
宁夏	200				200		
新疆	8400	300		8000	100		

3-11 续表 5

汽车、摩托车、燃料及零配件专门零售　　单位：万元

地区	实收资本	国家资本	集体资本	法人资本	个人资本	港澳台资本	外商资本
全　国	**3329114**	**2009879**	**70517**	**440327**	**725862**	**2481**	**80050**
北　京	545401		1000	21284	507579		15539
天　津	198405			197959	446		
河　北	10113	100	53	2950	7010		
山　西	228098	159939	5040	3736	59384		
内蒙古	41682	38500	1982		1200		
辽　宁	73970	67102		791	6077		
吉　林	1500			1500			
黑龙江	69143	63388	45	5660	50		
上　海	448708	417876	1550	4050	9828		15405
江　苏	108357	480		53600	21077		33200
浙　江	159303	93719	16333	20311	28940		
安　徽	38577	28149		2889	7539		
福　建	54981	44173		9393	1415		
江　西	50530	46139			4391		
山　东	68898	5579	32000	17174	14146		
河　南	103867	83647		14400	5820		
湖　北	15839	7165	273	2000	6400		
湖　南	239255	209665		27232	2358		
广　东	145426	97445	3550	19095	23469		1867
广　西	40728	32642	2500	4031	1555		
海　南	105010	104010		900	100		
重　庆	1500		150	1200	150		
四　川	391614	344153	3000	24890	3050	2481	14040
贵　州	69783	67783			2000		
云　南	67297	57180		1719	8398		
西　藏	4569	3629			940		
陕　西	8143	500	3041	2063	2540		
甘　肃	36917	36917					
青　海	1500			1500			
宁　夏							
新　疆							

3-11 续表 6

家用电器及电子产品专门零售 单位：万元

地 区	实收资本	国家资本	集体资本	法人资本	个人资本	港澳台资本	外商资本
全 国	**1445289**	**5626**	**40520**	**956781**	**273924**	**4322**	**164116**
北 京	124854		1000	72755	11819		39280
天 津	16848			8836	5000	3012	
河 北	14045	800	130	10115	2500		500
山 西	6937	50		4405	2482		
内蒙古	4119			2030	2089		
辽 宁	29623	110		23893	5620		
吉 林	1114				1114		
黑龙江	3950	100		2640	1210		
上 海	253746	1000		137925	88687		26134
江 苏	590764		3140	471804	21285		94535
浙 江	47804	26	850	35465	11463		
安 徽	1550				550		1000
福 建	31049			19158	11092		799
江 西	12933			315	12618		
山 东	87825	296	25786	43424	18318		
河 南	26747	1211	298	17048	8190		
湖 北	42576	30	2788	36533	3225		
湖 南	9425		1000	7025	600	800	
广 东	82081	2	5022	25250	49429	510	1868
广 西	5040			4406	634		
海 南	3255		505	2510	240		
重 庆	10623	2000		7450	1173		
四 川	16031			10101	5930		
贵 州	3100			3000	100		
云 南	3108			3093	15		
西 藏							
陕 西	10297			5376	4921		
甘 肃	120				120		
青 海	460			460			
宁 夏	4266			1765	2501		
新 疆	1000				1000		

3-11 续表 7

五金、家具及室内装修材料专门零售　　单位：万元

地区	实收资本	国家资本	集体资本	法人资本	个人资本	港澳台资本	外商资本
全国	**581388**	**49442**	**25391**	**219803**	**164914**	**24078**	**97761**
北京	63118			20650	1250		41217
天津	5000						5000
河北	350	50			300		
山西	4072	1004	472	30	2069		497
内蒙古	40276			1090	39186		
辽宁	2550			2000	550		
吉林	6000		6000				
黑龙江	6500			300	6200		
上海	71285	35000		1200	1500	8278	25307
江苏	10511	87	435	5500	258		4231
浙江	500			280	220		
安徽	2500			500	2000		
福建	100				100		
江西	1000				1000		
山东	246643	13000	17548	167494	43872		4729
河南	9721	300	932	471	8018		
湖北	5822			2300			3522
湖南	688			688			
广东	36558			5730	1771	15800	13257
广西							
海南							
重庆	33765			3670	30095		
四川	500			500			
贵州							
云南	200				200		
西藏							
陕西	9400			7400	2000		
甘肃	1830		5		1825		
青海							
宁夏							
新疆	22500				22500		

3-11 续表 8

无店铺及其他零售　　单位：万元

地　区	实收资本	国家资本	集体资本	法人资本	个人资本	港澳台资本	外商资本
全　国	**332917**	**59724**	**15206**	**83182**	**46338**	**73064**	**55404**
北　京	50820	12500		6857	3903	560	27000
天　津	4643				4643		
河　北	1500	500	1000				
山　西	3620	2921		699			
内蒙古	971		583	388			
辽　宁	1050	750	300				
吉　林							
黑龙江							
上　海	21325	8250	4974	3550	2870	1681	
江　苏	4941		500		283	4158	
浙　江	5000	2500				2500	
安　徽							
福　建	110240	1024		55096	5120	49000	
江　西							
山　东	25009		6321	7392	6717		4579
河　南	8547	939	117	531	577		6383
湖　北	100	100					
湖　南	25011	6809		5000	13202		
广　东	34770	9282	1074	3200	4870	9044	7300
广　西	3653	2407		120	1126		
海　南							
重　庆	11535		36	350	1007		10142
四　川	12842	6721				6121	
贵　州							
云　南	1060		300		760		
西　藏							
陕　西	1420	1160			260		
甘　肃							
青　海	1000				1000		
宁　夏	3861	3861					
新　疆							

3-12 大中型零售业企业分行业损益及分配

综合零售

单位：万元

地 区	主营业务收入	主营业务成本	主营业务税金及附加	主营业务利润
全 国	**80899567**	**69618534**	**520537**	**10270100**
北 京	7821274	6611713	32235	1177327
天 津	1470487	1275899	7100	163598
河 北	2820239	2513381	14345	281100
山 西	784514	665260	4737	92043
内蒙古	645279	527030	4086	113264
辽 宁	3500510	2921510	27118	526226
吉 林	1344916	1179226	6741	144068
黑龙江	1598771	1287533	20045	287054
上 海	9767285	8581865	27437	1157983
江 苏	8763974	7625801	34396	1026535
浙 江	4255224	3741511	21544	492168
安 徽	1964338	1743794	7822	198547
福 建	1618872	1344757	6036	231214
江 西	903369	774032	7392	118840
山 东	9346204	8262650	38169	1031251
河 南	2061427	1805536	20215	235676
湖 北	3966472	3361271	26859	552183
湖 南	1955093	1598080	14123	150493
广 东	7284411	6168530	36719	1088006
广 西	734774	596289	4650	113025
海 南	105681	87751	347	17588
重 庆	2439100	2109308	14197	274470
四 川	2287617	1967424	118714	305820
贵 州	225455	179061	1539	32298
云 南	467434	386824	1235	78800
西 藏	23604	19796	310	1968
陕 西	1811555	1501990	12766	240238
甘 肃	257090	216177	2819	38094
青 海	55114	49258	180	5524
宁 夏	237455	197620	2230	37704
新 疆	382031	317658	4433	56994

3-12 续表 1

综合零售

地　区	其他业务利润	营业费用	管理费用	财务费用
全　国	**3069383**	**7157617**	**3956232**	**442885**
北　京	524553	909851	434129	36312
天　津	87046	178206	87375	15328
河　北	100638	160116	186494	18666
山　西	34835	60151	35917	25338
内 蒙 古	15627	23549	32824	4806
辽　宁	72100	219188	272778	30178
吉　林	17856	43376	73657	11252
黑 龙 江	47961	154762	113375	14250
上　海	494978	961928	472354	32563
江　苏	264556	696392	406319	38661
浙　江	203120	430864	178942	19378
安　徽	43713	145749	108944	11026
福　建	32427	194933	47866	7768
江　西	14006	77377	33321	11696
山　东	189308	518653	387103	68870
河　南	75438	118345	111903	7945
湖　北	149895	341520	199674	25555
湖　南	42650	134105	106437	12235
广　东	372576	923477	294629	16448
广　西	28088	60696	52574	4469
海　南	7328	14818	6655	633
重　庆	53848	206954	69500	2421
四　川	67005	241173	82004	10547
贵　州	10472	28233	12964	2480
云　南	14274	52806	17117	1243
西　藏		1640	2295	128
陕　西	77267	179272	71067	5544
甘　肃	3728	22429	13588	3171
青　海	2144	4496	4882	348
宁　夏	2145	18225	7913	965
新　疆	19803	34336	31633	2662

单位：万元

营业利润	利润总额	应交所得税	劳动、失业保险费	住房公积金和住房补贴
2394730	**2351784**	**560154**	**83770**	**104342**
332204	348637	77927	6818	19710
17829	25927	3490	1539	4411
26223	39130	11708	9903	2236
18505	17031	4363	163	216
70299	35502	2687	1178	494
111393	112898	22859	3992	6872
35201	35816	10243	644	506
48851	41590	13474	1203	2533
227032	307551	78895	6179	13033
203027	202142	50297	11699	11746
66151	80538	31014	8653	5981
46734	40709	8789	2291	2019
63810	42714	9297	1374	2334
16273	24049	3177	1561	895
318106	332067	60615	4583	5516
62564	54037	16446	940	845
146743	115817	33616	2769	2832
94391	81479	16687	1866	1449
239086	124867	59987	4953	9866
24707	21982	4327	2980	1380
2805	2516	608	41	16
66971	63326	10434	1610	1696
37693	73997	9758	1046	2284
1207	3180	757	217	170
22486	26408	3519	159	737
677	1145	126		
60756	50580	8108	1028	3511
2635	6366	1309	121	37
-1171	-1304		560	78
20191	20139	2778	55	124
11350	20950	2861	3646	815

3-12 续表 2

食品、饮料及烟草制品专门零售

地 区	主营业务收入	主营业务成本	主营业务税金及附加	主营业务利润	其他业务利润	营业费用
全 国	**2196900**	**1715803**	**21885**	**443037**	**36148**	**232954**
北 京	240458	154169	1746	84543	5475	50665
天 津	47161	33538	320	13304	858	6046
河 北	17843	16047	49	1748	255	1236
山 西	111213	87646	739	19864	593	13672
内蒙古						
辽 宁	44829	35652	463	8360	105	2934
吉 林	17393	12419	92	4881	1	4176
黑龙江	3421	2755	56	610		300
上 海	124955	94795	629	29532	5799	21105
江 苏	222613	180086	1022	39073	3464	18311
浙 江	107395	85615	485	21295	1258	13669
安 徽	73760	62319	357	4818	-490	7550
福 建	202836	174607	5892	21939	380	11644
江 西	4854	4253	2	600		206
山 东	339808	300433	638	39495	771	17298
河 南	116093	96838	3281	15974	805	6985
湖 北	59982	51198	789	7908	3	6043
湖 南	28709	23086	50	2790	780	1193
广 东	147819	90975	828	56017	13719	18273
广 西	32601	20877	247	11003	35	8625
海 南	3093	2196	192	705		359
重 庆	23595	21472	46	1283		476
四 川	44790	35929	358	8504	510	4727
贵 州	9330	7918	19	1011	137	631
云 南	48233	32993	692	14548	913	9197
西 藏						
陕 西	95623	63032	2812	29778		5532
甘 肃	14511	12369	52	2090	633	1478
青 海						
宁 夏	11293	10294	24	975	120	459
新 疆	2688	2293	4	391	24	165

单位：万元

管理费用	财务费用	营业利润	利润总额	应交所得税	劳动、失业保险费	住房公积金和住房补贴
111591	**13281**	**134743**	**149509**	**27135**	**2703**	**3122**
13647	265	25579	26844	5970	348	511
5732	6	2379	4540	619	80	247
529	155	90	135	26	5	
6724	922	1807	2764	319	109	402
3857	286	1556	1686	434	26	30
987	92	-349	-146	81	30	7
1065	117	-872	65	59	10	25
14521	1110	-1405	-1110	586	269	566
5239	266	21702	18858	4958	442	181
6171	106	2607	3101	797	190	184
3274	986	-1215	-646	31	98	18
4915	849	5362	6124	257	38	85
14		381	359		3	
13017	3484	5603	10215	1993	302	31
3048	654	4802	5275	216	194	33
1228	293	584	367	167	41	6
1656	255	2470	1114	400	25	73
12090	-3379	42752	48316	8846	249	160
1177	53	751	1840	160	14	46
154	2	191	191			
927	258	534	534	151	2	
1488	149	2650	2228	356	36	44
473	61	94	-756	17	5	10
4703	48	1513	1594	466	99	446
4009	5490	14751	15293	44	62	5
255	587	403	444	118	10	1
497	165	-25	233	63	15	10
198	2	50	50	3	1	

3-12 续表 3

纺织、服装及日用品专门零售

地　区	主营业务收入	主营业务成本	主营业务税金及附加	主营业务利润	其他业务利润	营业费用
全　国	**5583536**	**3897118**	**32407**	**1648751**	**45862**	**1027261**
北　京	618434	437205	1870	179359	11820	135685
天　津	91216	73814	508	23159	3650	18034
河　北	106195	87090	814	18269	1066	6785
山　西	54581	45823	236	7144	697	7639
内蒙古	47894	38989	961	7943		2395
辽　宁	188679	163017	1055	26362	2652	13406
吉　林	30732	21057	1763	9004	275	1889
黑龙江	47419	40303	167	6949	351	426
上　海	1249212	751412	1785	496016	7002	310396
江　苏	94406	70370	400	22955	41	13995
浙　江	222736	176931	684	45120	1452	29813
安　徽	31470	24130	110	7230	545	6474
福　建	120817	85283	406	35127	1298	20091
江　西	10719	8250	84	2515	27	3437
山　东	172313	129989	2996	38072	545	11629
河　南	98955	81155	1287	16512	1785	9079
湖　北	244315	191635	1332	49235	1059	36849
湖　南	148564	113439	505	27859	303	19275
广　东	1455060	962904	9106	483050	5712	314504
广　西	38635	28202	3607	6827	75	8483
海　南	33272	24368	271	8634	78	3093
重　庆	81355	61526	1078	18751	164	7366
四　川	125942	102602	321	23019	1842	19363
贵　州	32079	24030	127	6206	1105	5086
云　南	23996	16190	249	7558	220	5551
西　藏						
陕　西	170305	102111	580	67615	285	10871
甘　肃	6352	6213	17	123		36
青　海	2830	1634	7	1190	132	1019
宁　夏						
新　疆	35053	27448	83	6950	1684	4591

单位：万元

管理费用	财务费用	营业利润	利润总额	应交所得税	劳动、失业保险费	住房公积金和住房补贴
360250	**37764**	**280450**	**241451**	**68521**	**6506**	**12193**
43172	3582	12044	13829	3615	824	1607
7827	1519	1059	1499	1023	301	521
9466	1805	2221	2559	706	880	145
4721	222	-2900	-304	269	116	38
1718	101	3033	2922	66	51	
12587	4774	-1755	-803	892	49	73
2859	218	2553	893	47	9	118
5345	571	960	856	203	190	
124421	6496	61705	62919	26024	1837	2667
6760	556	1848	1052	595	209	282
9743	1031	5982	6951	2207	151	98
2149	213	-995	-1021	295	6	17
8422	776	7136	7167	1321	73	3921
269	16	-1294	-1274		9	7
11527	1255	11615	10249	2360	159	383
3876	297	4421	3938	623	64	18
10813	498	4280	4246	811	192	199
5570	673	9397	1670	622	205	68
62892	8038	102714	65569	14823	560	1638
1128	-137	-2573	450	213	16	80
2310	1770	1538	1547	320	211	1
5087	1283	4877	3738	515	113	101
7121	728	-2342	-2190	499	122	112
1746	188	728	726	128	22	10
376	162	1689	1704	122	6	8
5180	609	51240	51248	9869	121	75
29	8	50	51	13		
377	5	-80	-80	3	4	
2756	510	1298	1341	339	8	7

3-12 续表 4

文化、体育用品及器材专门零售

地区	主营业务收入	主营业务成本	主营业务税金及附加	主营业务利润	其他业务利润	营业费用
全国	**2774173**	**2067849**	**16147**	**669666**	**67019**	**347046**
北京	282212	210423	1416	70373	5914	37606
天津	27303	19526	184	7593	1178	5466
河北	36182	27212	143	8835	1299	2556
山西	29657	22674	111	7058	693	5779
内蒙古	2687	1822	8	856	473	435
辽宁	66382	47847	247	18288	1861	6181
吉林	14980	11173	36	3770	376	1223
黑龙江	133478	114009	564	18904	2146	10592
上海	257155	199608	1809	55738	9702	61561
江苏	173530	135279	700	33558	3424	23139
浙江	102410	75166	2130	25114	2073	13458
安徽	69477	52883	259	14207	1236	7404
福建	276014	224302	729	50984	3655	22746
江西	12334	8684	17	3633	158	636
山东	122882	99024	427	23431	2794	7325
河南	106433	81849	825	23759	3355	10798
湖北	36879	27680	202	8997	1391	3632
湖南	52977	38881	528	5496	569	4358
广东	177425	130603	1129	45693	9621	24439
广西	30708	22378	166	8164	1920	3302
海南						
重庆	135395	90342	769	44284	2656	23336
四川	329551	205699	2306	121547	4710	42801
贵州	21995	18880	88	3028	473	3023
云南	153621	115580	828	37212	3711	13829
西藏						
陕西	47142	32296	108	10150	470	4725
甘肃	6373	4911	13	1449	31	683
青海	1749	1323	21	405	242	240
宁夏	5030	3548	24	1458	103	618
新疆	62217	44248	361	15684	790	5158

单位：万元

管理费用	财务费用	营业利润	利润总额	应交所得税	劳动、失业保险费	住房公积金和住房补贴
314541	**5971**	**88746**	**87582**	**16231**	**9461**	**15554**
36733	355	4103	11227	3265	646	2544
4147	-74	-768	-139	127	26	219
7514	-107	163	716	260	544	273
2520	1	-402	-197	17	154	193
700	2	193	195	2	22	57
7845	204	8206	-209	16	150	333
2432	25	467	434	27	66	71
6953	945	2576	2742	370	206	210
26310	901	-23332	-22927	504	475	1662
12095	93	3151	4100	1017	217	1068
10086	619	3033	2973	357	293	466
6300	-108	4028	3913	52	167	321
20346	-269	11817	10510	4264	1750	1216
1515	81	1560	92		10	47
14304	546	4446	4636	1018	738	813
14469	164	1394	1437	467	695	404
5343	376	1567	1611	328	218	197
4678	321	4243	1434	85	165	249
26081	519	5081	9711	1437	1854	1432
5036	292	1454	1687	26	360	153
16485	2539	4581	4674		135	788
49657	-2902	36701	36435	386	301	1387
2570	-200	-1892	-1888	13	25	107
15070	1700	10324	8561	595	96	596
5813	-100	204	263	26	78	396
792	17	-13	3		8	15
242	22	142	142	8		
841	8	94	75	11	10	45
7669	4	5625	5372	1554	50	293

3-12 续表 5

医药及医疗器材专门零售

地　区	主营业务收入	主营业务成本	主营业务税金及附加	主营业务利润	其他业务利润	营业费用
全　国	**6361376**	**5296394**	**27970**	**986820**	**47414**	**537931**
北　京	878515	795859	1493	81163	8120	43287
天　津	8714	7253	19	1442	234	1403
河　北	103956	88066	225	15665	34	9117
山　西	199798	178726	261	19447	1065	9695
内蒙古	49830	36009	1702	10192		5265
辽　宁	263902	203968	3023	56583	608	35552
吉　林	55945	42499	172	13275	2	6660
黑龙江	587808	442235	1333	144241	203	11437
上　海	298457	237103	862	59951	4196	37678
江　苏	523168	449573	2137	68326	4396	47488
浙　江	254205	195228	1199	57778	4357	37993
安　徽	68060	59337	128	7835	294	5973
福　建	57853	48220	168	9435	523	6510
江　西	215571	189595	393	24065	790	11012
山　东	349220	299392	1897	47635	385	19232
河　南	292752	258457	3985	30310	971	14588
湖　北	87789	69442	555	18773	1549	11216
湖　南	185460	132854	2146	12998	2806	30278
广　东	412276	308106	1250	102121	9943	77451
广　西	89219	68319	374	19045	1110	13421
海　南	9414	6370	47	2997		2271
重　庆	738164	686616	2002	49546	2520	16068
四　川	87662	67614	505	19543	121	10604
贵　州	53934	42431	233	10806	4	7237
云　南	226974	158236	1223	67171	1922	46373
西　藏						
陕　西	64313	51077	263	12246	633	5723
甘　肃	29344	20634	76	8635	-71	7786
青　海	15880	13403	25	2452		1319
宁　夏	2694	2082	5	608		389
新　疆	150500	137691	272	12537	703	4905

单位：万元

管理费用	财务费用	营业利润	利润总额	应交所得税	劳动、失业保险费	住房公积金和住房补贴
290479	**29149**	**140305**	**144284**	**31659**	**14021**	**7962**
25141	6848	13954	15314	4434	578	1543
458	9	-195	-182		4	58
7259	280	-957	15	210	309	38
7397	1069	2333	1782	355	372	119
3392	74	2169	1103	66	5	25
11989	915	9388	9268	1921	1787	786
3009	213	3450	3376	803	31	14
36091	2463	14419	14779	4012	2989	508
19939	630	5900	8718	1506	490	959
18981	2771	4603	5919	1756	1933	806
16456	1591	6065	6608	1801	475	819
1879	295	740	811	168	44	21
2538	325	584	391	209	36	146
11529	1266	1041	964	23	1219	167
21390	2565	6013	6071	1638	551	400
9061	1237	4795	5109	701	263	135
7296	127	3843	3287	638	94	75
10578	734	10102	9421	1603	670	251
22829	-914	13188	14194	2442	401	371
6035	233	1930	1946	697	329	81
527	55	144	-117		20	
17882	4077	14038	11750	2006	787	510
4899	345	3817	1345	352	149	56
3205	118	658	975	147	26	2
10500	1058	11524	11212	1636	255	11
4136	251	2903	1671	423	82	43
1005	148	-374	68	4	52	4
1065	17	51	3993	983	5	8
159	43	16	18	4	36	
3854	309	4166	4477	1121	31	8

3-12 续表 6

汽车、摩托车、燃料及零配件专门零售

地区	主营业务收入	主营业务成本	主营业务税金及附加	主营业务利润	其他业务利润	营业费用
全国	**39463024**	**35594992**	**134159**	**3449149**	**42837**	**1374276**
北京	3091212	2873732	3307	214173	2830	112912
天津	2623500	2474542	1031	147928	1367	100199
河北	192662	184667	96	7796	1512	11411
山西	2694025	2466820	2679	215028	374	106685
内蒙古	2109585	1803096	3662	183600	508	109477
辽宁	1272325	1161381	1325	86092	205	55983
吉林	19748	17423	44	2281		656
黑龙江	535467	394778	80511	60177	1101	16794
上海	1493871	1441803	1048	54934	2719	48435
江苏	780886	740018	489	37500	2451	23143
浙江	1507049	1413392	2119	91538	4186	40113
安徽	760077	705212	1355	53509	3	21998
福建	142639	132279	146	10211	1111	9183
江西	755118	655391	679	98995	-254	24707
山东	2641233	2407831	6191	227212	5842	70189
河南	1048673	954624	3671	90378	-178	32751
湖北	1174629	1097405	1636	75174	-2522	25250
湖南	2742830	2449934	5697	181209	502	95089
广东	7118578	6002322	7968	1108283	9777	222571
广西	222088	206317	611	15159	1593	6929
海南	784829	718657	1144	65029	680	28903
重庆	19405	18225	32	1148	145	1046
四川	3637991	3384824	6461	246706	2730	143376
贵州	666693	571660	705	67372	143	18533
云南	632134	594009	553	37590	1145	21454
西藏	21219	16091	50	5078	76	2852
陕西	35328	32851	262	2215	2808	1502
甘肃	727246	664484	688	62074	1984	22138
青海	11984	11223	1	761		
宁夏						
新疆						

单位：万元

管理费用	财务费用	营业利润	利润总额	应交所得税	劳动、失业保险费	住房公积金和住房补贴
448133	**115187**	**1645366**	**1334525**	**148797**	**32454**	**21457**
29089	1702	69233	70210	17385	901	1422
16252	3118	27494	26934	9007	263	1699
1742	698	-4439	-4417	406	118	121
34724	14009	70368	69676	5221	257	1020
7341	5378	61913	44140	3511	446	1666
14077	982	25007	32018	3803	506	1711
719	79	827	863	235	2	13
3991	515	9978	22673	7162	21	137
25710	7856	-24349	-34212	3590	274	1764
12145	3040	4531	7492	1859	87	161
18572	5320	33874	42722	14858	177	663
7842	4783	18889	13754	1349	101	302
2180	609	-414	-489	2514	25	121
5773	100	68216	39857	10006	63	297
48723	30954	83785	79692	3116	356	997
12345	1587	38966	46137	11872	48	279
18755	979	28132	28557	4757	102	377
54608	4444	136382	90470	9997	532	1386
68942	14174	815662	582763	18778	1294	2668
2536	243	6319	8331	1706	35	157
11674	245	24888	24582	2372	124	412
26	70	154	134		9	
31908	10196	64024	74700	11261	1148	2939
5214	1010	35948	34762	2392	32	167
6260	1508	9936	8499	1137	24	119
656	150	1610	1573			67
1304	708	1510	1291	505	6	127
4224	726	36970	21861		25503	668
801	7	-47	-47			

3-12 续表 7

家用电器及电子产品专门零售

地　区	主营业务收入	主营业务成本	主营业务税金及附加	主营业务利润	其他业务利润	营业费用
全　国	**14422793**	**12886761**	**46068**	**1415656**	**581563**	**1096400**
北　京	2005631	1829281	3133	173218	110276	165715
天　津	489827	456926	1007	32638	28417	35573
河　北	148014	134545	277	12998	8711	11426
山　西	148436	138246	432	8679	8319	8053
内蒙古	29643	25168	62	4414	1021	1711
辽　宁	435566	396581	9344	37742	6273	25532
吉　林	17737	16409	112	848		558
黑龙江	229546	165146	388	64013	12125	29910
上　海	1702008	1557851	2636	141520	97408	152983
江　苏	1767821	1540031	5241	215912	28385	123200
浙　江	610224	554572	1996	53657	37055	56667
安　徽	91474	79664	167	11644	919	8317
福　建	428151	395914	991	30328	17863	30344
江　西	109181	97780	503	8618	5932	7965
山　东	663220	593756	2847	66529	19321	43320
河　南	366269	329172	2274	34823	15843	25317
湖　北	723102	657732	3118	62104	23024	39286
湖　南	133276	119521	467	12827	7335	17808
广　东	2158416	1920685	5475	232255	82920	182654
广　西	51367	42359	138	5487	1221	4673
海　南	32574	29152	128	3294	1400	2594
重　庆	641372	523391	1616	50108	19084	44254
四　川	533631	486089	1661	45880	19475	33039
贵　州	14323	11807	28	1149	418	880
云　南	111511	101424	198	9890	6300	8839
西　藏						
陕　西	637769	551234	1656	84878	17581	27143
甘　肃	14507	14422	6	79		115
青　海	8707	8079	13	615		504
宁　夏	35447	32250	54	3144	1031	2319
新　疆	84042	77575	101	6367	3908	5701

单位：万元

管理费用	财务费用	营业利润	利润总额	应交所得税	劳动、失业保险费	住房公积金和住房补贴
363135	**37352**	**535863**	**434697**	**99132**	**13227**	**10400**
52704	1189	63961	67136	18785	1665	2312
8965	1166	14607	13798	3511	63	397
4824	297	5524	714	181	56	100
5183	395	3117	3472	456	84	80
573	254	2898	1998	134	103	16
7851	691	22269	11876	2452	50	200
296	159	371	585	35	2	
24923	189	21148	8307	2063	38	56
33066	8466	44413	21456	11772	299	1258
63010	9107	56914	57356	22156	7210	2061
16791	1020	16015	16479	3684	403	633
2301	-168	2113	2197	37	33	122
10015	540	8207	8674	1819	264	288
4038	346	2141	3009	145	8	10
21390	3550	32125	20630	3452	273	425
5658	795	16966	10979	2118	107	119
20557	-1019	26913	29135	6903	140	582
4063	80	-1328	-2155	363	113	65
37240	5040	90705	69480	8838	918	1153
1498	88	758	621	178	30	14
2468	61	-429	-523	7	16	
7266	1056	16569	16766	2399	173	248
9541	1737	21075	21535	2823	975	10
357	389	-29	1			1
3420	98	3833	3851	636	14	72
11587	517	63212	44060	3726	153	108
119	183	-338	1101			
171	81	17	17	4	5	
1523	1005	-672	-733	23	6	5
1741	41	2791	2877	433	26	65

3-12 续表 8

五金、家具及室内装修材料专门零售

地　区	主营业务收入	主营业务成本	主营业务税金及附加	主营业务利润	其他业务利润	营业费用
全　国	**2285768**	**1526653**	**47338**	**709281**	**61826**	**319334**
北　京	198170	163475	399	34296	21576	50955
天　津	50832	39171		11662	1294	8825
河　北	23888	20432	140	3316		2223
山　西	13413	10169	140	3193	550	188
内蒙古	61410	48713	183	12514	531	924
辽　宁	5738	4897	8	833	15	1174
吉　林	2367	2012	22	333		165
黑龙江	2234	1444	7	783	59	485
上　海	256255	207589	1912	46754	23891	63655
江　苏	29326	21819	413	7095	1088	4329
浙　江	6284	5244	22	1018	6	450
安　徽	34460	28151	84	6225		295
福　建	4728	4160	57	511		209
江　西	27976	24731	1119	2126		1391
山　东	790944	679747	14259	93963	1975	25670
河　南	32796	22678	838	9280	234	3116
湖　北	21112	16394	22	4696	405	4729
湖　南	4206	2897	10	1299	1090	1092
广　东	116408	84087	953	31368	9033	32895
广　西						
海　南						
重　庆	503038	86392	25459	391579		87731
四　川	2357	1752	5	600		743
贵　州						
云　南	2236	1530	12	694	6	626
西　藏						
陕　西	15177	7165	674	7338		212
甘　肃	1557	1113	16	427		1146
青　海						
宁　夏						
新　疆	78857	40892	586	37379	72	26107

单位：万元

管理费用	财务费用	营业利润	利润总额	应交所得税	劳动、失业保险费	住房公积金和住房补贴
320529	**61088**	**66303**	**56644**	**13723**	**1453**	**2728**
10423	2161	-7667	-11917	748	239	716
4882	753	-1504			73	307
361	232	502	501			
1334	183	176	148	18	5	7
3384	406	6549	4982	655	53	
368	26	-721	-721		5	11
18		150	150	10		
250		106	106	3		
15573	5525	-14107	-33706	1352	581	953
2791	461	602	1200	240	131	78
302	98	175	181	41	4	9
867	379	4684	4694		2	
227	5	70	70	18		
731	-2	6	6			
19516	10059	41522	41572	4005	152	118
1387	182	4665	1028	52	7	44
1098	76	-1107	-2726		27	31
418	-11	890	168	56		
5410	2474	-379	18441	529	87	193
245903	37108	20271	20228	3161	34	12
151	20	-315	-403	4		
101	20	-47	-47		7	
1715	50	5361	5499	935	9	12
222	-2	-938	-229	34	3	29
3100	885	7359	7416	1865	35	211

3-12 续表 9

无店铺及其他零售

地 区	主营业务收入	主营业务成本	主营业务税金及附加	主营业务利润	其他业务利润	营业费用
全 国	**1360633**	**1137196**	**5957**	**180379**	**4826**	**164170**
北 京	391830	339925	1290	50615	-6462	56404
天 津	1394	1110		285	168	499
河 北	19300	16719	52	2529		1142
山 西	16423	13150	232	3041		955
内蒙古	16128	13483	39	2605	396	397
辽 宁	19183	10495	92	3820		3314
吉 林						
黑龙江						
上 海	49506	39568	117	12751	140	6127
江 苏	15052	11906	189	2958	784	1291
浙 江	13881	12056	5	1820	9	995
安 徽						
福 建	49599	34671	161	14766	2059	10276
江 西						
山 东	92900	75191	714	16582	1414	9202
河 南	17948	14876	318	2755	102	976
湖 北	221410	216775	552	4083	3376	10822
湖 南	154961	114853	1091	9353	211	24597
广 东	188167	153011	461	31252	2398	26735
广 西	34499	27809	277	6414	69	3157
海 南						
重 庆	24414	17654	141	6619	2	4909
四 川	14042	7172	122	4980		218
贵 州						
云 南	2857	2098	36	722	104	563
西 藏						
陕 西	4923	4145	47	768	3	590
甘 肃						
青 海	7376	6545	8	823		437
宁 夏	4840	3984	16	841	51	565
新 疆						

单位：万元

管理费用	财务费用	营业利润	利润总额	应交所得税	劳动、失业保险费	住房公积金和住房补贴
49469	**10293**	**16965**	**2485**	**6339**	**2473**	**3614**
8761	5845	-4910	-21838	974	1356	1628
117	5	-168	-80			
450	6	930	1123	225	88	
1107	5	1123	1133	419	17	100
730	65	1810	858	1	12	
1223	3	-47	-610		13	27
5180	87	1497	-257	547	177	197
1983	-45	897	899	141	41	16
843	-54	461	646		27	132
2296	-1235	5489	6529	473	43	312
5446	1278	3171	3122	896	37	206
1729	195	-354	466	241	29	90
318	129	-3810	-3809		16	27
6151	485	8163	8339	400	476	91
5774	3054	954	957	1261	73	386
1464	-9	2118	2087	486	21	165
1151	7	555	487	46	16	62
3335	360	-517	1635	183	14	53
225	1	37	282	10	4	20
599	48	-466	367		7	39
233	20	107	60	15		18
357	43	-74	90	23	6	45

3-13 大中型零售业企业分行业工资、福利及增值税

单位：万元

地区	零售业			综合零售		
	本年应付工资总额	本年应付福利费总额	本年应交增值税	本年应付工资总额	本年应付福利费总额	本年应交增值税
全　国	**4800576**	**271969**	**3908319**	**2898964**	**159732**	**2239517**
北　京	520022	32221	341897	298603	22874	204927
天　津	119393	4094	50587	73857	1851	25946
河　北	113578	6518	55805	90458	5219	43689
山　西	80207	5715	57800	34560	1220	24808
内蒙古	73290	4298	60638	35985	1326	7513
辽　宁	180699	8268	111114	126169	4925	78876
吉　林	32724	2399	24527	23674	1923	20334
黑龙江	131496	8345	269600	89054	4663	149315
上　海	514483	20697	379655	295662	10628	245483
江　苏	479095	33290	212386	337969	21534	158789
浙　江	229768	10404	143028	155071	6749	99569
安　徽	92525	5426	44237	68365	3931	32968
福　建	128726	5181	75440	76200	3061	48711
江　西	42380	2541	28320	22843	1462	15636
山　东	365804	23090	319672	250501	14605	159201
河　南	140441	5946	175138	81333	3236	82266
湖　北	196524	13599	147276	139653	8516	90845
湖　南	143135	12350	90179	77749	8109	39000
广　东	596852	35164	643436	297867	19040	328051
广　西	56911	3406	38449	34642	2387	26669
海　南	14470	981	18274	4270	152	1330
重　庆	115819	3954	66872	77869	1800	40566
四　川	175473	11270	184160	80984	4837	65194
贵　州	20929	1528	21736	8238	819	7554
云　南	72396	2090	48563	19058	746	13468
西　藏	2101	50	1088	1138		631
陕　西	90594	5996	216898	59704	2961	193293
甘　肃	19513	948	22154	9385	408	16290
青　海	5084	26	1453	2859	5	896
宁　夏	9068	433	6927	6406	250	6093
新　疆	37076	1744	51012	18838	495	11608

3-13 续表 1

单位：万元

地区	食品、饮料及烟草制品专门零售			纺织、服装及日用品专门零售		
	本年应付工资总额	本年应付福利费总额	本年应交增值税	本年应付工资总额	本年应付福利费总额	本年应交增值税
全国	**141203**	**5362**	**62432**	**351389**	**14092**	**237489**
北京	24647	430	12920	51978	923	33852
天津	4621	179	2504	7552	34	3111
河北	596	21	280	3909	382	3728
山西	7551	992	4403	3007	214	1769
内蒙古				2625	247	524
辽宁	3324	159	1542	6695	225	3654
吉林	1883	33	977	2149	91	752
黑龙江	540	13	64	3534	67	849
上海	13047	535	8086	76624	2298	70294
江苏	9624	424	5289	8791	426	2294
浙江	6450	236	2442	11921	185	4682
安徽	3454	69	912	1744	62	336
福建	7241	395	2012	6949	135	2602
江西	60	2		1294	33	114
山东	11347	458	9519	9827	544	3205
河南	8429	184	1356	7284	168	2744
湖北	3052	128	1888	13674	736	6017
湖南	2108	79	1313	10245	1041	3700
广东	11318	342	1048	91608	5309	76493
广西	4732	109	1678	2085	10	660
海南	485	98	201	2164	12	1563
重庆	735	2	194	4610	202	1428
四川	2332	82	1160	5818	234	6897
贵州	692	35	89	1207	102	906
云南	8243	121	595	2101	47	617
西藏						
陕西	3626	198	1580	8670	317	3877
甘肃	360	36	267	312		17
青海				543	7	60
宁夏	573	4	84			
新疆	134		31	2468	42	744

3-13 续表 2

单位：万元

地　区	文化、体育用品及器材专门零售			医药及医疗器材专门零售		
	本年应付工资总额	本年应付福利费总额	本年应交增值税	本年应付工资总额	本年应付福利费总额	本年应交增值税
全　国	**213296**	**12950**	**97563**	**305827**	**18015**	**175058**
北　京	28694	1313	7959	23140	1731	11679
天　津	2630		961	561	5	181
河　北	3490	155	1186	5398	301	3002
山　西	3053	192	1309	4616	176	2410
内蒙古	531	7	74	2220	15	1193
辽　宁	5302	302	1015	19657	1138	8392
吉　林	1394	160	400	2457	100	1499
黑龙江	3952	75	1847	15385	1995	40517
上　海	21199	1412	5945	19736	1330	9236
江　苏	13531	832	4611	31432	3267	9234
浙　江	6751	596	3630	18731	997	7394
安　徽	5328	415	1268	3466	297	768
福　建	16402	264	11201	3698	154	2731
江　西	906	72	130	9269	423	3570
山　东	9698	666	4934	16643	1066	6758
河　南	9872	731	3575	15956	467	3220
湖　北	3386	387	1046	7469	468	5514
湖　南	3120	467	1282	14887	815	4863
广　东	18399	1347	6688	31097	1654	18241
广　西	3052	241	1308	6337	276	4063
海　南				933	77	486
重　庆	8950	1173	1831	10496	430	10585
四　川	21758	521	18498	6009	250	2462
贵　州	1972	86	450	3321	44	1222
云　南	10630	548	12535	22390	195	9853
西　藏						
陕　西	3802	370	964	4646	192	2395
甘　肃	874	65	123	1979	4	1224
青　海	200		92	842		205
宁　夏	594	83	268	15		40
新　疆	3825	471	2435	3043	150	2125

3-13 续表 3

单位：万元

地区	汽车、摩托车、燃料及零配件专门零售			家用电器及电子产品专门零售		
	本年应付工资总额	本年应付福利费总额	本年应交增值税	本年应付工资总额	本年应付福利费总额	本年应交增值税
全　国	**375799**	**33237**	**745991**	**366091**	**17936**	**276517**
北　京	17408	2591	33800	49652	1019	21864
天　津	19529	1356	9375	7551	670	6651
河　北	3648	267	1081	4611	117	1208
山　西	22244	2468	20039	2268	144	1943
内蒙古	23800	2300	49050	2093	35	2097
辽　宁	12785	1371	11905	5224	140	4968
吉　林	457	53	422	410	40	131
黑龙江	8282	1110	54609	10247	423	22386
上　海	11556	1760	9378	54764	675	21139
江　苏	10229	516	5546	64604	6099	25765
浙　江	11834	1115	13909	17595	450	10978
安　徽	6176	649	6401	2074	3	1470
福　建	3374	315	2781	11023	555	4534
江　西	5792	393	8347	1947	156	482
山　东	28480	1909	118028	17175	970	9225
河　南	7809	802	76774	6116	206	4392
湖　北	12494	1998	18644	13704	935	19734
湖　南	21974	1071	31917	5640	335	1888
广　东	70807	3704	175144	55596	3013	27754
广　西	2491	218	2440	1881	27	753
海　南	5077	474	11467	1541	168	3226
重　庆	316	59	236	7155	13	8949
四　川	47728	5039	58469	8927	208	31449
贵　州	5120	298	11469	380	145	47
云　南	7030	313	9875	2521	116	1493
西　藏	963	50	457			
陕　西	1826	597	222	7284	1275	12543
甘　肃	6356	427	4202	37		6
青　海	214	14	6	229		128
宁　夏				899	1	288
新　疆				2944		29026

3-13 续表 4

单位：万元

地区	五金、家具及室内装修材料专门零售			无店铺及其他零售		
	本年应付工资总额	本年应付福利费总额	本年应交增值税	本年应付工资总额	本年应付福利费总额	本年应交增值税
全　国	**82879**	**7395**	**43008**	**65130**	**3250**	**30744**
北　京	10689	971	5587	15212	368	9310
天　津	2913		1847	180		13
河　北	817	25	133	651	30	1498
山　西	829	20	165	2080	289	955
内蒙古	5656	368	123	379		64
辽　宁	288	3	114	1253	6	649
吉　林	301		12			
黑龙江	503		13			
上　海	16899	1834	8250	4998	225	1845
江　苏	1393	108	652	1522	85	206
浙　江	353	2	183	1062	74	241
安　徽	1920		114			
福　建	192	27	71	3646	276	797
江　西	270		42			
山　东	16038	2494	6390	6094	377	2413
河　南	2264	50	597	1378	102	215
湖　北	884	124	3589	2208	309	
湖　南	307	48	88	7105	384	6129
广　东	8535	390	5083	11624	364	4935
广　西				1692	138	878
海　南						
重　庆	4426	257	2881	1263	17	202
四　川	523		12	1394	99	18
贵　州						
云　南	178	3	86	246		41
西　藏						
陕　西	671	75	1909	365	12	114
甘　肃	211	9	25			
青　海				197		67
宁　夏				581	94	155
新　疆	5822	587	5043			

3-14 大中型零售业企业分行业经济效益分析指标

综合零售

地　区	负债比率(%)	主营业务毛利率(%)	人均营业收入(万元)	流动资产周转次数(次)	费用率(%)
全　国	**73.9**	**13.9**	**53.6**	**3.0**	**13.6**
北　京	66.6	15.5	85.9	2.3	16.4
天　津	76.9	13.2	62.3	2.4	17.3
河　北	79.6	10.9	46.5	2.8	12.5
山　西	85.4	15.2	25.3	2.0	14.6
内蒙古	64.2	18.3	34.5	4.0	9.2
辽　宁	70.8	16.5	43.6	2.7	14.6
吉　林	76.1	12.3	95.5	3.9	9.3
黑龙江	81.2	19.5	41.3	3.8	17.0
上　海	71.5	12.1	85.8	3.6	14.0
江　苏	80.7	13.0	57.6	3.3	12.6
浙　江	80.5	12.1	57.2	2.5	14.1
安　徽	78.2	11.2	37.6	3.0	13.0
福　建	74.3	16.9	36.9	3.0	15.1
江　西	71.5	14.3	43.5	2.9	13.3
山　东	77.1	11.6	51.2	3.0	10.2
河　南	82.9	12.4	31.1	3.4	11.1
湖　北	69.6	15.3	39.8	2.7	13.7
湖　南	59.5	18.3	45.8	2.8	12.5
广　东	73.7	15.3	65.1	2.8	16.0
广　西	67.5	18.8	40.2	3.9	15.1
海　南	69.3	17.0	53.6	2.3	19.4
重　庆	72.6	13.5	56.8	4.3	11.2
四　川	81.2	14.0	45.6	3.3	13.5
贵　州	86.3	20.6	32.2	2.7	18.3
云　南	64.4	17.2	35.0	2.9	14.7
西　藏	78.9	16.1	27.5	1.6	16.4
陕　西	73.2	17.1	44.9	2.9	13.5
甘　肃	73.8	15.9	31.8	3.1	14.7
青　海	78.7	10.6	31.5	5.8	16.9
宁　夏	52.2	16.8	59.0	2.6	11.3
新　疆	60.5	16.9	52.9	2.5	16.9

注：费用率等于营业费用、管理费用、财务费用三项之和除以营业收入合计(下表同)。

3-14 续表 1

食品、饮料及烟草制品专门零售

地 区	负债比率 (%)	主营业务毛利率 (%)	人均营业收入 (万元)	流动资产周转次数 (次)	费用率 (%)
全 国	**60.2**	**21.9**	**26.6**	**2.5**	**15.9**
北 京	42.8	35.9	26.2	2.3	26.2
天 津	42.5	28.9	23.1	3.1	24.5
河 北	92.8	10.1	45.4	1.4	10.0
山 西	72.1	21.2	27.6	2.9	18.6
内蒙古					
辽 宁	61.3	20.5	25.1	5.1	15.7
吉 林	120.9	28.6	19.2	1.9	30.2
黑龙江	67.2	19.5	11.4	24.4	43.3
上 海	85.3	24.1	31.6	2.8	28.0
江 苏	46.2	19.1	37.9	3.5	10.4
浙 江	68.1	20.3	34.0	3.8	18.3
安 徽	82.2	15.5	34.9	3.3	15.9
福 建	62.8	13.9	13.2	2.2	8.6
江 西	10.6	12.4	37.3	3.6	4.5
山 东	75.6	11.6	43.1	3.9	9.9
河 南	68.7	16.6	18.6	4.8	9.1
湖 北	70.8	14.6	28.1	9.8	12.6
湖 南	81.6	19.6	36.8	1.9	10.5
广 东	35.0	38.5	57.0	1.0	16.6
广 西	59.0	36.0	9.2	3.9	30.2
海 南	16.0	29.0	6.8		16.6
重 庆	63.8	9.0	29.0	9.1	7.0
四 川	68.8	19.8	28.0	3.8	14.0
贵 州	59.5	15.1	17.2	3.1	11.8
云 南	28.7	31.6	20.2	4.0	27.8
西 藏					
陕 西	72.5	34.1	25.1	1.0	15.7
甘 肃	77.7	14.8	32.3	3.4	15.3
青 海					
宁 夏	61.3	8.8	23.6	1.5	9.8
新 疆	103.9	14.7	23.0	7.4	13.4

3-14 续表 2

纺织、服装及日用品专门零售

地　区	负债比率 (%)	主营业务毛利率 (%)	人均营业收入 (万元)	流动资产周转次数 (次)	费用率 (%)
全　国	**75.3**	**30.2**	**39.7**	**2.2**	**25.2**
北　京	76.6	29.3	34.9	2.1	28.9
天　津	94.4	19.1	29.7	0.9	28.8
河　北	77.2	18.0	31.0	4.8	16.8
山　西	87.3	16.0	22.2	2.9	22.6
内蒙古	64.3	18.6	39.9	9.5	8.8
辽　宁	66.2	13.6	56.3	2.3	15.9
吉　林	76.6	31.5	18.3	4.3	16.0
黑龙江	82.4	15.0	20.7	8.3	13.3
上　海	74.3	39.8	63.2	2.6	35.1
江　苏	84.7	25.5	27.3	2.4	21.9
浙　江	72.2	20.6	39.4	2.0	18.1
安　徽	80.6	23.3	24.1	1.6	27.1
福　建	59.4	29.4	37.2	2.4	23.7
江　西	71.0	23.0	15.3	1.6	34.6
山　东	63.3	24.6	24.0	4.3	14.1
河　南	80.2	18.0	15.3	2.8	13.1
湖　北	75.0	21.6	23.9	2.4	19.6
湖　南	73.9	23.6	40.0	3.2	17.1
广　东	70.0	33.8	54.5	1.9	26.2
广　西	88.4	27.0	31.7	2.6	24.4
海　南	87.8	26.8	45.1	3.5	21.5
重　庆	78.5	24.4	24.4	2.8	16.9
四　川	61.4	18.5	44.9	2.7	21.3
贵　州	83.7	25.1	48.9	2.3	21.1
云　南	64.1	32.5	30.2	0.8	25.1
西　藏					
陕　西	94.0	40.0	31.6	1.1	9.8
甘　肃	78.4	2.2	39.0	2.3	1.1
青　海	41.5	42.3	6.1	2.0	47.3
宁　夏					
新　疆	82.7	21.7	24.0	1.2	20.2

3-14 续表 3

文化、体育用品及器材专门零售

地 区	负债比率 (%)	主营业务毛利率 (%)	人均营业收入 (万元)	流动资产周转次数 (次)	费用率 (%)
全 国	**57.2**	**25.5**	**38.9**	**1.4**	**23.2**
北 京	73.2	25.4	44.4	1.1	25.8
天 津	54.2	28.5	55.1	0.8	33.5
河 北	77.3	24.8	21.3	1.3	26.3
山 西	72.3	23.5	20.5	1.6	26.4
内蒙古	72.4	32.2	14.5	1.6	34.9
辽 宁	77.5	27.9	30.0	1.4	20.6
吉 林	81.2	25.4	19.3	1.5	22.8
黑龙江	87.6	14.6	64.3	2.2	13.6
上 海	58.1	22.4	49.1	1.4	33.2
江 苏	75.8	22.0	48.6	2.3	19.9
浙 江	53.7	26.6	47.6	1.0	23.0
安 徽	23.5	23.9	43.1	2.6	19.1
福 建	52.5	18.7	53.9	1.3	15.1
江 西	42.4	29.6	54.6	5.8	17.7
山 东	68.8	19.4	35.2	2.0	17.2
河 南	47.4	23.1	16.3	2.4	22.9
湖 北	69.3	24.9	22.6	1.3	23.9
湖 南	55.3	26.6	39.2	1.9	17.4
广 东	59.2	26.4	33.3	1.5	26.8
广 西	70.5	27.1	33.3	1.9	26.3
海 南					
重 庆	63.0	33.3	42.2	0.9	30.5
四 川	31.4	37.6	50.4	0.9	25.2
贵 州	82.4	14.2	22.0	1.3	24.0
云 南	58.7	24.8	31.4	1.7	19.4
西 藏					
陕 西	73.1	31.5	33.7	1.5	21.9
甘 肃	88.8	22.9	20.6	1.1	23.3
青 海	71.8	24.4	14.4	1.5	23.3
宁 夏	83.2	29.5	23.4	1.5	28.5
新 疆	44.2	28.9	56.1	1.4	20.3

3-14 续表 4

医药及医疗器材专门零售

地区	负债比率 (%)	主营业务毛利率 (%)	人均营业收入 (万元)	流动资产周转次数 (次)	费用率 (%)
全国	**75.4**	**16.7**	**38.9**	**2.5**	**13.4**
北京	74.5	9.4	134.1	2.3	8.5
天津	107.5	16.8	17.9	3.0	20.9
河北	78.6	15.3	22.3	2.7	16.0
山西	83.5	10.5	65.0	2.2	9.0
内蒙古	88.5	27.7	38.7	2.9	17.5
辽宁	68.8	22.7	23.4	2.5	18.3
吉林	79.0	24.0	24.6	1.9	17.7
黑龙江	87.5	24.8	72.3	3.1	8.5
上海	47.8	20.6	41.1	3.8	19.1
江苏	88.0	14.1	42.6	2.5	13.1
浙江	84.0	23.2	28.2	1.9	21.7
安徽	78.6	12.8	23.1	1.9	11.9
福建	71.8	16.7	26.8	2.2	16.0
江西	84.4	12.0	49.5	2.7	10.9
山东	87.9	14.3	27.7	2.6	12.3
河南	84.5	11.7	21.1	3.5	8.5
湖北	69.5	20.9	20.3	1.9	20.6
湖南	43.9	28.4	22.1	1.9	22.1
广东	70.4	25.3	25.2	2.0	23.5
广西	75.6	23.4	24.5	2.2	21.8
海南	53.0	32.3	14.7	1.7	30.3
重庆	74.2	7.0	140.1	3.2	5.1
四川	41.2	22.9	24.7	2.3	18.0
贵州	83.1	21.3	22.7	2.1	19.6
云南	63.7	30.3	22.7	2.5	25.3
西藏					
陕西	75.8	20.6	20.6	1.5	15.4
甘肃	75.3	29.7	15.3	1.6	30.4
青海	55.0	15.6	39.5	0.9	15.1
宁夏	94.2	22.7	22.4	1.8	22.0
新疆	79.8	8.5	118.1	2.8	6.0

3-14 续表 5

汽车、摩托车、燃料及零配件专门零售

地区	负债比率 (%)	主营业务毛利率 (%)	人均营业收入 (万元)	流动资产周转次数 (次)	费用率 (%)
全国	**47.0**	**9.8**	**231.5**	**5.1**	**4.9**
北京	34.9	7.0	287.0	18.4	4.6
天津	37.2	5.7	360.6	20.4	4.5
河北	93.6	4.1	77.6	1.0	7.1
山西	63.3	8.4	190.2	6.4	5.8
内蒙古	97.7	14.5	223.3	19.4	5.8
辽宁	75.4	8.7	196.4	10.4	5.6
吉林	38.4	11.8	94.9	4.1	7.4
黑龙江	77.0	26.3	178.0	1.9	4.0
上海	22.1	3.5	355.6	4.3	5.4
江苏	58.0	5.2	193.5	5.9	4.9
浙江	46.3	6.2	425.1	8.0	4.2
安徽	77.4	7.2	183.4	2.8	4.6
福建	31.8	7.3	90.4	3.9	8.3
江西	43.0	13.2	268.3	13.6	4.0
山东	30.0	8.8	167.9	1.2	5.6
河南	61.2	9.0	177.8	14.2	4.4
湖北	55.8	6.6	211.0	28.5	3.8
湖南	33.2	10.7	258.2	32.7	5.6
广东	47.8	15.7	251.8	3.4	4.3
广西	25.3	7.1	182.3	6.3	4.3
海南	24.7	8.4	197.7	15.2	5.2
重庆	92.0	6.1	89.7	5.2	5.8
四川	58.5	7.0	237.2	7.6	5.1
贵州	73.8	14.3	282.0	12.5	3.7
云南	31.8	6.0	217.4	15.1	4.6
西藏	55.1	24.2	89.1	4.7	17.2
陕西	62.2	7.0	32.0	2.9	8.6
甘肃	64.5	8.6	289.6	23.5	3.6
青海	83.4	6.4	73.5	1.4	6.7
宁夏					
新疆					

3-14 续表 6

家用电器及电子产品专门零售

地区	负债比率(%)	主营业务毛利率(%)	人均营业收入(万元)	流动资产周转次数(次)	费用率(%)
全国	**76.5**	**10.7**	**99.9**	**1.7**	**9.9**
北京	78.2	8.8	141.5	1.6	10.3
天津	78.3	6.7	157.9	2.1	8.7
河北	80.2	9.1	41.5	1.6	10.5
山西	91.6	6.9	61.1	1.3	8.6
内蒙古	95.7	15.1	40.4	2.4	8.0
辽宁	80.5	9.0	154.1	1.9	7.7
吉林	75.4	7.5	36.1	4.6	5.6
黑龙江	83.2	28.1	97.0	1.7	22.5
上海	84.2	8.5	115.7	1.3	10.8
江苏	59.7	12.9	84.0	1.2	10.8
浙江	78.3	9.1	84.4	1.8	11.4
安徽	84.1	12.9	102.6	3.0	11.3
福建	82.3	7.5	78.7	1.3	9.1
江西	85.6	10.4	62.6	0.8	10.6
山东	82.3	10.5	68.8	1.5	9.9
河南	85.5	10.1	74.4	1.5	8.2
湖北	77.8	9.0	115.9	1.9	7.9
湖南	84.8	10.3	68.6	3.1	15.6
广东	80.0	11.0	91.6	2.7	10.0
广西	80.9	17.5	53.5	3.4	11.7
海南	82.9	10.5	40.5	2.7	14.9
重庆	73.2	18.4	139.9	3.0	7.9
四川	80.4	8.9	121.0	1.5	8.0
贵州	94.3	17.6	46.7	0.6	11.0
云南	63.3	9.0	101.5	1.6	10.3
西藏					
陕西	64.8	13.6	167.8	3.7	6.0
甘肃	97.8	0.6	134.3	4.3	2.9
青海	56.1	7.2	85.4	17.1	8.7
宁夏	96.0	9.0	66.6	0.8	13.3
新疆	73.4	7.7	112.9	1.9	8.4

3-14 续表 7

五金、家具及室内装修材料专门零售

地　区	负债比率 (%)	主营业务毛利率 (%)	人均营业收入 (万元)	流动资产周转次数 (次)	费用率 (%)
全　国	**60.7**	**33.2**	**53.7**	**2.4**	**29.8**
北　京	97.8	17.5	60.4	1.2	28.8
天　津	96.9	22.9	53.6	4.2	27.6
河　北	64.1	14.5	25.5	61.9	11.8
山　西	51.7	24.2	13.7	3.5	12.2
内蒙古	2.2	20.7	22.0	0.8	7.6
辽　宁	150.5	14.7	19.8	6.5	27.3
吉　林	103.5	15.0	13.7	0.4	7.7
黑龙江	1.1	35.4	23.1	9.1	31.9
上　海	85.5	19.0	55.6	2.2	29.9
江　苏	63.6	25.6	46.2	1.5	24.7
浙　江	85.1	16.5	61.7	1.8	13.5
安　徽	69.0	18.3	26.9	19.4	4.5
福　建	29.4	12.0	43.4	6.7	9.3
江　西	108.0	11.6	31.1	9.7	7.6
山　东	36.8	14.1	51.4	3.0	7.0
河　南	74.1	30.9	20.9	2.6	14.2
湖　北	126.2	22.3	46.8	4.7	27.4
湖　南	89.4	31.1	52.4	1.3	28.3
广　东	87.6	27.8	59.2	1.0	32.4
广　西					
海　南					
重　庆	32.8	82.8	149.8	8.8	73.7
四　川	101.4	25.7	11.3	0.2	38.8
贵　州					
云　南	75.9	31.6	22.4	2.1	33.3
西　藏					
陕　西	40.4	52.8	40.0	0.5	13.0
甘　肃	46.8	28.5	7.3	0.9	87.7
青　海					
宁　夏					
新　疆	52.1	48.1	45.0	2.4	38.1

3-14 续表 8

无店铺及其他零售

地区	负债比率 (%)	主营业务毛利率 (%)	人均营业收入 (万元)	流动资产周转次数 (次)	费用率 (%)
全国	**76.7**	**16.4**	**65.4**	**2.1**	**16.1**
北京	120.0	13.2	179.6	1.4	17.6
天津	155.6	20.4	13.7	0.6	39.7
河北	31.6	13.4	48.9	2.5	8.3
山西	56.7	19.9	31.5	2.4	12.6
内蒙古	48.9	16.4	36.5	8.1	7.2
辽宁	103.8	45.3	66.8	5.7	23.7
吉林					
黑龙江					
上海	46.9	20.1	25.9	1.6	22.8
江苏	86.6	20.9	29.2	2.2	19.0
浙江	23.4	13.1	41.2	2.3	12.8
安徽					
福建	49.3	30.1	62.5	0.6	21.9
江西					
山东	65.1	19.1	38.2	1.9	16.8
河南	78.6	17.1	18.7	1.4	16.0
湖北	45.0	2.1	209.9	69.6	5.0
湖南	59.6	25.9	77.2	3.2	20.1
广东	81.6	18.7	44.3	3.4	18.3
广西	54.5	19.4	53.3	3.9	13.3
海南					
重庆	64.4	27.7	35.2	4.1	24.8
四川	50.4	48.9	36.5	0.4	27.9
贵州					
云南	85.5	26.5	13.6	0.8	26.6
西藏					
陕西	68.3	15.8	14.3	1.8	25.1
甘肃					
青海	57.5	11.3	70.2	2.7	9.4
宁夏	19.4	17.7	18.5	2.1	19.5
新疆					

3-15 大中型住宿业企业分行业基本情况

地 区	住宿业		旅游饭店	
	法人单位数(个)	年末从业人数(人)	法人单位数(个)	年末从业人数(人)
全 国	**706**	**402799**	**668**	**379041**
北 京	86	52810	81	49648
天 津	11	5151	6	2809
河 北	21	11219	15	8004
山 西	13	7553	11	6378
内蒙古	8	4062	8	4062
辽 宁	18	10025	18	10025
吉 林	7	3133	7	3133
黑龙江	7	3649	7	3649
上 海	41	23538	41	23538
江 苏	36	18906	36	18906
浙 江	63	32306	58	29703
安 徽	10	5128	10	5128
福 建	36	19309	35	18764
江 西	9	4398	9	4398
山 东	41	23370	41	23370
河 南	14	8229	13	7670
湖 北	10	5329	9	4535
湖 南	24	14118	24	14118
广 东	141	90198	134	83351
广 西	14	7486	13	6857
海 南	20	10843	20	10843
重 庆	13	7000	10	5543
四 川	19	12072	19	12072
贵 州	2	1030	2	1030
云 南	11	5422	11	5422
西 藏				
陕 西	15	7745	14	7315
甘 肃	4	2274	4	2274
青 海	2	998	2	998
宁 夏	1	459	1	459
新 疆	9	5039	9	5039

3-15 续表

地区	一般旅馆		其他住宿服务	
	法人单位数(个)	年末从业人数（人）	法人单位数(个)	年末从业人数(人)
全国	**32**	**20496**	**6**	**3262**
北京	4	2541	1	621
天津	4	1837	1	505
河北	3	1627	3	1588
山西	2	1175		
内蒙古				
辽宁				
吉林				
黑龙江				
上海				
江苏				
浙江	5	2603		
安徽				
福建	1	545		
江西				
山东				
河南	1	559		
湖北	1	794		
湖南				
广东	7	6847		
广西	1	629		
海南				
重庆	2	909	1	548
四川				
贵州				
云南				
西藏				
陕西	1	430		
甘肃				
青海				
宁夏				
新疆				

3-16 大中型住宿业企业分行业经营情况

旅游饭店　　单位：万元

地　区	营业额	客房收入	餐费收入	商品销售收入	其他收入
全　国	**5708193**	**2357139**	**2471841**	**149523**	**729689**
北　京	916634	394935	315137	16345	190217
天　津	36624	16526	14768	334	4996
河　北	82263	29378	45038	1066	6781
山　西	73639	27571	39884	1659	4525
内蒙古	61008	23909	32446	534	4120
辽　宁	158275	67042	70002	4808	16423
吉　林	37725	14825	19567	1020	2312
黑龙江	49805	21339	24916	822	2729
上　海	527624	233754	212394	9085	72391
江　苏	320228	120090	147153	26190	26795
浙　江	461147	171742	246206	6048	37150
安　徽	58306	22882	25019	2952	7453
福　建	253523	102228	127974	2161	21161
江　西	46949	21677	14952	2612	7709
山　东	349795	136366	159543	12712	41174
河　南	96499	37351	38916	5425	14806
湖　北	66409	31849	29315	656	4589
湖　南	184495	69365	89998	5175	19957
广　东	1108903	430844	497913	19987	160159
广　西	85776	30038	41966	9112	4660
海　南	181537	109964	52165	3260	16148
重　庆	88601	35228	40520	2864	9989
四　川	199377	99671	73666	2019	24021
贵　州	13049	5564	6093	1031	361
云　南	63282	28106	22883	1727	10567
西　藏					
陕　西	84949	38309	38464	2954	5222
甘　肃	22584	10567	6944	982	4091
青　海	10224	7793	2036	67	327
宁　夏	6746	3562	2010	100	1075
新　疆	62219	14663	33958	5819	7780

3-16 续表 1

一般旅馆 单位：万元

地区	营业额	客房收入	餐费收入	商品销售收入	其他收入
全国	**283941**	**174494**	**68444**	**3660**	**37343**
北京	48473	30839	10515	704	6415
天津	23490	11510	5836	655	5488
河北	18693	6744	7971	72	3906
山西	7822	2243	4555	27	998
内蒙古					
辽宁					
吉林					
黑龙江					
上海					
江苏					
浙江	27156	12004	13795	143	1215
安徽					
福建	6558	4128	2368		62
江西					
山东					
河南	7580	6648	291	36	605
湖北	3836	678	1109		2050
湖南					
广东	116242	88601	9780	1996	15865
广西	9792	3349	5886	28	529
海南					
重庆	10586	5658	4718		210
四川					
贵州					
云南					
西藏					
陕西	3714	2093	1621		
甘肃					
青海					
宁夏					
新疆					

3-16 续表 2

其他住宿服务　　单位：万元

地　区	营业额	客房收入	餐费收入	商品销售收入	其他收入
全　国	**30976**	**10512**	**12881**	**1080**	**6503**
北　京	7060	3108	3130	380	443
天　津	3518	1404	680		1434
河　北	13947	3712	5465	169	4602
山　西					
内蒙古					
辽　宁					
吉　林					
黑龙江					
上　海					
江　苏					
浙　江					
安　徽					
福　建					
江　西					
山　东					
河　南					
湖　北					
湖　南					
广　东					
广　西					
海　南					
重　庆	6452	2289	3606	532	25
四　川					
贵　州					
云　南					
西　藏					
陕　西					
甘　肃					
青　海					
宁　夏					
新　疆					

3-17 大中型住宿业企业分行业年末资产负债

旅游饭店

单位：万元

地区	流动资产合计	固定资产原价	累计折旧	资产总计	负债合计	所有者权益合计
全国	**5133084**	**16380455**	**6098161**	**19796707**	**13850072**	**5946636**
北京	921427	3207195	1319156	4169491	3150309	1019182
天津	63549	132933	43776	189673	129684	59989
河北	39845	260766	55325	302920	264599	38320
山西	29751	154886	31033	201010	129017	71993
内蒙古	24311	187430	40991	207804	125848	81956
辽宁	139932	480440	206387	478030	257899	220132
吉林	29353	127666	32684	134245	60895	73350
黑龙江	21980	124410	38500	111869	100805	11064
上海	371184	1664632	658878	1660226	859573	800653
江苏	283206	1004042	369368	1448487	998044	450443
浙江	335319	1055575	375461	1260254	881069	379185
安徽	108170	80815	34874	195803	113484	82319
福建	196766	592024	184132	715360	394780	320580
江西	29046	136107	36613	153218	125858	27360
山东	288483	849995	302690	937671	543896	393775
河南	104778	176715	68434	255297	186978	68318
湖北	29033	211367	76343	177005	71415	105590
湖南	194063	504792	151418	760970	535168	225801
广东	1080420	2910704	1115181	3739574	2876294	863279
广西	52673	261060	112617	273993	179411	94582
海南	243750	515798	228822	594918	358443	236475
重庆	163534	310808	121816	383560	330334	53225
四川	155969	584498	173395	662016	566420	95596
贵州	5327	17688	10680	14779	11315	3464
云南	72979	175780	82999	221485	86363	135122
西藏						
陕西	42754	245201	112119	198279	300816	-102537
甘肃	15275	76563	32570	66521	50189	16332
青海	5600	41608	6643	40698	20394	20304
宁夏	14734	68880	1323	15591	15592	-1
新疆	69874	220079	73936	225962	125180	100782

3-17 续表 1

一般旅店 单位：万元

地　区	流动资产合计	固定资产原价	累计折旧	资产总计	负债合计	所有者权益合计
全　国	**422977**	**610933**	**142196**	**1085357**	**553359**	**531998**
北　京	168305	133847	40458	346801	143036	203766
天　津	6647	91116	30535	71370	83738	-12368
河　北	25499	40867	4101	74183	16672	57511
山　西	4202	4162	98	8336	4469	3866
内蒙古						
辽　宁						
吉　林						
黑龙江						
上　海						
江　苏						
浙　江	17786	134316	10137	180000	110274	69726
安　徽						
福　建	2045	149	8	2187	2922	-735
江　西						
山　东						
河　南	2706	4185	1158	5825	4392	1433
湖　北	297	6514	4231	8683	10707	-2024
湖　南						
广　东	183332	178317	47546	359872	150183	209689
广　西	1596	10759	2118	12079	10986	1093
海　南						
重　庆	1734	4562	1253	5264	2968	2296
四　川						
贵　州						
云　南						
西　藏						
陕　西	8829	2138	553	10757	13012	-2255
甘　肃						
青　海						
宁　夏						
新　疆						

3-17 续表 2

其他住宿服务

单位：万元

地　区	流动资产合计	固定资产原价	累计折旧	资产总计	负债合计	所有者权益合计
全　国	**25678**	**93437**	**26040**	**138696**	**91069**	**47627**
北　京	7843	57725	10735	84848	45690	39157
天　津	1645	583		11520	10128	1392
河　北	7569	26360	9434	28920	24797	4122
山　西						
内蒙古						
辽　宁						
吉　林						
黑龙江						
上　海						
江　苏						
浙　江						
安　徽						
福　建						
江　西						
山　东						
河　南						
湖　北						
湖　南						
广　东						
广　西						
海　南						
重　庆	8621	8770	5871	13409	10453	2956
四　川						
贵　州						
云　南						
西　藏						
陕　西						
甘　肃						
青　海						
宁　夏						
新　疆						

3-18 大中型住宿业企业分行业实收资本及构成

旅游饭店　　　　　　　　　　　　　　　　　　　　　　　　　　单位：万元

地　区	实收资本						
		国家资本	集体资本	法人资本	个人资本	港澳台资本	外商资本
全　国	**6457977**	**2536750**	**208615**	**1473776**	**486350**	**1117394**	**635093**
北　京	1136208	254923	1000	580663	73425	195046	31152
天　津	93000			88700	1500		2800
河　北	105039	101429		10	3600		
山　西	74394	40504		27280	6610		
内蒙古	73342	14750	50	6897	200	31603	19842
辽　宁	173775	51510	4800	11339	2000	87733	16393
吉　林	25543	19643		5400	500		
黑龙江	20214	5700		1100		13414	
上　海	709334	434934	54710	94084	31000	47006	47601
江　苏	562486	349710		49094	79385	39465	44832
浙　江	346780	90923	15413	91171	47564	94255	7454
安　徽	76725	6085		66764	2835		1042
福　建	294765	102093	1000	44523	24700	89908	32541
江　西	23599	5594			18005		
山　东	256176	132932	9520	31950	4617	3741	73416
河　南	84125	25352		18829	2800	37145	
湖　北	122687	39261	55263	845	2249	2870	22199
湖　南	237168	119800	15985	20348	61833	1600	17602
广　东	1105379	289772	50213	183522	60193	336984	184695
广　西	80576	30238	660	350	7780	41548	
海　南	233286	92712		53710	8550	39816	38498
重　庆	65277	507		5350	3250	23564	32606
四　川	146308	17195		50300	18054	17822	42937
贵　州	5385	4885				500	
云　南	142898	121600		19228		2069	
西　藏							
陕　西	71846	35546		4750	18700	6840	6010
甘　肃	29168	9054		6642			13472
青　海	20500	13500			7000		
宁　夏							
新　疆	141993	126599		10928		4466	

3-18 续表 1

一般旅店　　　　单位：万元

地区	实收资本	国家资本	集体资本	法人资本	个人资本	港澳台资本	外商资本
全国	**490432**	**14472**	**2366**	**163827**	**70406**	**62974**	**176388**
北京	139037			139037			
天津	15301	10000	2366		2935		
河北	55050	500		4550	50000		
山西	2000				2000		
内蒙古							
辽宁							
吉林							
黑龙江							
上海							
江苏							
浙江	81788			6600	10721	57570	6898
安徽							
福建	100				100		
江西							
山东							
河南	500	450			50		
湖北	2000					2000	
湖南							
广东	188656	3522		13640	1250	1404	168840
广西	2500				1850		650
海南							
重庆	2300				300	2000	
四川							
贵州							
云南							
西藏							
陕西	1200				1200		
甘肃							
青海							
宁夏							
新疆							

3-18 续表 2

其他住宿服务　　单位：万元

地　区	实收资本	国家资本	集体资本	法人资本	个人资本	港澳台资本	外商资本
全　国	**89295**	**100**	**2000**	**70000**	**5000**	**500**	**11695**
北　京	51500			51500			
天　津	2000		2000				
河　北	35695			18500	5000	500	11695
山　西							
内蒙古							
辽　宁							
吉　林							
黑龙江							
上　海							
江　苏							
浙　江							
安　徽							
福　建							
江　西							
山　东							
河　南							
湖　北							
湖　南							
广　东							
广　西							
海　南							
重　庆	100	100					
四　川							
贵　州							
云　南							
西　藏							
陕　西							
甘　肃							
青　海							
宁　夏							
新　疆							

3-19 大中型住宿业企业分行业损益及分配

旅游饭店

单位：万元

地　区	主营业务收入	主营业务成本	主营业务税金及附加	主营业务利润
全　国	**5723108**	**1625534**	**305585**	**3730533**
北　京	933521	259861	48712	624949
天　津	36624	16168	2003	18452
河　北	82238	39001	4484	38752
山　西	73639	29028	3769	38224
内蒙古	60946	19915	3305	37726
辽　宁	156113	35850	7629	112634
吉　林	37725	14164	2351	21845
黑龙江	44647	8967	3044	30570
上　海	532029	140272	28883	362899
江　苏	319006	95483	15766	198517
浙　江	479453	141838	25785	311831
安　徽	59120	19132	3701	32475
福　建	251972	68729	13508	169735
江　西	46287	11375	2513	32399
山　东	347815	109816	17990	243629
河　南	96128	28344	5085	62698
湖　北	69250	27742	3495	37838
湖　南	187151	64282	9549	68862
广　东	1104642	293791	62718	740555
广　西	85818	24303	4032	55538
海　南	181238	37121	9189	126008
重　庆	90299	28536	4633	57130
四　川	187979	28654	9766	144633
贵　州	12875	2702	672	9501
云　南	62176	16316	3404	42457
西　藏				
陕　西	82659	22086	4167	56406
甘　肃	22583	10031	1228	11323
青　海	10224	1065	594	8564
宁　夏	6746	1715		5032
新　疆	62207	29247	3608	29352

3-19 续表 1

旅游饭店

地　区	其他业务利润	营业费用	管理费用	财务费用
全　国	**61957**	**1737140**	**1893613**	**319487**
北　京	11209	244028	375701	75810
天　津		12249	9889	5520
河　北	107	28185	21525	9698
山　西	101	19985	17385	1858
内蒙古	1162	16948	20630	276
辽　宁	1801	35010	64703	2678
吉　林		10556	9229	1505
黑龙江		11666	16614	2160
上　海	2466	151356	198865	27161
江　苏	2236	92301	105076	17229
浙　江	12982	159047	128118	30496
安　徽	33	18510	16250	2770
福　建	3314	87049	66963	15164
江　西		15376	12086	3268
山　东	3209	92248	113201	11829
河　南	358	26482	36045	4745
湖　北	31	15575	19920	1827
湖　南	819	26246	57177	15536
广　东	7144	424547	338102	51039
广　西	1127	31168	22965	4929
海　南	22	46213	61486	8406
重　庆	1559	23504	29258	8868
四　川	10707	63493	73038	8897
贵　州	164	5583	3832	138
云　南	831	18160	22187	662
西　藏				
陕　西	342	27658	31717	3278
甘　肃		4693	6299	91
青　海	195	7493	1552	624
宁　夏		3817	1200	23
新　疆	37	17997	12601	3004

单位：万元

营业利润	利润总额	应交所得税	劳动、失业保险费	住房公积金和住房补贴
-45357	**-57332**	**57650**	**20352**	**41732**
-44288	-36298	17505	3489	12767
-9205	-6593		326	337
-20071	-20235	75	536	522
4102	7649	635	14	66
3660	634	17	199	119
12417	14182	1634	947	1239
-395	-319		73	167
12737	10084		67	257
-12017	-18728	3712	2255	4814
-1231	-1421	2225	2873	3675
7211	20816	6938	1744	2893
-1234	-3050	460	94	153
3872	4244	2712	287	1343
1673	2235	182	43	138
9749	3848	2160	952	2501
-4215	-3970	1135	134	322
724	-142	1097	818	449
29288	9982	1531	518	739
-59690	-62106	8960	2310	5635
-430	-386	385	360	757
18247	17099	1501	581	188
-2886	-2624	1527	160	357
14698	13697	2253	396	655
113	71	9	99	16
2279	853	571	103	572
-5905	-5947	65	688	510
240	249		77	266
-683	-661			
-9	1		14	72
-4108	-498	361	194	206

3-19 续表 2

一般旅店

地　区	主营业务收入	主营业务成本	主营业务税金及附加	主营业务利润	其他业务利润	营业费用
全　国	**303040**	**140119**	**16961**	**136005**	**17137**	**75384**
北　京	51134	21342	2871	26921	203	7085
天　津	23488	2348	1254	13290	-22	12439
河　北	18693	7087	1241	10364	1	6526
山　西	7822	3597	427	3798		1766
内蒙古						
辽　宁						
吉　林						
黑龙江						
上　海						
江　苏						
浙　江	28629	8641	1547	18442	708	13318
安　徽						
福　建	6558	2539	363	3656		429
江　西						
山　东						
河　南	7580	345	417	6818		5364
湖　北	3892	924	200	2768	24	2121
湖　南						
广　东	131123	84659	7691	38774	16222	20300
广　西	9792	3806	497	5488		3474
海　南						
重　庆	10617	3906	262	3089		1595
四　川						
贵　州						
云　南						
西　藏						
陕　西	3714	925	191	2598		967
甘　肃						
青　海						
宁　夏						
新　疆						

单位：万元

管理费用	财务费用	营业利润	利润总额	应交所得税	劳动、失业保险费	住房公积金和住房补贴
82214	**10375**	**9167**	**11087**	**5994**	**866**	**1844**
19854	3200	15309	15367	3918	270	449
8316	1165	-2053	-1462	175	369	590
2687	99	132	469		30	64
1619	61	353		104		
15682	1759	-11608	-11571	143	119	103
4069	1	-843	-835		6	110
336	276	841	837	209	4	9
644	207	-180	-186		2	
22519	3145	9031	10745	1402	59	374
2322	439	-747	-741		7	
1025	4	465	-5	43		145
3142	22	-1533	-1533			

3-19 续表 3

其他住宿服务

地 区	主营业务收入	主营业务成本	主营业务税金及附加	主营业务利润	其他业务利润	营业费用
全 国	**30976**	**12317**	**1680**	**16980**	**158**	**3862**
北 京	7060	1203	394	5464	9	1343
天 津	3518	2201	196	1122		69
河 北	13947	5460	735	7753	149	2418
山 西						
内蒙古						
辽 宁						
吉 林						
黑龙江						
上 海						
江 苏						
浙 江						
安 徽						
福 建						
江 西						
山 东						
河 南						
湖 北						
湖 南						
广 东						
广 西						
海 南						
重 庆	6452	3454	356	2642		32
四 川						
贵 州						
云 南						
西 藏						
陕 西						
甘 肃						
青 海						
宁 夏						
新 疆						

单位：万元

管理费用	财务费用	营业利润	利润总额	应交所得税	劳动、失业保险费	住房公积金和住房补贴
14352	**1359**	**-2436**	**-2300**	**113**	**71**	**52**
5962	846	-2679	-2596		15	49
1099	9	-55	-9			
4879	528	78	80	57	56	4
2412	-23	221	225	56		

3-20 大中型住宿业企业分行业工资及福利

单位：万元

地区	住宿业		旅游饭店	
	本年应付工资总额	本年应付福利费总额	本年应付工资总额	本年应付福利费总额
全国	**1074454**	**115713**	**1018233**	**112021**
北京	197819	17047	188442	16174
天津	11823	656	6832	81
河北	22077	765	15512	268
山西	13373	661	12212	608
内蒙古	8844	1408	8844	1408
辽宁	25938	7405	25938	7405
吉林	5835	1003	5835	1003
黑龙江	9221	1174	9221	1174
上海	94718	13117	94718	13117
江苏	48761	6541	48761	6541
浙江	80899	5173	75141	4945
安徽	10658	692	10658	692
福建	46717	4869	45535	4160
江西	7498	745	7498	745
山东	52327	4207	52327	4207
河南	15138	693	14387	693
湖北	13576	1291	10878	1166
湖南	32554	2697	32554	2697
广东	235827	25072	216443	24640
广西	16491	1260	15605	1260
海南	26256	7857	26256	7857
重庆	18020	1655	15363	1528
四川	28919	2600	28919	2600
贵州	2399	99	2399	99
云南	11662	1107	11662	1107
西藏				
陕西	17866	4234	17054	4164
甘肃	4353	382	4353	382
青海	2002		2002	
宁夏	1069	48	1069	48
新疆	11817	1255	11817	1255

3-20 续表

单位：万元

地区	一般旅店		其他住宿服务	
	本年应付工资总额	本年应付福利费总额	本年应付工资总额	本年应付福利费总额
全国	**50114**	**3339**	**6107**	**354**
北京	7831	724	1546	149
天津	4177	512	814	64
河北	3730	485	2835	13
山西	1161	53		
内蒙古				
辽宁				
吉林				
黑龙江				
上海				
江苏				
浙江	5757	229		
安徽				
福建	1181	709		
江西				
山东				
河南	751			
湖北	2698	126		
湖南				
广东	19384	432		
广西	887			
海南				
重庆	1746		912	128
四川				
贵州				
云南				
西藏				
陕西	812	70		
甘肃				
青海				
宁夏				
新疆				

3-21 大中型住宿业企业分行业经济效益分析指标

旅游饭店

地　区	负债比率(%)	主营业务毛利率(%)	人均营业收入(万元)	流动资产周转次数(次)	费用率(%)
全　国	**70.0**	**71.6**	**15.2**	**1.1**	**68.1**
北　京	75.6	72.2	18.6	1.0	73.5
天　津	68.4	55.9	12.9	0.6	75.5
河　北	87.3	52.6	10.4	2.1	72.0
山　西	64.2	60.6	11.5	2.5	53.2
内蒙古	60.6	67.3	14.8	2.6	60.9
辽　宁	54.0	77.0	15.4	1.1	64.8
吉　林	45.4	62.5	11.7	1.3	56.4
黑龙江	90.1	79.9	12.4	2.0	68.2
上　海	51.8	73.6	22.4	1.4	70.4
江　苏	68.9	70.1	17.0	1.1	66.6
浙　江	69.9	70.4	16.8	1.5	64.2
安　徽	58.0	67.6	11.9	0.5	63.2
福　建	55.2	72.7	13.8	1.3	66.1
江　西	82.1	75.4	10.8	1.6	65.5
山　东	58.0	68.4	15.2	1.2	61.0
河　南	73.2	70.5	12.6	0.9	69.7
湖　北	40.3	59.9	15.5	2.4	53.9
湖　南	70.3	65.7	13.6	1.0	52.6
广　东	76.9	73.4	13.3	1.0	73.1
广　西	65.5	71.7	12.5	1.7	67.6
海　南	60.3	79.5	16.7	0.7	64.0
重　庆	86.1	68.4	16.5	0.6	67.0
四　川	85.6	84.8	16.5	1.3	72.9
贵　州	76.6	79.0	11.6	2.4	73.2
云　南	39.0	73.8	12.1	0.9	64.5
西　藏					
陕　西	151.7	73.3	11.0	1.9	75.2
甘　肃	75.4	55.6	10.0	1.5	49.1
青　海	50.1	89.6	10.5	1.9	92.8
宁　夏	100.0	74.6	14.4	0.5	74.7
新　疆	55.4	53.0	12.5	0.9	54.0

注：费用率等于营业费用、管理费用、财务费用三项之和除以营业收入合计(下表同)。

3-21 续表 1

一般旅店

地区	负债比率(%)	主营业务毛利率(%)	人均营业收入(万元)	流动资产周转次数(次)	费用率(%)
全国	**51.0**	**53.8**	**15.0**	**0.8**	**51.4**
北京	41.2	58.3	15.3	0.3	58.1
天津	117.3	90.0	12.6	3.5	93.3
河北	22.5	62.1	12.1	0.7	49.8
山西	53.6	54.0	6.7	1.9	44.1
内蒙古					
辽宁					
吉林					
黑龙江					
上海					
江苏					
浙江	61.3	69.8	13.0	1.9	90.4
安徽					
福建	133.6	61.3	12.3	3.2	68.6
江西					
山东					
河南	75.4	95.4	13.6	2.8	78.8
湖北	123.3	76.3	7.0	13.2	75.9
湖南					
广东	41.7	35.4	19.4	0.8	30.9
广西	90.9	61.1	18.8	6.1	63.7
海南					
重庆	56.4	63.2	11.7	6.1	24.7
四川					
贵州					
云南					
西藏					
陕西	121.0	75.1	8.6	0.4	111.2
甘肃					
青海					
宁夏					
新疆					

3-21 续表 2

其他住宿服务

地 区	负债比率 (%)	主营业务毛利率 (%)	人均营业收入 (万元)	流动资产周转次数 (次)	费用率 (%)
全 国	**65.7**	**60.2**	**9.6**	**1.2**	**62.9**
北 京	53.8	83.0	11.4	0.9	115.3
天 津	87.9	37.4	6.8	2.1	33.5
河 北	85.7	60.9	8.9	1.9	55.5
山 西					
内蒙古					
辽 宁					
吉 林					
黑龙江					
上 海					
江 苏					
浙 江					
安 徽					
福 建					
江 西					
山 东					
河 南					
湖 北					
湖 南					
广 东					
广 西					
海 南					
重 庆	78.0	46.5	12.0	0.7	37.5
四 川					
贵 州					
云 南					
西 藏					
陕 西					
甘 肃					
青 海					
宁 夏					
新 疆					

3-22 大中型餐饮业企业分行业基本情况

地区	餐饮业		正餐服务	
	法人单位数（个）	年末从业人数（人）	法人单位数（个）	年末从业人数（人）
全国	**347**	**475606**	**241**	**185804**
北京	51	57857	36	33396
天津	9	20174	6	2980
河北	6	3008	6	3008
山西	7	5262	6	2962
内蒙古	4	2230	4	2230
辽宁	12	18483	6	2655
吉林	4	2623	4	2623
黑龙江	3	1954	2	1354
上海	33	62072	22	19199
江苏	23	45380	10	5100
浙江	21	34749	15	13718
安徽	4	2790	2	1181
福建	10	22531	5	13919
江西	1	2733		
山东	16	22723	13	10643
河南	8	6585	7	3541
湖北	18	18614	14	10724
湖南	12	13268	10	5787
广东	59	78394	40	22316
广西	3	3010	2	997
海南				
重庆	7	9289	5	6439
四川	13	22760	8	7182
贵州	1	1039	1	1039
云南	6	4181	2	1049
西藏				
陕西	10	10904	9	8769
甘肃	1	710	1	710
青海	2	877	2	877
宁夏	3	1406	3	1406
新疆				

3-22 续表

地　区	快餐服务		饮料及冷饮服务		其他餐饮服务	
	法人单位数（个）	年末从业人数（人）	法人单位数（个）	年末从业人数（人）	法人单位数（个）	年末从业人数（人）
全　国	**6**	**3262**	**2**	**2889**	**22**	**26940**
	1	621				
北　京	1	505			3	2666
天　津	3	1588				
河　北						
山　西						
内蒙古						
辽　宁						
吉　林						
黑龙江						
上　海			1	1664	4	3631
江　苏					4	7436
浙　江			1	1225	1	568
安　徽						
福　建						
江　西						
山　东						
河　南						
湖　北					1	462
湖　南						
广　东					5	3205
广　西						
海　南						
重　庆	1	548				
四　川					2	8057
贵　州						
云　南					2	915
西　藏						
陕　西						
甘　肃						
青　海						
宁　夏						
新　疆						

3-23 大中型餐饮业企业分行业经营情况

正餐服务

单位：万元

地　区	营业额	客房收入	餐费收入	商品销售收入	其他收入
全　国	**2725355**	**141945**	**2369829**	**112204**	**101377**
北　京	649437	1431	618366	1872	27767
天　津	36660	2422	33417	6	815
河　北	34642	4102	27596	2722	222
山　西	38050	6093	29803	1798	356
内蒙古	18796	5612	13185		
辽　宁	40729	4731	33301	2698	
吉　林	32806	12151	16968	339	3348
黑龙江	17955		16879	1076	
上　海	398428	2417	371149	20032	4829
江　苏	75065	11511	59504	1851	2198
浙　江	263004	8716	252245	998	1046
安　徽	15220		12947	2172	101
福　建	139612	1539	126665	11399	9
江　西					
山　东	140527	25524	83840	25029	6134
河　南	35478	5674	22634	3318	3852
湖　北	138425	1743	134987	1695	
湖　南	56390	3746	49854	666	2125
广　东	278187	17562	235691	7998	16936
广　西	10204		9085	1119	
海　南					
重　庆	64042	2803	56806	674	3759
四　川	90005	3834	66898	11094	8179
贵　州	15370		15370		
云　南	10869	3787	6365	10	707
西　藏					
陕　西	97070	11100	55287	13169	17514
甘　肃	5542		5542		
青　海	7060	1162	5898		
宁　夏	15784	4287	9548	470	1479
新　疆					

3-23 续表 1

快餐服务　　　　单位：万元

地　区	营业额	客房收入	餐费收入	商品销售收入	其他收入
全　国	30976	10512	12881	1083	6503
北　京	7060	3108	3130	380	443
天　津	3518	1404	680		1434
河　北	13947	3712	5465	169	4602
山　西					
内蒙古					
辽　宁					
吉　林					
黑龙江					
上　海					
江　苏					
浙　江					
安　徽					
福　建					
江　西					
山　东					
河　南					
湖　北					
湖　南					
广　东					
广　西					
海　南					
重　庆	6452	2289	3606	532	25
四　川					
贵　州					
云　南					
西　藏					
陕　西					
甘　肃					
青　海					
宁　夏					
新　疆					

3-23 续表 2

饮料及冷饮服务

单位：万元

地区	营业额	客房收入	餐费收入	商品销售收入	其他收入
全国	**86875**		**83136**	**2269**	**1469**
北京					
天津					
河北					
山西					
内蒙古					
辽宁					
吉林					
黑龙江					
上海	63058		63058		
江苏					
浙江	23817		20078	2269	1469
安徽					
福建					
江西					
山东					
河南					
湖北					
湖南					
广东					
广西					
海南					
重庆					
四川					
贵州					
云南					
西藏					
陕西					
甘肃					
青海					
宁夏					
新疆					

3-23 续表 3

其他餐饮服务 单位：万元

地区	营业额	客房收入	餐费收入	商品销售收入	其他收入
全国	**341801**		**325426**	**8782**	**7593**
北京	30332		24416		5916
天津					
河北					
山西					
内蒙古					
辽宁					
吉林					
黑龙江					
上海	63130		63130		
江苏	79629		76480	3148	
浙江	4807		4807		
安徽					
福建					
江西					
山东					
河南					
湖北	7836		7836		
湖南					
广东	48384		45635	2333	417
广西					
海南					
重庆					
四川	95580		95580		
贵州					
云南	12104		7543	3301	1260
西藏					
陕西					
甘肃					
青海					
宁夏					
新疆					

3-24 大中型餐饮业企业分行业年末资产负债

正餐服务　　单位：万元

地 区	流动资产合计	固定资产原价	累计折旧	资产总计	负债合计	所有者权益合计
全 国	**1339621**	**1318862**	**423634**	**3071957**	**1769411**	**1302547**
北 京	308636	164768	63758	577346	263737	313609
天 津	40801	13774	5014	58251	43880	14372
河 北	11282	15104	5745	21971	18346	3625
山 西	26203	52682	12237	77225	57412	19813
内蒙古	16694	4959	994	31223	14337	16887
辽 宁	6294	37852	8301	37279	34066	3213
吉 林	4262	103257	11005	123903	35115	88788
黑龙江	8211	1119	677	13262	3002	10259
上 海	272143	91196	31340	438917	221967	216951
江 苏	28592	33717	12563	71379	43661	27717
浙 江	117228	76347	24466	262589	152785	109804
安 徽	6180	3449	1334	12832	9883	2949
福 建	17846	28212	9593	40032	12381	27651
江 西						
山 东	83559	169327	47295	290330	196466	93865
河 南	34050	28381	12230	60835	45162	15672
湖 北	46079	46561	17333	108047	89573	18474
湖 南	15656	22966	10825	52313	44882	7430
广 东	101680	153739	54878	247365	170741	76624
广 西	1359	721	320	2763	985	1778
海 南						
重 庆	40267	38067	12603	107261	65820	41440
四 川	70989	56954	24145	187624	115841	71783
贵 州	6643	8299	2782	14487	9145	5342
云 南	18444	25711	7672	37478	29884	7594
西 藏						
陕 西	40415	111706	40428	155100	62415	92686
甘 肃	362	1100	941	521	201	320
青 海	1221	11928	786	14127	5159	8968
宁 夏	14526	16966	4372	27496	22564	4932
新 疆						

3-24 续表 1

快餐服务　　　　单位：万元

地　区	流动资产合计	固定资产原价	累计折旧	资产总计	负债合计	所有者权益合计
全　国	**433410**	**974676**	**438633**	**1755052**	**1073478**	**681573**
北　京	83308	113202	59724	235430	109093	126337
天　津	20337	51783	23505	98066	48555	49511
河　北						
山　西	2915	6099	2668	18122	5209	12913
内蒙古						
辽　宁	22716	116633	48809	127865	75423	52442
吉　林						
黑龙江	738	3119	1376	4729	4265	465
上　海	44050	106828	54459	154434	157912	-3478
江　苏	48695	86602	40094	182677	130279	52398
浙　江	20166	57713	28011	102121	68362	33759
安　徽	3706	7145	3203	12600	10641	1959
福　建	8780	37790	17265	65007	52640	12368
江　西	929	7763	3209	11934	4167	7767
山　东	10319	40742	15015	78347	52111	26236
河　南	2145	10329	2523	21664	15180	6484
湖　北	5701	34479	14771	58803	47549	11255
湖　南	7866	24762	8703	32561	21736	10825
广　东	119366	210916	91585	437249	215653	221596
广　西	1550	4882	2235	11036	4795	6241
海　南						
重　庆	9789	7513	1779	18836	5224	13612
四　川	5161	27313	9716	44770	35387	9383
贵　州						
云　南	1726	6904	2484	13585	6548	7038
西　藏						
陕　西	13447	12160	7499	25215	2751	22464
甘　肃						
青　海						
宁　夏						
新　疆						

3-24 续表 2

饮料及冷饮服务 单位：万元

地 区	流动资产合计	固定资产原价	累计折旧	资产总计	负债合计	所有者权益合计
全 国	**29120**	**10975**	**5789**	**44299**	**15352**	**28947**
北 京						
天 津						
河 北						
山 西						
内蒙古						
辽 宁						
吉 林						
黑龙江						
上 海	14550	9283	4926	25373	9388	15985
江 苏						
浙 江	14570	1693	863	18926	5964	12962
安 徽						
福 建						
江 西						
山 东						
河 南						
湖 北						
湖 南						
广 东						
广 西						
海 南						
重 庆						
四 川						
贵 州						
云 南						
西 藏						
陕 西						
甘 肃						
青 海						
宁 夏						
新 疆						

3-24 续表 3

其他餐饮服务　　单位：万元

地　区	流动资产合计	固定资产原价	累计折旧	资产总计	负债合计	所有者权益合计
全　国	**102446**	**80980**	**31096**	**197289**	**118993**	**78296**
北　京	5914	3760	1628	9928	10366	-438
天　津						
河　北						
山　西						
内蒙古						
辽　宁						
吉　林						
黑龙江						
上　海	13102	33872	14079	40805	49573	-8768
江　苏	21331	13947	5813	39050	21325	17725
浙　江	1931	1821	152	4557	3200	1356
安　徽						
福　建						
江　西						
山　东						
河　南						
湖　北	2151	933	539	5633	3004	2629
湖　南						
广　东	30150	12855	4175	45414	18724	26690
广　西						
海　南						
重　庆						
四　川	16581	10872	3246	37681	9309	28372
贵　州						
云　南	11285	2919	1465	14223	3492	10731
西　藏						
陕　西						
甘　肃						
青　海						
宁　夏						
新　疆						

3-25 大中型餐饮业企业分行业实收资本及构成

正餐服务 单位：万元

地区	实收资本	国家资本	集体资本	法人资本	个人资本	港澳台资本	外商资本
全国	**646481**	**94061**	**17057**	**240221**	**183645**	**60883**	**50614**
北京	111124	407	6801	54443	37271	4948	7254
天津	15650	400		4815	10435		
河北	4111	1893		200	2018		
山西	6480	2000		1400	3080		
内蒙古	15410	10		14900			500
辽宁	1670	408			1084	153	25
吉林	38133	25133		13000			
黑龙江	5050				5050		
上海	111146	10635	120	32810	7775	25475	34331
江苏	14344	476	661	7200	6007		
浙江	46434	10123	2642	2343	24714		6614
安徽	2585				2585		
福建	3865	94		3610	161		
江西							
山东	48650	12707	4415	22861	5218	3450	
河南	9397	1290	300	4098	3708		
湖北	18754			6269	12317		168
湖南	9695			1931	7764		
广东	56145	100	888	13288	14447	25700	1723
广西	1030			1000	30		
海南							
重庆	4523	1200		50	3273		
四川	43191		1231	38050	3910		
贵州	1000				1000		
云南	2125			510	1615		
西藏							
陕西	60024	25185		17243	16438	1158	
甘肃	200			200			
青海	9246				9246		
宁夏	6500	2000			4500		
新疆							

3-25 续表 1

快餐服务　　单位：万元

地　区	实收资本	国家资本	集体资本	法人资本	个人资本	港澳台资本	外商资本
全　国	**416590**	**5327**	**780**	**53004**	**13997**	**96834**	**246648**
北　京	51933	156	780	9962	3240	18777	19018
天　津	12336						12336
河　北							
山　西	1739						1739
内蒙古							
辽　宁	23508			780		626	22102
吉　林							
黑龙江	2482						2482
上　海	66196	5150			200	22493	38353
江　苏	28993			1986	4708	1731	20568
浙　江	19846	21		8905	558		10362
安　徽	2550				510	2040	
福　建	22568				1001	13849	7718
江　西	2109						2109
山　东	11596						11596
河　南	1738						1738
湖　北	16632						16632
湖　南	4225						4225
广　东	111407			29371	3781	13900	64355
广　西	2235						2235
海　南							
重　庆	5397			2000			3397
四　川	7594					2490	5104
贵　州							
云　南	2654					2075	579
西　藏							
陕　西	18853					18853	
甘　肃							
青　海							
宁　夏							
新　疆							

3-25 续表 2

饮料及冷饮服务

单位：万元

地区	实收资本	国家资本	集体资本	法人资本	个人资本	港澳台资本	外商资本
全国	**13081**				**2065**	**108**	**10909**
北京							
天津							
河北							
山西							
内蒙古							
辽宁							
吉林							
黑龙江							
上海	10000						10000
江苏							
浙江	3081				2065	108	909
安徽							
福建							
江西							
山东							
河南							
湖北							
湖南							
广东							
广西							
海南							
重庆							
四川							
贵州							
云南							
西藏							
陕西							
甘肃							
青海							
宁夏							
新疆							

3-25 续表 3

其他餐饮服务　　　　单位：万元

地　区	实收资本	国家资本	集体资本	法人资本	个人资本	港澳台资本	外商资本
全　国	**51270**	**2678**		**11023**	**11766**	**14170**	**11634**
北　京	4372			205			4167
天　津							
河　北							
山　西							
内蒙古							
辽　宁							
吉　林							
黑龙江							
上　海	12205			101		12104	
江　苏	3724			60	3540		124
浙　江	1500			1500			
安　徽							
福　建							
江　西							
山　东							
河　南							
湖　北	1500			1500			
湖　南							
广　东	12951	983		1162	1876	2066	6865
广　西							
海　南							
重　庆							
四　川	12600			6250	6350		
贵　州							
云　南	2417	1695		245			477
西　藏							
陕　西							
甘　肃							
青　海							
宁　夏							
新　疆							

3-26 大中型餐饮业企业分行业损益及分配

正餐服务

单位：万元

地 区	主营业务收入	主营业务成本	主营业务税金及附加	主营业务利润
全 国	**2744632**	**1280489**	**141315**	**1308469**
北 京	680038	279949	34446	365644
天 津	36384	19728	1888	13039
河 北	33410	17887	1925	13598
山 西	37551	16784	2069	18707
内蒙古	21861	10443	1175	10243
辽 宁	38658	19845	2069	16014
吉 林	32685	14662	1744	16612
黑龙江	16653	6722	1703	8228
上 海	394755	208137	15223	171395
江 苏	74962	30073	4290	40599
浙 江	265107	165919	12953	86235
安 徽	15219	7544	907	6768
福 建	139603	47067	8179	84358
江 西				
山 东	140213	52622	7338	80253
河 南	34236	13374	1942	18920
湖 北	139190	66495	7503	65392
湖 南	56274	32144	3264	9866
广 东	272397	131553	15379	124022
广 西	9085	5203	547	3336
海 南				
重 庆	63863	32328	3493	28041
四 川	90065	37216	4773	48076
贵 州	15370	9252	869	5248
云 南	11596	5995	569	5031
西 藏				
陕 西	97070	37852	5384	53834
甘 肃	5542	2826	416	2300
青 海	7060	3978	395	2688
宁 夏	15787	4891	874	10022
新 疆				

3-26 续表 1

正餐服务

地　区	其他业务利润	营业费用	管理费用	财务费用
全　国	**17093**	**780433**	**321096**	**43775**
北　京	1303	236888	79130	6915
天　津	278	9149	5056	784
河　北	234	11016	1831	887
山　西	345	8278	7695	489
内 蒙 古		2289	3552	1200
辽　宁	19	10951	2715	997
吉　林	121	3985	10504	1016
黑 龙 江		799	1121	12
上　海	3892	114018	31506	3790
江　苏	116	22191	11703	1403
浙　江	2074	55176	20781	3315
安　徽	63	4584	901	531
福　建	159	29506	35263	-1645
江　西				
山　东	799	38433	22707	6125
河　南	967	11243	7538	529
湖　北	5	46078	11283	5984
湖　南	144	13071	4457	1106
广　东	3759	86130	25733	2982
广　西	194	2839	165	40
海　南				
重　庆	183	7372	3994	704
四　川	2108	21943	13906	2122
贵　州		3605	694	183
云　南	230	2179	3038	820
西　藏				
陕　西		30311	10511	2244
甘　肃		1656	465	3
青　海	53	1664	1300	15
宁　夏	50	5081	3550	1225
新　疆				

单位：万元

营业利润	利润总额	应交所得税	劳动、失业保险费	住房公积金和住房补贴
209051	**231427**	**48942**	**6077**	**9943**
50475	51266	12070	933	3399
60	1114	486	11	95
98	88	285	82	26
2590	2402	418	1	
1992	4088	626	66	221
2101	3431	739	129	127
3225	3210	253	11	12
4904	1368	260		
25973	32729	5466	902	706
7849	7762	879	425	233
9037	24594	3541	822	418
815	708	369	4	
21394	21652	3961	250	1837
13945	15750	5006	167	1799
577	897	404	380	136
2135	2365	2012	207	237
2233	1370	285	103	82
14379	13478	4395	321	271
487	488	78	10	
16157	16269	1268	13	6
12212	9742	2587	124	116
766	785	196	26	
-775	5047	816	275	2
16266	11786	2452	813	220
175	175	55		
-235	15			
217	-1149	35	6	2

3-26 续表 2

快餐服务

地 区	主营业务收入	主营业务成本	主营业务税金及附加	主营业务利润	其他业务利润	营业费用
全 国	**4185629**	**1479999**	**211752**	**2461343**	**-253**	**1768869**
北 京	556533	195214	27846	333473	3249	237529
天 津	255373	86691	12849	155833	-305	94022
河 北						
山 西	49264	16889	2280	30095	-378	16930
内蒙古						
辽 宁	326310	111427	16720	197163	-746	125398
吉 林						
黑龙江	7715	2902	386	4428		1565
上 海	499766	162714	25251	311801	-458	258452
江 苏	438857	154951	21919	261986	-1533	169518
浙 江	322490	113776	16757	191956	437	140807
安 徽	20762	7991	1055	11716	17	9463
福 建	135841	48121	6851	80868	604	59944
江 西	35564	12411	1778	21375	-70	12786
山 东	166846	57831	8374	100641	19	64261
河 南	38686	13509	1960	23217		16107
湖 北	140132	46349	7129	86653	-274	62219
湖 南	92962	32670	4639	24118	-216	37016
广 东	844152	309948	43102	491102	-1122	375826
广 西	31751	11068	1619	19063	-142	11824
海 南						
重 庆	54110	34330	2699	17081	94	7796
四 川	102440	37502	5180	59758	277	41320
贵 州						
云 南	35445	12534	1825	21086	145	12884
西 藏						
陕 西	30631	11171	1531	17929	150	13203
甘 肃						
青 海						
宁 夏						
新 疆						

单位：万元

管理费用	财务费用	营业利润	利润总额	应交所得税	劳动、失业保险费	住房公积金和住房补贴
281435	**26586**	**416762**	**402077**	**102330**	**14205**	**27739**
40487	1001	58102	57283	16208	681	4351
18638	461	42407	41583	10569	376	1327
3750	-1	9037	9021	2255	33	190
25913	1481	44625	42942	10583	5872	6826
163	143	1968	438		26	143
28328	5728	18835	19424	5529	3061	1892
36322	3668	50961	48589	11604	842	3893
7069	2106	42411	41873	11330	626	5216
530	369	1371	1320	411	37	186
10987	1803	8738	6107	1525	156	903
2617	34	5868	6149	1568		
12941	1006	22452	22269	5221	61	294
3383	533	3194	3276	686	36	218
11858	1687	10606	9726	2513	200	
6083	748	11806	11770	2729	61	102
56172	4468	53513	50760	12744	1372	1398
2628	107	4362	4161	1048		
1490	-29	7918	7678	1221	253	72
7686	1195	9835	8961	2447	164	397
2311	84	5953	5945	1440	68	209
2080	-5	2800	2803	701	281	121

3-26 续表 3

饮料及冷饮服务

地 区	主营业务收入	主营业务成本	主营业务税金及附加	主营业务利润	其他业务利润	营业费用
全 国	**86874**	**28768**	**3921**	**54185**		**43334**
北 京						
天 津						
河 北						
山 西						
内蒙古						
辽 宁						
吉 林						
黑龙江						
上 海	63058	16345	2829	43884		33790
江 苏						
浙 江	23817	12423	1093	10301		9544
安 徽						
福 建						
江 西						
山 东						
河 南						
湖 北						
湖 南						
广 东						
广 西						
海 南						
重 庆						
四 川						
贵 州						
云 南						
西 藏						
陕 西						
甘 肃						
青 海						
宁 夏						
新 疆						

单位：万元

管理费用	财务费用	营业利润	利润总额	应交所得税	劳动、失业保险费	住房公积金和住房补贴
5175	**-40**	**5716**	**6793**	**1652**	**162**	**468**
4248	-69	5915	6493	1652	116	458
928	29	-199	299		45	10

3-26 续表 4

其他餐饮服务

地 区	主营业务收入	主营业务成本	主营业务税金及附加	主营业务利润	其他业务利润	营业费用
全 国	**332501**	**139357**	**15969**	**148121**	**338**	**111986**
北 京	29118	19505	1212	8402	251	4776
天 津						
河 北						
山 西						
内蒙古						
辽 宁						
吉 林						
黑龙江						
上 海	63130	23765	3059	36306		29732
江 苏	79433	35609	3850	10921	25	28634
浙 江	4877	2396	270	2211		1694
安 徽						
福 建						
江 西						
山 东						
河 南						
湖 北	7713	2755	482	4476	12	2361
湖 南						
广 东	40557	16423	1618	22516	38	8642
广 西						
海 南						
重 庆						
四 川	95580	30963	5173	59444	2	34954
贵 州						
云 南	12093	7942	305	3846	10	1192
西 藏						
陕 西						
甘 肃						
青 海						
宁 夏						
新 疆						

单位：万元

管理费用	财务费用	营业利润	利润总额	应交所得税	劳动、失业保险费	住房公积金和住房补贴
37037	**2703**	**25898**	**24391**	**9121**	**409**	**1100**
5803	197	-2123	-3263	2	116	341
7795	1257	-2479	-2109	1863	90	384
4858	674	5834	5842	1720	159	148
665		-149	-86		1	3
1078	93	1067	1076	297		
8189		5723	5114	1098	34	87
7172	725	16596	16378	3755		
1478	-243	1429	1439	386	10	138

3-27 大中型餐饮业企业分行业工资及福利

单位：万元

地区	餐饮业		正餐服务	
	本年应付工资总额	本年应付福利费总额	本年应付工资总额	本年应付福利费总额
全国	**938193**	**102310**	**392650**	**29463**
北京	173777	10607	99730	6549
天津	28878	6106	6090	885
河北	5511	122	5511	122
山西	9695	57	6011	57
内蒙古	5628	460	5628	460
辽宁	40133	12282	5314	270
吉林	4759	1651	4759	1651
黑龙江	4168	829	3344	771
上海	108571	13014	45638	5364
江苏	67516	13115	12382	1095
浙江	61625	4067	26983	661
安徽	3936	815	1939	
福建	36735	1500	24867	742
江西	2093	40		
山东	38548	9059	22050	2952
河南	10743	618	7245	386
湖北	39180	4606	18452	1157
湖南	19221	2866	10060	1111
广东	196822	14590	44513	2534
广西	4037	1304	1607	116
海南				
重庆	9433	363	4326	304
四川	33840	1957	11110	193
贵州	1655		1655	
云南	6802	383	1814	182
西藏				
陕西	19811	1358	16544	1358
甘肃	852		852	
青海	1190	74	1190	74
宁夏	3038	470	3038	470
新疆				

3-27 续表

单位：万元

地区	快餐服务		饮料及冷饮服务		其他餐饮服务	
	本年应付工资总额	本年应付福利费总额	本年应付工资总额	本年应付福利费总额	本年应付工资总额	本年应付福利费总额
全　国	**488040**	**68445**	**6637**	**1362**	**50865**	**3040**
北　京	67524	4019			6523	39
天　津	22788	5220				
河　北						
山　西	3684					
内蒙古						
辽　宁	34820	12012				
吉　林						
黑龙江	824	58				
上　海	52317	6815	1877	662	8740	174
江　苏	46351	11164			8782	856
浙　江	29027	2688	4760	701	854	18
安　徽	1996	815				
福　建	11868	758				
江　西	2093	40				
山　东	16498	6107				
河　南	3498	232				
湖　北	18678	3448			2050	
湖　南	9161	1755				
广　东	145870	11733			6439	323
广　西	2430	1188				
海　南						
重　庆	5107	59				
四　川	7363	314			15367	1451
贵　州						
云　南	2877	23			2111	179
西　藏						
陕　西	3268					
甘　肃						
青　海						
宁　夏						
新　疆						

3-28 大中型餐饮业企业分行业经济效益分析指标

正餐服务

地　区	负债比率(%)	主营业务毛利率(%)	人均营业收入(万元)	流动资产周转次数(次)	费用率(%)
全　国	**57.6**	**53.3**	**14.3**	**2.1**	**41.4**
北　京	45.7	58.8	16.3	2.2	47.3
天　津	75.3	45.8	12.0	0.9	40.9
河　北	83.5	46.5	11.4	3.1	39.6
山　西	74.3	55.3	12.7	1.5	43.3
内蒙古	45.9	52.2	9.8	1.3	32.2
辽　宁	91.4	48.7	14.9	6.3	37.2
吉　林	28.3	55.1	12.8	7.7	47.3
黑龙江	22.6	59.6	13.6	2.0	11.6
上　海	50.6	47.3	20.5	1.5	37.4
江　苏	61.2	59.9	14.6	2.7	46.4
浙　江	58.2	37.4	20.9	2.3	29.6
安　徽	77.0	50.4	12.2	2.5	39.2
福　建	30.9	66.3	10.0	7.8	45.2
江　西					
山　东	67.7	62.5	12.9	1.7	47.7
河　南	74.2	60.9	10.0	1.0	54.4
湖　北	82.9	52.2	13.0	3.0	45.4
湖　南	85.8	42.9	9.8	3.6	33.0
广　东	69.0	51.7	12.4	2.7	41.6
广　西	35.6	42.7	11.2	7.5	29.8
海　南					
重　庆	61.4	49.4	9.9	1.6	18.8
四　川	61.7	58.7	13.3	1.3	40.9
贵　州	63.1	39.8	15.4	2.3	29.2
云　南	79.7	48.3	11.3	0.6	51.0
西　藏					
陕　西	40.2	61.0	10.8	2.4	44.4
甘　肃	38.6	49.0	7.8	15.3	38.3
青　海	36.5	43.7	8.2	5.8	41.9
宁　夏	82.1	69.0	11.3	1.1	62.2
新　疆					

注：费用率等于营业费用、管理费用、财务费用三项之和除以营业收入合计(下表同)。

3-28 续表 1

快餐服务

地 区	负债比率 (%)	主营业务毛利率 (%)	人均营业收入 (万元)	流动资产周转次数 (次)	费用率 (%)
全 国	**61.2**	**64.6**	**14.9**	**9.7**	**49.4**
北 京	46.3	64.9	15.0	6.8	49.4
天 津	49.5	66.1	14.3	12.6	44.0
河 北					
山 西	28.7	65.7	15.2	16.9	42.0
内蒙古					
辽 宁	59.0	65.9	20.2	14.4	46.8
吉 林					
黑龙江	90.2	62.4	12.9	10.5	24.2
上 海	102.3	67.4	12.3	11.4	58.4
江 苏	71.3	64.7	13.3	9.0	47.7
浙 江	66.9	64.7	17.3	16.0	46.4
安 徽	84.5	61.5	12.9	5.6	49.9
福 建	81.0	64.6	15.9	15.6	53.1
江 西	34.9	65.1	13.0	38.3	43.4
山 东	66.5	65.3	13.7	16.2	46.9
河 南	70.1	65.1	12.7	18.0	51.8
湖 北	80.9	66.9	18.0	24.6	54.1
湖 南	66.8	64.9	12.3	11.8	47.2
广 东	49.3	63.3	15.6	7.1	51.7
广 西	43.4	65.1	14.7	20.5	45.8
海 南					
重 庆	27.7	36.6	19.0	5.5	17.1
四 川	79.0	63.4	14.5	19.9	48.9
贵 州					
云 南	48.2	64.6	16.1	20.6	42.9
西 藏					
陕 西	10.9	63.5	14.7	2.3	49.6
甘 肃					
青 海					
宁 夏					
新 疆					

3-28 续表 2

饮料及冷饮服务

地区	负债比率(%)	主营业务毛利率(%)	人均营业收入(万元)	流动资产周转次数(次)	费用率(%)
全国	**34.7**	**66.9**	**30.1**	**3.0**	**55.8**
北京					
天津					
河北					
山西					
内蒙古					
辽宁					
吉林					
黑龙江					
上海	37.0	74.1	37.9	4.3	60.2
江苏					
浙江	31.5	47.8	19.4	1.6	44.1
安徽					
福建					
江西					
山东					
河南					
湖北					
湖南					
广东					
广西					
海南					
重庆					
四川					
贵州					
云南					
西藏					
陕西					
甘肃					
青海					
宁夏					
新疆					

3-28 续表 3

其他餐饮服务

地　区	负债比率 (%)	主营业务毛利率 (%)	人均营业收入 (万元)	流动资产周转次数 (次)	费用率 (%)
全　国	**60.3**	**58.1**	**12.7**	**3.3**	**45.5**
北　京	104.4	33.0	12.1	5.0	36.7
天　津					
河　北					
山　西					
内蒙古					
辽　宁					
吉　林					
黑龙江					
上　海	121.5	62.4	16.9	4.8	61.3
江　苏	54.6	55.2	10.6	3.7	42.9
浙　江	70.2	50.9	8.9	2.5	48.4
安　徽					
福　建					
江　西					
山　东					
河　南					
湖　北	53.3	64.3	16.7	3.6	45.7
湖　南					
广　东	41.2	59.5	12.2	1.3	41.5
广　西					
海　南					
重　庆					
四　川	24.7	67.6	13.1	5.8	44.8
贵　州					
云　南	24.6	34.3	13.0	1.1	20.0
西　藏					
陕　西					
甘　肃					
青　海					
宁　夏					
新　疆					

企业篇

简要说明：

一、本篇提供了大型批发和零售业、住宿和餐饮业企业名称、所属行业和所在地等信息。

二、本篇资料来源于2009年批发和零售业、住宿和餐饮业企业上报的统计年报。

4-1 大型批发业企业名单

企业名称	所属行业	企业所在地
中国石化销售有限公司华北分公司	石油及制品批发	天津市南开区
中国石油天然气股份有限公司东北销售分公司	石油及制品批发	辽宁省沈阳市
中国石化销售有限公司华南分公司	石油及制品批发	广东省广州市
中国神华能源股份有限公司煤炭销售中心	煤炭及制品批发	北京市东城区
一汽丰田汽车销售有限公司	汽车、摩托车及零配件批发	北京市海淀区
上海上汽大众汽车销售有限公司	汽车、摩托车及零配件批发	上海市市辖区
中国石油天然气股份有限公司西北销售新疆分公司	石油及制品批发	新疆维吾尔自治区乌鲁木齐市
中国石油化工股份有限公司江苏石油分公司	石油及制品批发	江苏省南京市
中钢钢铁有限公司	金属及金属矿批发	北京市海淀区
中国石油天然气股份有限公司西北销售分公司	石油及制品批发	甘肃省兰州市
诺基亚(中国)投资有限公司	通讯及广播电视设备批发	北京市大兴区
苏宁电器股份有限公司南京采购中心	家用电器批发	江苏省南京市
梅赛德斯－奔驰(中国)汽车销售有限公司	汽车、摩托车及零配件批发	北京市朝阳区
鞍钢集团国际经济贸易公司	金属及金属矿批发	辽宁省鞍山市
五矿钢铁有限责任公司	金属及金属矿批发	北京市海淀区
中国矿产有限责任公司	金属及金属矿批发	北京市海淀区
厦门建发股份有限公司	建材批发	福建省厦门市
中国石油天然气股份有限公司华北销售分公司	石油及制品批发	北京市朝阳区
中国石油天然气股份有限公司华南销售公司	石油及制品批发	广东省广州市
索尼(中国)有限公司	家用电器批发	北京市朝阳区
中国石油化工股份有限公司上海石油分公司	石油及制品批发	上海市市辖区
中国航空油料有限责任公司	石油及制品批发	北京市海淀区
武钢集团国际经济贸易总公司	贸易经纪与代理	湖北省武汉市
中国石油化工股份化工销售广州分公司	其他化工产品批发	广东省广州市
中国石油化工股份有限公司湖北石油分公司	石油及制品批发	湖北省武汉市
宝马(中国)汽车贸易有限公司	汽车、摩托车及零配件批发	北京市朝阳区
浙江物产金属集团有限公司	金属及金属矿批发	浙江省杭州市
青岛海尔零部件采购有限公司	其他机械设备及电子产品批发	山东省青岛市
重庆海尔家电销售有限公司	家用电器批发	重庆市市辖区
丰田汽车(中国)投资有限公司	汽车、摩托车及零配件批发	北京市朝阳区
山西煤炭进出口集团有限公司	煤炭及制品批发	山西省太原市
比亚迪汽车销售有限公司	汽车、摩托车及零配件批发	广东省深圳市
松下电器(中国)有限公司	家用电器批发	北京市朝阳区
中国石油化工股份有限公司安徽石油分公司	石油及制品批发	安徽省合肥市
中国农业生产资料集团公司	农药批发	北京市海淀区
中化化肥有限公司	化肥批发	北京市西城区
佳能(中国)有限公司	家用电器批发	北京市东城区
上海三星半导体有限公司	家用电器批发	上海市市辖区
广东省石油企业集团南方石油化工有限公司	石油及制品批发	广东省广州市
中国石油化工股份有限公司广东石油分公司	石油及制品批发	广东省广州市
中国石油天然气股份有限公司东北销售大庆分公司	石油及制品批发	黑龙江大庆市
杭州娃哈哈食品饮料营销有限公司	饮料及茶叶批发	浙江省杭州市
中国石油天然气股份有限公司江苏销售分公司	石油及制品批发	江苏省南京市
福建中烟工业公司	烟草制品批发	福建省厦门市

4-1 续表 1

企业名称	所属行业	企业所在地
中国石油化工股份有限公司浙江杭州石油分公司	石油及制品批发	浙江省杭州市
深圳市天音通信发展有限公司	通讯及广播电视设备批发	广东省深圳市
中国石油技术开发公司	其他机械设备及电子产品批发	北京市西城区
中国铁路物资北京公司	金属及金属矿批发	北京市宣武区
浙江物产国际贸易有限公司	金属及金属矿批发	浙江省杭州市
安徽省徽商金属股份有限公司	金属及金属矿批发	安徽省合肥市
中国烟草总公司重庆市公司	烟草制品批发	重庆市市辖区
云南红塔烟叶物资有限责任公司	其他农畜产品批发	云南省玉溪市
江苏国泰国际集团有限公司	服装批发	江苏省苏州市
中邮普泰通信服务股份有限公司	通讯及广播电视设备批发	北京市西城区
江苏苏美达集团公司	其他机械设备及电子产品批发	江苏省南京市
攀钢集团国际经济贸易有限公司	金属及金属矿批发	四川省成都市
中国石油物资公司	金属及金属矿批发	北京市西城区
中国石油天然气股份有限公司华中销售分公司	石油及制品批发	湖北省武汉市
上海市医药股份有限公司	西药批发	上海市市辖区
中石化长江燃料有限公司	石油及制品批发	湖北省武汉市
中国铁路物资总公司	金属及金属矿批发	北京市西城区
中国机械设备进出口总公司	其他机械设备及电子产品批发	北京市宣武区
中国石油化工股份有限公司深圳石油分公司	石油及制品批发	广东省深圳市
国药控股股份有限公司	西药批发	上海市市辖区
陕西东岭物资有限责任公司	金属及金属矿批发	陕西省宝鸡市
乐金电子(中国)有限公司	家用电器批发	北京市朝阳区
山西焦煤集团国际发展有限公司	煤炭及制品批发	山西省太原市
中国石油化工股份有限公司浙江石油分公司	石油及制品批发	浙江省杭州市
中国首钢国际贸易工程公司	金属及金属矿批发	北京市海淀区
施耐德电气(中国)投资有限公司	其他机械设备及电子产品批发	北京市朝阳区
中国石油天然气股份有限公司重庆销售分公司	石油及制品批发	重庆市市辖区
华硕电脑(上海)有限公司	计算机、软件及辅助设备批发	上海市市辖区
中国铁路物资沈阳公司	金属及金属矿批发	辽宁省沈阳市
中化国际控股股份有限公司	其他化工产品批发	上海市市辖区
中国铁路物资上海公司	金属及金属矿批发	上海市市辖区
松下电器机电(上海)有限公司	其他机械设备及电子产品批发	上海市市辖区
西门子(中国)有限公司	通讯及广播电视设备批发	北京市朝阳区
中国铁路物资天津公司	金属及金属矿批发	天津市河东区
小松(中国)投资有限公司	其他机械设备及电子产品批发	上海市市辖区
安徽华源医药股份有限公司	西药批发	安徽省阜阳市
佳通轮胎(中国)投资有限公司	汽车、摩托车及零配件批发	上海市市辖区
联合利华服务(合肥)有限公司	化妆品及卫生用品批发	安徽省合肥市
广州钢铁企业集团有限公司	金属及金属矿批发	广东省广州市
上海浦东国际机场航空油料有限责任公司	石油及制品批发	上海市市辖区
浙江远大进出口有限公司	建材批发	浙江省宁波市
中国石油天然气股份有限公司西北销售兰州分公司	石油及制品批发	甘肃省兰州市
贵州茅台酒销售有限公司	饮料及茶叶批发	贵州省遵义市
耐克体育(中国)有限公司	鞋帽批发	江苏省苏州市
四川省烟草公司成都市公司	烟草制品批发	四川省成都市

4-1 续表 2

企业名称	所属行业	企业所在地
厦门国贸集团股份有限公司	金属及金属矿批发	福建省厦门市
保定长城汽车销售有限公司	汽车、摩托车及零配件批发	河北省保定市
中国烟草总公司北京市公司	烟草制品批发	北京市通州区
浙江吉利控股集团汽车销售有限公司	汽车、摩托车及零配件批发	浙江省杭州市
中国铁路物资武汉公司	贸易经纪与代理	湖北省武汉市
黑龙江倍丰农业生产资料集团有限公司	化肥批发	黑龙江省哈尔滨市
广州医药有限公司	西药批发	广东省广州市
中国石油天然气股份有限公司北京销售分公司	石油及制品批发	北京市朝阳区
云南中烟物资(集团)有限责任公司	其他未列明的批发	云南省昆明市
英迈(中国)投资有限公司	计算机、软件及辅助设备批发	上海市市辖区
宝钢资源有限公司	金属及金属矿批发	上海市市辖区
丰立集团有限公司	金属及金属矿批发	江苏省苏州市
浙江省烟草公司宁波市公司	烟草制品批发	浙江省宁波市
中国石油化工股份有限公司浙江宁波石油分公司	石油及制品批发	浙江省宁波市
中国石油天然气股份有限公司安徽销售分公司	石油及制品批发	安徽省合肥市
欧莱雅(中国)有限公司	化妆品及卫生用品批发	上海市市辖区
现代汽车(中国)投资有限公司	汽车、摩托车及零配件批发	北京市朝阳区
浙江省烟草公司杭州市公司(杭州市烟草专卖局)	烟草制品批发	浙江省杭州市
云南省烟草公司曲靖市公司	烟草制品批发	云南省曲靖市
中国石油天然气股份有限公司大连销售分公司	石油及制品批发	辽宁省大连市
中基宁波对外贸易股份有限公司	金属及金属矿批发	浙江省宁波市
古冶区滦通商贸有限公司	煤炭及制品批发	河北省唐山市
中化物产股份有限公司	其他化工产品批发	北京市东城区
阿迪达斯体育(中国)有限公司	服装批发	江苏省苏州市
诺基亚西门子通信技术(北京)有限公司	通讯及广播电视设备批发	北京市东城区
南方建材股份有限公司	建材批发	湖南省长沙市
广州立白企业集团有限公司	厨房、卫生间用具及日用杂货批发	广东省广州市
江苏省海外企业集团有限公司	其他机械设备及电子产品批发	江苏省南京市
中国烟草总公司深圳市公司	烟草制品批发	广东省深圳市
夏普商贸(中国)有限公司	其他机械设备及电子产品批发	上海市市辖区
天翼电信终端有限公司	通讯及广播电视设备批发	北京市西城区
广东烟草广州市有限公司	烟草制品批发	广东省广州市
中国烟草总公司天津市公司	烟草制品批发	天津市和平区
日立建机(上海)有限公司	其他机械设备及电子产品批发	上海市市辖区
天津一汽汽车销售有限公司	汽车、摩托车及零配件批发	天津市河西区
大金(中国)投资有限公司	家用电器批发	北京市东城区
欧尚(中国)投资有限公司	其他未列明的批发	上海市市辖区
浙江省烟草公司温州分公司	烟草制品批发	浙江省温州市
深圳市爱施德股份有限公司	通讯及广播电视设备批发	广东省深圳市
江苏省烟草公司苏州分公司	烟草制品批发	江苏省苏州市
中国石油化工股份有限公司河南郑州石油分公司	石油及制品批发	河南省郑州市
广东省丝绸纺织集团有限公司	纺织品、针织品及原料批发	广东省广州市
中国石油化工股份有限公司云南昆明石油分公司	石油及制品批发	云南省昆明市
江苏博西家用电器销售有限公司	家用电器批发	江苏省南京市
湖北省烟草公司武汉市公司	烟草制品批发	湖北省武汉市

4-1 续表 3

企业名称	所属行业	企业所在地
中国铁路物资哈尔滨公司	石油及制品批发	黑龙江省哈尔滨市
中国石化销售有限公司东北分公司	石油及制品批发	辽宁省沈阳市
江苏省南京市烟草专卖局公司	烟草制品批发	江苏省南京市
中国铁路物资西安公司	金属及金属矿批发	陕西省西安市
庞大汽贸集团股份有限公司	汽车、摩托车及零配件批发	河北省唐山市
云南省烟草公司昆明市公司	烟草制品批发	云南省昆明市
中国石油天然气股份有限公司河南销售分公司	石油及制品批发	河南省郑州市
纳爱斯集团丽水贸易有限公司	化妆品及卫生用品批发	浙江省丽水市
国药控股天津有限公司	西药批发	天津市和平区
中国石油化工股份有限公司山东潍坊分公司	石油及制品批发	山东省潍坊市
国药控股广州有限公司	西药批发	广东省广州市
联想(深圳)电子有限公司	计算机、软件及辅助设备批发	广东省深圳市
江苏大明金属制品有限公司	金属及金属矿批发	江苏省无锡市
华东医药股份有限公司	西药批发	浙江省杭州市
中石化中海船舶燃料供应有限公司	石油及制品批发	广东省广州市
中国铁路物资成都公司	金属及金属矿批发	四川省成都市
惠州TCL电器销售有限公司	家用电器批发	广东省惠州市
中石化山东青岛石油分公司	石油及制品批发	山东省青岛市
扬子江药业集团江苏扬子江医药经营有限公司	中药材及中成药批发	江苏省泰州市
中国石油化工股份有限公司广西南宁石油分公司	石油及制品批发	广西壮族自治区南宁市
中国石油化工股份有限公司浙江金华分公司	石油及制品批发	浙江省金华市
福建省烟草公司泉州分公司	烟草制品批发	福建省泉州市
青岛海尔国际贸易有限公司	其他机械设备及电子产品批发	山东省青岛市
上海电力燃料有限公司	煤炭及制品批发	上海市市辖区
江苏省燃料总公司	煤炭及制品批发	江苏省南京市
中国石油化工股份有限公司河北唐山分公司	石油及制品批发	河北省唐山市
诸城福田汽车销售有限公司	汽车、摩托车及零配件批发	山东省潍坊市
中粮食品营销有限公司	米、面制品及食用油批发	北京市东城区
山东淄川服装城商贸公司	服装批发	山东省淄博市
武汉艾德蒙科技股份有限公司	计算机、软件及辅助设备批发	湖北省武汉市
上海伊藤忠商事有限公司	其他化工产品批发	上海市市辖区
李宁(北京)体育用品商业有限公司	体育用品批发	北京市通州区
浙江省烟草公司台州市公司	烟草制品批发	浙江省台州市
湖南省烟草公司长沙市公司	烟草制品批发	湖南省长沙市
上海神州数码有限公司	计算机、软件及辅助设备批发	上海市市辖区
江苏省烟草公司无锡市公司	烟草制品批发	江苏省无锡市
郑州日产汽车销售有限公司	汽车、摩托车及零配件批发	河南省郑州市
丰田通商(天津)有限公司	汽车、摩托车及零配件批发	天津市市辖区
李宁(中国)体育用品有限公司	体育用品批发	北京市通州区
中国石油化工股份有限公司河北石家庄石油分公司	石油及制品批发	河北省石家庄市
淄川服装城	服装批发	山东省淄博市
上海海烟物流发展有限公司	烟草制品批发	上海市市辖区
国药集团药业股份有限公司	西药批发	北京市崇文区
四川省烟草公司凉山州公司	烟草制品批发	四川省凉山州

4-1 续表 4

企业名称	所属行业	企业所在地
贵州省烟草公司遵义市公司	烟草制品批发	贵州省遵义市
浙江英特药业有限责任公司	西药批发	浙江省杭州市
三菱商事(上海)有限公司	其他未列明的批发	上海市市辖区
重庆东风渝安汽车销售有限公司	汽车、摩托车及零配件批发	重庆市市辖区
中国石油天然气股份有限公司吉林长春分公司	石油及制品批发	吉林省长春市
广州珠江电力燃料有限公司	煤炭及制品批发	广东省广州市
重庆力帆实业集团销售有限公司	汽车、摩托车及零配件批发	重庆市沙坪坝
上海永裕医药有限公司	中药材及中成药批发	上海市市辖区
阿斯利康(无锡)贸易有限公司	西药批发	江苏省无锡市
中国植物油公司	米、面制品及食用油批发	北京市西城区
黑龙江华宇工贸(集团)有限责任公司	服装批发	黑龙江省牡丹江市
北京红牛饮料销售有限公司	饮料及茶叶批发	北京市朝阳区
中国石油天然气股份有限公司陕西西安销售分公司	石油及制品批发	陕西省西安市
中国石油化工股份有限公司浙江嘉兴石油分公司	石油及制品批发	浙江省嘉兴市
中石化湖北宜昌石油分公司	石油及制品批发	湖北省宜昌市
云南省医药有限公司	西药批发	云南省昆明市
保乐力加(中国)贸易有限公司	饮料及茶叶批发	上海市市辖区
中石化股份有限公司安徽合肥石油分公司	石油及制品批发	安徽省合肥市
河南省烟草公司郑州市公司	烟草制品批发	河南省郑州市
陕西省烟草公司西安分公司	烟草制品批发	陕西省西安市
瑞表国际贸易(上海)有限公司	其他日用品批发	上海市市辖区
南京蓝燕石化储运实业有限公司	石油及制品批发	江苏省南京市
黑龙江省烟草公司哈尔滨市公司	烟草制品批发	黑龙江省哈尔滨市
山东省农业生产资料有限责任公司	化肥批发	山东省济南市
埃克森美孚(中国)投资有限公司	石油及制品批发	上海市市辖区
郑州煤电物资供销有限公司	建材批发	河南省郑州市
厦门安踏贸易有限公司	鞋帽批发	福建省厦门市
广东烟草东莞市有限公司	烟草制品批发	广东省东莞市
辽宁省烟草公司沈阳市公司	烟草制品批发	辽宁省沈阳市
华南蓝天油料有限公司	石油及制品批发	广东省广州市
普利司通(中国)投资有限公司	其他未列明的批发	上海市市辖区
中国烟草总公司大连市公司	烟草制品批发	辽宁省大连市
山东临沂烟草有限公司	烟草制品批发	山东省临沂市
北京科园信海医药经营有限公司	中药材及中成药批发	北京市丰台区
昆山润华商业有限公司广州黄埔分公司	服装批发	广东省广州市
陕西省石油化工工业贸易公司	石油及制品批发	陕西省西安市
山东潍坊烟草有限公司	烟草制品批发	山东省潍坊市
福建省烟草公司福州分公司	烟草制品批发	福建省福州市
青岛烟草有限公司	烟草制品批发	山东省青岛市
江苏苏豪国际集团股份有限公司	纺织品、针织品及原料批发	江苏省南京市
江苏开元股份有限公司	纺织品、针织品及原料批发	江苏省南京市
中粮国际(北京)有限公司	米、面制品及食用油批发	北京市东城区
南京纺织品进出口股份有限公司	纺织品、针织品及原料批发	江苏省南京市
江苏省烟草公司南通市公司	烟草制品批发	江苏省南通市

4-1 续表 5

企业名称	所属行业	企业所在地
贵州省烟草公司毕节地区分公司	烟草制品批发	贵州省毕节地区
米其林(中国)投资有限公司	汽车、摩托车及零配件批发	上海市市辖区
山东烟台烟草有限公司	烟草制品批发	山东省烟台市
天津正弘顺工贸科技有限公司	金属及金属矿批发	天津市东丽区
东宁县吉信工贸集团有限责任公司	鞋帽批发	黑龙江牡丹江市
中国石油化工股份有限公司山东烟台石油分公司	石油及制品批发	山东省烟台市
云南省烟草公司玉溪市公司	烟草制品批发	云南省玉溪市
联想(上海)有限公司	计算机、软件及辅助设备批发	上海市市辖区
尼康映像仪器销售(中国)有限公司	其他未列明的批发	上海市市辖区
云南省烟草公司楚雄分公司	烟草制品批发	云南省楚雄州
农夫山泉股份有限公司	饮料及茶叶批发	浙江省杭州市
东风裕隆汽车销售有限公司	汽车、摩托车及零配件批发	湖北省武汉市
中国石油天然气股份有限公司黑龙江大庆销售分公司	石油及制品批发	黑龙江大庆市
九禾股份有限公司	化肥批发	重庆市九龙坡区
日产(中国)投资有限公司	汽车、摩托车及零配件批发	北京市朝阳区
乐仁堂医药集团股份有限公司	西药批发	河北省石家庄市
上海电力物资有限公司	其他机械设备及电子产品批发	上海市市辖区
广东烟草佛山市有限公司责任公司	烟草制品批发	广东省佛山市
ABB(中国)有限公司上海分公司	其他机械设备及电子产品批发	上海市市辖区
安徽省烟草公司合肥市公司	烟草制品批发	安徽省合肥市
贵州省烟草公司贵阳市公司	烟草制品批发	贵州省贵阳市
湖北九州通医药有限公司	西药批发	湖北省武汉市
中国石油天然气股份有限公司广西南宁销售分公司	石油及制品批发	广西壮族自治区南宁市
山东济宁烟草有限公司	烟草制品批发	山东省济宁市
上海韩泰轮胎销售有限公司	汽车、摩托车及零配件批发	上海市市辖区
广东省轻工进出口股份有限公司	其他未列明的批发	广东省广州市
云南省烟草公司红河州公司	烟草制品批发	云南省红河市
山东济南烟草有限公司	烟草制品批发	山东省济南市
江苏高速公路石油发展有限公司	石油及制品批发	江苏省南京市
成都西部医药经营有限公司	西药批发	四川省成都市
山西省煤炭运销总公司晋城分公司高平市公司	煤炭及制品批发	山西省晋城市
河北省烟草公司石家庄市公司	烟草制品批发	河北省石家庄市
浙江省烟草公司嘉兴市公司	烟草制品批发	浙江省嘉兴市
云南省烟草公司大理州公司	烟草制品批发	云南省大理州
中国石化销售有限公司西北陕西分公司	石油及制品批发	陕西省西安市
山东海王银河医药有限公司	西药批发	山东省潍坊市
酩悦轩尼诗帝亚吉欧洋酒(上海)有限公司	饮料及茶叶批发	上海市市辖区
云南省烟草公司昭通市分公司	烟草制品批发	云南省昭通市
广东省机械进出口股份有限公司	其他机械设备及电子产品批发	广东省广州市
松下电器机电(深圳)有限公司	其他机械设备及电子产品批发	广东省深圳市
卡特彼勒(中国)投资有限公司	其他机械设备及电子产品批发	北京市朝阳区
中国石化销售有限公司西北新疆分公司	石油及制品批发	新疆维吾尔自治区乌鲁木齐市
宁波市慈溪进出口股份有限公司	其他机械设备及电子产品批发	浙江省宁波市
厦门信达股份有限公司	其他未列明的批发	福建省厦门市

4-1 续表 6

企业名称	所属行业	企业所在地
福建省烟草公司漳州分公司	烟草制品批发	福建省漳州市
吉林省烟草公司长春市公司	烟草制品批发	吉林省长春市
中国石油化工股份有限公司山东淄博石油公司	石油及制品批发	山东省淄博市
福建省烟草公司三明市公司	其他未列明的批发	福建省三明市
山东鲁花商贸有限公司	米、面制品及食用油批发	山东省烟台市
河北省烟草公司保定市公司	烟草制品批发	河北省保定市
重庆华轻商业公司	家用电器批发	重庆市市辖区
榆林神华能源有限责任公司	煤炭及制品批发	陕西省榆林市
河南省烟草公司南阳市公司	烟草制品批发	河南省南阳市
中油黑龙江农垦石油有限公司	石油及制品批发	黑龙江省哈尔滨市
中铁二局集团物资有限公司	建材批发	四川省成都市
中国石化国际事业有限公司	贸易经纪与代理	北京市朝阳区
中粮粮油有限公司	谷物、豆及薯类批发	北京市东城区
中山市物资集团有限公司	金属及金属矿批发	广东省中山市
扶余县三井子农工商有限责任公司	谷物、豆及薯类批发	吉林省松原市
江苏省烟草公司常州分公司	烟草制品批发	江苏省常州市
浙江省烟草公司湖州市公司	烟草制品批发	浙江省湖州市
深圳中电投资股份有限公司	其他机械设备及电子产品批发	广东省深圳市
江苏省烟草公司徐州公司	烟草制品批发	江苏省徐州市
烟台张裕葡萄酿酒公司销售有限公司	饮料及茶叶批发	山东省烟台市
中国石油化工股份有限公司广东韶关石油分公司	石油及制品批发	广东省韶关市
中国石油化工股份有限公司贵州贵阳分公司	石油及制品批发	贵州省贵阳市
联想(成都)有限公司	计算机、软件及辅助设备批发	四川省成都市
中国石油化工股份有限公司江西南昌石油分公司	石油及制品批发	江西省南昌市
中国石油化工股份有限公司河南南阳石油分公司	石油及制品批发	河南省南阳市
中钢设备有限公司	其他机械设备及电子产品批发	北京市海淀区
安徽省技术进出口股份有限公司	其他机械设备及电子产品批发	安徽省合肥市
江苏苏农农资连锁集团股份有限公司	化肥批发	江苏省南京市
中国石油化工股份有限公司广西柳州石油分公司	石油及制品批发	广西壮族自治区柳州市
中国石油化工股份有限公司山东济宁石油分公司	石油及制品批发	山东省济宁市
江苏弘业国际集团有限公司	纺织品、针织品及原料批发	江苏省南京市
中石油内蒙销售赤峰分公司	石油及制品批发	内蒙古自治区赤峰市
中国北方工业公司	其他未列明的批发	北京市宣武区
山东道恩集团有限公司	其他化工产品批发	山东省烟台市
江苏省烟草公司扬州市公司	烟草制品批发	江苏省扬州市
湖南大唐燃料开发有限责任公司	其他未列明的批发	湖南省长沙市
淄川服装城商厦有限公司	服装批发	山东省淄博市
江苏恒信格力空调销售有限公司	家用电器批发	江苏省南京市
索尼爱立信移动通信产品中国有限公司	其他机械设备及电子产品批发	北京市朝阳区
中捷通信有限公司	通讯及广播电视设备批发	广东省广州市
中国石油天然气股份有限公司辽宁营口销售分公司	石油及制品批发	辽宁省营口市
中国石油化工股份有限公司山东石油分公司	石油及制品批发	山东省济南市
上海卡帕体育用品有限公司	服装批发	上海市市辖区
江苏省烟草公司泰州市公司	烟草制品批发	江苏省泰州市

4-1 续表 7

企业名称	所属行业	企业所在地
中国石油天然气股份有限公司辽宁鞍山销售分公司	石油及制品批发	辽宁省鞍山市
国药控股沈阳有限公司	中药材及中成药批发	辽宁省沈阳市
中国石化股份有限公司曲靖石油分公司	石油及制品批发	云南省曲靖市
中国石油化工股份有限公司广东清远石油分公司	石油及制品批发	广东省清远市
新汶矿业集团物资供销有限责任公司	其他机械设备及电子产品批发	山东省泰安市
泰科电子(上海)有限公司	其他机械设备及电子产品批发	上海市市辖区
上海雅马哈建设摩托车销售有限公司	汽车、摩托车及零配件批发	上海市市辖区
江西省烟草公司南昌市公司	烟草制品批发	江西省南昌市
山西省烟草公司太原市公司	烟草制品批发	山西省太原市
中国石化山东泰山石油股份有限公司	石油及制品批发	山东省泰安市
明基电通有限公司	计算机、软件及辅助设备批发	上海市市辖区
资生堂(中国)投资有限公司	化妆品及卫生用品批发	上海市市辖区
中国石油化工股份有限公司浙江舟山石油分公司	石油及制品批发	浙江省舟山市
上海博世力士乐液压及自动化有限公司	其他未列明的批发	上海市市辖区
四川科伦医药贸易有限公司	西药批发	四川省成都市
河北省烟草公司唐山公司	烟草制品批发	河北省唐山市
中国石油化工股份有限公司重庆石油分公司	石油及制品批发	重庆市市辖区
中国石油化工股份有限公司润滑油分公司	石油及制品批发	北京市海淀区
中国医药对外贸易公司	西药批发	北京市海淀区
徐州烟草公司铜山物流配送中心	烟草制品批发	江苏省徐州市
中国石油天然气股份有限公司贵州贵阳销售分公司	石油及制品批发	贵州省贵阳市
中国石油天然气股份有限公司山东青岛销售分公司	石油及制品批发	山东省青岛市
临清市泰润轴承有限公司	再生物资回收与批发	山东省聊城市
中国再生资源开发有限公司	再生物资回收与批发	北京市西城区
山西煤炭运销集团长治市长治县有限公司	煤炭及制品批发	山西省长治市
贵州前进轮胎销售有限公司	汽车、摩托车及零配件批发	贵州省贵阳市
江苏省烟草公司盐城分公司	烟草制品批发	江苏省盐城市
深圳市青岛啤酒华南营销有限公司	饮料及茶叶批发	广东省深圳市
福建同春药业股份有限公司	西药批发	福建省福州市
上海市江桥批发市场经营管理有限公司	果品、蔬菜批发	上海市市辖区
中国石油化工股份有限公司河北保定石油分公司	石油及制品批发	河北省保定市
山东省机械进出口集团公司	其他机械设备及电子产品批发	山东省青岛市
中国船舶燃料供应青岛公司	石油及制品批发	山东省青岛市
中国石油化工股份有限公司河北邯郸石油分公司	石油及制品批发	河北省邯郸市
安徽新兴格力空调销售有限公司	家用电器批发	安徽省合肥市
中国石油天然气股份有限公司新疆乌鲁木齐销售公司	石油及制品批发	新疆维吾尔自治区乌鲁木齐市
三星中国投资有限公司广州分公司	家用电器批发	广东省广州市
江苏省新华书店集团有限公司	图书批发	江苏省南京市
中国石油化工股份有限公司广西桂林石油分公司	石油及制品批发	广西壮族自治区桂林市
福建省烟草公司厦门烟草分公司	烟草制品批发	福建省厦门市
广西壮族自治区烟草公司南宁市公司	烟草制品批发	广西省南宁市
北京九州通医药有限公司	西药批发	北京市大兴区
联通华盛通信有限公司	贸易经纪与代理	北京市东城区
广州市金属回收公司	再生物资回收与批发	广东省广州市

4-1 续表 8

企业名称	所属行业	企业所在地
湖南省烟草公司岳阳市公司	烟草制品批发	湖南省岳阳市
上海良友(集团)有限公司	谷物、豆及薯类批发	上海市市辖区
济南中信医药有限公司	西药批发	山东省济南市
江苏恒瑞医药销售有限公司	西药批发	江苏省连云港市
上海东风柴油机销售公司	其他机械设备及电子产品批发	上海市市辖区
中国石油化工股份有限公司大理分公司	石油及制品批发	云南省大理州
湖北省烟草公司恩施州公司	烟草制品批发	湖北省恩施市
山东菏泽烟草有限公司	烟草制品批发	山东省菏泽市
广东烟草湛江市有限公司	烟草制品批发	广东省湛江市
中国石油天然气股份有限公司陕西延安销售分公司	石油及制品批发	陕西省延安市
江苏省烟草公司镇江市公司	烟草制品批发	江苏省镇江市
中国石油天然气股份有限公司吉林四平销售分公司	石油及制品批发	吉林省四平市
锦湖(中国)轮胎销售有限公司	汽车、摩托车及零配件批发	上海市市辖区
攀枝花钢城集团有限公司(商贸部分)	金属及金属矿批发	四川省攀枝花市
河北省烟草公司邯郸市公司	烟草制品批发	河北省邯郸市
浙江高速石油发展有限公司	石油及制品批发	浙江省杭州市
三井物产(上海)贸易有限公司	金属及金属矿批发	上海市市辖区
中化化肥有限公司山东分公司	化肥批发	山东省烟台市
新疆农资(集团)有限责任公司	化肥批发	新疆维吾尔自治区乌鲁木齐市
中国石油天然气股份有限公司吉林省吉林市销售分公司	石油及制品批发	吉林省吉林市
兴化市戴南镇董北废旧金属回收有限公司	再生物资回收与批发	江苏省泰州市
福建省烟草公司南平市公司	烟草制品批发	福建省南平市
中国石油公司呼和浩特分公司	石油及制品批发	内蒙古自治区呼和浩特市
广州神州数码有限公司	计算机、软件及辅助设备批发	广东省广州市
中国石油化工股份有限公司山东菏泽石油分公司	石油及制品批发	山东省菏泽市
云南省烟草公司保山市公司	烟草制品批发	云南省保山市
中国石油化工股份有限公司河北沧州石油分公司	石油及制品批发	河北省沧州市
广东九州通医药有限公司	西药批发	广东省中山市
广东烟草梅州市有限公司	烟草制品批发	广东省梅州市
中国石油化工股份有限公司广西百色石油分公司	石油及制品批发	广西壮族自治区百色市
广东烟草惠州市有限责任公司	烟草制品批发	广东省惠州市
河南省烟草公司许昌分公司	烟草制品批发	河南省许昌市
天津医药集团太平医药有限公司	西药批发	天津市和平区
云南省烟草公司文山州公司	烟草制品批发	云南省文山州
浙江省粮油食品进出口股份有限公司	米、面制品及食用油批发	浙江省杭州市
北京恒通华泰汽车销售有限公司	汽车、摩托车及零配件批发	北京市朝阳区
河南九州通医药有限公司	西药批发	河南省郑州市
海南省烟草公司海口公司	烟草制品批发	海南省海口市
舍弗勒贸易(上海)有限公司	其他机械设备及电子产品批发	上海市市辖区
明尼苏达矿业制造上海国际贸易有限公司	其他化工产品批发	上海市市辖区
河南省烟草公司驻马店市公司	烟草制品批发	河南省驻马店市
东方国际集团上海市对外贸易有限公司	其他未列明的批发	上海市市辖区
江西省烟草公司赣州市公司	烟草制品批发	江西省赣州市
中国石油化工股份公司江西吉安分公司	石油及制品批发	江西省吉安市

4-1 续表 9

企业名称	所属行业	企业所在地
山西煤炭运销集团阳泉盂县有限公司	煤炭及制品批发	山西省阳泉市
中国石油天然气股份有限公司辽宁抚顺销售分公司	石油及制品批发	辽宁省抚顺市
苏州国信集团	纺织品、针织品及原料批发	江苏省苏州市
中国石油天然气股份有限公司陕西宝鸡销售分公司	石油及制品批发	陕西省宝鸡市
通用美康医药有限公司	中药材及中成药批发	北京市崇文区
汕头市众业达电器有限公司	其他机械设备及电子产品批发	广东省汕头市
福建省龙岩烟草分公司	烟草制品批发	福建省龙岩市
河南省烟草公司洛阳分公司	烟草制品批发	河南省洛阳市
福州闽台茶业有限公司	饮料及茶叶批发	福建省福州市
山西省烟草公司运城市公司	烟草制品批发	山西省运城市
威斯特(北京)机械设备有限公司	其他机械设备及电子产品批发	北京市大兴区
湖北省烟草公司黄冈市公司	烟草制品批发	湖北省黄冈市
吉粮集团公主岭金玉收储有限责任公司	谷物、豆及薯类批发	吉林省四平市
中铁物资集团东北有限公司	金属及金属矿批发	辽宁省沈阳市
中国石油天然气股份有限公司青海销售公司	石油及制品批发	青海省西宁市
河南省烟草公司信阳分公司	烟草制品批发	河南省信阳市
浙江省医药保健品进出口有限责任公司	西药批发	浙江省杭州市
郑州煤炭工业(集团)正运煤炭销售有限公司	煤炭及制品批发	河南省郑州市
广州广钢集团金兴物资供应有限公司	再生物资回收与批发	广东省广州市
上海丝绸集团股份有限公司	服装批发	上海市市辖区
中国石油天燃汽股份有限公司黑龙江齐齐哈尔销售分公司	石油及制品批发	黑龙江省齐齐哈尔市
湖北省烟草公司荆州市公司	烟草制品批发	湖北省荆州市
兴化市戴南镇兴企废旧金属回收有限公司	再生物资回收与批发	江苏省泰州市
中国石油天然气股份有限公司辽宁锦州销售分公司	石油及制品批发	辽宁省锦州市
广东省中山食品水产进出口集团有限公司	肉、禽、蛋及水产品批发	广东省中山市
山东鲁南蔬菜产业有限公司	果品、蔬菜批发	山东省临沂市
中糖世纪股份有限公司	糕点、糖果及糖批发	北京市西城区
湖北新兴格力电器销售有限公司	家用电器批发	湖北省武汉市
深圳市三九医药贸易有限公司	中药材及中成药批发	广东省深圳市
安徽省烟草公司六安市公司	烟草制品批发	安徽省六安市
山西省烟草公司临汾市公司	烟草制品批发	山西省临汾市
中国石化股份有限公司河北邢台石油分公司	石油及制品批发	河北省邢台市
江苏汇鸿国际集团土产进出口股份有限公司	建材批发	江苏省南京市
浙江省新华书店集团有限公司	图书批发	浙江省杭州市
河北省烟草公司沧州市公司	烟草制品批发	河北省沧州市
安徽烟草公司阜阳市公司	烟草制品批发	安徽省阜阳市
江苏波司登营销有限公司	服装批发	江苏省苏州市
中国石油化工股份有限公司山东聊城石油分公司	石油及制品批发	山东省聊城市
中国石油天然气股份有限公司甘肃庆阳销售分公司	石油及制品批发	甘肃省庆阳市
山东东方誉源现代农业集团有限责任公司	化肥批发	山东省潍坊市
河南省烟草公司商丘市公司	烟草制品批发	河南省商丘市
中国石油化工股份有限公司广东河源石油分公司	石油及制品批发	广东省河源市
中国石油化工股份有限公司河北廊坊石油分公司	石油及制品批发	河北省廊坊市
中石化股份有限公司湖北荆州石油分公司	石油及制品批发	湖北省荆州市

4-1 续表 10

企业名称	所属行业	企业所在地
中国石油化工山东日照石油公司	石油及制品批发	山东省日照市
江苏汇鸿国际集团针棉织品进出口有限公司	服装批发	江苏省南京市
甘肃省烟草公司兰州市公司	烟草制品批发	甘肃省兰州市
江西省烟草公司九江分公司	烟草制品批发	江西省九江市
永恩投资(集团)有限公司	鞋帽批发	福建省莆田市
广州纺织品进出口集团有限公司	纺织品、针织品及原料批发	广东省广州市
江阴苏龙电力燃料有限公司	煤炭及制品批发	江苏省无锡市
安徽省烟草公司安庆分公司	烟草制品批发	安徽省安庆市
江阴市长江钢管有限公司	金属及金属矿批发	江苏省无锡市
中国石油天然气股份有限公司河北保定销售分公司	石油及制品批发	河北省保定市
中国石油化工股份有限公司江西宜春石油分公司	石油及制品批发	江西省宜春市
山东泰安烟草有限公司	烟草制品批发	山东省泰安市
衢州市烟草专卖局	烟草制品批发	浙江省衢州市
中国机械进出口(集团)有限公司	其他机械设备及电子产品批发	北京市西城区
晋城市泽州公路煤炭销售有限公司	煤炭及制品批发	山西省晋城市
中移鼎讯通信股份有限公司	通讯及广播电视设备批发	北京市宣武区
沾化王尔庄海产品有限公司	肉、禽、蛋及水产品批发	山东省滨州市
中国石油天然气股份有限公司河南郑州销售分公司	石油及制品批发	河南省郑州市
浙江物产元通机电(集团)有限公司	其他机械设备及电子产品批发	浙江省杭州市
河南省烟草公司周口市公司	烟草制品批发	河南省周口市
福建省闽侯永辉商业有限公司	贸易经纪与代理	福建省福州市
洽洽食品股份有限公司	其他食品批发	安徽省合肥市
四川省烟草公司绵阳市公司	烟草制品批发	四川省绵阳市
中国石油化工股份有限公司河北承德石油分公司	石油及制品批发	河北省承德市
四川省烟草公司宜宾市公司	烟草制品批发	四川省宜宾市
四川陆地石油销售有限责任公司	石油及制品批发	四川省德阳市
中国石油化工股份有限公司山东枣庄石油分公司	石油及制品批发	山东省枣庄市
内蒙古自治区烟草公司包头市公司	烟草制品批发	内蒙古包头市
江西省烟草公司抚州分公司	烟草制品批发	江西省抚州市
山东淄博烟草有限公司	烟草制品批发	山东省淄博市
湖北省烟草公司宜昌市公司	烟草制品批发	湖北省宜昌市
中国石油化工股份有限公司河南三门峡石油分公司	石油及制品批发	河南省三门峡市
江苏省苏舜工贸集团有限公司	汽车、摩托车及零配件批发	江苏省南京市
河南省烟草公司平顶山分公司	烟草制品批发	河南省平顶山市
湖北省烟草公司襄樊分公司	烟草制品批发	湖北省襄樊市
中国石油天然气股份有限公司新疆库尔勒销售分公司	石油及制品批发	新疆维吾尔自治区巴音郭楞蒙古自治州
斯凯孚(中国)销售有限公司	其他机械设备及电子产品批发	上海市市辖区
广东烟草江门市有限公司	烟草制品批发	广东省江门市
苏州恒润进出口有限公司	服装批发	江苏省苏州市
真维斯服饰(中国)有限公司	服装批发	广东省惠州市
云南省烟草公司普洱分公司	烟草制品批发	云南省普洱市
中油燃气有限责任公司	石油及制品批发	北京市朝阳区
中国石油天然气股份有限公司渭南销售分公司	石油及制品批发	陕西省渭南市
江西省烟草公司宜春市公司(江西省宜春市烟草专卖局)	烟草制品批发	江西省宜春市

4-1 续表 11

企业名称	所属行业	企业所在地
联强国际贸易(中国)有限公司	计算机、软件及辅助设备批发	上海市市辖区
南京医药合肥天星有限公司	西药批发	安徽省合肥市
浙江省茶叶集团有限公司	服装批发	浙江省杭州市
中油吉林松原销售分公司	石油及制品批发	吉林省松原市
中国石油化工股份有限公司广东梅州石油分公司	石油及制品批发	广东省梅州市
诸城雷沃际重工车辆销售有限公司	汽车、摩托车及零配件批发	山东省潍坊市
上海九州通医药有限公司	中药材及中成药批发	上海市市辖区
湖北联谊实业集团有限公司	其他化工产品批发	湖北省武汉市
湖北银丰实业集团	棉、麻批发	湖北省武汉市
湖南省烟草公司湘西自治州公司	饮料及茶叶批发	湖南省湘西土家族苗族自治州
陕西省烟草公司咸阳市公司	烟草制品批发	陕西省咸阳市
厦门七匹狼服装营销有限公司	服装批发	福建省厦门市
吉林省烟草公司吉林市公司	烟草制品批发	吉林省吉林市
山东格力电器市场营销有限公司	家用电器批发	山东省济南市
上海新宇钟表集团有限公司	其他日用品批发	上海市市辖区
内盟古铁鑫煤化有限公司	煤炭及制品批发	内蒙古自治区包头市
广州中邮普泰移动通信设备有限责任公司	通讯及广播电视设备批发	广东省广州市
广东烟草揭阳市有限公司	烟草制品批发	广东省揭阳市
黑龙江省农业机械有限责任公司	农业机械批发	黑龙江省哈尔滨市
中国石油天然气股份有限公司浙江宁波销售分公司	石油及制品批发	浙江省宁波市
联强国际贸易(中国)有限公司广州分公司	计算机、软件及辅助设备批发	广东省广州市
山西省烟草公司大同市公司	烟草制品批发	山西省大同市
中国石油化工股份有限公司广西钦州石油分公司	石油及制品批发	广西壮族自治区钦州市
中国石油天然气股份有限公司新疆阿克苏销售分公司	石油及制品批发	新疆维吾尔自治区阿克苏地区
河北省烟草公司邢台市公司	烟草制品批发	河北省邢台市
新疆生产建设兵团棉麻公司	棉、麻批发	新疆维吾尔自治区乌鲁木齐市
东北制药集团公司供销公司	西药批发	辽宁省沈阳市
长沙双鹤医药有限责任公司	中药材及中成药批发	湖南省长沙市
中国石油化工股份有限公司河南焦作石油分公司	石油及制品批发	河南省焦作市
山东九州通医药有限公司	西药批发	山东省济南市
中国石油股份有限公司内蒙古巴彦淖尔分公司	石油及制品批发	内蒙古自治区巴彦淖尔市
安徽徽商农家福有限公司	化肥批发	安徽省合肥市
内蒙古自治区烟草公司呼和浩特市分公司	烟草制品批发	内蒙古自治区呼和浩特市
中国石油化工股份有限公司河南平顶山石油分公司	石油及制品批发	河南省平顶山市
重庆桐君阁股份有限公司	中药材及中成药批发	重庆市市辖区
中国石油化工股份有限公司浙江衢州石油分公司	石油及制品批发	浙江省衢州市
中国石油天然气股份有限公司陕西榆林销售分公司	石油及制品批发	陕西省榆林市
福建省烟草公司莆田分公司	烟草制品批发	福建省莆田市
河北东盛英华医药有限公司	西药批发	河北省邢台市
江苏省烟草公司淮安市公司	烟草制品批发	江苏省淮安市
中域电讯连锁集团股份有限公司	通讯及广播电视设备批发	广东省东莞市
中国石油天然气股份有限公司辽宁盘锦销售分公司	石油及制品批发	辽宁省盘锦市
新疆维吾尔自治区烟草公司乌鲁木齐分公司	烟草制品批发	新疆维吾尔自治区乌鲁木齐市
山东聊城烟草有限公司	烟草制品批发	山东省聊城市

4-1 续表 12

企业名称	所属行业	企业所在地
广东烟草清远市有限公司	烟草制品批发	广东省清远市
安徽省烟草公司滁州市公司	烟草制品批发	安徽省滁州市
合肥中建工程机械有限公司	其他机械设备及电子产品批发	安徽省合肥市
广东烟草韶关市有限公司	烟草制品批发	广东省韶关市
湖北省烟草公司孝感市公司	烟草制品批发	湖北省孝感市
广东烟草河源市有限责任公司	烟草制品批发	广东省河源市
江西抚州石油公司	石油及制品批发	江西省抚州市
中国石油化工股份有限公司山西朔州石油分公司	石油及制品批发	山西省朔州市
中国石油天然股份有限公司新疆喀什销售分公司	石油及制品批发	新疆维吾尔自治区喀什地区
上海新联纺进出口有限公司	纺织品、针织品及原料批发	上海市市辖区
山西省烟草公司晋中市公司	烟草制品批发	山西省晋中市
松下电工(中国)有限公司	五金、交电批发	北京市朝阳区
中国石油天燃气股份有限公司广东湛江销售分公司	石油及制品批发	广东省湛江市
广东烟草茂名市有限责任公司	烟草制品批发	广东省茂名市
上海浦星贸易有限公司	其他食品批发	上海市市辖区
中石化安徽蚌埠石油公司	石油及制品批发	安徽省蚌埠市
四川省烟草公司德阳市公司	烟草制品批发	四川省德阳市
北京市糖业烟酒公司	饮料及茶叶批发	北京市崇文区
内蒙古伊利实业股份有限公司广州分公司	饮料及茶叶批发	广东省广州市
山西省煤炭运销集团朔州有限公司	煤炭及制品批发	山西省朔州市
江苏省食品集团有限公司	肉禽、蛋及水产品批发	江苏省南京市
中国石油化工股份有限公司云南玉溪石油分公司	石油及制品批发	云南省玉溪市
东陶(中国)有限公司	厨房、卫生间用具及日用杂货批发	北京市朝阳区
广西壮族自治区烟草公司桂林市公司	烟草制品批发	广西壮族自治区桂林市
四川省烟草公司南充市公司	烟草制品批发	四川省南充市
陕西省烟草公司榆林市公司	烟草制品批发	陕西省榆林市
中国石油天然气股份有限公司辽宁辽阳销售分公司	石油及制品批发	辽宁省辽阳市
美敦力医疗用品技术服务(上海)有限公司	医疗用品及器材批发	上海市市辖区
中油股份陕西咸阳销售分公司	石油及制品批发	陕西省咸阳市
华润水泥投资有限公司	建材批发	广东省深圳市
昆明船舶设备集团有限公司	其他机械设备及电子产品批发	云南省昆明市
无锡市华友特钢有限公司	金属及金属矿批发	江苏省无锡市
青岛福兴祥商品配送有限公司	米、面制品及食用油批发	山东省青岛市
中国石油化工股份有限公司河北衡水石油分公司	石油及制品批发	河北省衡水市
中国石油化工股份有限公司广西河池石油分公司	石油及制品批发	广西壮族自治区河池市
四川省医药有限公司	西药批发	四川省成都市
中国石油化工股份有限公司广东阳江分公司	石油及制品批发	广东省阳江市
福建省烟草公司宁德分公司	烟草制品批发	福建省宁德市
中国石油天然气股份有限公司黑龙江佳木斯销售分公司	石油及制品批发	黑龙江省佳木斯市
北京旭阳宏业化工有限公司	煤炭及制品批发	北京市丰台区
河南省烟草公司安阳市公司	烟草制品批发	河南省安阳市
贵州省烟草公司黔南分公司	烟草制品批发	贵州省黔南州
中国石油化工股份有限公司安徽淮南分公司	石油及制品批发	安徽省淮南市
烟台市农业生产资料总公司	化肥批发	山东省烟台市

4-1 续表 13

企业名称	所属行业	企业所在地
中国石油天然气股份有限公司辽宁葫芦岛销售分公司	石油及制品批发	辽宁省葫芦岛市
南京华东医药有限责任公司	西药批发	江苏省南京市
福建省福农农资集团有限公司	化肥批发	福建省福州市
河南省烟草公司三门峡市公司	烟草制品批发	河南省三门峡市
安徽省烟草公司巢湖市公司	烟草制品批发	安徽省巢湖市
北京市京新龙医药销售有限公司	西药批发	北京市朝阳区
贵州省烟草公司六盘水市公司	烟草制品批发	贵州省六盘水市
中国石油化工股份有限公司云南楚雄石油分公司	石油及制品批发	云南省楚雄州
莫仕商贸(上海)有限公司	其他机械设备及电子产品批发	上海市市辖区
山东德州烟草有限公司	烟草制品批发	山东省德州市
中国石油天然气股份有限公司四川德阳销售分公司	石油及制品批发	四川省德阳市
中国石油天然气股份有限公司吉林延边销售分公司	石油及制品批发	吉林省延边市
中国石油新疆昌吉销售公司	石油及制品批发	新疆维吾尔自治区昌吉市
深圳一致药业股份有限公司	西药批发	广东省深圳市
哈药集团三精医药商贸有限公司	西药批发	黑龙江省哈尔滨市
中国石油化工股份有限公司驻马店分公司	石油及制品批发	河南省驻马店市
中国石油天然气股份有限公司山东烟台销售分公司	石油及制品批发	山东省烟台市
中国石油化工股份有限公司河南许昌石油分公司	石油及制品批发	河南省许昌市
科勒(中国)投资有限公司	厨房、卫生间用具及日用杂货批发	上海市市辖区
北京朝批商贸有限公司	其他日用品批发	北京市朝阳区
中国石油天然气股份有限公司辽宁朝阳销售分公司	石油及制品批发	辽宁省朝阳市
郑州海尔工贸有限公司	家用电器批发	河南省郑州市
贵州省黔西南州烟草公司	烟草制品批发	贵州省黔西南州
江西省烟草公司上饶分公司	烟草制品批发	江西省上饶市
河南省烟草公司新乡市公司	烟草制品批发	河南省新乡市
河南省新华书店	图书批发	河南省郑州市
中国石油天然气股份有限公司安徽合肥销售分公司	石油及制品批发	安徽省合肥市
中国石油化工股份有限公司安徽阜阳石油分公司	石油及制品批发	安徽省阜阳市
潍坊市钢联金属材料有限公司	金属及金属矿批发	山东省潍坊市
山西省烟草公司长治市公司	烟草制品批发	山西省长治市
山东枣庄烟草有限公司	烟草制品批发	山东省枣庄市
江苏开元国际集团轻工业品进出口股份有限公司	纺织品、针织品及原料批发	江苏省南京市
中国石油化工股份有限公司河北张家口石油分公司	石油及制品批发	河北省张家口市
广东烟草肇庆市有限责任公司	烟草制品批发	广东省肇庆市
古驰(中国)贸易有限公司	服装批发	上海市市辖区
利星行机械(昆山)有限公司	其他机械设备及电子产品批发	江苏省苏州市
贵州省烟草公司铜仁分公司	烟草制品批发	贵州省铜仁市
四川省烟草公司达州市公司	烟草制品批发	四川省达州市
中国石油天然气股份有限公司河北石家庄销售分公司	石油及制品批发	河北省石家庄市
陕西省烟草公司渭南市公司	烟草制品批发	陕西省渭南市
南浦食品浦东分公司	其他食品批发	上海市市辖区
宝钢金属有限公司	金属及金属矿批发	上海市市辖区
中国石油天然气股份有限公司福建福州销售分公司	石油及制品批发	福建省福州市
黑河市石油天然气股份有限公司黑河分公司	石油及制品批发	黑龙江省黑河市

4-1　续表 14

企业名称	所属行业	企业所在地
江西省烟草公司吉安市公司	烟草制品批发	江西省吉安市
河南省烟草公司开封市公司	烟草制品批发	河南省开封市
中国石油天然气股份有限公司宁夏银川销售公司	石油及制品批发	宁夏回族自治区银川市
中国石油天然气股份有限公司鸡西销售分公司	石油及制品批发	黑龙江省鸡西市
温州人本机电城有限公司	其他机械设备及电子产品批发	浙江省温州市
重庆龙禹石油有限公司	石油及制品批发	重庆市市辖区
中国石油化工股份有限公司十堰分公司	石油及制品批发	湖北省十堰市
西藏自治区烟草公司	烟草制品批发	西藏自治区拉萨市
中国石油天然气股份有限公司四川广元销售分公司	石油及制品批发	四川省广元市
中铁大桥局集团武汉物资有限责任公司	金属及金属矿批发	湖北省武汉市
广东烟草中山市有限责任公司	烟草制品批发	广东省中山市
江西汇仁集团医药科研营销有限公司	中药材及中成药批发	江西省南昌市
江苏舜天国际集团机械进出口股份有限公司	其他机械设备及电子产品批发	江苏省南京市
广州市宏丽黄埔百货有限公司	米、面制品及食用油批发	广东省广州市
常熟市交电家电有限责任公司	五金、交电批发	江苏省苏州市
河北德泽龙医药有限公司	西药批发	河北省石家庄市
福州华闽进出口有限公司	鞋帽批发	福建省福州市
中国石油天燃气股份有限公司内蒙古乌兰察布销售公司	石油及制品批发	内蒙古自治区乌兰察布市
中国电子器材总公司	其他机械设备及电子产品批发	北京市海淀区
杭州市轻工工艺纺织品进出口有限公司	服装批发	浙江省杭州市
广西壮族自治区烟草公司柳州市公司	烟草制品批发	广西壮族自治区柳州市
中国免税品(集团)有限责任公司	烟草制品批发	北京市东城区
安徽烟草公司宿州分公司	烟草制品批发	安徽省宿州市
山西省烟草公司忻州市分公司	烟草制品批发	山西省忻州市
河北烟草公司张家口分公司	烟草制品批发	河北省张家口市
河北省烟草公司廊坊市公司	烟草制品批发	河北省廊坊市
中国石油天然气股份有限公司辽宁阜新销售分公司	石油及制品批发	辽宁省阜新市
山东滨州烟草有限公司	烟草制品批发	山东省滨州市
国药控股湖北新龙有限公司	西药批发	湖北省武汉市
中国石油天燃气股份有限公司吉林白城分公司	石油及制品批发	吉林省白城市
格兰仕空调(中山)销售公司	家用电器批发	广东省中山市
中国石油化工股份有限公司河南开封石油分公司	石油及制品批发	河南省开封市
黑龙江省烟草公司齐齐哈尔分公司	烟草制品批发	黑龙江省齐齐哈尔市
三星爱商(天津)国际物流有限公司	贸易经纪与代理	天津市河西区
山西省烟草公司吕梁市公司	烟草制品批发	山西省吕梁市
宜家分拨(上海)有限公司	其他日用品批发	上海市市辖区
中国石油天然气股份有限公司新疆伊犁销售分公司	石油及制品批发	新疆维吾尔自治区伊犁州
江苏省苏盐连锁有限公司	盐及调味品批发	江苏省南京市
辽宁省烟草公司鞍山市公司	烟草制品批发	辽宁省鞍山市
山西省煤炭运销总公司临汾分公司乡宁县公司	煤炭及制品批发	山西省临汾市
湖南省新华书店有限责任公司	图书批发	湖南省长沙市
厦门夏商农产品集团有限公司	果品、蔬菜批发	福建省厦门市
华润雪花啤酒(中国)有限公司	饮料及茶叶批发	北京市东城区
中国石油山东济南销售分公司	石油及制品批发	山东省济南市

4-1 续表 15

企业名称	所属行业	企业所在地
浙江省烟草公司绍兴市分公司	烟草制品批发	浙江省绍兴市
山西省煤炭运销总公司晋中分公司寿阳县公司	煤炭及制品批发	山西省晋中市
中建材国际装备有限公司	建材批发	北京市海淀区
中国石油化工股份有限公司广东粤东石油公司	石油及制品批发	广东省汕头市
贵州省 烟草公司黔东南分公司	烟草制品批发	贵州省黔东南州
安徽百大电器连锁有限公司	家用电器批发	安徽省合肥市
中国石油天然气股份有限公司四川宜宾销售分公司	石油及制品批发	四川省宜宾市
山东省新华书店	图书批发	山东省济南市
云南省烟草公司临沧市公司	烟草制品批发	云南省临沧市
南京东沛国际贸易集团有限公司	五金、交电批发	江苏省南京市
中国石油化工股份有限公司安徽滁州石油分公司	石油及制品批发	安徽省滁州市
贵州贵铁物流有限公司	煤炭及制品批发	贵州省贵阳市
卡夫食品销售有限公司	糕点、糖果及糖批发	上海市市辖区
上海五金矿产进出口公司	金属及金属矿批发	上海市市辖区
广西辉煌交通石化有限公司	石油及制品批发	广西壮族自治区南宁市
安徽烟草公司蚌埠市公司	烟草制品批发	安徽省蚌埠市
黑龙江省烟草公司绥化市公司	烟草制品批发	黑龙江绥化市
河北省新华书店	图书批发	河北省石家庄市
内蒙古伊利实业集团股份有限公司武汉分公司	其他食品批发	湖北省武汉市
广东省烟草汕尾市有限公司	烟草制品批发	广东省汕尾市
中同石油天然气股份有限公司黑龙江双鸭山销售分公司	石油及制品批发	黑龙江双鸭山市
浙江五洲车辆有限公司	汽车、摩托车及零配件批发	浙江省温州市
江苏亚邦医药物流中心有限公司	西药批发	江苏省常州市
深圳市华孚进出口有限公司	纺织品、针织品及原料批发	广东省深圳市
内蒙古伊利实业集团股份有限公司成都分公司	其他食品批发	四川省成都市
临沂梅开置业有限公司	再生物资回收与批发	山东省临沂市
秦皇岛中油华奥销售有限公司	石油及制品批发	河北省秦皇岛市
金佰利(中国)有限公司	其他日用品批发	上海市市辖区
山东北药鲁抗有限公司	西药批发	山东省济宁市
平湖市独山港区港务有限公司	石油及制品批发	浙江省嘉兴市
中粮集团有限公司	谷物、豆及薯类批发	北京市东城区
陕西省烟草公司延安分公司	烟草制品批发	陕西省延安市
上海兰生股份有限公司	鞋帽批发	上海市市辖区
山东康惠医药有限公司	西药批发	山东省潍坊市
中国石油化工股份有限公司安徽巢湖石油分公司	石油及制品批发	安徽省巢湖市
北京双鹤药业经营有限责任公司	西药批发	北京市东城区
杭州巨星科技股份有限公司	五金、交电批发	浙江省杭州市
海南省烟草琼海公司	烟草制品批发	海南省琼海市
新时代健康产业(集团)有限公司	其他食品批发	北京市朝阳区
江苏省烟草公司连云港市公司	烟草制品批发	江苏省连云港市
安徽省烟草公司芜湖市公司	烟草制品批发	安徽省芜湖市
山东威海烟草有限公司	烟草制品批发	山东省威海市
广西壮族自治区烟草公司百色市公司	烟草制品批发	广西壮族自治区百色市
涟水今世缘酒业销售有限公司	饮料及茶叶批发	江苏省淮安市

4-1 续表 16

企业名称	所属行业	企业所在地
温州金州集团有限公司	鞋帽批发	浙江省温州市
内蒙古鄂尔多斯烟草分公司	烟草制品批发	内蒙古鄂尔多斯市
陕西省烟草公司宝鸡市分公司	烟草制品批发	陕西省宝鸡市
奥康鞋业销售有限公司	鞋帽批发	浙江省温州市
中国石油天然气股份有限公司山东潍坊销售分公司	石油及制品批发	山东省潍坊市
安徽省烟草公司亳州市公司	烟草制品批发	安徽省亳州市
广东烟草普宁市有限责任公司	烟草制品批发	广东省揭阳市
雅诗兰黛(上海)商贸有限公司	化妆品及卫生用品批发	上海市市辖区
山东赛非尔珠宝首饰有限公司	首饰、工艺品及收藏品批发	山东省潍坊市
深圳市嘉康食品有限公司	肉、禽、蛋及水产品批发	广东省深圳市
安徽省烟草公司淮南市公司	烟草制品批发	安徽省淮南市
新疆兵团农七师供销合作总公司	棉、麻批发	新疆维吾尔自治区伊犁州
安徽省烟草公司宣城市公司	烟草制品批发	安徽省宣城市
北京首创轮胎有限责任公司	汽车、摩托车及零配件批发	北京市海淀区
济南药业集团有限责任公司	中药材及中成药批发	山东省济南市
山东日照烟草有限公司	烟草制品批发	山东省日照市
贵州省烟草公司安顺分公司	烟草制品批发	贵州省安顺市
江苏九州通医药有限公司	西药批发	江苏省南京市
天津老板娘水产食品物流有限公司	其他食品批发	天津市北辰区
河北省烟草公司承德市公司	烟草制品批发	河北省承德市
深圳市燃气集团有限公司	石油及制品批发	广东省深圳市
山西煤炭运销集团吕梁有限公司	煤炭及制品批发	山西省吕梁市
中建材国际贸易有限公司	建材批发	北京市海淀区
中国石油化工股份有限公司周口公司	石油及制品批发	河南省周口市
中国石油天然气股份有限公司四川南充销售分公司	石油及制品批发	四川省南充市
江西江中医贸有限责任公司	中药材及中成药批发	江西省南昌市
中国石油甘肃白银销售分公司	石油及制品批发	甘肃省白银市
上海华普汽车销售有限公司	其他机械设备及电子产品批发	上海市市辖区
山东齐鲁万和医药营销有限公司	医疗用品及器材批发	山东省济南市
湖北省新华书店	图书批发	湖北省武汉市
安徽轻工国际贸易有限公司	其他日用品批发	安徽省合肥市
黑龙江省烟草公司大庆分公司	烟草制品批发	黑龙江大庆市
青海省烟草公司西宁市公司	烟草制品批发	青海省西宁市
浙江杭叉工程机械集团股份有限公司	其他机械设备及电子产品批发	浙江省杭州市
青岛益佳国际贸易集团有限公司	服装批发	山东省青岛市
广东烟草潮阳有限公司	烟草制品批发	广东省汕头市
中石化安徽宣城石油分公司	石油及制品批发	安徽省宣城市
四川省烟草公司乐山分公司	烟草制品批发	四川省乐山市
新疆兵团农三师棉麻公司	棉、麻批发	新疆维吾尔自治区喀什地区
江苏省烟草公司宿迁市公司	烟草制品批发	江苏省宿迁市
中油黑龙江牡丹江销售分公司	石油及制品批发	黑龙江牡丹江市
广州采芝林药业有限公司	中药材及中成药批发	广东省广州市
浙江凯喜雅国际股份有限公司	纺织品、针织品及原料批发	浙江省杭州市
渤海石油物资供应有限责任公司	石油及制品批发	天津市塘沽区

4-1 续表 17

企业名称	所属行业	企业所在地
中国药材集团公司	中药材及中成药批发	北京市海淀区
松下电器(中国)有限公司广州分公司	家用电器批发	广东省广州市
四川领跑体育用品有限公司	服装批发	四川省成都市
中国石油化工股份有限公司湖北荆门石油分公司	石油及制品批发	湖北省荆门市
中国石油天然气股份有限公司陕西汉中分销售公司	石油及制品批发	陕西省汉中市
富士施乐实业发展(上海)有限公司	其他文化用品批发	上海市市辖区
江苏先声药业有限公司	西药批发	江苏省南京市
德利多富信息系统(上海)有限公司	计算机、软件及辅助设备批发	上海市市辖区
山东瑞康药品配送有限公司	西药批发	山东省烟台市
联新能源发展有限公司	石油及制品批发	广东省广州市
中国石油化工股份有限公司湖北咸宁分公司	其他未列明的批发	湖北省咸宁市
山西省农业生产资料公司	化肥批发	山西省太原市
重庆建设销售有限责任公司	汽车、摩托车及零配件批发	重庆市市辖区
中国石油化工股份有限公司贵州黔南石油分公司	石油及制品批发	贵州省黔南州
台州医药有限公司	西药批发	浙江省台州市
上海中燃船舶燃料有限公司	石油及制品批发	上海市市辖区
中国石油化工股份有限公司安徽芜湖石分公司	石油及制品批发	安徽省芜湖市
陕西省烟草公司安康市公司	烟草制品批发	陕西省安康市
无限极(中国)有限公司广州分公司	化妆品及卫生用品批发	广东省广州市
辽宁成大方圆医药有限公司	西药批发	辽宁省沈阳市
新世纪控股集团有限公司	五金、交电批发	浙江省台州市
北京周大福珠宝金行有限公司	首饰、工艺品及收藏品批发	北京市崇文区
中国石油天然气股份有限公司吉林通化销售分公司	石油及制品批发	吉林省通化市
河北省烟草公司衡水市公司	烟草制品批发	河北省衡水市
厦门青岛啤酒东南营销有限公司	饮料及茶叶批发	福建省厦门市
广东烟草珠海市有限公司	烟草制品批发	广东省珠海市
新疆生产建设兵团农业生产资料供应公司	化肥批发	新疆维吾尔自治区乌鲁木齐市
中国石油天然气股份有限公司新疆哈密销售分公司	石油及制品批发	新疆维吾尔自治区哈密地区
兄弟(中国)商业有限公司	其他机械设备及电子产品批发	上海市市辖区
北京骏马机械有限公司	其他机械设备及电子产品批发	北京市海淀区
云南省烟草公司丽江市公司	烟草制品批发	云南省丽江市
中国石油天然气股份有限公司河北唐山销售分公司	石油及制品批发	河北省唐山市
上海和氏璧化工有限公司	其他化工产品批发	上海市市辖区
中国石油天然气股份有限公司绥化分公司	石油及制品批发	黑龙江绥化市
上海市机械设备成套(集团)有限公司	其他机械设备及电子产品批发	上海市市辖区
绮丽集团有限责任公司	服装批发	山东省青岛市
浙江省烟草公司义乌市公司	烟草制品批发	浙江省金华市
中油宁夏石嘴山销售分公司	石油及制品批发	宁夏回族自治区石嘴山市
奥林巴斯(北京)销售服务有限公司	医疗用品及器材批发	北京市朝阳区
上海百红商业贸易有限公司	化妆品及卫生用品批发	上海市市辖区
农夫山泉(淳安坪山)有限公司	饮料及茶叶批发	浙江省杭州市
北京同仁堂健康药品经营有限公司	中药材及中成药批发	北京市朝阳区
山西煤炭运销集团临汾古县有限公司	煤炭及制品批发	山西省临汾市
安徽国生电器有限责任公司	家用电器批发	安徽省合肥市

4-1 续表 18

企业名称	所属行业	企业所在地
浙江中捷环洲供应链集团股份有限公司	金属及金属矿批发	浙江省台州市
四川省烟草公司眉山分公司	烟草制品批发	四川省眉山市
美罗药业股份有限公司	西药批发	辽宁省大连市
深圳创维RGB电子有限公司江苏分公司	家用电器批发	江苏省南京市
中油宁夏吴忠销售分公司	石油及制品批发	宁夏回族自治区吴忠市
中国石油天然气股份有限公司甘肃定西销售分公司	石油及制品批发	甘肃省定西市
内蒙古自治区烟草公司赤峰市公司	烟草制品批发	内蒙古自治区赤峰市
湖北省烟草公司十堰市公司	烟草制品批发	湖北省十堰市
河北省烟草公司秦皇岛市公司	烟草制品批发	河北省秦皇岛市
四川省烟草公司内江分公司	烟草制品批发	四川省内江市
中国石油天然气股份有限公司河北沧州销售分公司	石油及制品批发	河北省沧州市
中国石油化工股份有限公司江西新余石油分公司	石油及制品批发	江西省新余市
云南省烟草烟叶公司	其他未列明的批发	云南省昆明市
上海烟草集团黄浦烟草糖酒有限公司	烟草制品批发	上海市市辖区
河南省烟草公司濮阳市公司	烟草制品批发	河南省濮阳市
中国石油化工股份有限公司黔东南石油分公司	石油及制品批发	贵州省黔东南州
山东瑞中医药有限公司	西药批发	山东省济宁市
广州市振戎燃气连锁经营有限公司	石油及制品批发	广东省广州市
湖南省郴州市烟草公司桂阳县分公司	烟草制品批发	湖南省郴州市
云南金六福酒业有限公司	饮料及茶叶批发	云南省迪庆市
四川省烟草公司资阳分公司	烟草制品批发	四川省资阳市
山西省煤炭运销总公司临汾分公司尧都区公司	煤炭及制品批发	山西省临汾市
中国石油天然气股份有限公司河北廊坊销售分公司	石油及制品批发	河北省廊坊市
伊藤忠纤维贸易(中国)有限公司	纺织品、针织品及原料批发	上海市市辖区
广东省食品进出口集团公司	肉、禽、蛋及水产品批发	广东省广州市
吉林省烟草公司松原市分公司	烟草制品批发	吉林省松原市
广州华新商贸有限公司	饮料及茶叶批发	广东省广州市
大金(中国)投资有限公司广州分公司	其他机械设备及电子产品批发	广东省广州市
厦门医药采购供应站	西药批发	福建省厦门市
陕西省烟草公司汉中市公司	烟草制品批发	陕西省汉中市
四川省烟草公司广元市公司	烟草制品批发	四川省广元市
广西壮族自治区烟草公司河池分公司	烟草制品批发	广西壮族自治区河池市
淄博市兴鲁化工有限公司	其他化工产品批发	山东省淄博市
淄博喜来登百货有限公司	服装批发	山东省淄博市
辽宁省烟草公司锦州市公司	烟草制品批发	辽宁省锦州市
安徽省服装进出口股份有限公司	服装批发	安徽省合肥市
宁夏回族自治区烟草公司银川市公司	烟草制品批发	宁夏回族自治区银川市
湖南省轻工盐业集团有限责任公司	盐及调味品批发	湖南省长沙市
芜湖中油石油有限公司	石油及制品批发	安徽省芜湖市
中国石油天然气有限公司甘肃陇南销售分公司	石油及制品批发	甘肃省陇南市
山东福田雷沃重工国际贸易有限公司	农业机械批发	山东省潍坊市
四川省烟草公司遂宁市公司	烟草制品批发	四川省遂宁市
湖南省茶业有限公司	饮料及茶叶批发	湖南省长沙市
安阳市万科石化有限责任公司	石油及制品批发	河南省安阳市

4-1 续表 19

企业名称	所属行业	企业所在地
周大福珠宝金行(苏州)有限公司	首饰、工艺品及收藏品批发	江苏省苏州市
葵花药业集团药业有限公司	中药材及中成药批发	黑龙江省哈尔滨市
江苏双沟酒业股份有限公司	其他食品批发	江苏省宿迁市
重庆市油脂公司	米、面制品及食用油批发	重庆市市辖区
中国石油化工股份有限公司湖北恩施石油分公司	石油及制品批发	湖北省恩施市
辽宁省烟草公司抚顺市公司	烟草制品批发	辽宁省抚顺市
厦门森那美信昌机器工程有限公司	其他机械设备及电子产品批发	福建省厦门市
中国石油化工股份有限公司江西景德镇石油分公司	石油及制品批发	江西省景德镇市
北京伊藤忠华糖综合加工有限公司	其他食品批发	北京市朝阳区
中国石油化工股份有限公司江西萍乡石油分公司	石油及制品批发	江西省萍乡市
北京福田国际贸易有限公司	汽车、摩托车及零配件批发	北京市昌平区
河南省烟草公司焦作市公司	烟草制品批发	河南省焦作市
上海罗捷斯迪电子有限公司	通讯及广播电视设备批发	上海市市辖区
海南省烟草公司三亚公司	烟草制品批发	海南省三亚市
重庆九州通医药有限公司	西药批发	重庆市市辖区
上海太太乐食品有限公司	盐及调味品批发	上海市市辖区
洛阳兴元铜业有限责任公司	金属及金属矿批发	河南省洛阳市
库柏电气(上海)有限公司	贸易经纪与代理	上海市市辖区
左权县煤炭运销公司	煤炭及制品批发	山西省晋中市
湖北省烟草公司黄石市公司	烟草制品批发	湖北省黄石市
广东烟草阳江市有限责任公司	烟草制品批发	广东省阳江市
北京讯宜创新电子有限公司	计算机、软件及辅助设备批发	北京市海淀区
山西烟草公司晋城分公司	烟草制品批发	山西省晋城市
广东华农温氏畜牧股份有限公司	肉、禽、蛋及水产品批发	广东省云浮市
广州大参林药业有限公司	中药材及中成药批发	广东省广州市
晋城市阳城公路煤炭销售有限公司	煤炭及制品批发	山西省晋城市
广西格力空调销售有限责任公司	其他机械设备及电子产品批发	广西壮族自治区南宁市
四川省烟草公司泸州分公司	烟草制品批发	四川省泸州市
成都泰立电信商场连锁有限公司	通讯及广播电视设备批发	四川省成都市
中国石油天然气股份有限公司浙江杭州销售分公司	石油及制品批发	浙江省杭州市
北京中邮普泰移动通信设备有限责任公司	通讯及广播电视设备批发	北京市丰台区
江西仁和药业有限公司	中药材及中成药批发	江西省宜春市
四川省烟草公司广安分公司	烟草制品批发	四川省广安市
哈尔滨海尔工贸有限公司	家用电器批发	黑龙江省哈尔滨市
深圳创维-RGB有限公司山东分公司	家用电器批发	山东省济南市
中国石油化工股份有限公司河南石油分公司	石油及制品批发	河南省郑州市
中国集邮总公司	首饰、工艺品及收藏品批发	北京市崇文区
内蒙古伊利实业集团股份有限公司天津分公司	其他食品批发	天津市河东区
上海烟草集团虹口烟草糖酒有限公司	烟草制品批发	上海市市辖区
山西煤炭运销集团阳泉郊区有限公司	煤炭及制品批发	山西省阳泉市
江西四特酒营销有限责任公司	其他食品批发	江西省宜春市
郑州发展贸易有限公司	金属及金属矿批发	河南省郑州市
吉林省烟草公司延边州公司	烟草制品批发	吉林省延边市
保定市保北医药药材有限责任公司	西药批发	河北省保定市

4-1 续表 20

企业名称	所属行业	企业所在地
上海蒙牛乳业有限公司	其他食品批发	上海市市辖区
山西省煤炭运销公司晋中分公司昔阳县公司	煤炭及制品批发	山西省晋中市
山东东营烟草有限公司	烟草制品批发	山东省东营市
上海东索贸易有限公司	其他食品批发	上海市市辖区
安徽阜阳医药集团有限公司	西药批发	安徽省阜阳市
辽宁省烟草公司营口市分公司	烟草制品批发	辽宁省营口市
太原晋太实业(集团)有限公司	其他机械设备及电子产品批发	山西省太原市
中国石化销售有限公司西北新疆阿克苏分公司	石油及制品批发	新疆维吾尔自治区阿克苏地区
大昌洋行(上海)有限公司	西药批发	上海市市辖区
黑龙江中储粮虎林直属库	谷物、豆及薯类批发	黑龙江省鸡西市
沈阳铁道金属物资有限公司	金属及金属矿批发	辽宁省沈阳市
卡西欧电子(深圳)有限公司	其他机械设备及电子产品批发	广东省深圳市
北京中石化燃气有限公司	石油及制品批发	北京市房山区
上海中邮普泰移动通信设备有限责任公司	通讯及广播电视设备批发	上海市市辖区
中国石油天然气股份有限公司河北秦皇岛销售分公司	石油及制品批发	河北省秦皇岛市
福建九州通医药有限公司	西药批发	福建省福州市
中国石油天然气股份有限公司新疆吐鲁番销售分公司	石油及制品批发	新疆维吐鲁番地区
中国石油天然气股份有限公司吉林白山销售分公司	石油及制品批发	吉林省白山市
中国石油天然气股分有限公司黑龙江七台河销售分公司	石油及制品批发	黑龙江七台河市
辽宁省烟草公司朝阳市公司	烟草制品批发	辽宁省朝阳市
中国烟草总公司辽宁葫芦岛分公司	烟草制品批发	辽宁省葫芦岛市
中国石油天然气股份有限公司黑龙江尚志销售分公司	石油及制品批发	黑龙江省哈尔滨市
山东瑞中医药销售公司	中药材及中成药批发	山东省济宁市
襄垣县运销公司	煤炭及制品批发	山西省长治市
江阴海澜之家供应链管理有限公司	纺织品、针织品及原料批发	江苏省无锡市
甘肃省烟草公司天水分公司	烟草制品批发	甘肃省天水市
佛山市顺德区越大化工贸易有限公司	其他化工产品批发	广东省佛山市
浙江中通通信有限公司	通讯及广播电视设备批发	浙江省杭州市
浙江省烟草公司金华市公司	烟草制品批发	浙江省金华市
昌吉回族自治州粮油购销(集团)有限责任公司	谷物、豆及薯类批发	新疆维吾尔自治区昌吉市
广西壮族自治区烟草公司贵港市公司	烟草制品批发	广西壮族自治区贵港市
华北制药股份有限公司销售分公司	西药批发	河北省石家庄市
山西新华书店集团有限公司	图书批发	山西省太原市
辽宁省烟草公司丹东市公司	烟草制品批发	辽宁省丹东市
重庆科渝药品经营有限公司	西药批发	重庆市市辖区
理光(中国)投资有限公司	其他机械设备及电子产品批发	上海市市辖区
中国石油天然气股份有限公司新疆阿勒泰销售分公司	石油及制品批发	新疆维吾尔自治区阿勒泰市
辽宁省烟草公司铁岭市公司	烟草制品批发	辽宁省铁岭市
格兰富水泵(上海)有限公司	其他机械设备及电子产品批发	上海市市辖区
四川省烟草公司攀枝花市公司	烟草制品批发	四川省攀枝花市
中国石油天然气股份有限公司上海销售嘉兴分公司	石油及制品批发	浙江省嘉兴市
中国石油天然股份有限公司淄博销售公司	石油及制品批发	山东省淄博市
北京明珠新兴格力空调销售有限公司	家用电器批发	北京市朝阳区
中国石油化工股份有限公司山东莱芜石油分公司	石油及制品批发	山东省莱芜市

4-1 续表 21

企业名称	所属行业	企业所在地
广州开发区中穗燃气有限公司	石油及制品批发	广东省广州市
广东省肇庆土产进出口公司	米、面制品及食用油批发	广东省肇庆市
山特维克工具商贸(上海)有限公司	贸易经纪与代理	上海市市辖区
先正达(中国)投资有限公司	农药批发	北京市东城区
景德镇市烟草公司	烟草制品批发	江西省景德镇市
辽宁成大股份有限公司	纺织品、针织品及原料批发	辽宁省大连市
江苏文峰电器有限公司	家用电器批发	江苏省南通市
京瓷(天津)商贸有限公司	其他机械设备及电子产品批发	天津市河西区
重庆市盐业总公司	盐及调味品批发	重庆市市辖区
卡西欧(上海)贸易有限公司	家用电器批发	上海市市辖区
四川本草堂药业有限公司	西药批发	四川省成都市
柯尼卡美能达办公系统(中国)有限公司	其他机械设备及电子产品批发	上海市市辖区
湖北省烟草公司咸宁市分公司	烟草制品批发	湖北咸宁市
深圳市华成峰实业有限公司	其他机械设备及电子产品批发	广东省深圳市
礼来国际贸易(上海)有限公司	贸易经纪与代理	上海市市辖区
山西煤炭运销集团晋中和顺有限公司	煤炭及制品批发	山西省晋中市
北京蒙牛宏达乳制品有限责任公司	其他食品批发	北京市丰台区
黑龙江省烟草公司佳木斯分公司	烟草制品批发	黑龙江省佳木斯市
中国石油化工股份有限公司马鞍山市石油分公司	石油及制品批发	安徽省马鞍山市
中国石油广西柳州销售分公司	石油及制品批发	广西壮族自治区柳州市
沈阳神州数码有限公司	计算机、软件及辅助设备批发	辽宁省沈阳市
深圳市怡化电脑有限公司	计算机、软件及辅助设备批发	广东省深圳市
安徽省烟草公司池州市公司	烟草制品批发	安徽省池州市
南京TCL电器销售有限公司	家用电器批发	江苏省南京市
上海青岛啤酒华东销售有限公司	其他食品批发	上海市市辖区
中山榄菊销售有限公司	其他日用品批发	广东省中山市
安徽省烟草公司马鞍山市公司	烟草制品批发	安徽省马鞍山市
济南TCL电器销售有限公司	家用电器批发	山东省济南市
陕西省烟草公司商洛市公司	烟草制品批发	陕西省商洛市
香奈儿(中国)贸易有限公司	化妆品及卫生用品批发	上海市市辖区
广西新华书店集团有限公司	图书批发	广西壮族自治区南宁市
四川省烟草公司自贡分公司	烟草制品批发	四川省自贡市
熠晖冶金集团有限责任公司	金属及金属矿批发	四川省成都市
黑龙江省烟草公司牡丹江分公司	烟草制品批发	黑龙江牡丹江
珠海格力电器销售有限公司	家用电器批发	广东省珠海市
维维乳业有限公司销售分公司	饮料及茶叶批发	江苏省徐州市
内蒙古烟草公司巴彦淖尔市分公司	烟草制品批发	内蒙古自治区巴彦淖尔市
郑州铁路煤炭运销公司	煤炭及制品批发	河南省郑州市
中国石油天然气股份有限公司甘肃武威销售分公司	石油及制品批发	甘肃省武威市
江西省烟草公司萍乡市公司	烟草制品批发	江西省萍乡市
国药控股(郑州)九瑞股份有限公司	中药材及中成药批发	河南省郑州市
裕程(昆山)体育用品有限公司	体育用品批发	江苏省苏州市
宁波博洋服饰有限公司	服装批发	浙江省宁波市
深圳市齐普生信息科技有限公司	计算机、软件及辅助设备批发	广东省深圳市

4-1 续表 22

企业名称	所属行业	企业所在地
百朗商贸(深圳)有限公司	鞋帽批发	广东省深圳市
山特维克矿山工程机械贸易(上海)有限公司	其他机械设备及电子产品批发	上海市市辖区
河南省烟草公司漯河市公司	烟草制品批发	河南省漯河市
福建省医药(集团)有限责任公司	西药批发	福建省福州市
天津里碑冷轧板材有限公司	金属及金属矿批发	天津市河西区
杭州梯西爱尔TCL电器销售有限公司	家用电器批发	浙江省杭州市
广西壮族自治区烟草公司梧州分公司	烟草制品批发	广西壮族自治区梧州市
周生生中国商业有限公司	首饰、工艺品及收藏品批发	广东省广州市
甘肃省烟草公司陇南分公司	烟草制品批发	甘肃省陇南市
中石化江西鹰潭石油分公司	石油及制品批发	江西省鹰潭市
重庆合智物业发展公司商贸公司涪陵合智商业广场分公司	纺织品、针织品及原料批发	重庆市市辖区
四川省烟草公司巴中分公司	烟草制品批发	四川省巴中市
湖南省烟草公司郴州市公司	烟草制品批发	湖南省郴州市
兴化市何姚废旧金属回收有限公司	再生物资回收与批发	江苏省泰州市
中化上海有限公司	其他化工产品批发	上海市市辖区
深圳健安医药有限公司	西药批发	广东省深圳市
中国航空技术国际控股有限公司	其他机械设备及电子产品批发	北京市朝阳区
宁波三江食品加工配送有限公司	其他食品批发	浙江省宁波市
上海动力燃料有限公司	煤炭及制品批发	上海市市辖区
南京医药(淮安)天颐有限公司	中药材及中成药批发	江苏省淮安市
内蒙古河套酒业集团销售有限责任公司	饮料及茶叶批发	内蒙古自治区巴彦淖尔市
安徽商之都股份有限公司	服装批发	安徽省合肥市
保定市银河棉业有限公司	棉、麻批发	河北省保定市
江苏蜂星电讯有限公司	通讯及广播电视设备批发	江苏省南京市
上海烟草(集团)嘉定烟草糖酒有限公司	烟草制品批发	上海市市辖区
山东新华医药贸易有限公司	西药批发	山东省淄博市
湖南双舟医药有限责任公司	西药批发	湖南省长沙市
中国石油天然气股份有限公司四川甘孜销售分公司	石油及制品批发	四川省甘孜藏族自治州
中国石油天然气股份有限公司四川雅安销售分公司	石油及制品批发	四川省雅安市
阿法拉伐(上海)技术有限公司	其他机械设备及电子产品批发	上海市市辖区
广东烟草南雄市有限公司	烟草制品批发	广东省韶关市
浙江震元股份有限公司	中药材及中成药批发	浙江省绍兴市
湖北省烟草公司随州市公司	烟草制品批发	湖北省随州市
吉林省烟草公司通化公司	烟草制品批发	吉林省通化市
贵州省新华书店	图书批发	贵州省贵阳市
山西省烟草公司朔州市公司	烟草制品批发	山西省朔州市
中国石油天然气股份有限公司河北邯郸销售分公司	石油及制品批发	河北省邯郸市
中国石油天然气股份有限公司广西桂林销售分公司	石油及制品批发	广西壮族自治区桂林市
上海思创服饰有限公司	服装批发	上海市市辖区
浙江美的制冷产品销售有限公司	家用电器批发	浙江省杭州市
内蒙古自治区烟草公司乌兰察布市公司	烟草制品批发	内蒙古自治区乌兰察布市
湖南大旺食品有限公司长沙分公司	其他食品批发	湖南省长沙市
辽宁恒力工程机械有限公司	汽车、摩托车及零配件批发	辽宁省沈阳市
广西壮族自治区烟草公司钦州市公司	烟草制品批发	广西壮族自治区钦州市

4-1 续表 23

企业名称	所属行业	企业所在地
怀仁县南窑联合运销站	煤炭及制品批发	山西省朔州市
吉林省烟草公司白城市分公司	烟草制品批发	吉林省白城市
中国石油天然气股份有限公司陕西商洛销售分公司	石油及制品批发	陕西省商洛市
黑龙江省烟草公司牡丹江烟叶公司	其他未列明的批发	黑龙江牡丹江市
江苏舜天股份有限公司	服装批发	江苏省南京市
迁安市九江煤炭储运有限公司	煤炭及制品批发	河北省唐山市
广州TCL电器销售有限公司	家用电器批发	广东省广州市
济南轻骑销售有限公司	汽车、摩托车及零配件批发	山东省济南市
中铁物资集团华北有限公司	金属及金属矿批发	河北省石家庄市
上海复星药业有限公司	中药材及中成药批发	上海市市辖区
深圳市金立通信设备有限公司	通讯及广播电视设备批发	广东省深圳市
三星电子(北京)技术服务有限公司	家用电器批发	北京市朝阳区
广州市粮食集团有限责任公司	米、面制品及食用油批发	广东省广州市
黑龙江省烟草公司哈尔滨烟叶公司	烟草制品批发	黑龙江省哈尔滨市
话机世界数码连锁集团股份有限公司	通讯及广播电视设备批发	浙江省杭州市
上海烟草集团闵行烟草糖酒有限公司	烟草制品批发	上海市市辖区
湖南省烟草公司常德市公司	烟草制品批发	湖南省常德市
重庆海尔家电销售有限公司销售分公司	家用电器批发	重庆市直辖市
中国石油天然气股份有限公司陕西安康销售分公司	石油及制品批发	陕西省安康市
广东烟草云浮市有限责任公司	烟草制品批发	广东省云浮市
广州市鼎尚股份有限公司	服装批发	广东省广州市
上海三枪(集团)有限公司	纺织品、针织品及原料批发	上海市市辖区
辽宁省烟草公司辽阳市公司	烟草制品批发	辽宁省辽阳市
中国石油天然气股份有限公司广西玉林销售分公司	石油及制品批发	广西壮族自治区玉林市
安徽省烟草公司淮北市公司	烟草制品批发	安徽省淮北市
中国石化销售有限公司西北青海分公司	石油及制品批发	青海省西宁市
中国石化销售有限公司西北宁夏分公司	石油及制品批发	宁夏回族自治区银川市
金利来(中国)有限公司广州分公司	服装批发	广东省广州市
中国仪器进出口(集团)公司	贸易经纪与代理	北京市西城区
合肥旺旺食品有限公司合肥分公司	其他食品批发	安徽省合肥市
中国石化西北公司内蒙古分公司	石油及制品批发	内蒙古自治区呼和浩特市
云南省机电设备总公司	汽车、摩托车及零配件批发	云南省昆明市
呼伦贝尔烟草公司	烟草制品批发	内蒙古自治区呼伦贝尔市
上海怡康化工材料有限公司	其他化工产品批发	上海市市辖区
天津市正泰实业总公司	家用电器批发	天津市河北区
中国石油天然气股份有限公司山东菏泽销售分公司	石油及制品批发	山东省菏泽市
山西省朔州矿业公司金沙滩煤炭集运站	煤炭及制品批发	山西省朔州市
中国石油化工股份有限公司安徽淮北石油分公司	石油及制品批发	安徽省淮北市
宜宾市智溢酒业有限公司	饮料及茶叶批发	四川省宜宾市
新疆维吾尔自治区新华书店	图书批发	新疆维吾尔自治区乌鲁木齐市
中国石油天然气股份有限公司山东枣庄销售分公司	石油及制品批发	山东省枣庄市
云南东骏药业有限公司	西药批发	云南省昆明市
安徽省烟草公司黄山市公司	烟草制品批发	安徽省黄山市
江苏华东苗禽交易市场	牲畜批发	江苏省苏州市

4-1 续表 24

企业名称	所属行业	企业所在地
江苏众诚鸭业有限公司	肉、禽、蛋及水产品批发	江苏省苏州市
云南英茂商务有限公司	汽车、摩托车及零配件批发	云南省昆明市
中国石油天然气股份有限公司青海销售公司格尔木分公司	石油及制品批发	青海省海西市
广东省中山食品进出口有限公司	肉、禽、蛋及水产品批发	广东省中山市
新泰市青龙路市场有限公司	其他农畜产品批发	山东省泰安市
北京新华书店首都发行所有限公司	图书批发	北京市通州区
深圳创维-RGB电子有限公司广州分公司	家用电器批发	广东省广州市
山西省朔州市矿业公司南窑出口煤站	煤炭及制品批发	山西省朔州市
绍兴市烟草公司嵊州分公司	烟草制品批发	浙江省绍兴市
浙江温岭医药药材有限公司	西药批发	浙江省台州市
中油青海海西销售公司	石油及制品批发	青海省海西州
上海恩德斯豪斯自动化设备有限公司	其他未列明的批发	上海市市辖区
浙江荣盛控股集团有限公司	其他化工产品批发	浙江省杭州市
合肥太古可口可乐饮料有限公司	饮料及茶叶批发	安徽省合肥市
中国石油天然气股份有限公司新疆和田销售公司	石油及制品批发	新疆维吾尔自治区和田市
湖南省烟草公司衡阳市公司	烟草制品批发	湖南省衡阳市
晋城市沁水县公路煤炭销售有限公司	煤炭及制品批发	山西省晋城市
昆明七彩云南实业股份有限公司	首饰、工艺品及收藏品批发	云南省昆明市
广州万力轮胎商贸有限公司	其他化工产品批发	广东省广州市
宁夏驰创贸易有限责任公司	煤炭及制品批发	宁夏回族自治区银川市
广西烟草公司贺州市公司	烟草制品批发	广西壮族自治区贺州市
中国石油天然气股份有限公司河北衡水销售分公司	石油及制品批发	河北省衡水市
湖南省烟草公司益阳分公司	烟草制品批发	湖南省益阳市
广东周大福珠宝金行有限公司	首饰、工艺品及收藏品批发	广东省广州市
中国烟草总公司黑龙江省鸡西分公司	烟草制品批发	黑龙江鸡西市
广东新华发行集团股份有限公司	图书批发	广东省广州市
中储发展股份有限公司衡阳分公司	金属及金属矿批发	湖南省衡阳市
重庆海尔家电销售有限公司武汉分公司	家用电器批发	湖北省武汉市
怀仁南窑煤业有限责任公司	煤炭及制品批发	山西省朔州市
中国石油化工股份有限公司普洱分公司	石油及制品批发	云南省普洱市
山西煤炭运销集团阳泉平定有限公司	煤炭及制品批发	山西省阳泉市
山东省万事达物资有限公司	贸易经纪与代理	山东省滨州市
中国石油天然气股份有限公司甘肃金昌销售分公司	石油及制品批发	甘肃省金昌市
中国石油天然气股份有限公司浙江舟山销售分公司	石油及制品批发	浙江省舟山市
常州糖烟酒股份有限公司	其他食品批发	江苏省常州市
内蒙古西蒙科工贸集团有限责任公司	煤炭及制品批发	内蒙古自治区呼和浩特市
甘肃省烟草公司庆阳分公司	烟草制品批发	甘肃省庆阳市
内蒙古伊利实业集团有限公司	其他农畜产品批发	黑龙江省大庆市
中国船舶燃料供应广州公司	石油及制品批发	广东省广州市
中粮食品蓬莱有限公司	饮料及茶叶批发	山东省烟台市
芜湖奇瑞汽车备件有限公司	汽车、摩托车及零配件批发	安徽省芜湖市
东莞市糖酒集团美宜佳便利店有限公司	其他食品批发	广东省东莞市
山东永弘机械销售有限公司	其他机械设备及电子产品批发	山东省烟台市
浙江经发实业集团有限公司	纺织品、针织品及原料批发	浙江省绍兴市

4-1 续表 25

企业名称	所属行业	企业所在地
甘肃省烟草公司定西分公司	烟草制品批发	甘肃省定西市
长沙TCL电器销售有限公司	家用电器批发	湖南省长沙市
广东烟草汕头市有限责任公司	烟草制品批发	广东省汕头市
天津港物资供应有限责任公司	建材批发	天津市保税区
喜来健医疗器械(北京)有限公司	医疗用品及器材批发	北京市朝阳区
南京新华海科技产业集团有限公司	计算机、软件及辅助设备批发	江苏省南京市
三菱电机空调影像设备(上海)有限公司	其他机械设备及电子产品批发	上海市市辖区
云南电力物资公司	金属及金属矿批发	云南省昆明市
武汉市南浦食品有限责任公司	其他食品批发	湖北省武汉市
中国石油天然气股份有限公司河北张家口销售分公司	石油及制品批发	河北省张家口市
河北恒祥医药集团有限公司	西药批发	河北省邢台市
山西亚宝医药经销有限公司	中药材及中成药批发	山西省运城市
山西省烟草公司阳泉市公司	烟草制品批发	山西省阳泉市
深圳市康帕斯科技发展有限公司	计算机、软件及辅助设备批发	广东省深圳市
海南神威药业有限公司	中药材及中成药批发	海南省儋州市
中国石油天然气股份有限公司驻马店分公司	金属及金属矿批发	河南省驻马店市
深圳市光汇石油化工股份有限公司	石油及制品批发	广东省深圳市
和记黄浦(中国)商贸有限公司	石油及制品批发	广东省广州市
南通美的制冷产品销售有限公司	家用电器批发	江苏省南通市
吉林省北方医药有限责任公司	西药批发	吉林省长春市
辽宁烟草公司本溪分公司	烟草制品批发	辽宁省本溪市
滕州市中浩伟业实业有限公司	盐及调味品批发	山东省枣庄市
浙江仙居制药销售有限公司	西药批发	浙江省台州市
上海烟草集团南汇烟草糖酒有限公司	烟草制品批发	上海市市辖区
福达(中国)投资有限公司	盐及调味品批发	广东省广州市
青州市黄楼弘秀花卉发展有限公司	其他农畜产品批发	山东省潍坊市
北京曲美馨家商业有限公司	其他日用品批发	北京市顺义区
新疆维吾尔自治区巴音郭楞蒙古自治州烟草公司	烟草制品批发	新疆维吾尔自治区巴州区
上海锐力运动用品有限公司	体育用品批发	上海市市辖区
重庆海尔家电销售有限公司青岛分公司	家用电器批发	山东省青岛市
北京美的空调销售有限公司	家用电器批发	北京市门头沟区
江苏华晓医药物流有限公司	西药批发	江苏省盐城市
北京青岛啤酒北方销售有限公司	饮料及茶叶批发	北京市密云县
万州烟草分公司	烟草制品批发	重庆市万州区
沈阳市第一粮库	米、面制品及食用油批发	辽宁省沈阳市
广西壮族自治区烟草公司北海市公司	烟草制品批发	广西壮族自治区北海市
重庆市烟草公司彭水县分公司	烟草制品批发	重庆市彭水县
中国石油天然气股份有限公司湖北襄樊销售分公司	石油及制品批发	湖北省襄樊市
黑龙江龙卫同新医药有限公司	西药批发	黑龙江省哈尔滨市
广西壮族自治区烟草公司崇左市公司	烟草制品批发	广西壮族自治区崇左市
中国石油天然气股份有限公司重庆销售江北分公司	石油及制品批发	重庆市渝北区
广西壮族自治区烟草公司来宾市公司	烟草制品批发	广西壮族自治区来宾市
上海烟草集团松江烟草糖酒有限公司	烟草制品批发	上海市市辖区
呼市金峰商贸有限公司	糕点、糖果及糖批发	内蒙古自治区呼和浩特市

4-1 续表 26

企业名称	所属行业	企业所在地
上海烟草集团杨浦烟草糖酒有限公司	烟草制品批发	上海市市辖区
北京紫竹医药经营有限公司	西药批发	北京市海淀区
广西壮族自治区烟草公司玉林市公司	烟草制品批发	广西壮族自治区玉林市
湖北省盐业总公司	盐及调味品批发	湖北省武汉市
大同煤矿集团煤炭运销朔州有限公司	煤炭及制品批发	山西省朔州市
江苏春兰电子商务有限公司	家用电器批发	江苏省泰州市
中石油天然气股份有限公司山东聊城销售分公司	石油及制品批发	山东省聊城市
北京中科三环高技术股份有限公司	金属及金属矿批发	北京市海淀区
成都中邮普泰移动通信设备有限责任公司	通讯及广播电视设备批发	四川省成都市
达能益力贸易(深圳)有限公司	饮料及茶叶批发	广东省深圳市
中国石油天然气股份有限公司甘肃临夏销售分公司	石油及制品批发	甘肃省临夏市
广州红牛维他命饮料有限公司	饮料及茶叶批发	广东省广州市
商丘市百川药业有限公司	西药批发	河南省商丘市
上海烟草集团崇明烟草糖酒有限公司	烟草制品批发	上海市崇明县
申莱斯电子(上海)有限公司	其他机械设备及电子产品批发	上海市市辖区
江苏省苏南盐业有限公司	盐及调味品批发	江苏省苏州市
四川省烟草公司雅安市公司	烟草制品批发	四川省雅安市
广东大地通讯连锁服务有限公司	通讯及广播电视设备批发	广东省东莞市
重庆海尔家电销售有限公司南昌分公司	家用电器批发	江西省南昌市
山西省国新能源发展集团有限公司	煤炭及制品批发	山西省太原市
中国石油化工股份有限公司河南安阳石油分公司	石油及制品批发	河南省安阳市
厦门信和达电子有限公司	其他机械设备及电子产品批发	福建省厦门市
湖南时代阳光医药有限公司	西药批发	湖南省长沙市
上海烟草集团宝山烟草糖酒有限公司	烟草制品批发	上海市市辖区
北电网络(中国)有限公司	通讯及广播电视设备批发	北京市朝阳区
包头市远大蔬菜瓜果副食市场有限公司	果品、蔬菜批发	内蒙古自治区包头市
中化天津有限公司	其他化工产品批发	天津市河西区
辽宁省烟草公司阜新市公司	烟草制品批发	辽宁省阜新市
云南迅捷通讯有限公司	通讯及广播电视设备批发	云南省昆明市
江西省烟草公司鹰潭分公司	烟草制品批发	江西省鹰潭市
中油北京销售有限公司	石油及制品批发	北京市房山区
青岛啤酒淮海营销有限公司	饮料及茶叶批发	江苏省徐州市
中化河北公司	其他化工产品批发	河北省石家庄市
中国石油天然气股份有限公司黑龙江肇东销售分公司	石油及制品批发	黑龙江绥化市
海阳市胶东水产品批发市场	其他食品批发	山东省烟台市
江苏阳光东升进出口有限公司	服装批发	江苏省南京市
上海克瑞特服饰公司	服装批发	上海市市辖区
广西太华医药有限公司	西药批发	广西壮族自治区南宁市
奥林巴斯(上海)映像销售有限公司	其他机械设备及电子产品批发	上海市市辖区
上海烟草集团青浦烟草糖酒有限公司	烟草制品批发	上海市市辖区
双鸭山市烟草公司	烟草制品批发	黑龙江双鸭山市
北京鑫方盛五金交电有限公司	五金、交电批发	北京市大兴区
中国贵州进出口有限责任公司	烟草制品批发	贵州省贵阳市
中国石油天然气股份有限公司吉林辽源销售公司	石油及制品批发	吉林省辽源市

4-1 续表 27

企业名称	所属行业	企业所在地
上海烟草集团普陀烟草糖酒有限公司	烟草制品批发	上海市市辖区
新疆维吾尔自治区昌吉回族自治州烟草公司	烟草制品批发	新疆维吾尔自治区昌吉市
江苏润东医药有限公司	西药批发	江苏省徐州市
青岛巴龙集团有限公司	纺织品、针织品及原料批发	山东省青岛市
江西青峰药业有限公司	西药批发	江西省赣州市
阿尔派电子(中国)有限公司	汽车、摩托车及零配件批发	北京市朝阳区
广东格兰仕电器销售有限公司	家用电器批发	广东省中山市
中国石油天然气股份有限公司河南许昌销售分公司	石油及制品批发	河南省许昌市
中国石油天然气股份有限公司安徽滁州销售分公司	石油及制品批发	安徽省滁州市
茂名市实业发展集团公司	其他化工产品批发	广东省茂名市
北京法雅商贸有限责任公司	服装批发	北京市西城区
中国电子进出口总公司	贸易经纪与代理	北京市海淀区
西宁中油燃气有限责任公司	石油及制品批发	青海省西宁市
中国石油天然气股份有限公司巢湖销售分公司	石油及制品批发	安徽省巢湖市
重庆德佳食品(集团)有限公司	牲畜批发	重庆市合川区
山西煤炭运销集团晋中平遥有限公司	其他未列明的批发	山西省晋中市
辽宁省烟草公司盘锦市公司(专卖局)	烟草制品批发	辽宁省盘锦市
广东温氏食品集团有限公司车岗分公司	肉、禽、蛋及水产品批发	广东省云浮市
TCL家用电器(惠州)有限公司	家用电器批发	广东省惠州市
常熟市波司登进出口有限公司	服装批发	江苏省苏州市
新疆烟草公司伊犁州分公司	烟草制品批发	新疆维吾尔自治区伊犁州
江西省烟草公司新余市公司	烟草制品批发	江西省新余市
中石油天然气股份有限公司黑龙江鹤岗分公司	石油及制品批发	黑龙江省鹤岗市
中国船舶燃料供应大连公司	石油及制品批发	辽宁省大连市
上海黄金搭档生物科技有限公司	其他食品批发	上海市市辖区
北京一商美洁商业有限公司	化妆品及卫生用品批发	北京市丰台区
高州市食品企业集团公司	肉、禽、蛋及水产品批发	广东省茂名市
上海汇丰医药药材有限责任公司	西药批发	上海市市辖区
信宜市粤信肉类食品有限公司	肉、禽、蛋及水产品批发	广东省茂名市
李锦记中国销售有限公司	盐及调味品批发	广东省广州市
朔州市津生煤业有限公司	煤炭及制品批发	山西省朔州市
威海联桥进出口有限公司	贸易经纪与代理	山东省威海市
重庆海尔家电销售有限公司广州分公司	家用电器批发	广东省广州市
西安新西北双鹤医药有限责任公司	中药材及中成药批发	陕西省西安市
淄博建桥开发有限公司	服装批发	山东省淄博市
滔博体育(上海)有限公司	鞋帽批发	上海市市辖区
山东莱芜烟草有限公司	烟草制品批发	山东省莱芜市
甘肃省烟草公司白银市公司	烟草制品批发	甘肃省白银市
六安市裕园义乌小商品市场服务有限公司	服装批发	安徽省六安市
东莞市喜威液化石油气有限公司	石油及制品批发	广东省东莞市
深圳市鑫荣懋实业发展有限公司	果品、蔬菜批发	广东省深圳市
东莞市东糖集团有限公司	糕点、糖果及糖批发	广东省东莞市
宁夏回族自治区烟草公司吴忠市分公司	烟草制品批发	宁夏回族自治区吴忠市
云南小松工程机械有限公司	其他机械设备及电子产品批发	云南省昆明市

4-1 续表 28

企业名称	所属行业	企业所在地
石家庄桥西糖烟酒食品股份有限公司	饮料及茶叶批发	河北省石家庄市
唐山冀东物贸集团有限公司	汽车、摩托车及零配件批发	河北省唐山市
哈森商贸(中国)有限公司昆山分公司	鞋帽批发	江苏省苏州市
贵州省医药(集团)有限责任公司	西药批发	贵州省贵阳市
上海金开酒业有限公司	其他食品批发	上海市市辖区
新疆维吾尔自治区喀什地区烟草公司	烟草制品批发	新疆维吾尔自治区喀什地区
合肥TCL电器销售有限公司	家用电器批发	安徽省合肥市
温州美特斯邦威服饰有限公司	服装批发	浙江省温州市
珠海市燃气集团有限公司	石油及制品批发	广东省珠海市
邯郸交通运输集团汽车贸易服务有限公司	汽车、摩托车及零配件批发	河北省邯郸市
重庆诗仙太白酒类销售有限公司	其他食品批发	重庆市市辖区
上海宝原体育用品商贸有限公司	体育用品批发	上海市市辖区
淄博通乾商务策划运营有限公司	纺织品、针织品及原料批发	山东省淄博市
嘉顿食品贸易(中国)有限公司	糕点、糖果及糖批发	广东省东莞市
上海童涵春堂药业股份有限公司	中药材及中成药批发	上海市市辖区
福建格力电器销售有限公司	家用电器批发	福建省福州市
中国石油天然气股份有限公司广西河池销售分公司	石油及制品批发	广西壮族自治区河池市
新疆烟草公司阿克苏地区公司	烟草制品批发	新疆维吾尔自治区阿克苏地区
四川省射洪沱牌供销有限公司	饮料及茶叶批发	四川省遂宁市
安徽小松工程机械有限公司	其他机械设备及电子产品批发	安徽省合肥市
青岛海信电器股份有限公司合肥经营分公司	家用电器批发	安徽省合肥市
广东骏捷汽车贸易有限公司	汽车、摩托车及零配件批发	广东省广州市
四川省绵阳药业集团公司	西药批发	四川省绵阳市
中国石化股份有限公司湖北随州石油分公司	石油及制品批发	湖北省随州市
上海五天实业有限公司	厨房、卫生间用具及日用杂货批发	上海市市辖区
青海农牧生产资料股份有限公司	化肥批发	青海省西宁市
中国石油天然气股份有限公司安徽阜阳销售分公司	石油及制品批发	安徽省阜阳市
绍兴县华通医药有限公司	西药批发	浙江省绍兴市
四川金利医药贸易有限公司	西药批发	四川省成都市
中视电视购物有限公司	音像制品及电子出版物批发	北京市海淀区
浙江珍诚医药在线股份有限公司	西药批发	浙江省杭州市
天津罗升企业有限公司	其他机械设备及电子产品批发	天津市市辖区
北京动感竞技经贸有限公司	服装批发	北京市崇文区
内蒙古自治区烟草公司兴安销售分公司	烟草制品批发	内蒙古自治区兴安盟
中国石油天然气股份有限公司河北承德销售分公司	石油及制品批发	河北省承德市
广东一力医药有限公司	中药材及中成药批发	广东省肇庆市
哈尔滨珍宝岛医药贸易有限公司	中药材及中成药批发	黑龙江省哈尔滨市
浙江金冠实业发展有限公司	服装批发	浙江省杭州市
四川省烟草公司阿坝州公司	烟草制品批发	四川省阿坝州
山西统配煤矿综合经营总公司	煤炭及制品批发	山西省太原市
承德聚鑫贸易有限责任公司	饮料及茶叶批发	河北省承德市
黑龙江省新华书店	图书批发	黑龙江省哈尔滨市
无锡赫尔施商贸有限公司	其他食品批发	江苏省无锡市
上海三联集团钟表眼镜照相器材批发中心	其他日用品批发	上海市市辖区

4-1　续表 29

企业名称	所属行业	企业所在地
云南省烟草公司德宏州公司	烟草制品批发	云南省德宏市
广东东鹏陶瓷股份有限公司	建材批发	广东省佛山市
甘肃省新华书店	图书批发	甘肃省兰州市
利惠商业(上海)有限公司	服装批发	上海市市辖区
泉州市七匹狼体育用品有限公司	服装批发	福建省泉州市
上海睿盈贸易有限公司	鞋帽批发	上海市市辖区
广州食品企业集团有限公司	肉、禽、蛋及水产品批发	广东省广州市
花王(上海)产品服务有限公司	其他日用品批发	上海市市辖区
国运集团有限公司	汽车、摩托车及零配件批发	山东省青岛市
呼和浩特市商城房地产开发有限总公司恒昌商城	服装批发	内蒙古自治区呼和浩特市
四川同创工程机械有限公司	其他机械设备及电子产品批发	四川省成都市
广西小松工程机械设备有限责任公司	其他机械设备及电子产品批发	广西壮族南宁市
云南白药集团医药电子商务有限公司	化妆品及卫生用品批发	云南省昆明市
中化石油有限公司	石油及制品批发	北京市西城区
呼和浩特市福利达糖酒副食批发市场	糕点、糖果及糖批发	内蒙古自治区呼和浩特市
广州市煤建公司	煤炭及制品批发	广东省广州市
深圳市昊天林实业有限公司	其他机械设备及电子产品批发	广东省深圳市
深圳创维-RGB电子有限公司江西分公司	家用电器批发	江西省宜春市
上海森联木业发展有限公司	建材批发	上海市市辖区
山东荣庆物流有限公司	果品、蔬菜批发	山东省临沂市
重庆昌野药业有限公司	西药批发	重庆市市辖区
江苏明珠家用设备集成有限公司	家用电器批发	江苏省苏州市
石家庄天远建设机械有限公司	其他机械设备及电子产品批发	河北省石家庄市
无锡海尔工贸有限公司	家用电器批发	江苏省无锡市
江苏省农垦米业有限公司	谷物、豆及薯类批发	江苏省南京市
广州市盛世长运商贸连锁有限公司	服装批发	广东省广州市
宁波布利杰进出口有限公司	服装批发	浙江省宁波市
广东温氏食品集团有限公司勒竹分公司	肉、禽、蛋及水产品批发	广东省云浮市
北京赛科昌盛医药有限责任公司	西药批发	北京市北京市
武汉TCL电器销售有限公司	家用电器批发	湖北省武汉市
上海烟草集团金山烟草糖酒有限公司	烟草制品批发	上海市市辖区
山西省盐业公司	盐及调味品批发	山西省太原市
山东南菜园蔬菜食品有限公司	果品、蔬菜批发	山东省临沂市
江苏通灵翠钻有限公司	首饰、工艺品及收藏品批发	江苏省南京市
河南省烟草公司邓州市公司	烟草制品批发	河南省南阳市
乐金生活健康贸易(上海)有限公司	化妆品及卫生用品批发	上海市市辖区
湖南天士力民生药业有限公司	中药材及中成药批发	湖南省湘潭市
寰盛洋酒贸易(上海)有限公司	饮料及茶叶批发	上海市市辖区
天津市石化管件有限公司	金属及金属矿批发	天津市大港区
重庆海尔家电销售有限公司济宁分公司	家用电器批发	山东省济宁市
中国石油天然气股份有限公司云南大理销售分公司	石油及制品批发	云南省大理州
山东大陆企业集团有限公司	金属及金属矿批发	山东省临沂市
常州老三集团进出口有限公司	服装批发	江苏省常州市
甘肃省烟草公司平凉市公司	烟草制品批发	甘肃省平凉市

4-1 续表 30

企业名称	所属行业	企业所在地
浙江康恩贝医药销售有限公司	中药材及中成药批发	浙江省杭州市
厦门东南融通系统工程有限公司	计算机、软件及辅助设备批发	福建省厦门市
中国石油化工股份有限公司云南丽江石油分公司	石油及制品批发	云南省丽江市
浙江科龙空调销售有限公司	家用电器批发	浙江省杭州市
河南省烟草公司鹤壁分公司	烟草制品批发	河南省鹤壁市
绵阳市酒鑫鑫商贸有限公司	饮料及茶叶批发	四川省绵阳市
江苏金太阳纺织科技有限公司	纺织品、针织品及原料批发	江苏省南通市
山西煤炭运销集团太原古交有限公司	煤炭及制品批发	山西省太原市
新疆亚欧大陆桥农产品运销有限责任公司	棉、麻批发	新疆维吾尔自治区乌鲁木齐市
安徽新华图书音像连锁有限公司	图书批发	安徽省合肥市
吉林省烟草公司白山市公司	烟草制品批发	吉林省白山市
标致雪铁龙(中国)汽车贸易有限公司	汽车、摩托车及零配件批发	北京市朝阳区
泰科医疗器材国际贸易(上海)有限公司	医疗用品及器材批发	上海市市辖区
商丘华杰医药有限公司	西药批发	河南省商丘市
湖南省印刷物资有限责任公司	其他机械设备及电子产品批发	湖南省长沙市
上海烟草集团卢湾烟草糖酒有限公司	烟草制品批发	上海市市辖区
通辽沈赢煤炭有限责任公司	煤炭及制品批发	内蒙古自治区通辽市
沈阳TCL电器销售有限公司	家用电器批发	辽宁省沈阳市
浙江国商实业股份有限公司	家用电器批发	浙江省台州市
中国石油天然气股份有限公司楚雄销售分公司	石油及制品批发	云南省楚雄市
友讯电子设备(上海)有限公司	计算机、软件及辅助设备批发	上海市市辖区
宁波广博文具商贸有限公司	文具用品批发	浙江省宁波市
云南盘龙云海药品经营有限公司	中药材及中成药批发	云南省昆明市
兰州强生医药有限责任公司	西药批发	甘肃省兰州市
青岛瑞尚贸易发展有限公司	服装批发	山东省青岛市
上海烟草集团徐汇烟草糖酒有限公司	烟草制品批发	上海市市辖区
北京大恒创新技术有限公司	计算机、软件及辅助设备批发	北京市海淀区
重庆海尔家电销售有限公司太原分公司	家用电器批发	山西省太原市
黑龙江乳业集团有限责任公司销售分公司	其他未列明的批发	黑龙江省哈尔滨市
中国石油天然气股份有限公司河南周口销售分公司	石油及制品批发	河南省周口市
北京鼎力兴商贸有限责任公司	饮料及茶叶批发	北京市朝阳区
滕州市嘉誉商贸有限公司	肉、禽、蛋及水产品批发	山东省枣庄市
山东潍坊烟草有限公司诸城分公司	烟草制品批发	山东省潍坊市
浙江香蕉实业有限公司	服装批发	浙江省杭州市
广东新明珠陶瓷集团有限公司	建材批发	广东省佛山市
海南四环医药有限公司	中药材及中成药批发	海南省儋州市
深圳出版发行集团公司	图书批发	广东省深圳市
中国石油化工股份有限公司云南临沧石油分公司	石油及制品批发	云南省临沧市
杭州五丰联合肉类有限公司	肉、禽、蛋及水产品批发	浙江省杭州市
广西壮族自治区盐业公司	盐及调味品批发	广西壮族自治区南宁市
中国石油天然气股份有限公司河南平顶山销售分公司	石油及制品批发	河南省平顶山市
温岭市食品总公司	肉、禽、蛋及水产品批发	浙江省台州市
安徽省宣城市医药有限公司	西药批发	安徽省宣城市
浙江省诸暨市对外经济贸易有限公司	服装批发	浙江省绍兴市

4-1 续表 31

企业名称	所属行业	企业所在地
湖南中旺工程机械设备有限公司	其他机械设备及电子产品批发	湖南省长沙市
广东恒兴集团有限公司	种子、饲料批发	广东省湛江市
北京市西南郊食品冷冻厂	肉、禽、蛋及水产品批发	北京市丰台区
潮州市中凯华丰能源连锁配送有限公司	石油及制品批发	广东省潮州市
美津浓(中国)体育用品有限公司	服装批发	上海市市辖区
苏威(上海)有限公司	其他化工产品批发	上海市市辖区
重庆市烟草公司奉节分公司	烟草制品批发	重庆市奉节县
广州市万荣商贸有限公司	贸易经纪与代理	广东省广州市
长沙旺旺食品有限公司南昌分公司	饮料及茶叶批发	江西省南昌市
湖南省烟草公司邵阳市公司	烟草制品批发	湖南省邵阳市
东芝医疗系统(中国)有限公司	医疗用品及器材批发	北京市朝阳区
武汉蒙牛乳业有限公司	饮料及茶叶批发	湖北省武汉市
上海天成企业发展有限公司	其他食品批发	上海市市辖区
山东翔龙实业集团有限公司	化肥批发	山东省临沂市
中山市万荣营销有限公司	化妆品及卫生用品批发	广东省中山市
中国石油天然气股份有限公司云南销售分公司玉溪零售部	石油及制品批发	云南省玉溪市
青岛传承国际商贸有限公司	鞋帽批发	山东省青岛市
深圳创维－RGB电子有限公司重庆分公司	家用电器批发	重庆市江北区
魏德米勒联接国际贸易(上海)有限公司	其他机械设备及电子产品批发	上海市市辖区
广东温氏食品集团有限公司稔村分公司	肉、禽、蛋及水产品批发	广东省云浮市
深圳世强电讯有限公司	其他机械设备及电子产品批发	广东省深圳市
山东龙大商贸有限公司	米、面制品及食用油批发	山东省聊城市
中国石油天然气股份有限公司湖北恩施分公司	石油及制品批发	湖北省恩施市
重庆市烟草公司巫山分公司	烟草制品批发	重庆市重庆市
西双版纳中化安联橡胶有限公司	其他化工产品批发	云南省西双版纳州
甘肃省烟草公司武威市公司	烟草制品批发	甘肃省武威市
新兴县温氏食品联营有限公司	肉、禽、蛋及水产品批发	广东省云浮市
内蒙古伊利实业集团股份有限公司南京分公司	饮料及茶叶批发	江苏省南京市
深圳市金活医药有限公司	中药材及中成药批发	广东省深圳市
江西新创力医药有限公司	中药材及中成药批发	江西省南昌市
思创数码科技股份有限公司	计算机、软件及辅助设备批发	江西省南昌市
中铁四局集团物资工贸有限公司	建材批发	安徽省合肥市
东莞市东孚商贸有限公司	化妆品及卫生用品批发	广东省东莞市
中国石油天然气股份有限公司河南开封销售分公司	石油及制品批发	河南省开封市
合肥湘元工程机械有限公司	其他机械设备及电子产品批发	安徽省合肥市
中国石油天然气股份有限公司新疆塔城销售公司	石油及制品批发	新疆维吾尔自治区塔城地区
沧州天元医药有限公司	西药批发	河北省沧州市
天津天服三悦服装有限责任公司	服装批发	天津市西青区
德州银龙集团有限公司	棉、麻批发	山东省德州市
太原梯西爱尔(TCL)电器销售有限公司	家用电器批发	山西省太原市
肯纳飞硕金属(上海)有限公司	贸易经纪与代理	上海市市辖区
北京恒城实业发展公司	化妆品及卫生用品批发	北京市朝阳区
上海雷允上北区药业股份有限公司	中药材及中成药批发	上海市市辖区
深圳市联诚医药有限公司	西药批发	广东省深圳市

4-1 续表 32

企业名称	所属行业	企业所在地
中国石油天然气股份有限公司安徽蚌埠销售分公司	石油及制品批发	安徽省蚌埠市
青岛百洋医药科技有限公司	医疗用品及器材批发	山东省青岛市
上海药房股份有限公司	西药批发	上海市市辖区
成都德仁堂药业有限公司	中药材及中成药批发	四川省成都市
浙江新大商贸有限公司	五金、交电批发	浙江省杭州市
内蒙古自治区烟草公司锡林郭勒分公司	烟草制品批发	内蒙古自治区锡林郭勒盟
爱步贸易(上海)有限公司	鞋帽批发	上海市市辖区
上海烟草集团闸北烟草糖酒有限公司	烟草制品批发	上海市市辖区
宁波市鄞州医药药材有限公司	西药批发	浙江省宁波市
湖南康尔佳医药有限公司	西药批发	湖南省长沙市
南宁市王者通讯股份有限公司	通讯及广播电视设备批发	广西壮族自治区南宁市
广州市广新电器有限公司	家用电器批发	广东省广州市
东海县粮食供销公司	谷物、豆及薯类批发	江苏省连云港市
太古资源(上海)商贸有限公司	服装批发	上海市市辖区
中国烟草总公司重庆市公司黔江分公司	烟草制品批发	重庆市市辖区
武汉中南工程机械设备有限责任公司	其他机械设备及电子产品批发	湖北省武汉市
辽宁东亚种业有限公司	种子、饲料批发	辽宁省沈阳市
成都金松营销有限公司	家用电器批发	四川省成都市
广西百祥石油有限公司	石油及制品批发	广西壮族自治区南宁市
浙江不老神食品有限公司	肉、禽、蛋及水产品批发	浙江省衢州市
山西先行贸易有限公司	煤炭及制品批发	山西省太原市
无棣海宏盐化供销有限公司	其他化工产品批发	山东省滨州市
成都市荣贸食品有限公司	其他食品批发	四川省成都市
菏泽牡丹医药有限责任公司	西药批发	山东省菏泽市
新疆棉花产业(集团)莎车棉业有限责任公司	棉、麻批发	新疆维吾尔自治区喀什地区
江西仁翔药业有限公司	西药批发	江西省宜春市
兴义柳州铁路南昆有限责任公司	煤炭及制品批发	贵州省黔西南州
北京市尧舜建材供应站	建材批发	北京市丰台区
四川长虹电器股份有限公司合肥销售分公司	家用电器批发	安徽省合肥市
新秀丽国际贸易(宁波)有限公司	其他日用品批发	浙江省宁波市
浙江万达食品商贸有限公司	米、面制品及食用油批发	浙江省金华市
广西洁宝纸业有限公司	化妆品及卫生用品批发	广西壮族自治区柳州市
云南安宁泰源工贸有限公司	金属及金属矿批发	云南省昆明市
曲阜孔府家酒业有限公司	饮料及茶叶批发	山东省济宁市
陕西省铜川市烟草公司	烟草制品批发	陕西省铜川市
菏泽市粮食中转储备库	谷物、豆及薯类批发	山东省菏泽市
爱尔康(中国)眼科产品有限公司	医疗用品及器材批发	北京市朝阳区
东莞市荣兴纸业有限公司	其他未列明的批发	广东省东莞市
利邦(上海)服装贸易有限公司	服装批发	上海市市辖区
四川省烟草公司甘孜分公司	烟草制品批发	四川省甘孜市
榆次煤炭运销公司	煤炭及制品批发	山西省晋中市
台山市长江食品有限公司	肉、禽、蛋及水产品批发	广东省江门市
中国烟草总公司重庆市公司涪陵分公司	烟草制品批发	重庆市市辖区
驻马店中油销售有限公司	石油及制品批发	河南省驻马店市

4-1 续表 33

企业名称	所属行业	企业所在地
四川华星天然气有限责任公司	石油及制品批发	四川省成都市
辽宁美的制冷产品销售有限公司	家用电器批发	辽宁省沈阳市
北京统一食品有限公司	米、面制品及食用油批发	北京市怀柔区
青岛海尔电器销售有限公司武汉分公司	家用电器批发	湖北省武汉市
深圳市红牛实业有限公司	饮料及茶叶批发	广东省深圳市
苏州美的空调销售有限公司	家用电器批发	江苏省苏州市
北京二商集团有限责任公司	肉、禽、蛋及水产品批发	北京市宣武区
湖北天下明药业有限公司	西药批发	湖北省武汉市
马克华菲(上海)商业有限公司	服装批发	上海市市辖区
西藏泰达厚生医药有限公司	西药批发	西藏自治区拉萨市
武汉千里马工程机械有限公司	其他机械设备及电子产品批发	湖北省武汉市
烟台市供销石油公司	石油及制品批发	山东省烟台市
精河县精棉棉业有限责任公司	棉、麻批发	新疆维吾尔自治区博尔塔拉蒙古自治州
上海信谊医药有限公司	中药材及中成药批发	上海市市辖区
深圳市晨光乳业有限公司	饮料及茶叶批发	广东省深圳市
英联马利(北京)食品销售有限公司	盐及调味品批发	北京市海淀区
镇江市九泰投资咨询有限公司	西药批发	江苏省镇江市
吉林省东良粮食集团有限公司	谷物、豆及薯类批发	吉林省四平市
北京TCL电子销售有限公司	家用电器批发	北京市西城区
山东潍坊烟草有限公司青州分公司	烟草制品批发	山东省潍坊市
陕西百嘉贸易服务有限公司	化妆品及卫生用品批发	陕西省西安市
陕西伟志集团有限公司	服装批发	陕西省西安市
烟台长城酒业销售有限公司	饮料及茶叶批发	山东省烟台市
仪征怡华商贸发展有限公司	其他化工产品批发	江苏省扬州市
广东省盐业运销(企业)集团公司	盐及调味品批发	广东省广州市
深圳市金永励实业发展有限公司	化妆品及卫生用品批发	广东省深圳市
曼秀雷敦(中国)药业有限公司广州分公司	化妆品及卫生用品批发	广东省广州市
深圳市源兴果品有限公司	果品、蔬菜批发	广东省深圳市
深圳市金帝营销有限公司	糕点、糖果及糖批发	广东省深圳市
江西九州通药业有限公司	西药批发	江西省南昌市
高丝化妆品销售(中国)有限公司	化妆品及卫生用品批发	上海市市辖区
上海烟草集团长宁烟草糖酒有限公司	烟草制品批发	上海市市辖区
深圳创维-RGD电子有限公司山西分公司	家用电器批发	山西省太原市
宜兴市药业有限公司	西药批发	江苏省无锡市
中国石油天然气股份有限公司河南新乡销售分公司	石油及制品批发	河南省新乡市
合肥统一企业有限公司	饮料及茶叶批发	安徽省合肥市
黑龙江烟草公司鹤岗市公司	烟草制品批发	黑龙江省鹤岗市
东莞美的制冷设备销售有限公司	家用电器批发	广东省东莞市
南阳市烟草公司内乡县分公司	烟草制品批发	河南省南阳市
青岛海信电器股份有限公司太原经营分公司	家用电器批发	山西省太原市
大西电子(上海)有限公司	其他机械设备及电子产品批发	上海市市辖区
香溢融通控股集团股份有限公司	其他日用品批发	浙江省宁波市
山东常林机械集团销售有限公司	农业机械批发	山东省临沂市
江西九州医药有限公司	西药批发	江西省宜春市

4-1　续表 34

企业名称	所属行业	企业所在地
深圳市广新贸易有限公司	家用电器批发	广东省深圳市
大兴安岭兴安林区石油总经销有限公司	石油及制品批发	黑龙江大兴安岭地区
深圳市安新源贸易有限公司	化妆品及卫生用品批发	广东省深圳市
东芝家用电器销售(南海)有限公司	家用电器批发	广东省佛山市
益阳恒康药业有限公司	西药批发	湖南省益阳市
韶关市宜达燃料开发有限公司	煤炭及制品批发	广东省韶关市
成都美特斯邦威服饰有限责任公司	服装批发	四川省成都市
上海海烟烟草糖酒有限公司	烟草制品批发	上海市市辖区
合肥丰乐种业股份有限公司	种子、饲料批发	安徽省合肥市
北京恒信玺利经贸有限责任公司	首饰、工艺品及收藏品批发	北京市朝阳区
淮南新欣医药有限公司	西药批发	安徽省淮南市
山西省煤炭运销总公司临汾分公司洪洞县公司	煤炭及制品批发	山西省临汾市
广西平安堂药业有限责任公司	西药批发	广西壮族自治区玉林市
湖南省烟草公司张家界市公司	烟草制品批发	湖南省张家界市
中国石油化工股份有限公司云南德宏石油分公司	石油及制品批发	云南省德宏市
上海乐扣乐扣贸易有限公司	厨房、卫生间用具及日用杂货批发	上海市市辖区
广州九州通医药有限公司	中药材及中成药批发	广东省广州市
南昌TCL电器销售有限公司	家用电器批发	江西省南昌市
深圳创维-RGB电子有限公司黑龙江分公司	家用电器批发	黑龙江省哈尔滨市
福州TCL电器销售有限公司	家用电器批发	福建省福州市
山西省煤炭运销公司蒲县煤炭运销公司	煤炭及制品批发	山西省临汾市
中国石油天然气股份有限公司广西百色销售分公司	石油及制品批发	广西壮族自治区百色市
天津裕华经济贸易总公司	其他化工产品批发	天津市和平区
上海农夫山泉饮用水有限公司	饮料及茶叶批发	上海市市辖区
安东石油技术(集团)有限公司	其他机械设备及电子产品批发	北京市朝阳区
唐山海尔工贸有限公司	家用电器批发	河北省唐山市
昆明国家粮食储备有限公司	米、面制品及食用油批发	云南省昆明市
青岛天合医药股份有限公司	西药批发	山东省青岛市
广西顶佳计算机信息有限公司	计算机、软件及辅助设备批发	广西壮族自治区南宁市
上海立丰食品有限公司	肉、禽、蛋及水产品批发	上海市市辖区
青海省烟草公司海东地区公司	烟草制品批发	青海省海东市
佛山市南海大沣实业有限公司	鞋帽批发	广东省佛山市
山东科瑞石油装备有限公司	其他机械设备及电子产品批发	山东省东营市
晋城市金驹实业有限公司	煤炭及制品批发	山西省城区
甘肃省烟草公司张掖分公司	烟草制品批发	甘肃省张掖市
滁州市金达石油有限公司	石油及制品批发	安徽省滁州市
旺旺食品武汉分公司	其他食品批发	湖北省武汉市
新疆中石化基钰化工销售有限公司	石油及制品批发	新疆维吾尔自治区乌鲁木齐市
漯河市烟草公司临颍县分公司	烟草制品批发	河南省漯河市
上海仁达药品经营有限公司	中药材及中成药批发	上海市市辖区
上海洋帆实业有限公司	其他未列明的批发	上海市市辖区
湖南省烟草公司娄底市公司	烟草制品批发	湖南省娄底市
北京东昌华强五金工具销售有限公司	五金、交电批发	北京市丰台区
成都天味商贸有限公司	其他食品批发	四川省成都市

4-1 续表 35

企业名称	所属行业	企业所在地
上海合力叉车有限公司	其他机械设备及电子产品批发	上海市市辖区
广州市运通四方实业有限公司	汽车、摩托车及零配件批发	广东省广州市
宝鸡天健医药有限公司	中药材及中成药批发	陕西省宝鸡市
大连五佳国际贸易有限公司	饮料及茶叶批发	辽宁省大连市
浙江南天邮电通讯技术有限公司	通讯及广播电视设备批发	浙江省杭州市
重庆市铜梁县粮油购销总公司	谷物、豆及薯类批发	重庆市铜梁县
广东省广弘食品集团有限公司	肉、禽、蛋及水产品批发	广东省广州市
佛山市南海区桂城景兴商务拓展有限公司	化妆品及卫生用品批发	广东省佛山市
傲胜(中国)商业有限公司	家用电器批发	上海市市辖区
深圳创维RGB电子有限公司云南分公司	家用电器批发	云南省昆明市
深圳市TCL电器销售有限公司	其他机械设备及电子产品批发	广东省深圳市
鹤岗东兴集团有限公司	煤炭及制品批发	黑龙江鹤岗市
中国烟草总公司重庆市公司丰都分公司	烟草制品批发	重庆市重庆市
江苏真维斯服饰有限公司	服装批发	江苏省南京市
四川省盐业总公司成都分公司	盐及调味品批发	四川省成都市
潍坊烟草有限公司安丘分公司	烟草制品批发	山东省潍坊市
中国石油天然气股份有限公司河南南阳销售分公司	石油及制品批发	河南省南阳市
芜湖美的制冷产品销售有限公司	家用电器批发	安徽省芜湖市
浙江省新昌县医药药材有限公司	中药材及中成药批发	浙江省绍兴市
河源市温氏禽畜有限公司(畜牧部)	肉、禽、蛋及水产品批发	广东省河源市
福州蒙鑫贸易有限公司	其他食品批发	福建省福州市
中国烟草总公司重庆市公司武隆分公司	烟草制品批发	重庆市市辖区
江西康力药品物流有限公司	西药批发	江西省宜春市
巴楚县光大棉业有限责任公司	棉、麻批发	新疆维吾尔自治区喀什地区
宁夏回族自治区烟草公司固原市公司	烟草制品批发	宁夏回族自治区固原市
青岛海信营销有限公司经营分公司	家用电器批发	山东省青岛市
湖南金霞粮食产业有限公司	米、面制品及食用油批发	湖南省长沙市
尉犁县棉麻公司	棉、麻批发	新疆维吾尔自治区巴音郭楞蒙古自治州
肇庆市盛林再生资源有限公司	再生物资回收与批发	广东省肇庆市
贵州百花医药股份有限公司	中药材及中成药批发	贵州省遵义市
郑州铁路煤炭运销有限公司	煤炭及制品批发	河南省郑州市
郑州铁路华东实业总公司	煤炭及制品批发	河南省郑州市
杭州惠冠实业有限公司	金属及金属矿批发	浙江省杭州市
大连棒棰岛万益肉食品有限公司	肉、禽、蛋及水产品批发	辽宁省大连市
郑州经济技术开发区自备车运输贸易有限公司	煤炭及制品批发	河南省郑州市
晋城市陵川公路煤炭销售有限公司	煤炭及制品批发	山西省晋城市
安阳市玉清医药有限公司	西药批发	河南省安阳市
上海浦东新区医药药材有限公司	西药批发	上海市市辖区
南阳市烟草公司方城县分公司	烟草制品批发	河南省南阳市
吉林省烟草公司四平分公司	烟草制品批发	吉林省四平市
厦门福闽源服装贸易有限公司	服装批发	福建省厦门市
江苏亚邦药业集团股份有限公司	中药材及中成药批发	江苏省常州市
南阳市烟草公司唐河县分公司	烟草制品批发	河南省南阳市
启东福斯特进出口有限公司	其他文化用品批发	江苏省南通市

4-1 续表 36

企业名称	所属行业	企业所在地
北京济民可信医药有限公司	中药材及中成药批发	北京市大兴区
山西省煤炭运销集团大同南郊有限公司	煤炭及制品批发	山西省大同市
福建五丰大商场有限公司	其他日用品批发	福建省福州市
山东西王玉米购销有限公司	谷物、豆及薯类批发	山东省滨州市
深圳荷花商贸有限公司	服装批发	广东省深圳市
深圳市深南燃气有限公司	石油及制品批发	广东省深圳市
江苏省大华种业集团有限公司	种子、饲料批发	江苏省南京市
中国烟草总公司重庆市公司酉阳公司	烟草制品批发	重庆市酉阳市
上海良菱配销有限公司	米、面制品及食用油批发	上海市市辖区
南京市蔬菜副食品集团有限公司	果品、蔬菜批发	江苏省南京市
丽珂贸易(沈阳)有限公司	贸易经纪与代理	辽宁省沈阳市
云南大为商贸有限公司	化肥批发	云南省曲靖市
巴楚县嘉德棉业有限责任公司	棉、麻批发	新疆维吾尔自治区喀什地区
傲丰贸易(深圳)有限公司	鞋帽批发	广东省深圳市
上海市果品有限公司	果品、蔬菜批发	上海市市辖区
中国石油天然气股份有限公司黑龙江大兴安岭销售分公司	石油及制品批发	黑龙江大兴安岭地区
广东紫云轩药业有限公司	中药材及中成药批发	广东省茂名市
河南省烟草公司镇平县公司	烟草制品批发	河南省南阳市
万联能源集团有限公司	石油及制品批发	江苏省连云港市
上海第一食品连锁发展有限公司	其他食品批发	上海市市辖区
山东德州扒鸡贸易总公司	肉、禽、蛋及水产品批发	山东省德州市
土默特右旗供销合作社	种子、饲料批发	内蒙古包头市
海南快克药业有限公司	西药批发	海南省海口市
德清德欣时装贸易有限公司	服装批发	浙江省湖州市
山西煤炭运销集团有限公司灵石分公司	煤炭及制品批发	山西省晋中市
中盐河北盐业专营有限公司	盐及调味品批发	河北省石家庄市
成都旺旺食品有限公司重庆分公司	其他食品批发	重庆市重庆市
四川恒泰医药有限公司	西药批发	四川省成都市
包头市华银机械设备有限公司	汽车、摩托车及零配件批发	内蒙古包头市
成都龙翔通讯有限责任公司	通讯及广播电视设备批发	四川省成都市
天津市美的制冷产品销售有限公司	家用电器批发	天津市红桥区
湖南省烟草公司怀化市公司	烟草制品批发	湖南省怀化市
博白县食品总公司	牲畜批发	广西壮族自治区玉林市
金红叶纸业(苏州工业园区)有限公司南京分公司	文具用品批发	江苏省南京市
杭州祖名食品有限公司	其他食品批发	浙江省杭州市
西安延炼工贸有限责任公司	石油及制品批发	陕西省西安市
郑州金星啤酒销售公司	其他食品批发	河南省郑州市
北京北贸天然药物经营有限责任公司	中药材及中成药批发	北京市朝阳区
洛阳铁路运通集团实业发展公司	煤炭及制品批发	河南省洛阳市
重庆莱斯丽科技有限公司	通讯及广播电视设备批发	重庆市市辖区
海南凤凰新华发行有限责任公司	图书批发	海南省海口市
利永(上海)时装商贸有限公司	服装批发	上海市市辖区
湖南多喜爱纺织科技有限公司	纺织品、针织品及原料批发	湖南省长沙市
温州菜篮子集团有限公司	鞋帽批发	浙江省温州市

4-1 续表 37

企业名称	所属行业	企业所在地
南阳市烟草公司社旗县分公司	烟草制品批发	河南省南阳市
广东省罗定市食品企业集团公司	肉、禽、蛋及水产品批发	广东省云浮市
中国石油天然气股份有限公司湖北咸宁分公司	其他未列明的批发	湖北省咸宁市
深圳市盛宝粮油供应有限公司	米、面制品及食用油批发	广东省深圳市
奥吉斯贸易(北京)有限公司	鞋帽批发	北京市东城区
江苏东成服装进出口有限公司	服装批发	江苏省南通市
山东景芝酒厂销售总公司	饮料及茶叶批发	山东省潍坊市
江苏澳洋医药物流有限公司	中药材及中成药批发	江苏省苏州市
南京普迪建材实业集团有限公司	建材批发	江苏省南京市
上海烟草集团静安烟草糖酒有限公司	烟草制品批发	上海市市辖区
厦门金龙轻型客车身有限公司	汽车、摩托车及零配件批发	福建省厦门市
上海益忠天惠实业有限公司	五金、交电批发	上海市市辖区
内蒙古天孚服装商贸有限公司	服装批发	内蒙古呼和浩特市
福建吉马经贸有限公司	饮料及茶叶批发	福建省漳州市
四川省盐业总公司乐山分公司	盐及调味品批发	四川省乐山市
六安市紫竹林农副产品批发有限公司	果品、蔬菜批发	安徽省六安市
河南省烟草公司济源市公司	烟草制品批发	河南省济源市
贵州省仁怀市粮油收储有限总公司	米、面制品及食用油批发	贵州省遵义市
雷州市食品总公司	肉、禽、蛋及水产品批发	广东省湛江市
青岛海尔电器销售有限公司北京分公司	家用电器批发	北京市大兴区
四川长虹电器股份有限公司长沙销售分公司	家用电器批发	湖南省长沙市
吉林敖东医药有限责任公司	中药材及中成药批发	吉林省延边市
山西康美徕医药有限公司	西药批发	山西省太原市
巴丽(上海)商业有限公司	服装批发	上海市市辖区
山东黑马集团有限公司	煤炭及制品批发	山东省德州市
中国石油天然气股份有限公司新疆独山子销售分公司	石油及制品批发	新疆维吾尔自治区克拉玛依市
浙江英诺法医药有限公司	中药材及中成药批发	浙江省金华市
泉峰(中国)贸易有限公司	其他机械设备及电子产品批发	江苏省南京市
广州市蒙牛乳业销售有限公司	饮料及茶叶批发	广东省广州市
烟台绮丽集团有限公司	服装批发	山东省烟台市
淄博力久实业有限公司	煤炭及制品批发	山东省淄博市
康佳集团股份有限公司哈尔滨分公司	家用电器批发	黑龙江省哈尔滨市
邯郸市龙安达贸易有限公司	建材批发	河北省邯郸市
唐山医药采购供应站	西药批发	河北省唐山市
成都宏川酒业有限公司	饮料及茶叶批发	四川省成都市
中谷粮油集团公司	谷物、豆及薯类批发	北京市海淀区
泰安市泰山红农产品有限公司	果品、蔬菜批发	山东省泰安市
山东潍坊烟草有限公司临朐分公司	烟草制品批发	山东省潍坊市
威海金蚂蚁集团有限公司	五金、交电批发	山东省威海市
深圳臻乔时装有限公司	服装批发	广东省深圳市
河北省盐业专营集团公司	盐及调味品批发	河北省石家庄市
无锡天鹏集团有限公司(江苏省无锡市食品公司)	肉、禽、蛋及水产品批发	江苏省无锡市
重庆领跑体育用品有限公司	服装批发	重庆市市辖区

4-2 大型零售业企业名单

企业名称	所属行业	企业所在地
中国石油化工股份有限公司北京石油分公司	机动车燃料零售	北京市朝阳区
中国石油化工股份有限公司天津石油分公司	机动车燃料零售	天津市南开区
上海大润发有限公司	超级市场零售	上海市市辖区
武汉中百集团股份有限公司	超级市场零售	湖北省武汉市
中国石油化工股份有限公司广东广州石油分公司	机动车燃料零售	广东省广州市
昆山润华商业有限公司	超级市场零售	江苏省苏州市
中国石油天然气股份有限公司上海销售分公司	机动车燃料零售	上海市市辖区
农工商超市(集团)有限公司	超级市场零售	上海市市辖区
苏果超市有限公司	超级市场零售	江苏省南京市
武汉武商集团股份有限公司	百货零售	湖北省武汉市
长春欧亚集团股份有限公司	百货零售	吉林省长春市
麦德龙现购自运有限公司	超级市场零售	上海市市辖区
中国石化销售有限公司川渝分公司	机动车燃料零售	四川省成都市
重庆商社新世纪百货有限公司	百货零售	重庆市江北区
江苏时代超市有限公司	超级市场零售	江苏省南通市
上海世纪联华超市发展有限公司	超级市场零售	上海市市辖区
广东物资集团汽车贸易公司	汽车零售	广东省广州市
北国商城股份有限公司	百货零售	河北省石家庄市
中国石油化工股份有限公司广东佛山石油分公司	机动车燃料零售	广东省佛山市
山东银座商城股份有限公司	百货零售	山东省济南市
武汉中商集团股份有限公司	百货零售	湖北省武汉市
山东潍坊百货集团股份有限公司	百货零售	山东省潍坊市
华润万家有限公司	超级市场零售	广东省深圳市
中国石油天然气股份有限公司天津销售分公司	机动车燃料零售	天津市河东区
淄博商厦股份有限公司	百货零售	山东省淄博市
重庆百货大楼股份有限公司	百货零售	重庆市市辖区
中国石油化工股份有限公司湖北武汉分公司	机动车燃料零售	湖北省武汉市
江苏五星电器有限公司	家用电器零售	江苏省南京市
中国石油天然气股份有限公司辽宁沈阳销售分公司	机动车燃料零售	辽宁省沈阳市
天虹商场股份有限公司	百货零售	广东省深圳市
山东家家悦集团有限公司	超级市场零售	山东省威海市
北京华联综合超市股份有限公司	超级市场零售	北京市西城区
北京医药股份有限公司	药品零售	北京市东城区
中石化有限公司浙江温州分公司	机动车燃料零售	浙江省温州市
大商集团股份有限公司	百货零售	辽宁省大连市
中国石油化工有限公司广东东莞石油分公司	机动车燃料零售	广东省东莞市
重庆医药股份有限公司	药品零售	重庆市市辖区
江苏无锡商业大厦集团有限公司	百货零售	江苏省无锡市
中石化壳牌(江苏)石油销售有限公司	机动车燃料零售	江苏省苏州市
杭州联华华商集团有限公司	超级市场零售	浙江省杭州市
上海联家超市有限公司	超级市场零售	上海市市辖区
中国石油化工股份有限公司浙江台州石油分公司	机动车燃料零售	浙江省台州市
上海苏宁电器有限公司	家用电器零售	上海市市辖区
永乐(中国)电器销售有限公司	家用电器零售	上海市市辖区
北京苏宁电器有限公司	家用电器零售	北京市通州区
上海易初莲花连锁超市有限公司	超级市场零售	上海市市辖区
中国石油化工股份有限公司海南石油分公司	机动车燃料零售	海南省海口市
北京市大中家用电器连锁销售有限公司	家用电器零售	北京市石景山区
中国石油天然气股份有限公司黑龙江哈尔滨销售分公司	机动车燃料零售	黑龙江省哈尔滨市
哈药集团有限公司	药品零售	黑龙江省哈尔滨市

4-2 续表 1

企业名称	所属行业	企业所在地
沃尔玛深国投百货有限公司	百货零售	广东省深圳市
中国石油天然气股份有限公司内蒙古鄂尔多斯销售分公司	机动车燃料零售	内蒙古自治区鄂尔多斯市
国美电器有限公司	家用电器零售	北京市朝阳区
永辉超市股份有限公司福州鼓楼分公司	超级市场零售	福建省福州市
淄博金彩沙发城有限责任公司	家具零售	山东省淄博市
山东临沂汽车工业贸易有限公司	汽车零售	山东省临沂市
济南人民大润发商业有限公司	超级市场零售	山东省济南市
北京家乐福商业有限公司	超级市场零售	北京市丰台区
中国石油天然气股份内蒙古通辽销售分公司	机动车燃料零售	内蒙古自治区通辽市
中国石油化工股份人限公司山东济南石油分公司	机动车燃料零售	山东省济南市
武汉工贸有限公司	家用电器零售	湖北省武汉市
中油碧辟石油有限公司广州分公司	机动车燃料零售	广东省广州市
联华超市股份有限公司	超级市场零售	上海市市辖区
中国石油化工股份有限公司山东临沂石油分公司	机动车燃料零售	山东省临沂市
中石化工股份有限公司广东肇庆石油分公司	机动车燃料零售	广东省肇庆市
广州屈臣氏个人用品商店有限公司	超级市场零售	广东省广州市
北京京客隆商业集团股份有限公司	超级市场零售	北京市朝阳区
苏宁电器连锁集团股份有限公司	家用电器零售	江苏省南京市
中国石油化工股份有限公司广东惠州石油分公司	机动车燃料零售	广东省惠州市
山东新星集团有限公司	百货零售	山东省淄博市
北京燕莎友谊商城有限公司	百货零售	北京市朝阳区
成都红旗连锁有限公司	超级市场零售	四川省成都市
中国石油天然气股份有限公司四川成都销售分公司	机动车燃料零售	四川省成都市
中国石油化工股份有限公司江西赣州石油分公司	机动车燃料零售	江西省赣州市
安徽亚夏实业股份有限公司	汽车零售	安徽省宣城市
上海永乐通讯设备有限公司	家用电器零售	上海市市辖区
中国石油化工股份有限公司广东江门石油分公司	机动车燃料零售	广东省江门市
郑州丹尼斯百货有限公司	百货零售	河南省郑州市
陕西西北轻工批发市场经营管理有限公司	家用电器零售	陕西省西安市
中国石油化工股份有限公司湖南长沙石油分公司	机动车燃料零售	湖南省长沙市
山西大昌汽车集团有限公司	汽车零售	山西省太原市
重庆铠特家俬制造有限公司	家具零售	重庆市市辖区
唐山百货大楼集团有限责任公司	百货零售	河北省唐山市
广州市国美电器有限公司	家用电器零售	广东省广州市
百盛商业发展有限公司	百货零售	北京市西城区
华联集团吉买盛购物中心有限公司	超级市场零售	上海市市辖区
深圳茂业商厦有限公司	百货零售	广东省深圳市
中国石油天然气股份有限公司云南销售分公司	机动车燃料零售	云南省昆明市
中国石油化工股份有限公司河南洛阳石油分公司	机动车燃料零售	河南省洛阳市
广东新协力集团有限公司	汽车零售	广东省佛山市
四川新华文轩连锁股份有限公司	图书零售	四川省成都市
成都伊藤洋华堂有限公司	百货零售	四川省成都市
三江购物俱乐部股份有限公司	超级市场零售	浙江省宁波市
天津国美电器有限公司	家用电器零售	天津市和平区
上海国美电器有限公司	家用电器零售	上海市市辖区
广州市广百股份有限公司	百货零售	广东省广州市
上海华联超市股份有限公司	超级市场零售	上海市市辖区
济南华联商厦集团股份有限公司	百货零售	山东省济南市
中国石油化工股份有限公司湖南株洲石油公司	机动车燃料零售	湖南省株洲市
中国石油化工股份有限公司广东中山石油分公司	机动车燃料零售	广东省中山市

4-2　续表 2

企业名称	所属行业	企业所在地
北京物美商业集团股份有限公司	超级市场零售	北京市石景山区
广州友谊班尼路服饰有限公司	服装零售	广东省广州市
路易威登(中国)商业销售有限公司	其他日用品零售	上海市市辖区
深圳市国美电器有限公司	家用电器零售	广东省深圳市
广州友谊集团股份有限公司	百货零售	广东省广州市
南京宏图三胞企业发展有限公司	计算机、软件及辅助设备零售	江苏省南京市
家润多商业股份有限公司	百货零售	湖南省长沙市
中国天然气股份有限公司呼伦贝尔销售分公司	机动车燃料零售	内蒙古自治区呼伦贝尔市
润华集团股份有限公司	汽车零售	山东省济南市
中国石油化工股份有限公司山西临汾石油分公司	机动车燃料零售	山西省临汾市
上海第一八佰伴有限公司	百货零售	上海市市辖区
中国石油天然气股份有限公司四川销售成品油分公司	机动车燃料零售	四川省成都市
中国石油化工股份有限公司湛江石油分公司	机动车燃料零售	广东省湛江市
北京翠微大厦股份有限公司	百货零售	北京市海淀区
天津一商友谊股份有限公司	百货零售	天津市河西区
深圳市人人乐商业有限公司	超级市场零售	广东省深圳市
北京物美综合超市有限公司	超级市场零售	北京市大兴区
山东德州百货大楼(集团)有限责任公司	百货零售	山东省德州市
上海新世界股份有限公司	百货零售	上海市市辖区
中国石油化工股份有限公司山西太原石油分公司	机动车燃料零售	山西省太原市
北京美廉美连锁商业有限公司	超级市场零售	北京市海淀区
中国石化湖南衡阳分公司	机动车燃料零售	湖南省衡阳市
中国石油天然气股份有限公司甘肃兰州销售分公司	机动车燃料零售	甘肃省兰州市
中国石油天然气股份有限公司广东广州销售分公司	机动车燃料零售	广东省广州市
北京沃尔玛百货有限公司	超级市场零售	北京市石景山区
重庆新华书店集团公司	图书零售	重庆市市辖区
福建新华发行(集团)有限公司	图书零售	福建省福州市
上海家得利超市有限公司	超级市场零售	上海市市辖区
广东苏宁电器有限公司	家用电器零售	广东省广州市
中兴-沈阳商业大厦(集团)股份有限公司	百货零售	辽宁省沈阳市
合肥百货大楼集团股份有限公司	百货零售	安徽省合肥市
华联新光百货(北京)有限公司	百货零售	北京市朝阳区
中国石油化工股份有限公司山东滨州分公司	机动车燃料零售	山东省滨州市
华糖洋华堂商业有限公司	百货零售	北京市朝阳区
中国石油天然气股份有限公司锡林郭勒分公司	机动车燃料零售	内蒙古自治区锡林郭勒盟
雅芳(中国)有限公司	化妆品及卫生用品零售	广东省广州市
中国石油化工股份有限公司湖南郴州石油分公司	机动车燃料零售	湖南省郴州市
中国石油化工股份有限公司山西运城石油分公司	机动车燃料零售	山西省运城市
成都国美电器有限公司	家用电器零售	四川省成都市
中国石油化工股份有限公司湖南岳阳石油分公司	机动车燃料零售	湖南省岳阳市
重庆永辉超市有限公司	百货零售	重庆省渝北区
广东吉之岛天贸百货有限公司	百货零售	广东省广州市
中国石化销售有限公司东北辽宁分公司	机动车燃料零售	辽宁省沈阳市
天津华润万家生活超市有限公司	超级市场零售	天津市市辖区
中国石油化工股份有限公司贵州遵义石油分公司	机动车燃料零售	贵州省遵义市
上海百联集团股份有限公司	百货零售	上海市市辖区
成都王府井百货有限公司	百货零售	四川省成都市
华润万家生活超市(广州)有限公司	超级市场零售	广东省广州市
中国石油化工股份有限公司广西贵港石油分公司	机动车燃料零售	广西壮族自治区贵港市
中国石油化工股份有限公司六盘水石油分公司	机动车燃料零售	贵州省六盘水市

4-2 续表 3

企业名称	所属行业	企业所在地
深圳市苏宁电器有限公司	家用电器零售	广东省深圳市
中国汽车贸易西南公司	汽车零售	四川省成都市
西安开元商城有限公司	百货零售	陕西省西安市
南京中央商场股份有限公司	百货零售	江苏省南京市
中石化股份公司湖北黄冈石油分公司	机动车燃料零售	湖北省黄冈市
重庆商社电器有限公司	家用电器零售	重庆市市辖区
天津天宁苏宁电器有限公司	家用电器零售	天津市和平区
徐州医药股份有限公司	药品零售	江苏省徐州市
北京京东世纪贸易有限公司	计算机、软件及辅助设备零售	北京市海淀区
北京世纪卓越信息技术有限公司	邮购及电子销售	北京市朝阳区
河北保百集团有限公司	百货零售	河北省保定市
中国石油化工股份有限公司山西晋中石油分公司	机动车燃料零售	山西省晋中市
沈阳国美电器有限公司	家用电器零售	辽宁省沈阳市
山东全福元商业集团有限责任公司	百货零售	山东省潍坊市
中国石油天然气股份有限公司山西销售分公司	机动车燃料零售	山西省太原市
广州易初莲花连锁超市有限公司	超级市场零售	广东省广州市
浙江华润慈客隆超市有限公司	超级市场零售	浙江省宁波市
黑龙江远大购物中心有限公司	百货零售	黑龙江省哈尔滨市
中国石油化工股份有限公司河南信阳石油分公司	汽车零配件零售	河南省信阳市
广东龙粤通信设备集团有限公司	通信设备零售	广东省广州市
重庆渝宁苏宁电器有限公司	家用电器零售	重庆市市辖区
广州百佳超级市场有限公司	超级市场零售	广东省广州市
苏州人民商场股份有限公司	百货零售	江苏省苏州市
成都万友经济开发总公司	汽车零售	四川省成都市
中国石油天然气股份有限公司内蒙古包头销售分公司	机动车燃料零售	内蒙古自治区包头市
北京超市发连锁股份有限公司	超级市场零售	北京市海淀区
南昌百货大楼股份有限公司	百货零售	江西省南昌市
中国石油化工股份有限公司九江石油分公司	机动车燃料零售	江西省九江市
广州天河城百货有限公司	服装零售	广东省广州市
中国石油化工股份有限公司山西吕梁石油分公司	机动车燃料零售	山西省吕梁市
大商集团郑州新玛特购物广场有限公司	百货零售	河南省郑州市
中油辽宁丹东销售分公司	机动车燃料零售	辽宁省丹东市
中国石油天然气股份有限公司湖南长沙分公司	机动车燃料零售	湖南省长沙市
长沙通程实业(集团)有限公司	百货零售	湖南省长沙市
中国石油化工股份有限公司珠海石油有限公司	机动车燃料零售	广东省珠海市
中国石油化工股份有限责任公司云南红河石油分公司	机动车燃料零售	云南省红河州哈尼族彝族自治州
中国石油天然气股份有限公司湖北武汉零售分公司	生活用燃料零售	湖北省武汉市
西安市人人乐超市有限公司	超级市场零售	陕西省西安市
成都人民商场(集团)股份有限公司	百货零售	四川省成都市
中国石油化工股份有限公司河南商丘分公司	机动车燃料零售	河南省商丘市
芜湖亚夏汽车股份有限公司	汽车零售	安徽省芜湖市
中国石油化工股份有限公司忻州石油分公司	机动车燃料零售	山西省忻州市
长春卓展时代广场百货有限公司	百货零售	吉林省长春市
四川苏宁电器有限公司	家用电器零售	四川省成都市
哈尔滨中央红集团股份有限公司	百货零售	黑龙江省哈尔滨市
沈阳兴隆大家庭购物中心有限公司	百货零售	辽宁省沈阳市
北京迪信通电子通信技术有限公司	通信设备零售	北京市海淀区
云南沃尔玛百货有限公司	超级市场零售	云南省昆明市
青岛维客集团股份有限公司	百货零售	山东省青岛市
可的便利有限公司	其他综合零售	上海市市辖区

4-2 续表 4

企业名称	所属行业	企业所在地
北京易喜新世界百货有限公司	百货零售	北京市崇文区
苏州欧尚超市有限公司	超级市场零售	江苏省苏州市
广州市好又多百货商业广场有限公司	百货零售	广东省广州市
北京中友百货有限责任公司	百货零售	北京市西城区
湖北高路油站经营有限责任公司	机动车燃料零售	湖北省武汉市
南通文峰大世界连锁发展股份有限公司	百货零售	江苏省南通市
沈阳家乐福商业有限公司	超级市场零售	辽宁省沈阳市
上海太平洋百货有限公司	百货零售	上海市市辖区
中国石油化工股份有限公司永州石油分公司	机动车燃料零售	湖南省永州市
青岛永旺东泰商业有限公司	百货零售	山东省青岛市
陕西华润万家生活超市有限公司	百货零售	陕西省西安市
北京易初莲花连锁超市有限公司	超级市场零售	北京市朝阳区
北京物美大卖场商业管理有限公司	超级市场零售	北京市大兴区
中国石油化工有限公司安徽安庆分公司	机动车燃料零售	安徽省安庆市
江苏明都汽摩集团有限公司	汽车零售	江苏省常州市
中国石油化工股份有限公司山东威海石油分公司	机动车燃料零售	山东省威海市
中海油销售深圳有限公司	机动车燃料零售	广东省深圳市
西安市国美电器有限公司	家用电器零售	陕西省西安市
中国石化股份有限公司山西长治分公司	机动车燃料零售	山西省长治市
中国石油化工股份有限公司湖南怀化石油分公司	机动车燃料零售	湖南省怀化市
内蒙古民族商场有限责任公司	百货零售	内蒙古自治区呼和浩特市
中国石油天然气股份有限公司四川岷江销售分公司	机动车燃料零售	四川省成都市
肥城银宝食品销售公司	肉、禽、蛋及水产品零售	山东省泰安市
杭州解百集团股份有限公司	百货零售	浙江省杭州市
南京新街口百货商店股份有限公司	百货零售	江苏省南京市
中国石油化工股份有限公司湖南常德石油分公司	机动车燃料零售	湖南省常德市
黑龙江黑天鹅家电有限公司	家用电器零售	黑龙江省哈尔滨市
浙江国美电器有限公司	家用电器零售	浙江省杭州市
上海好德便利有限公司	其他综合零售	上海市市辖区
山西双鹤药业有限公司	药品零售	山西省太原市
深圳市顺电连锁股份有限公司	家用电器零售	广东省深圳市
湖南平和堂实业有限公司	百货零售	湖南省长沙市
包头宁鹿石油有限公司	机动车燃料零售	内蒙古自治区包头市
中山市壹加壹商业连锁有限公司	百货零售	广东省中山市
中油辽宁铁岭销售分公司	机动车燃料零售	辽宁省铁岭市
重庆国美电器有限公司	家用电器零售	重庆市市辖区
中国石油天然气股份公司海南销售分公司	机动车燃料零售	海南省海口市
江西南华医药有限公司	药品零售	江西省南昌市
北京王府井百货(集团)股份有限公司	百货零售	北京市东城区
中国石油天然气股份有限公司四川乐山销售分公司	机动车燃料零售	四川省乐山市
中国石油天燃气股份有限公司内蒙兴安石油销售分公司	机动车燃料零售	内蒙古自治区兴安盟
中国石油天然气股份有限公司甘肃天水销售分公司	机动车燃料零售	甘肃省天水市
快乐购物有限责任公司	邮购及电子销售	湖南省长沙市
新疆友好集团股份有限公司	百货零售	新疆维吾尔自治区乌鲁木齐市
北京庄胜崇光百货商场	百货零售	北京市宣武区
北京欧尚超市有限公司	超级市场零售	北京市海淀区
温州华能集团有限公司	汽车零售	浙江省温州市
大商集团大庆百货大楼有限公司	百货零售	黑龙江省大庆市
上海好美家装潢建材有限公司	其他室内装修材料零售	上海市市辖区
辽宁卓展时代广场百货有限公司	百货零售	辽宁省沈阳市

4-2 续表 5

企业名称	所属行业	企业所在地
中国石油化工股份有限公司贵州黔西南州石油分公司	机动车燃料零售	贵州省黔西南州
中国石油化工股份有限公司湖南湘潭石油分公司	机动车燃料零售	湖南省湘潭市
南宁百货大楼股份有限公司	百货零售	广西壮族自治区南宁市
新一佳超市有限公司	百货零售	广东省深圳市
石家庄人民商场股份有限公司	百货零售	河北省石家庄市
上海易买得超市有限公司	超级市场零售	上海市市辖区
中石化股份有限公司湖南娄底石油分公司	机动车燃料零售	湖南省娄底市
中国石油化工有限公司山西晋城石油分公司	机动车燃料零售	山西省晋城市
乐天超市有限公司	超级市场零售	北京市朝阳区
佛山市顺德区乐从供销集团有限公司	超级市场零售	广东省佛山市
中化道达尔燃油有限公司	机动车燃料零售	北京市海淀区
浙江海越股份有限公司	机动车燃料零售	浙江省绍兴市
昆山商厦股份有限公司	百货零售	江苏省苏州市
中国石油天然气股份有限公司酒泉销售公司	机动车燃料零售	甘肃省酒泉市
北京国泰平安百货有限公司	百货零售	北京市顺义区
山西美特好连锁超市股份有限公司	超级市场零售	山西省太原市
云南鸿翔一心堂药业(集团)股份有限公司	药品零售	云南省昆明市
烟台市振华百货集团股份有限公司振华商厦	百货零售	山东省烟台市
浙江人本超市有限公司	超级市场零售	浙江省温州市
中国石油化工股份有限公司山西大同分公司	机动车燃料零售	山西省大同市
东方商厦有限公司	百货零售	上海市市辖区
中国石油化工股份有限公司河南濮阳分公司	机动车燃料零售	河南省濮阳市
新疆九州通医药有限公司	药品零售	新疆维吾尔自治区乌鲁木齐市
湖南新一佳商业投资有限公司	超级市场零售	湖南省长沙市
北京赛特百货有限公司	百货零售	北京市朝阳区
无锡悦家商业有限公司	超级市场零售	江苏省无锡市
东方家园家居建材商业有限公司	其他室内装修材料零售	北京市丰台区
中国石油天然气股份有限公司四川攀枝花销售分公司	机动车燃料零售	四川省攀枝花市
天津金元宝集团有限公司	百货零售	天津市塘沽区
中国石油天然汽股份有限公司四川绵阳销售分公司	机动车燃料零售	四川省绵阳市
西安爱家超市有限公司	超级市场零售	陕西省西安市
大商集团抚顺百货大楼有限公司	百货零售	辽宁省抚顺市
河南永乐生活电器有限公司	家用电器零售	河南省郑州市
中国石油天然气股份有限甘肃平凉销售分公司	机动车燃料零售	甘肃省平凉市
苏州函数集团有限责任公司	百货零售	江苏省苏州市
大商集团大庆新玛特购物休闲广场有限公司	百货零售	黑龙江省大庆市
武汉汉福超市有限公司	超级市场零售	湖北省武汉市
北京城乡贸易中心股份有限公司	百货零售	北京市海淀区
广州家广超市有限公司	超级市场零售	广东省广州市
北京双安商场有限责任公司	百货零售	北京市海淀区
浙江三江购物有限公司	超级市场零售	浙江省杭州市
步步高商业连锁股份有限公司	超级市场零售	湖南省湘潭市
北京当当网信息技术有限公司	邮购及电子销售	北京市东城区
河北保龙仓商业连锁经营有限公司	超级市场零售	河北省石家庄市
中国石油天然气股份有限公司四川凉山销售分公司	机动车燃料零售	四川省凉山州
株洲百货股份有限公司	百货零售	湖南省株洲市
华润万家生活超市(浙江)有限公司	超级市场零售	浙江省杭州市
雄风集团有限公司	百货零售	浙江省绍兴市
合肥百大合家福连锁超市有限责任公司	超级市场零售	安徽省合肥市
西安民生集团股份有限公司	百货零售	陕西省西安市

4-2 续表 6

企业名称	所属行业	企业所在地
陕西省军区军人服务社	百货零售	陕西省西安市
中国石油化工股份有限公司上饶分公司	机动车燃料零售	江西省上饶市
枣庄贵诚集团购物中心有限公司	百货零售	山东省枣庄市
中国石油天然气股份有限公司四川达州销售分公司	机动车燃料零售	四川省达州市
福州国美电器有限公司	家用电器零售	福建省福州市
宁波市北仑加贝购物俱乐部	超级市场零售	浙江省宁波市
秦皇岛渤海物流控股股份有限公司	百货零售	河北省秦皇岛市
南昌洪城大厦股份有限公司	百货零售	江西省南昌市
北京市西单商场股份有限公司	百货零售	北京市西城区
合肥悦家商业有限公司	超级市场零售	安徽省合肥市
宝商集团宝鸡商业经营管理有限责任公司	超级市场零售	陕西省宝鸡市
上海伍缘现代杂货有限公司	其他综合零售	上海市市辖区
烟台市家家悦超市有限公司	超级市场零售	山东省烟台市
河北保定时代商厦有限公司	百货零售	河北省保定市
陕西苏宁电器有限责任公司	家用电器零售	陕西省西安市
哈尔滨市联强商业发展有限公司	超级市场零售	黑龙江省哈尔滨市
湖州市浙北大厦有限责任公司	百货零售	浙江省湖州市
浙江世纪联华超市有限公司	超级市场零售	浙江省杭州市
济南国美电器有限公司	家用电器零售	山东省济南市
武汉国美电器有限公司	家用电器零售	湖北省武汉市
泉州新华都购物广场有限公司	其他综合零售	福建省泉州市
浙江苏宁电器有限公司	家用电器零售	浙江省杭州市
青岛利客来商贸集团股份有限公司	百货零售	山东省青岛市
北京当代商城有限责任公司	百货零售	北京市海淀区
深圳市百佳华百货有限公司	百货零售	广东省深圳市
湖南家润多超市有限公司	超级市场零售	湖南省长沙市
联华快客便利有限公司	其他综合零售	上海市市辖区
沃尔玛深国投百货有限公司福州山姆会员商店	超级市场零售	福建省福州市
深圳岁宝百货有限公司	百货零售	广东省深圳市
辽宁兴隆百货集团有限公司	百货零售	辽宁省盘锦市
百大集团股份有限公司	百货零售	浙江省杭州市
华润万家(苏州)超市有限公司	超级市场零售	江苏省苏州市
北京顺义西单商场	百货零售	北京市顺义区
大连友谊(集团)股份有限公司	百货零售	辽宁省大连市
大连国际商贸大厦有限公司	百货零售	辽宁省大连市
大商集团沈阳新玛特购物休闲广场有限公司	百货零售	辽宁省沈阳市
中石化湖南益阳石油分公司	机动车燃料零售	湖南省益阳市
内蒙古森工集团兴安石油有限责任公司	机动车燃料零售	内蒙古自治区呼伦贝尔市
哈尔滨家乐福超市有限公司	超级市场零售	黑龙江省哈尔滨市
荆门市东方百货大厦	超级市场零售	湖北省荆门市
上海屈臣氏日用品有限公司	超级市场零售	上海市市辖区
中国石油化工股份有限公司山西阳泉石油分公司	机动车燃料零售	山西省阳泉市
北京屈臣氏个人用品连锁商店有限公司	超级市场零售	北京市朝阳区
浙江上百贸易有限公司	超级市场零售	浙江省绍兴市
深圳市国有免税商品(集团)有限公司	烟草制品零售	广东省深圳市
银川新华百货商店股份有限公司	百货零售	宁夏回族自治区银川市
山西华宇商业发展股份有限公司	百货零售	山西省太原市
石家庄东方城市广场有限公司	百货零售	河北省石家庄市
嘉事堂药业股份有限公司	药品零售	北京市海淀区
武汉苏宁电器有限公司	家用电器零售	湖北省武汉市

4-2 续表 7

企业名称	所属行业	企业所在地
上海新华传媒连锁有限公司	图书零售	上海市市辖区
哈尔滨申格体育连锁有限公司	体育用品零售	黑龙江省哈尔滨市
中国石油天然气股份有限公司河北邢台销售分公司	机动车燃料零售	河北省邢台市
辽宁成大方圆医药连锁有限公司	药品零售	辽宁省沈阳市
哈尔滨市大商集团新一百购物广场有限公司	百货零售	黑龙江省哈尔滨市
重庆重客隆超市连锁有限责任公司	超级市场零售	重庆市市辖区
大庆市庆客隆连锁商贸有限公司	超级市场零售	黑龙江大庆市
天津市津工超市有限责任公司	超级市场零售	天津市东丽区
无锡八佰伴商贸中心有限公司	百货零售	江苏省无锡市
深圳市海王星辰医药有限公司	药品零售	广东省深圳市
青岛国美电器有限公司	家用电器零售	山东省青岛市
沈阳苏宁电器有限公司	家用电器零售	辽宁省沈阳市
河南省国美电器有限公司	家用电器零售	河南省郑州市
群光实业(武汉)有限公司	百货零售	湖北省武汉市
江苏新合作常客隆连锁超市有限公司	超级市场零售	江苏省苏州市
深圳市领跑体育用品有限公司	服装零售	广东省深圳市
江西洪客隆百货投资有限公司	百货零售	江西省南昌市
中化道达尔油品有限公司	机动车燃料零售	上海市市辖区
中国图书进出口(集团)总公司	报刊零售	北京市东城区
昆明国美电器有限公司	家用电器零售	云南省昆明市
东莞市时尚电器有限公司	家用电器零售	广东省东莞市
成都家乐福超市有限公司	超级市场零售	四川省成都市
宁波欧尚超市有限公司	超级市场零售	浙江省宁波市
烟台振华量贩超市有限公司	百货零售	山东省烟台市
东营银座商城有限公司	百货零售	山东省东营市
沈阳新世界百货有限公司	百货零售	辽宁省沈阳市
昆明家乐福超市有限公司	超级市场零售	云南省昆明市
中国石油化工股份有限公司湖南湘西分公司	机动车燃料零售	湖南省湘西土家族苗族自治州
廊坊市商业明珠大厦	百货零售	河北省廊坊市
上海欧尚超市有限公司	超级市场零售	上海市市辖区
宜昌国贸大厦集团有限公司	百货零售	湖北省宜昌市
沈阳市领跑体育用品有限公司	服装零售	辽宁省沈阳市
中国石油天然气股份有限公司山东泰安销售分公司	机动车燃料零售	山东省泰安市
厦门富山诚达百货商业广场有限公司	超级市场零售	福建省厦门市
北京崇德商贸有限公司	鞋帽零售	北京市西城区
绍兴大通商城股份有限公司	百货零售	浙江省绍兴市
中国石油天然气股份有限公司四川资阳销售分公司	机动车燃料零售	四川省资阳市
宝盛道吉(北京)贸易有限公司	服装零售	北京市东城区
上海良友金伴便利连锁有限公司	其他综合零售	上海市市辖区
北京华冠商贸有限公司	超级市场零售	北京市房山区
成都市人人乐商业有限公司	百货零售	四川省成都市
上海宏图三胞电脑发展有限公司	计算机、软件及辅助设备零售	上海市市辖区
中国石油天然气股份有限公司四川眉山销售分公司	机动车燃料零售	四川省眉山市
百思买商业(上海)有限公司	家用电器零售	上海市市辖区
迅销(中国)商贸有限公司	服装零售	上海市市辖区
东莞市嘉荣超市有限公司	超级市场零售	广东省东莞市
大连沃尔玛百货有限公司	超级市场零售	辽宁省大连市
苏州苏宁电器有限公司	家用电器零售	江苏省苏州市
新疆国美电器有限公司	家用电器零售	新疆维吾尔自治区乌鲁木齐市
山东苏宁电器有限公司	家用电器零售	山东省济南市

4-2 续表 8

企业名称	所属行业	企业所在地
深圳家乐福商业有限公司	超级市场零售	广东省深圳市
天津市人人乐商业有限公司	超级市场零售	天津市南开区
邯郸新世纪商业广场股份有限公司	服装零售	河北省邯郸市
南京悦家超市有限公司	超级市场零售	江苏省南京市
湖北富迪实业有限公司	超级市场零售	湖北省仙桃市
江苏苏盛商贸有限公司	烟草制品零售	江苏省南京市
桂林市微笑堂实业发展有限公司	百货零售	广西壮族自治区桂林市
上海古今内衣有限公司	服装零售	上海市市辖区
黄冈市黄商有限责任公司	百货零售	湖北省黄冈市
江阴华地百货有限公司	百货零售	江苏省无锡市
中油碧辟石油有限公司江门分公司	机动车燃料零售	广东省江门市
中原百货集团股份有限公司	百货零售	天津市天津市
大连国美电器有限公司	家用电器零售	辽宁省大连市
唐山市金客隆超市有限公司	超级市场零售	河北省唐山市
北京市顺义国泰商业大厦	百货零售	北京市顺义区
三联商社股份有限公司	家用电器零售	山东省济南市
浙江易川体育用品连锁有限公司	服装零售	浙江省金华市
宜兴新苏南商厦有限责任公司	百货零售	江苏省无锡市
美克美家家具连锁有限公司	家具零售	新疆维吾尔自治区乌鲁木齐市
厦门市天虹商场有限公司	百货零售	福建省厦门市
宿州华夏集团	百货零售	安徽省宿州市
北京市亨得利瑞士钟表有限责任公司	钟表、眼镜零售	北京市崇文区
深圳市亨吉利世界名表中心有限公司	钟表、眼镜零售	广东省深圳市
陕西凯达投资集团有限责任公司	服装零售	陕西省西安市
福州麦多万嘉超市有限公司	粮油零售	福建省福州市
山东统一银座商业有限公司	超级市场零售	山东省济南市
中国石油天然气股份有限公司泉州销售分公司	机动车燃料零售	福建省泉州市
苏州悦家超市有限公司	超级市场零售	江苏省苏州市
延吉百货大楼股份有限公司	百货零售	吉林省延边市
临沂医药集团有限公司	药品零售	山东省临沂市
安徽五星电器有限公司	家用电器零售	安徽省合肥市
山东九州商业集团有限公司	百货零售	山东省临沂市
四川壳牌燃油有限公司	机动车燃料零售	四川省成都市
上海迪亚零售有限公司	其他综合零售	上海市市辖区
福建苏宁电器有限公司	家用电器零售	福建省福州市
福州福大自动化科技有限公司	其他电子产品零售	福建省福州市
淄博东泰集团有限公司	百货零售	山东省淄博市
山西国美电器有限公司	家用电器零售	山西省太原市
山东省东营市百货大楼	百货零售	山东省东营市
浙江华联商厦有限公司	百货零售	浙江省宁波市
永旺华南商业有限公司	百货零售	广东省深圳市
深圳岁宝连锁商业发展有限公司	百货零售	广东省深圳市
大商集团锦州百货大楼有限公司	百货零售	辽宁省锦州市
中国石油四川内江销售分公司	机动车燃料零售	四川省内江市
长沙东之杰运动产业发展有限公司	服装零售	湖南省长沙市
重庆家乐福商业有限公司	百货零售	重庆市市辖区
永州商业城有限责任公司	百货零售	湖南省永州市
中国石油天然气股份有限公司河南商丘销售分公司	机动车燃料零售	河南省商丘市
湖南国美电器有限公司	家用电器零售	湖南省长沙市
昆山润华商业有限公司大润发分公司	超级市场零售	江苏省苏州市

4-2 续表 9

企业名称	所属行业	企业所在地
安徽省阜阳商厦股份有限公司	百货零售	安徽省阜阳市
江苏宏信商贸股份有限公司	百货零售	江苏省扬州市
重庆和平药房连锁有限责任公司	药品零售	重庆市市辖区
北京中复电讯设备有限责任公司	通信设备零售	北京市朝阳区
宁波浙国美电器有限公司	家用电器零售	浙江省宁波市
徐州中央百大股分有限公司	百货零售	江苏省徐州市
北京蓝岛大厦有限责任公司	百货零售	北京市朝阳区
沃尔玛华东百货有限公司	超级市场零售	上海市市辖区
浙江汇德隆实业集团有限公司	家用电器零售	浙江省杭州市
湖北省十堰市人民商场股份有限公司	百货零售	湖北省十堰市
泰安银座商城有限公司	百货零售	山东省泰安市
保定商场股份有限公司	百货零售	河北省保定市
浙江星普五星电器有限公司	家用电器零售	浙江省杭州市
华润万家生活超市(珠海)有限公司	百货零售	广东省珠海市
沃尔玛深国投百货有限公司厦门世贸分店	超级市场零售	福建省厦门市
苏州鹏润国美电器有限公司	家用电器零售	江苏省苏州市
江苏百润商品配送中心有限公司百润发苏福店	超级市场零售	江苏省苏州市
北京旺市百利商业有限公司	超级市场零售	北京市朝阳区
深圳市恒波商业连锁股份有限公司	通信设备零售	广东省深圳市
四川省互惠商业责任有限公司	超级市场零售	四川省成都市
包头百货大楼股份有限公司	百货零售	内蒙古自治区包头市
芜湖华亿国际购物中心有限责任公司	百货零售	安徽省芜湖市
银川市新华百货连锁超市有限公司	百货零售	宁夏回族自治区银川市
佛山市苏宁电器有限公司	家用电器零售	广东省佛山市
北京华普联合商业投资有限公司	其他综合零售	北京市朝阳区
常州金太阳至尊家电有限公司	家用电器零售	江苏省常州市
广州市宏丽有限公司	超级市场零售	广东省广州市
淄博银座商城有限公司	百货零售	山东省淄博市
大商集团本溪商业大厦有限公司	百货零售	辽宁省本溪市
天津劝业场(集团)股份有限公司	百货零售	天津市和平区
上海像果网络技术发展有限公司	其他日用品零售	上海市市辖区
北京贵友大厦有限公司	百货零售	北京市朝阳区
山东奥德隆集团有限公司	百货零售	山东省淄博市
内蒙古维多利商厦有限公司	百货零售	内蒙古呼和浩特市
北京长安商场有限责任公司	百货零售	北京市西城区
北京天超仓储超市有限责任公司	超级市场零售	北京市崇文区
大连家乐福商业有限公司	超级市场零售	辽宁省大连市
密水商场	其他综合零售	山东省潍坊市
安徽省徽商红府连锁超市有限责任公司	超级市场零售	安徽省合肥市
哈工大首创科技股份有限公司	百货零售	浙江省宁波市
江苏中央新亚百货股份有限公司	百货零售	江苏省淮安市
广东赛壹便利店有限公司	超级市场零售	广东省广州市
镇江百盛商城有限公司	百货零售	江苏省镇江市
东莞沃尔玛百货有限公司	超级市场零售	广东省东莞市
福建新华都综合百货有限公司	百货零售	福建省福州市
淮北市新惠康商贸有限公司	超级市场零售	安徽省淮北市
天津泰达易买得超市有限公司	超级市场零售	天津市南开区
青岛第一百盛有限公司	百货零售	山东省青岛市
山东龙口市博商购物广场	百货零售	山东省烟台市
贵阳星力百货集团有限公司	百货零售	贵州省贵阳市

4-2 续表 10

企业名称	所属行业	企业所在地
大商集团鸡西新玛特购物广场有限公司	百货零售	黑龙江鸡西市
苏州宏图三胞科技发展有限公司	家用电器零售	江苏省苏州市
北京百安居装饰建材有限公司	家具零售	北京市朝阳区
北京首都机场商贸有限公司	超级市场零售	北京市顺义区
湖南苏宁电器有限公司	家用电器零售	湖南省长沙市
丹阳市华帝百货有限公司	百货零售	江苏省镇江市
史泰博商贸有限公司	文具用品零售	上海市市辖区
聊城市百货大楼有限责任公司	百货零售	山东省聊城市
唐山华盛超市有限公司	超级市场零售	河北省唐山市
葫芦岛市百货大楼	百货零售	辽宁省葫芦岛市
成都好又多百货商业广场有限公司	超级市场零售	四川省成都市
威海长江糖酒有限公司	超级市场零售	山东省威海市
武汉滔博商贸江汉有限公司	服装零售	湖北省武汉市
大庆油田昆仑集团商贸有限公司	百货零售	黑龙江大庆市
浙江东兴商厦股份有限公司	超级市场零售	浙江省嘉兴市
兰州民百(集团)股份有限公司	百货零售	甘肃省兰州市
上海三联(集团)有限公司	钟表、眼镜零售	上海市市辖区
飒拉商业(上海)有限公司	服装零售	上海市市辖区
华润超级市场有限公司	超级市场零售	北京市朝阳区
江苏盐阜人民商场有限公司	百货零售	江苏省盐城市
江苏华润万家超市有限公司	超级市场零售	江苏省苏州市
永安百货有限公司	百货零售	上海市市辖区
广派商业(上海)有限公司	服装零售	上海市市辖区
北京京北美廉美超市有限公司	超级市场零售	北京市昌平区
安庆市华联购物广场有限责任公司	百货零售	安徽省安庆市
宁波家乐福商业有限公司	超级市场零售	浙江省宁波市
青岛家乐福商业有限公司	超级市场零售	山东省青岛市
海恩斯莫里斯(上海)商业有限公司	服装零售	上海市市辖区
中国石油天然气股份有限公司四川销售泸州分公司	机动车燃料零售	四川省泸州市
重庆赛博迈特数码广场有限公司江北分公司	计算机、软件及辅助设备零售	重庆市江北区
中国石油天然气股份有限公司川南销售分公司	机动车燃料零售	四川省自贡市
上海汇姿百货有限公司	百货零售	上海市市辖区
北京首航国力商贸有限公司	超级市场零售	北京市丰台区
成都美美力诚百货有限公司	服装零售	四川省成都市
深圳市国美电器有限公司东莞市分公司	家用电器零售	广东省东莞市
厦门永乐思文家电有限公司	家用电器零售	福建省厦门市
陕西民生家乐商业连锁有限责任公司	超级市场零售	陕西省西安市
湖北省十堰市寿康永乐有限公司	超级市场零售	湖北省十堰市
丝芙兰(上海)化妆品销售有限公司	化妆品及卫生用品零售	上海市市辖区
南京欧尚超市有限公司	超级市场零售	江苏省南京市
东营市商业大厦有限责任公司	百货零售	山东省东营市
浙江雄城商贸股份有限公司	超级市场零售	浙江省绍兴市
华润万家生活超市(中山)有限公司	超级市场零售	广东省中山市
东莞市励骏实业有限公司	鞋帽零售	广东省东莞市
沃尔玛深国投百货有限公司哈尔滨中山路分店	超级市场零售	黑龙江省哈尔滨市
嘉兴市戴梦得购物中心有限公司	百货零售	浙江省嘉兴市
河北华北石油商业有限公司	百货零售	河北省沧州市
内蒙古维多利商业管理有限公司	百货零售	内蒙古呼和浩特市
茂名市明湖百货有限公司	超级市场零售	广东省茂名市
天津物美未来商贸发展有限公司	超级市场零售	天津市西青区

4-2 续表 11

企业名称	所属行业	企业所在地
重庆市新大兴实业(集团)有限公司	超级市场零售	重庆市市辖区
南京商厦股份有限公司	百货零售	江苏省南京市
武汉武商量贩连锁有限公司襄樊分公司	超级市场零售	湖北省襄樊市
大商集团佳木斯百货大楼	百货零售	黑龙江省佳木斯市
盐城商业大厦有限公司	百货零售	江苏省盐城市
河南大张实业有限公司	超级市场零售	河南省洛阳市
沃尔玛深国投百货有限公司武汉中山大道分店	超级市场零售	湖北省武汉市
济南人民商场集团有限公司	百货零售	山东省济南市
无锡国美电器有限公司	家用电器零售	江苏省无锡市
平顶山市普生药业有限公司	药品零售	河南省平顶山市
大商集团沈阳新玛特购物休闲广场有限公司千盛百货购物中心	百货零售	辽宁省沈阳市
滨州银座购物广场有限公司	超级市场零售	山东省滨州市
泸州汇通百货股份有限公司	百货零售	四川省泸州市
浙江供销超市有限公司	超级市场零售	浙江省绍兴市
昆明百货大楼(集团)珠宝经营有限公司	珠宝首饰零售	云南省昆明市
深圳百安居装饰建材有限公司	其他室内装修材料零售	广东省深圳市
深圳市深燃石油气有限公司	其他未列明的零售	广东省深圳市
北京物美京北大世界商贸有限公司	百货零售	北京市怀柔区
武汉市汉商集团股份有限公司	百货零售	湖北省武汉市
大连大商集团有限公司大庆让胡路商场	百货零售	黑龙江省大庆市
东莞市国贸超级市场有限公司	超级市场零售	广东省东莞市
胜利油田胜大超市	超级市场零售	山东省东营市
家得宝(天津)商业有限公司	其他室内装修材料零售	天津市东丽区
广州市新大新有限公司	百货零售	广东省广州市
广州城建开发宏城连锁超级市场有限公司	超级市场零售	广东省广州市
广西南城百货股份有限公司	超级市场零售	广西壮族自治区南宁市
福州家乐福商业有限公司	超级市场零售	福建省福州市
湖北金城大厦集团实业公司	百货零售	湖北省荆门市
河北国美电器有限公司	家用电器零售	河北省石家庄市
山东省东营市日用工业品公司	百货零售	山东省东营市
芜湖南京新百大厦有限公司	百货零售	安徽省芜湖市
中山市信和商业连锁有限公司	超级市场零售	广东省中山市
广西联华超市股份有限公司	超级市场零售	广西壮族自治区柳州市
海南大润发商业有限公司	超级市场零售	海南省海口市
北京甘家口大厦	百货零售	北京市海淀区
新疆好家乡超市有限公司	超级市场零售	新疆维吾尔乌鲁木齐市
日照凌云工贸有限公司	家用电器零售	山东省日照市
南通通润发超市有限公司	超级市场零售	江苏省南通市
天津劝业家乐福超市有限公司	超级市场零售	天津市南开区
长沙家乐福超市有限责任公司	超级市场零售	湖南省长沙市
杭州物美大卖场商业有限公司	超级市场零售	浙江省杭州市
常熟市百润发超市有限责任公司	超级市场零售	江苏省苏州市
北京迪亚商业有限公司	超级市场零售	北京市朝阳区
大商集团牡丹江百货大楼有限公司	百货零售	黑龙江牡丹江市
陕西通达果汁集团股份有限公司	饮料及茶叶零售	陕西省西安市
北京丽家丽婴婴童用品有限公司	服装零售	北京市大兴区
西安民生集团咸阳民生购物中心有限公司	超级市场零售	陕西省咸阳市
北京顺天府商贸有限公司	超级市场零售	北京市丰台区
南昌市天虹商场有限公司	百货零售	江西省南昌市
铁岭兴隆百货有限公司	百货零售	辽宁省铁岭市

4-2　续表 12

企业名称	所属行业	企业所在地
深圳乐荣超市有限公司	超级市场零售	广东省深圳市
苏州润瑞商业有限公司	超级市场零售	江苏省苏州市
上海捷强烟草糖酒(集团)连锁有限公司	超级市场零售	上海市市辖区
联盛商业连锁股份有限公司	百货零售	江西省九江市
江西鹏润国美电器有限公司	家用电器零售	江西省南昌市
湖北孝武电器集团有限公司	家用电器零售	湖北省孝感市
黄梅县鄂东大市场	其他综合零售	湖北省黄冈市
上海百安居建材超市有限公司(百安居)	其他室内装修材料零售	上海市市辖区
北京稻香村食品有限责任公司	糕点、面包零售	北京市东城区
湖北新世纪购物中心股份有限公司	百货零售	湖北省随州市
浙江江南大厦股份有限公司	百货零售	浙江省嘉兴市
沃尔玛深国投百货有限公司南昌八一广场分店	超级市场零售	江西省南昌市
宁波新江厦连锁超市有限公司	超级市场零售	浙江省宁波市
常熟市新合作常客隆购物广场有限公司	超级市场零售	江苏省苏州市
福建诺奇股份有限公司	服装零售	福建省泉州市
成都讯捷通讯连锁有限公司	通信设备零售	四川省成都市
北京同仁堂连锁药店有限责任公司	药品零售	北京市西城区
无锡天惠超市股份有限公司	超级市场零售	江苏省无锡市
上海浦东好又多超市有限公司	超级市场零售	上海市市辖区
柳州工贸大厦股份有限公司	百货零售	广西壮族自治区柳州市
沧州市华北商厦有限公司	百货零售	河北省沧州市
安徽省庐江安德利贸易中心有限公司	超级市场零售	安徽省巢湖市
麦凯乐(青岛)百货总店有限公司	百货零售	山东省青岛市
无锡天润发超市有限公司	超级市场零售	江苏省无锡市
广东大参林连锁药店有限公司	药品零售	广东省广州市
淮南华联商厦责任公司	百货零售	安徽省淮南市
哈尔滨新世界百货商场有限公司	百货零售	黑龙江省哈尔滨市
武汉鲁巷广场购物中心	百货零售	湖北省武汉市
扬州市广润发超市有限公司	超级市场零售	江苏省扬州市
上海华氏大药房有限公司	药品零售	上海市市辖区
重庆中百仓储超市有限公司	超级市场零售	重庆省市辖区
温州锐力体育用品有限公司	服装零售	浙江省温州市
信阳亚兴集团有限公司	超级市场零售	河南省信阳市
洛阳丹尼斯量贩有限公司	超级市场零售	河南省洛阳市
南京锐创体育用品有限公司	体育用品零售	江苏省南京市
河南苏宁电器有限公司	家用电器零售	河南省郑州市
福州好又多百货有限公司	超级市场零售	福建省福州市
老百姓医药连锁有限公司	药品零售	湖南省长沙市
北京图书大厦有限责任公司	图书零售	北京市西城区
江苏雅家乐集团有限公司	超级市场零售	江苏省盐城市
可口可乐(山西)饮料有限公司	饮料及茶叶零售	山西省太原市
江苏省盐城药业有限公司	药品零售	江苏省盐城市
本溪华联商厦有限公司	百货零售	辽宁省本溪市
青岛润泰事业有限公司张家港分公司	超级市场零售	江苏省苏州市
兖州市广场商厦	百货零售	山东省济宁市
天津华润超级市场有限公司	超级市场零售	天津市和平区
杭州联华华商集团拱墅世纪联华超市有限公司	超级市场零售	浙江省杭州市
上海福满家便利有限公司	其他综合零售	上海市市辖区
临沂银座商城有限公司	百货零售	山东省临沂市
山西省太原唐久超市有限公司	其他综合零售	山西省太原市

4-2 续表 13

企业名称	所属行业	企业所在地
河南思达连锁商业有限公司	超级市场零售	河南省郑州市
厦门银祥食品有限公司	肉、禽、蛋及水产品零售	福建省厦门市
辽中商业大厦有限公司	百货零售	辽宁省沈阳市
邹城市百货大楼有限责任公司	百货零售	山东省济宁市
许昌市胖东来商贸集团有限公司	百货零售	河南省许昌市
上海华联罗森有限公司	其他综合零售	上海市市辖区
山东省苍山县供销社合作社联合社	其他综合零售	山东省临沂市
兰州西太华工贸集团股份有限公司	百货零售	甘肃省兰州市
大商集团牡丹江新玛特购物广场有限公司	百货零售	黑龙江省牡丹江市
新疆家乐福超市有限公司	超级市场零售	新疆维吾尔自治区乌鲁木齐市
南京中央金城仓储超市有限责任公司	超级市场零售	江苏省南京市
大同市华林有限责任公司	百货零售	山西省大同市
四川省达州商业集团有限公司	百货零售	四川省达州市
青岛新华书店有限责任公司	图书零售	山东省青岛市
日照日百商业有限公司	百货零售	山东省日照市
山东金宇商贸有限公司	其他室内装修材料零售	山东省济宁市
柳州市百货股份有限公司	百货零售	广西省柳州市
吉林省威宝恒客隆仓储百货有限公司	超级市场零售	吉林省长春市
沈阳沃尔玛百货有限公司	超级市场零售	辽宁省沈阳市
徐州市华美商厦有限公司	百货零售	江苏省徐州市
柒一拾壹(北京)有限公司	其他综合零售	北京市东城区
东营振华百货发展有限公司	百货零售	山东省东营市
齐齐哈尔百货大楼股份有限公司	服装零售	黑龙江省齐齐哈尔市
大连好又多百货商业广场有限公司	超级市场零售	辽宁省大连市
厦门永辉商业有限公司	超级市场零售	福建省厦门市
东莞市天虹商场有限公司	百货零售	广东省东莞市
上海梅林正广和便利连锁有限公司	其他综合零售	上海市市辖区
新百丽鞋业(深圳)有限公司西安分公司	鞋帽零售	陕西省西安市
天津滨江商厦有限公司	百货零售	天津市和平区
购宝乐商业(湖南)有限公司	超级市场零售	湖南省长沙市
龙口市第一百货商店有限公司	百货零售	山东省烟台市
广州百佳超级市场有限公司深圳分公司	超级市场零售	广东省深圳市
嘉兴市嘉润商业有限责任公司	超级市场零售	浙江省嘉兴市
江苏大统华购物中心有限公司	超级市场零售	江苏省无锡市
吉安市国光实业有限公司	其他综合零售	江西省吉安市
山西山姆士超市有限公司	超级市场零售	山西省太原市
淮南苏果超市有限公司	超级市场零售	安徽省淮南市
广西通用商贸有限公司	超级市场零售	广西壮族自治区玉林市
北京市复兴商业城有限公司	百货零售	北京市西城区
大石桥市兴隆百货有限公司	百货零售	辽宁省营口市
信阳市西亚商业有限公司	超级市场零售	河南省信阳市
云南健之佳连锁健康药房有限公司	药品零售	云南省昆明市
秦皇岛市广缘商厦有限公司	超级市场零售	河北省秦皇岛市
山东威海百货大楼集团股份有限公司	百货零售	山东省威海市
吉林大药房药业股份有限公司	药品零售	吉林省长春市
沃尔玛(江苏)商业零售有限公司	超级市场零售	江苏省南京市
营口经济技术开发区商业大厦有限公司	百货零售	辽宁省营口市
青岛润泰事业有限公司马鞍山分公司	超级市场零售	安徽省马鞍山市
银座集团股份有限公司菏泽银座商城	百货零售	山东省菏泽市
呼伦贝尔友谊有限责任公司	百货零售	内蒙古自治区呼伦贝尔市

4-2 续表 14

企业名称	所属行业	企业所在地
嵊州市国商大厦有限公司	百货零售	浙江省绍兴市
郑州市易初莲花连锁超市有限公司	超级市场零售	河南省郑州市
包头市金荣装饰建材城有限责任公司	其他室内装修材料零售	内蒙古包头市
泰州苏宁电器有限公司	家用电器零售	江苏省泰州市
赣州国光实业有限公司	超级市场零售	江西省赣州市
靖边县光明农产品销售分公司	肉、禽、蛋及水产品零售	陕西省榆林市
浙江福泰隆连锁超市有限公司	超级市场零售	浙江省金华市
佛山市好又多怡东百货商业有限公司	超级市场零售	广东省佛山市
重庆好又多百货商业有限公司	超级市场零售	重庆市市辖区
台州市三和连锁超市有限公司	超级市场零售	浙江省台州市
上海好孩子儿童服饰有限公司	服装零售	上海市市辖区
北京金象大药房医药连锁有限责任公司	药品零售	北京市西城区
湖南益丰大药房医药连锁有限公司	药品零售	湖南省常德市
舟山市民生商厦有限责任公司	超级市场零售	浙江省舟山市
宝鸡人民商场股份有限公司	百货零售	陕西省宝鸡市
郑州悦家商业有限公司	超级市场零售	河南省郑州市
黑龙江泰华医药有限公司	药品零售	黑龙江绥化市
世纪联华发展有限公司	超级市场零售	安徽省芜湖市
佳木斯新玛特购物广场	百货零售	黑龙江省佳木斯市
朝阳兴隆百货有限公司	百货零售	辽宁省朝阳市
河南张仲景大药房股份有限公司	药品零售	河南省郑州市
天津家福商业有限公司	超级市场零售	天津市南开区
沃尔玛深国投百货有限公司天津和平路分店	超级市场零售	天津市和平区
广州购书中心有限公司	图书零售	广东省广州市
苏果超市马鞍山有限公司	超级市场零售	安徽省马鞍山市
兴记九兴贸易(上海)有限公司	鞋帽零售	上海市市辖区
广西南宁康迈商业有限责任公司	超级市场零售	广西壮族自治区南宁市
耀达集团有限公司	百货零售	浙江省台州市
成都舞东风超市连锁有限责任公司	超级市场零售	四川省成都市
合肥百货大楼集团铜陵合百商厦有限责任公司	百货零售	安徽省铜陵市
厦门新华都购物广场有限公司	超级市场零售	福建省厦门市
新乡市胖东来百货有限公司	百货零售	河南省新乡市
阜阳华联超市有限公司	超级市场零售	安徽省阜阳市
北京兴宇班尼路服装服饰有限公司	服装零售	北京市东城区
王一实业集团衡阳香江百货有限公司	百货零售	湖南省衡阳市
新泰银座商城有限公司	百货零售	山东省泰安市
十堰市新合作鑫城超市有限公司	超级市场零售	湖北省十堰市
西安易初莲花连锁超市有限公司	超级市场零售	陕西省西安市
吉林省白山方大商贸有限公司	超级市场零售	吉林省白山市
齐齐哈尔市齐润发超市有限公司(大福源)	超级市场零售	黑龙江省齐齐哈尔市
特易购商业(广东)有限公司	百货零售	广东省广州市
云南玉溪百信商贸集团有限公司	超级市场零售	云南省玉溪市
莱州市百货大楼	超级市场零售	山东省烟台市
江西青龙集团商厦有限公司	超级市场零售	江西省宜春市
南京新华书店有限责任公司(南京市新华书店)	图书零售	江苏省南京市
统杰法宝(北京)超市有限公司	超级市场零售	北京市朝阳区
北京市昌平新世纪商城	百货零售	北京市昌平区
绵阳市家福来电器有限公司	家用电器零售	四川省绵阳市
延边国际贸易大厦有限责任公司	百货零售	吉林省延边市
西安市新华书店	图书零售	陕西省西安市

4-2 续表 15

企业名称	所属行业	企业所在地
温州崇高百货有限公司	服装零售	浙江省温州市
浙江老百姓大药房连锁有限公司	药品零售	浙江省杭州市
辽宁中百商厦集团有限公司	百货零售	辽宁省锦州市
安徽燕之坊食品有限公司	粮油零售	安徽省合肥市
盘锦兴隆大厦二百有限公司	百货零售	辽宁省盘锦市
广州宝元贸易有限公司	服装零售	广东省广州市
成都大商投资有限公司	百货零售	四川省成都市
襄樊鼓楼商场股份有限公司	百货零售	湖北省襄樊市
永城市煤电控股集团先帅百货有限责任公司	百货零售	河南省商丘市
山西省临汾万佳福仓储超市有限公司	超级市场零售	山西省临汾市
成都九龙贸易有限责任公司	超级市场零售	四川省成都市
长沙步步高商业连锁有限责任公司	超级市场零售	湖南省长沙市
东莞市天和商贸有限公司	百货零售	广东省东莞市
济南漱玉平民大药房有限公司	药品零售	山东省济南市
江苏明都超市有限公司	超级市场零售	江苏省常州市
诸暨市一百超市有限公司	百货零售	浙江省绍兴市
北京首联超市有限公司	超级市场零售	北京市石景山区
河南华润万家生活超市有限公司	超级市场零售	河南省郑州市
仙桃市供销商城大厦有限责任公司	百货零售	湖北省仙桃市
山东省淄博市糖酒站股份有限公司	百货零售	山东省淄博市
宁夏国芳百货购物广场有限公司	百货零售	宁夏省银川市
重庆聚信国际建材城有限公司	其他室内装修材料零售	重庆省渝北市
宜昌北山商业连锁有限公司	超级市场零售	湖北省宜昌市
惠州市天虹商场有限公司	百货零售	广东省惠州市
秦皇岛市家惠商贸有限公司	超级市场零售	河北省秦皇岛市
泉州市中闽百汇购物有限公司	超级市场零售	福建省泉州市
深圳市一致医药连锁有限公司	药品零售	广东省深圳市
武汉大润发江汉超市发展有限公司	超级市场零售	湖北省武汉市
昆山润福商贸有限公司广州花都分公司	百货零售	广东省广州市
南宁市人人乐商业有限公司	超级市场零售	广西壮族自治区南宁市
唐山家万佳超市有限公司	超级市场零售	河北省唐山市
青岛润泰事业有限公司	超级市场零售	山东省青岛市
龙岩新华都辉业购物广场有限公司	超级市场零售	福建省龙岩市
绍兴好又多百货有限公司	超级市场零售	浙江省绍兴市
山东乐拍商业有限公司	邮购及电子销售	山东省济南市
武汉新华书店股份有限公司	图书零售	湖北省武汉市
呼和浩特市王府井百货有限公司	百货零售	内蒙古自治区呼和浩特市
沈阳大东兴隆百货有限公司	百货零售	辽宁省沈阳市
靖边县五鑫商贸有限责任公司	百货零售	陕西省榆林市
佛山市顺德区乐从供销集团顺客隆商场有限公司	超级市场零售	广东省佛山市
高密市农贸商场	肉、禽、蛋及水产品零售	山东省潍坊市
邯郸市阳光超市有限公司	超级市场零售	河北省邯郸市
广东万宁连锁商业有限公司	其他综合零售	广东省广州市
柳河县万博隆有限责任公司	超级市场零售	吉林省通化市
真维斯服饰(广东)有限公司	服装零售	广东省惠州市
大商集团铁岭新玛特有限公司	百货零售	辽宁省铁岭市
龙口市城关供销合作社	百货零售	山东省烟台市
盐城世纪联华超市有限公司	超级市场零售	江苏省盐城市
张家口市帝达购物广场有限公司	百货零售	河北省张家口市
宁海县太平洋百货有限公司	百货零售	浙江省宁波市

4-2 续表 16

企业名称	所属行业	企业所在地
合肥新华书店有限公司	图书零售	安徽省合肥市
福建宝闽体育用品有限公司	体育用品零售	福建省福州市
六安市家园大市场服务有限公司	其他室内装修材料零售	安徽省六安市
山东金孚隆股份有限公司	超级市场零售	山东省潍坊市
安庆市世纪华联超市有限公司	超级市场零售	安徽省安庆市
营口兴隆百货有限公司	超级市场零售	辽宁省营口市
博马努瓦服饰商贸(上海)有限公司	服装零售	上海市市辖区
溧阳大统华购物中心有限公司	超级市场零售	江苏省常州市
十堰市京华超市有限公司	超级市场零售	湖北省十堰市
江西黄庆仁栈华氏大药房有限公司	医疗用品及器材零售	江西省南昌市
台州华联超市有限公司	超级市场零售	浙江省台州市
北京味多美食品有限责任公司	糕点、面包零售	北京市西城区
北京益生康健电子商务有限公司	其他食品零售	北京市海淀区
巢湖安德利购物中心有限公司	百货零售	安徽省巢湖市
泰安凌云经贸有限公司	百货零售	山东省泰安市
江苏海王星辰健康药房连锁有限公司	药品零售	江苏省苏州市
常州市信特超市有限公司	超级市场零售	江苏省常州市
玉林金城商厦有限责任公司	超级市场零售	广西壮族自治区玉林市
深圳市好又多量贩百货有限公司	超级市场零售	广东省深圳市
河南新亚通讯器材有限公司	通信设备零售	河南省郑州市
章丘市供销社	百货零售	山东省济南市
上海海文班尼路服饰有限公司	服装零售	上海市市辖区
吉林市润泰商业有限公司	超级市场零售	吉林省吉林市
西安秋林商贸有限责任公司	百货零售	陕西省西安市
成都市滔博商贸有限公司	鞋帽零售	四川省成都市
保定市惠友万家福超级市场有限公司	超级市场零售	河北省保定市
昆明新华书店连锁有限公司	图书零售	云南省昆明市
上海国大药房连锁有限公司	药品零售	上海市市辖区
深圳市有荣配销有限公司	超级市场零售	广东省深圳市
上海美特斯邦威服饰销售有限公司	服装零售	上海市市辖区
绍兴市千客隆超市有限公司	超级市场零售	浙江省绍兴市
惠州市丽日购物广场有限公司	百货零售	广东省惠州市
焦作市百货大楼有限责任公司	百货零售	河南省焦作市
肇庆市大润发商业发展有限公司	超级市场零售	广东省肇庆市
南昌喜盈门实业有限公司	家具零售	江西省南昌市
张家港市新百信超市连锁经营有限公司	超级市场零售	江苏省苏州市
青岛润泰事业有限公司东莞大朗分公司	超级市场零售	广东省东莞市
山东金都百货股份有限公司	超级市场零售	山东省烟台市
连云港家得福商贸有限公司	超级市场零售	江苏省连云港市
大商集团佳木斯华联商厦有限公司	百货零售	黑龙江省佳木斯市
黑龙江国美电器有限公司	家用电器零售	黑龙江省大庆市
安徽天洋新世纪购物中心(集团)有限公司	百货零售	安徽省蚌埠市
衡水百货大楼(集团)股份有限公司	百货零售	河北省衡水市
贵州一树连锁药业有限公司	药品零售	贵州省贵阳市
广州市海王星辰医药连锁有限公司	药品零售	广东省广州市
厦门润瑞商业有限公司	超级市场零售	福建省厦门市
唐山鹏润国美电器有限公司	家用电器零售	河北省唐山市
淄博圣隆润发商业有限公司	超级市场零售	山东省淄博市
辽宁百盛新药特药连锁有限公司	药品零售	辽宁省沈阳市
辽宁省大连市旅顺供销大厦有限公司	百货零售	辽宁省大连市

4-2 续表 17

企业名称	所属行业	企业所在地
蕲春县食品公司	肉、禽、蛋及水产品零售	湖北省黄冈市
绵阳兴达好又多商贸有限公司	超级市场零售	四川省绵阳市
上海养和堂药业连锁经营有限公司	药品零售	上海市市辖区
沃尔玛深国投百货有限公司西安骡马市分店	超级市场零售	陕西省西安市
延安百货大楼(集团)有限公司	百货零售	陕西省延安市
成都市锦江区红旗连锁有限公司	其他食品零售	四川省成都市
陵县粮食购销中心	粮油零售	山东省德州市
苏州金鹰国际购物中心有限公司	百货零售	江苏省苏州市
桂林市西麦营销有限公司	饮料及茶叶零售	广西壮族自治区桂林市
西宁大十字百货商店有限公司	百货零售	青海省西宁市
中山市华润万家便利超市有限公司	超级市场零售	广东省中山市
黑龙江好又多百货商业广场有限公司	百货零售	黑龙江省哈尔滨市
新泰青云购物中心有限公司	百货零售	山东省泰安市
大商集团朝阳新玛特购物广场有限公司	百货零售	辽宁省朝阳市
山东省德州泰康药业有限公司	药品零售	山东省德州市
黄骅信誉楼百货集团有限公司黄骅信誉楼商厦	百货零售	河北省沧州市
扬中市通达商业总公司	百货零售	江苏省镇江市
晋中田森超市有限公司	超级市场零售	山西省晋中市
广西老百姓大药房有限公司	药品零售	广西壮族自治区南宁市
大连海王星辰医药有限公司	药品零售	辽宁省大连市
浙江越王珠宝有限公司	珠宝首饰零售	浙江省绍兴市
利群集团莱州购物广场有限公司	超级市场零售	山东省烟台市
重庆桐君阁大药房连锁有限责任公司	药品零售	重庆市市辖区
西安华侨商店	服装零售	陕西省西安市
上海家家乐商业发展有限公司	超级市场零售	上海市市辖区
太原六味斋实业有限公司	肉、禽、蛋及水产品零售	山西省太原市
北海市和安贸易有限责任公司	百货零售	广西壮族自治区北海市
漳州新华都百货有限责任公司	超级市场零售	福建省漳州市
成都市青羊区红旗连锁有限公司	超级市场零售	四川省成都市
乐购特易购商业(北京)有限公司	百货零售	北京市顺义区
湖南步步高连锁超市益阳有限公司	超级市场零售	湖南省益阳市
大连联华快客中山便利商业有限公司	其他综合零售	辽宁省大连市
内蒙古维多利超市连锁有限公司	超级市场零售	内蒙古自治区呼和浩特市
黑龙江比优特商贸有限责任公司	超级市场零售	黑龙江鹤岗市
西安百福乐好又多商贸公司	超级市场零售	陕西省西安市
深圳市大润发商业有限公司	超级市场零售	广东省深圳市
广州市新华书店集团有限公司	图书零售	广东省广州市
湖北雅斯连锁商业有限公司	超级市场零售	湖北省宜昌市
河北惠友商业连锁发展有限公司	超级市场零售	河北省保定市
久光百货(苏州)有限公司	百货零售	江苏省苏州市
新百丽鞋业(深圳)有限公司	鞋帽零售	湖北省武汉市
江苏沃尔玛百货有限公司	超级市场零售	江苏省南京市
新百丽鞋业(深圳)有限公司长沙分公司	鞋帽零售	湖南省长沙市
黄骅信誉楼百货集团有限公司泊头信誉楼商厦	百货零售	河北省沧州市
河北家乐园大洋百货有限责任公司	超级市场零售	河北省邢台市
厦门市中博贸易有限公司	通信设备零售	福建省厦门市
长兴县第一百货商店有限责任公司	百货零售	浙江省湖州市
苏州市第一百货商店有限责任公司	百货零售	江苏省苏州市
四川哦哦超市连锁管理有限公司	超级市场零售	四川省成都市
昆明新知图书城有限责任公司	图书零售	云南省昆明市

4-2　续表 18

企业名称	所属行业	企业所在地
日照银座购物广场有限公司	百货零售	山东省日照市
朝阳商业城有限公司	百货零售	辽宁省朝阳市
山东圣豪商业有限公司	超级市场零售	山东省滨州市
咸阳人人乐商业有限公司	超级市场零售	陕西省咸阳市
福建捷龙商业有限公司	超级市场零售	福建省泉州市
镇江市恺源商贸有限责任公司	超级市场零售	江苏省镇江市
广东赛壹便利店有限公司深圳分公司	其他综合零售	广东省深圳市
自贡市家和超市有限责任公司	超级市场零售	四川省自贡市
苏州联华超市有限公司	超级市场零售	江苏省苏州市
沈阳维康医药连锁有限公司	药品零售	辽宁省沈阳市
广东东明股份有限公司	超级市场零售	广东省韶关市
深圳市卡尔丹顿服饰有限公司	服装零售	广东省深圳市
上海华德美居超市有限公司	其他室内装修材料零售	上海市市辖区
内蒙古金旺角服装批发市场	服装零售	内蒙古自治区呼和浩特市
海南第一百货商场有限公司	服装零售	海南省海口市
深圳市中联大药房有限公司	药品零售	广东省深圳市
陕西老百姓大药房连锁有限公司	药品零售	陕西省西安市
邯郸市康德超级市场有限公司	百货零售	河北省邯郸市
湖南佳惠百货有限责任公司	超级市场零售	湖南省怀化市
心连心集团有限公司	超级市场零售	湖南省湘潭市
苏州可的便利店有限公司	其他食品零售	江苏省苏州市
北京奥士凯物美商业有限公司	其他食品零售	北京市东城区
江苏先声连锁店有限公司	药品零售	江苏省南京市
云南白药大药房有限公司	药品零售	云南省昆明市
庆云县信誉楼商厦有限公司	百货零售	山东省德州市
大连经济技术开发区昌临旺客隆连锁有限公司	超级市场零售	辽宁省大连市
大商集团锦州市新玛特购物有限公司	百货零售	辽宁省锦州市
心连心集团江西萍乡超市有限公司	超级市场零售	江西省萍乡市
杭州海王星辰健康药房有限公司	药品零售	浙江省杭州市
淄博广电天网视讯有限公司	通信设备零售	山东省淄博市
河北东明国际家具博览有限公司	家具零售	河北省石家庄市
南通国美电器有限公司	家用电器零售	江苏省南通市
大商集团抚顺商业城有限公司	百货零售	辽宁省抚顺市
广东胜佳超市有限公司	百货零售	广东省广州市
厦门华润燃气有限公司	生活用燃料零售	福建省厦门市
山东世纪泰华集团有限公司	百货零售	山东省潍坊市
武汉华联综合超市有限公司	超级市场零售	湖北省武汉市
福建省米兰春天量贩有限公司	超级市场零售	福建省龙岩市
河北衡水爱特购物中心有限责任公司	百货零售	河北省衡水市
上海复美益星大药房连锁有限公司	药品零售	上海市市辖区
凌海电力商城有限责任公司	百货零售	辽宁省锦州市
利信达商业(中国)有限公司	服装零售	广东省广州市
深圳市龙浩天地商贸发展有限公司	鞋帽零售	广东省深圳市
抚顺罕王商场有限公司	百货零售	辽宁省抚顺市
成都市成华区红旗连锁有限公司	超级市场零售	四川省成都市
佛山市南海润良商业有限公司	超级市场零售	广东省佛山市
黄骅信誉楼百货集团有限公司青县信誉楼商厦	百货零售	河北省沧州市
北京永辉超市有限公司	超级市场零售	北京市石景山区
四川海王星辰健康药房有限公司	药品零售	四川省成都市
天津津南区华润万家超级市场有限公司	超级市场零售	天津市津南区

4-2 续表 19

企业名称	所属行业	企业所在地
苏果超市(连云港)有限公司	超级市场零售	江苏省连云港市
济宁市中央百货有限责任公司	百货零售	山东省济宁市
利群集团蓬莱购物广场	超级市场零售	山东省烟台市
大商集团开封千盛购物广场有限公司	超级市场零售	河南省开封市
德州众驰汽车销售服务有限公司	汽车零售	山东省德州市
武汉班尼路商贸有限公司	服装零售	湖北省武汉市
北京港佳好邻居连锁便利店有限责任公司	其他综合零售	北京市西城区
山东梁山水泊商场	百货零售	山东省济宁市
武汉好又多百货商业有限公司	超级市场零售	湖北省武汉市
百安居(中国)家居有限公司	其他室内装修材料零售	上海市市辖区
三明新华都购物广场有限公司	超级市场零售	福建省三明市
北京市好利来食品有限公司	糕点、面包零售	北京市朝阳区
湖南万凯源商贸连锁有限公司	超级市场零售	湖南省湘潭市
陕西华盛兴勇商贸有限公司	超级市场零售	陕西省汉中市
三门峡百货大楼股份有限公司	百货零售	河南省三门峡市
黄骅市耀华商厦有限公司	百货零售	河北省沧州市
三星法绅贸易(上海)有限公司	服装零售	上海市市辖区
新华书店北方图书城有限公司	图书零售	辽宁省沈阳市
宁波海王星辰健康药房有限公司	药品零售	浙江省宁波市
宝鸡华通商厦有限责任公司	百货零售	陕西省宝鸡市
四川卓尔百货有限公司	超级市场零售	四川省内江市
宁波联合联华超市有限公司	超级市场零售	浙江省宁波市
蕲春富春工贸城有限责任公司	其他综合零售	湖北省黄冈市
霍州煤电集团吕梁多种经营有限公司	其他综合零售	山西省吕梁市
江苏超越超市连锁发展有限公司	超级市场零售	江苏省南通市
利群集团城阳购物广场有限公司	百货零售	山东省青岛市
葫芦岛市宏运商厦有限公司	百货零售	辽宁省葫芦岛市
九江市派拉蒙百货有限公司	超级市场零售	江西省九江市
重庆名豪实业集团百货有限公司	百货零售	重庆市市辖区
湖南千金金沙大药房零售连锁有限公司	药品零售	湖南省长沙市
安丘市南苑商贸城有限公司	家具零售	山东省潍坊市
咸阳华润万家生活超市有限公司	超级市场零售	陕西省咸阳市
长春远方实业集团有限公司	超级市场零售	吉林省长春市
武汉美特斯邦威服饰有限公司	服装零售	湖北省武汉市
北京中踏鞋业有限公司	鞋帽零售	北京市延庆县
无锡可的便利店有限公司	超级市场零售	江苏省无锡市
梁山县杨营镇综合农贸市场	其他综合零售	山东省济宁市
唐山华联商厦有限责任公司	超级市场零售	河北省唐山市
苏州长发商厦有限责任公司	百货零售	江苏省苏州市
四川宜宾叙府旅游开发有限公司	百货零售	四川省宜宾市
北京市新华书店连锁有限责任公司	图书零售	北京市西城区
湖北中联大药房连锁有限公司	药品零售	湖北省武汉市
山西万民药房连锁有限公司	药品零售	山西省太原市
深圳市国惠康实业发展有限公司	超级市场零售	广东省深圳市
内蒙古佳美建材物流中心有限公司	其他室内装修材料零售	内蒙古自治区包头市
镇江家世界万方连锁超市有限责任公司	超级市场零售	江苏省镇江市
新乡市平原商场有限公司	百货零售	河南省新乡市
湖北新一佳超市有限公司	超级市场零售	湖北省武汉市
信阳市医药集团总公司	药品零售	河南省信阳市
潍坊百货大楼股份有限公司	百货零售	山东省潍坊市

4-2 续表 20

企业名称	所属行业	企业所在地
凌海市医药公司	药品零售	辽宁省锦州市
济阳方正家具市场	家具零售	山东省济南市
重庆市长寿区双发消费品公司	其他综合零售	重庆市市辖区
北京阿桑娜商贸有限公司	服装零售	北京市东城区
甘肃众友医药连锁有限公司	药品零售	甘肃省兰州市
荆门中商百货分公司	超级市场零售	湖北省荆门市
大连新玛特世达购物广场有限公司	百货零售	辽宁省大连市
山东馨百商贸有限公司	超级市场零售	山东省莱芜市
辽宁华润万家生活超市有限公司	超级市场零售	辽宁省沈阳市
邳州市棉麻公司	超级市场零售	江苏省徐州市
北京市真维斯服饰有限公司	服装零售	北京市朝阳区
郑州百货大楼股份有限公司	百货零售	河南省郑州市
南阳市万德隆商贸有限责任公司	百货零售	河南省南阳市
安徽省台客隆连锁超市有限责任公司	超级市场零售	安徽省宣城市
湖北真维斯服饰有限公司	服装零售	湖北省武汉市
辽宁天士力大药房连锁有限公司	药品零售	辽宁省沈阳市
山东省桓台县联华超市有限公司	超级市场零售	山东省淄博市
苏州润德商业有限公司	超级市场零售	江苏省苏州市
安徽中新高科产业有限公司阜阳分公司	超级市场零售	安徽省阜阳市
济宁银座购物广场有限责任公司	百货零售	山东省济宁市
桂林市华荣自选商店有限责任公司	超级市场零售	广西省桂林市
安徽百姓缘大药房连锁有限公司	药品零售	安徽省合肥市
山东世纪金榜书业有限公司	文具用品零售	山东省济南市
昆明铁路局客运旅行服务公司	其他食品零售	云南省昆明市
天津市好利来食品有限公司	糕点、面包零售	天津市和平区
新乡市百货大楼有限责任公司	百货零售	河南省新乡市
广州喜市多便利连锁有限公司	其他综合零售	广东省广州市
鞍山银座(集团)股份有限公司	百货零售	辽宁省鞍山市
天津大富班尼路服饰有限公司	服装零售	天津市和平区
晋城市凤展购物广场有限公司	百货零售	山西省晋城市
北京七彩云南商贸有限公司	珠宝首饰零售	北京市西城区
杭州可的便利店有限公司	其他综合零售	浙江省杭州市
重庆百货大楼股份有限公司遵义商场	百货零售	贵州省遵义市
商丘市京港超市	超级市场零售	河南省商丘市
菲仕乐贸易(上海)有限公司	其他日用品零售	上海市市辖区
重庆百货大楼股份有限公司泸州商场	百货零售	四川省泸州市
张家界梅尼商贸有限公司	百货零售	湖南省张家界市
中山市中智大药房连锁有限公司	药品零售	广东省中山市
东莞市嘉祥通讯有限公司	通信设备零售	广东省东莞市
河北恒信移动商务股份有限公司唐山分公司	通信设备零售	河北省唐山市
佛山市顺德区大参林药业有限公司	药品零售	广东省佛山市
苏果超市(宿迁)有限公司	超级市场零售	江苏省宿迁市
邵阳市步步高连锁超市有限责任公司	百货零售	湖南省邵阳市
徐州新一佳超市有限公司	超级市场零售	江苏省徐州市
安丘市商贸城有限责任公司	百货零售	山东省潍坊市
石家庄新兴药房连锁有限公司	药品零售	河北省石家庄市
邢台家乐园集团超市有限责任公司	超级市场零售	河北省邢台市
安徽白云(集团)商贸有限公司	百货零售	安徽省滁州市

4-3 大型住宿业企业名单

企业名称	所属行业	企业所在地
广州市长隆酒店有限公司	旅游饭店	广东省广州市
广州花园酒店	旅游饭店	广东省广州市
中国大酒店	旅游饭店	广东省广州市
港中旅(珠海)海洋温泉有限公司	旅游饭店	广东省珠海市
江门市逸豪酒店有限公司	旅游饭店	广东省江门市
香格里拉大酒店(广州琶洲)有限公司	旅游饭店	广东省广州市
惠州市康帝国际酒店有限公司	旅游饭店	广东省惠州市
郑州裕达国贸酒店有限公司	旅游饭店	河南省郑州市
青岛香格里拉大饭店	旅游饭店	山东省青岛市
青岛海天大酒店有限公司	旅游饭店	山东省青岛市
湖南华天大酒店股份有限公司	旅游饭店	湖南省长沙市
白天鹅宾馆	旅游饭店	广东省广州市
广州市东方宾馆股份有限公司	旅游饭店	广东省广州市
湖南华雅国际大酒店有限公司	旅游饭店	湖南省长沙市
成都世纪城新国际会展中心有限公司世纪天堂洲际大饭店	旅游饭店	四川省成都市
四川锦江宾馆有限公司	旅游饭店	四川省成都市
重庆世纪金源时代大饭店有限公司	旅游饭店	重庆市市辖区
香格里拉大酒店(成都)有限公司	旅游饭店	四川省成都市
陕西人民大厦有限公司	旅游饭店	陕西省西安市
城市名人城市酒店管理(中国)有限公司	旅游饭店	四川省成都市
四川九寨天堂国际会议度假中心有限公司	旅游饭店	四川省阿坝州
东莞市会展国际大酒店	旅游饭店	广东省东莞市
东莞市塘厦三正半山酒店有限公司	旅游饭店	广东省东莞市
深圳维也纳酒店有限公司	旅游饭店	广东省深圳市
七天酒店(深圳)有限公司	一般旅馆	广东省深圳市
金茂(三亚)旅业有限公司	旅游饭店	海南省三亚市
三亚天域实业有限公司天域度假酒店	旅游饭店	海南省三亚市
七天酒店深圳有限公司	一般旅馆	广东省广州市
丽都饭店有限公司	旅游饭店	北京市朝阳区
中国国际贸易中心有限公司	旅游饭店	北京市朝阳区
北京九华山庄集团股份有限公司	旅游饭店	北京市昌平区
北京首都旅游国际酒店集团有限公司	一般旅馆	北京市东城区
北京世纪金源大饭店有限责任公司	旅游饭店	北京市海淀区
北京市蟹岛绿色生态农庄有限公司	旅游饭店	北京市朝阳区
北京富华金宝中心有限公司	旅游饭店	北京市东城区
北京市北京饭店	旅游饭店	北京市东城区
北京友谊宾馆	旅游饭店	北京市海淀区
北京国际饭店	旅游饭店	北京市东城区
北京昆仑饭店有限公司	旅游饭店	北京市朝阳区
北京燕莎中心有限公司	旅游饭店	北京市朝阳区
北京市西苑饭店	旅游饭店	北京市海淀区
北京市长城饭店公司	旅游饭店	北京市朝阳区
金陵饭店股份有限公司	旅游饭店	江苏省南京市
上海光大会展中心有限公司	旅游饭店	上海市市辖区
浦东新区香格里拉酒店有限公司	旅游饭店	上海市市辖区
苏州工业园区金鸡湖大酒店有限公司	旅游饭店	江苏省苏州市
济南舜耕山庄	旅游饭店	山东省济南市
山东大厦	旅游饭店	山东省济南市
浙江开元酒店投资管理集团有限公司杭州开元名都大酒店	旅游饭店	浙江省杭州市
大连香格里拉酒店有限公司	旅游饭店	辽宁省大连市
大连富丽华大酒店	旅游饭店	辽宁省大连市
北京温都水城旅游饭店管理有限公司	旅游饭店	北京市昌平区
上海锦江饭店有限公司	旅游饭店	上海市市辖区
静安希尔顿饭店(上海)	旅游饭店	上海市市辖区
花园饭店(上海)	旅游饭店	上海市市辖区
上海王宝和大酒店有限公司	旅游饭店	上海市市辖区

4-4　大型餐饮业企业名单

企业名称	所属行业	企业所在地
武汉市小蓝鲸健康美食酒店管理有限公司	正餐服务	湖北省武汉市
武汉麦当劳餐饮食品有限公司	快餐服务	湖北省武汉市
武汉艳阳天商贸发展有限公司	正餐服务	湖北省武汉市
济南市环山鱼翅皇宫大酒店	正餐服务	山东省济南市
郑州肯德基有限公司	快餐服务	河南省郑州市
百胜餐饮(武汉)有限公司	快餐服务	湖北省武汉市
深圳面点王饮食连锁有限公司	快餐服务	广东省深圳市
广东三元麦当劳食品有限公司	快餐服务	广东省广州市
湖南麦当劳(餐厅食品)有限公司	快餐服务	湖南省长沙市
武汉市亢龙太子酒轩有限责任公司	正餐服务	湖北省武汉市
长沙肯德基有限公司	快餐服务	湖南省长沙市
青岛肯德基有限公司	快餐服务	山东省青岛市
福州曼伯罗食品有限公司	正餐服务	福建省福州市
福州麦当劳餐厅食品有限公司	快餐服务	福建省福州市
安徽麦当劳(餐厅)食品有限公司	快餐服务	安徽省合肥市
浙江凯旋门澳门豆捞控股集团有限公司	正餐服务	浙江省杭州市
浙江两岸食品连锁有限公司	饮料及冷饮服务	浙江省杭州市
百胜餐饮(福州)有限公司	快餐服务	福建省福州市
山东麦当劳餐厅食品有限公司	快餐服务	山东省济南市
山东蓝海股份有限公司	正餐服务	山东省东营市
南昌肯德基有限公司	快餐服务	江西省南昌市
厦门麦当劳食品发展有限公司	快餐服务	福建省厦门市
厦门肯德基有限公司	快餐服务	福建省厦门市
百胜餐饮广东有限公司	快餐服务	广东省广州市
成都巴国布衣餐饮发展有限公司	正餐服务	四川省成都市
四川麦当劳餐厅食品有限公司	快餐服务	四川省锦江区
百胜餐饮成都有限公司	快餐服务	四川省成都市
重庆兴红得聪餐饮管理有限公司	快餐服务	重庆市市辖区
四川省成都市饮食公司	正餐服务	四川省成都市
四川省简阳市海底捞餐饮有限责任公司	其他餐饮服务	四川省资阳市
陕西松茂食品有限公司	快餐服务	陕西省西安市
西安真爱服务产业有限公司	正餐服务	陕西省西安市
西安饮食股份有限公司	正餐服务	陕西省西安市
贵州雅园饮食娱乐有限责任公司	正餐服务	贵州省贵阳市
昆明肯德基有限公司	快餐服务	云南省昆明市
重庆陶然居饮食文化(集团)有限公司	正餐服务	重庆市市辖区
真功夫餐饮管理有限公司	快餐服务	广东省东莞市
广州真功夫快餐连锁管理有限公司	快餐服务	广东省广州市
麦当劳餐厅(深圳)有限公司	快餐服务	广东省深圳市
东莞麦华食品有限公司	快餐服务	广东省东莞市
百胜餐饮(深圳)有限公司	快餐服务	广东省深圳市
深圳市嘉旺餐饮连锁有限公司	快餐服务	广东省深圳市
南宁肯德基有限公司	快餐服务	广西壮族自治区南宁市
重庆肯德基有限公司	快餐服务	重庆市市辖区
广州市绿茵阁饮食连锁有限公司	正餐服务	广东省广州市
东莞肯德基有限公司	快餐服务	广东省东莞市
味千拉面饮食服务(深圳)有限公司	其他餐饮服务	广东省深圳市
北京金白领餐饮有限公司	正餐服务	北京市海淀区
天津肯德基有限公司	快餐服务	天津市和平区
聚德华天控股有限公司	正餐服务	北京市西城区

4-4 续表

企业名称	所属行业	企业所在地
北京俏江南餐饮有限公司	正餐服务	北京市朝阳区
北京眉州酒店管理有限公司	正餐服务	北京市朝阳区
天津麦当劳食品有限公司	快餐服务	天津市河西区
大连肯德基有限公司	快餐服务	辽宁省大连市
大连麦当劳餐厅食品有限公司	快餐服务	辽宁省大连市
沈阳麦当劳(餐厅食品)有限公司	快餐服务	辽宁省沈阳市
太原肯德基有限公司	快餐服务	山西省太原市
百胜餐饮(沈阳)有限公司	快餐服务	辽宁省沈阳市
北京湘鄂情股份有限公司	正餐服务	北京市海淀区
北京麦当劳食品有限公司	快餐服务	北京市东城区
北京首都机场餐饮发展有限公司	正餐服务	北京市顺义区
北京必胜客比萨饼有限公司	正餐服务	北京市东城区
北京郭林家常菜食品有限责任公司	正餐服务	北京市西城区
中国全聚德(集团)股份有限公司	正餐服务	北京市宣武区
北京肯德基有限公司	快餐服务	北京市东城区
北京永和大王餐饮有限公司	快餐服务	北京市崇文区
北京索迪斯服务有限公司	其他餐饮服务	北京市朝阳区
呷哺呷哺餐饮管理有限公司	快餐服务	北京市大兴区
顺峰饮食酒店管理股份有限公司	正餐服务	北京市朝阳区
北京吉野家快餐有限公司	快餐服务	北京市崇文区
上海杏花楼(集团)有限公司	正餐服务	上海市市辖区
苏州肯德基有限公司	快餐服务	江苏省苏州市
南京肯德基有限公司	快餐服务	江苏省南京市
无锡市麦当劳餐厅食品有限公司	快餐服务	江苏省无锡市
常州丽华快餐集团有限公司	快餐服务	江苏省常州市
无锡肯德基有限公司	快餐服务	江苏省无锡市
南京市麦当劳餐饮食品有限公司	快餐服务	江苏省南京市
浙江麦当劳餐厅食品有限公司	快餐服务	浙江省杭州市
杭州肯德基有限公司	快餐服务	浙江省杭州市
杭州饮食服务集团有限公司	正餐服务	浙江省杭州市
南京味千餐饮管理有限公司	快餐服务	江苏省南京市
江苏大娘水饺餐饮有限公司	其他餐饮服务	江苏省常州市
上海港丽餐饮管理有限公司	正餐服务	上海市市辖区
上海必胜客有限公司	快餐服务	上海市市辖区
上海统一星巴克咖啡有限公司	饮料及冷饮服务	上海市市辖区
上海肯德基有限公司	快餐服务	上海市市辖区
上海新亚大家乐餐饮有限公司	快餐服务	上海市市辖区
上海麦当劳食品有限公司	快餐服务	上海市市辖区
上海巴贝拉意舟餐饮管理有限公司	快餐服务	上海市市辖区
上海永和大王餐饮有限公司	正餐服务	上海市市辖区
上海领先餐饮管理有限公司	正餐服务	上海市市辖区
上海一茶一坐餐饮有限公司	正餐服务	上海市市辖区
津味(上海)餐饮管理有限公司	其他餐饮服务	上海市市辖区
上海金萌苏浙汇餐饮有限公司	正餐服务	上海市市辖区

4-5 分地区大型批发零售和住宿餐饮业企业名单

企业名称	所属行业	企业所在地
北京市		
中国神华能源股份有限公司煤炭销售中心	煤炭及制品批发	北京市东城区
一汽丰田汽车销售有限公司	汽车、摩托车及零配件批发	北京市海淀区
中钢钢铁有限公司	金属及金属矿批发	北京市海淀区
诺基亚(中国)投资有限公司	通讯及广播电视设备批发	北京市大兴区
梅赛德斯－奔驰(中国)汽车销售有限公司	汽车、摩托车及零配件批发	北京市朝阳区
五矿钢铁有限责任公司	金属及金属矿批发	北京市海淀区
中国矿产有限责任公司	金属及金属矿批发	北京市海淀区
中国石油天然气股份有限公司华北销售分公司	石油及制品批发	北京市朝阳区
索尼(中国)有限公司	家用电器批发	北京市朝阳区
中国航空油料有限责任公司	石油及制品批发	北京市海淀区
宝马(中国)汽车贸易有限公司	汽车、摩托车及零配件批发	北京市朝阳区
丰田汽车(中国)投资有限公司	汽车、摩托车及零配件批发	北京市朝阳区
松下电器(中国)有限公司	家用电器批发	北京市朝阳区
中国农业生产资料集团公司	农药批发	北京市海淀区
中化化肥有限公司	化肥批发	北京市西城区
佳能(中国)有限公司	家用电器批发	北京市东城区
中国石油技术开发公司	其他机械设备及电子产品批发	北京市西城区
中国铁路物资北京公司	金属及金属矿批发	北京市宣武区
中邮普泰通信服务股份有限公司	通讯及广播电视设备批发	北京市西城区
中国石油物资公司	金属及金属矿批发	北京市西城区
中国铁路物资总公司	金属及金属矿批发	北京市西城区
中国机械设备进出口总公司	其他机械设备及电子产品批发	北京市宣武区
乐金电子(中国)有限公司	家用电器批发	北京市朝阳区
中国首钢国际贸易工程公司	金属及金属矿批发	北京市海淀区
施耐德电气(中国)投资有限公司	其他机械设备及电子产品批发	北京市北京市
西门子(中国)有限公司	通讯及广播电视设备批发	北京市朝阳区
中国烟草总公司北京市公司	烟草制品批发	北京市通州区
中国石油天然气股份有限公司北京销售分公司	石油及制品批发	北京市朝阳区
现代汽车(中国)投资有限公司	汽车、摩托车及零配件批发	北京市朝阳区
中化物产股份有限公司	其他化工产品批发	北京市东城区
诺基亚西门子通信技术(北京)有限公司	通讯及广播电视设备批发	北京市东城区
天翼电信终端有限公司	通讯及广播电视设备批发	北京市西城区
大金(中国)投资有限公司	家用电器批发	北京市东城区
中粮食品营销有限公司	米、面制品及食用油批发	北京市东城区
李宁(北京)体育用品商业有限公司	体育用品批发	北京市通州区
李宁(中国)体育用品有限公司	体育用品批发	北京市通州区
国药集团药业股份有限公司	西药批发	北京市崇文区
中国植物油公司	米、面制品及食用油批发	北京市西城区
北京红牛饮料销售有限公司	饮料及茶叶批发	北京市朝阳区
北京科园信海医药经营有限公司	中药材及中成药批发	北京市丰台区
中粮国际(北京)有限公司	米、面制品及食用油批发	北京市东城区
日产(中国)投资有限公司	汽车、摩托车及零配件批发	北京市朝阳区
卡特彼勒(中国)投资有限公司	其他机械设备及电子产品批发	北京市朝阳区
中国石化国际事业有限公司	贸易经纪与代理	北京市朝阳区
中粮粮油有限公司	谷物、豆及薯类批发	北京市东城区
中钢设备有限公司	其他机械设备及电子产品批发	北京市海淀区
中国北方工业公司	其他未列明的批发	北京市宣武区
索尼爱立信移动通信产品中国有限公司	其他机械设备及电子产品批发	北京市朝阳区
中国石油化工股份有限公司润滑油分公司	石油及制品批发	北京市海淀区
中国医药对外贸易公司	西药批发	北京市海淀区
中国再生资源开发有限公司	再生物资回收与批发	北京市西城区

4-5 续表 1

企业名称	所属行业	企业所在地
中国再生资源开发有限公司	再生物资回收与批发	北京市西城区
北京九州通医药有限公司	西药批发	北京市大兴区
联通华盛通信有限公司	贸易经纪与代理	北京市东城区
北京恒通华泰汽车销售有限公司	汽车、摩托车及零配件批发	北京市朝阳区
通用美康医药有限公司	中药材及中成药批发	北京市崇文区
威斯特(北京)机械设备有限公司	其他机械设备及电子产品批发	北京市大兴区
中糖世纪股份有限公司	糕点、糖果及糖批发	北京市西城区
中国机械进出口(集团)有限公司	其他机械设备及电子产品批发	北京市西城区
中移鼎讯通信股份有限公司	通讯及广播电视设备批发	北京市宣武区
中油燃气有限责任公司	石油及制品批发	北京市朝阳区
松下电工(中国)有限公司	五金、交电批发	北京市朝阳区
北京市糖业烟酒公司	饮料及茶叶批发	北京市崇文区
东陶(中国)有限公司	厨房、卫生间用具及日用杂货批发	北京市朝阳区
北京旭阳宏业化工有限公司	煤炭及制品批发	北京市丰台区
北京市京新龙医药销售有限公司	西药批发	北京市朝阳区
北京朝批商贸有限公司	其他日用品批发	北京市朝阳区
中国电子器材总公司	其他机械设备及电子产品批发	北京市海淀区
中国免税品(集团)有限责任公司	烟草制品批发	北京市东城区
华润雪花啤酒(中国)有限公司	饮料及茶叶批发	北京市东城区
中建材国际装备有限公司	建材批发	北京市海淀区
中粮集团有限公司	谷物、豆及薯类批发	北京市东城区
北京双鹤药业经营有限责任公司	西药批发	北京市东城区
新时代健康产业(集团)有限公司	其他食品批发	北京市朝阳区
北京首创轮胎有限责任公司	汽车、摩托车及零配件批发	北京市海淀区
中建材国际贸易有限公司	建材批发	北京市海淀区
中国药材集团公司	中药材及中成药批发	北京市海淀区
北京周大福珠宝金行有限公司	首饰、工艺品及收藏品批发	北京市崇文区
北京骏马机械有限公司	其他机械设备及电子产品批发	北京市海淀区
奥林巴斯(北京)销售服务有限公司	医疗用品及器材批发	北京市朝阳区
北京同仁堂健康药品经营有限公司	中药材及中成药批发	北京市朝阳区
北京伊藤忠华糖综合加工有限公司	其他食品批发	北京市朝阳区
北京福田国际贸易有限公司	汽车、摩托车及零配件批发	北京市昌平区
北京讯宜创新电子有限公司	计算机、软件及辅助设备批发	北京市海淀区
北京中邮普泰移动通信设备有限责任公司	通讯及广播电视设备批发	北京市丰台区
中国集邮总公司	首饰、工艺品及收藏品批发	北京市崇文区
北京中石化燃气有限公司	石油及制品批发	北京市房山区
北京明珠新兴格力空调销售有限公司	家用电器批发	北京市朝阳区
先正达(中国)投资有限公司	农药批发	北京市东城区
北京蒙牛宏达乳制品有限责任公司	其他食品批发	北京市丰台区
中国航空技术国际控股有限公司	其他机械设备及电子产品批发	北京市朝阳区
三星电子(北京)技术服务有限公司	家用电器批发	北京市朝阳区
中国仪器进出口(集团)公司	贸易经纪与代理	北京市西城区
北京新华书店首都发行所有限公司	图书批发	北京市通州区
喜来健医疗器械(北京)有限公司	医疗用品及器材批发	北京市朝阳区
北京曲美馨家商业有限公司	其他日用品批发	北京市顺义区
北京美的空调销售有限公司	家用电器批发	北京市门头沟区
北京青岛啤酒北方销售有限公司	饮料及茶叶批发	北京市密云县
北京紫竹医药经营有限公司	西药批发	北京市海淀区
北京中科三环高技术股份有限公司	金属及金属矿批发	北京市海淀区
北电网络(中国)有限公司	通讯及广播电视设备批发	北京市朝阳区
中油北京销售有限公司	石油及制品批发	北京市房山区
北京鑫方盛五金交电有限公司	五金、交电批发	北京市大兴区

4-5 续表 2

企业名称	所属行业	企业所在地
阿尔派电子(中国)有限公司	汽车、摩托车及零配件批发	北京市朝阳区
北京法雅商贸有限责任公司	服装批发	北京市西城区
中国电子进出口总公司	贸易经纪与代理	北京市海淀区
北京一商美洁商业有限公司	化妆品及卫生用品批发	北京市丰台区
中视电视购物有限公司	音像制品及电子出版物批发	北京市海淀区
北京动感竞技经贸有限公司	服装批发	北京市崇文区
中化石油有限公司	石油及制品批发	北京市西城区
北京赛科昌盛医药有限责任公司	西药批发	北京市朝阳区
标致雪铁龙(中国)汽车贸易有限公司	汽车、摩托车及零配件批发	北京市朝阳区
北京大恒创新技术有限公司	计算机、软件及辅助设备批发	北京市海淀区
北京鼎力兴商贸有限责任公司	饮料及茶叶批发	北京市朝阳区
北京市西南郊食品冷冻厂	肉、禽、蛋及水产品批发	北京市丰台区
东芝医疗系统(中国)有限公司	医疗用品及器材批发	北京市朝阳区
北京恒城实业发展公司	化妆品及卫生用品批发	北京市朝阳区
北京市尧舜建材供应站	建材批发	北京市丰台区
爱尔康(中国)眼科产品有限公司	医疗用品及器材批发	北京市朝阳区
北京统一食品有限公司	米、面制品及食用油批发	北京市怀柔区
北京二商集团有限责任公司	肉、禽、蛋及水产品批发	北京市宣武区
英联马利(北京)食品销售有限公司	盐及调味品批发	北京市海淀区
北京TCL电子销售有限公司	家用电器批发	北京市西城区
北京恒信玺利经贸有限责任公司	首饰、工艺品及收藏品批发	北京市朝阳区
安东石油技术(集团)有限公司	其他机械设备及电子产品批发	北京市朝阳区
北京东昌华强五金工具销售有限公司	五金、交电批发	北京市丰台区
北京济民可信医药有限公司	中药材及中成药批发	北京市大兴区
北京北贸天然药物经营有限责任公司	中药材及中成药批发	北京市朝阳区
奥吉斯贸易(北京)有限公司	鞋帽批发	北京市东城区
青岛海尔电器销售有限公司北京分公司	家用电器批发	北京市大兴区
中谷粮油集团公司	谷物、豆及薯类批发	北京市海淀区
中国石油化工股份有限公司北京石油分公司	机动车燃料零售	北京市朝阳区
北京华联综合超市股份有限公司	超级市场零售	北京市西城区
北京医药股份有限公司	药品零售	北京市东城区
北京苏宁电器有限公司	家用电器零售	北京市通州区
北京市大中家用电器连锁销售有限公司	家用电器零售	北京市石景山区
国美电器有限公司	家用电器零售	北京市朝阳区
北京家乐福商业有限公司	超级市场零售	北京市丰台区
北京京客隆商业集团股份有限公司	超级市场零售	北京市朝阳区
北京燕莎友谊商城有限公司	百货零售	北京市朝阳区
百盛商业发展有限公司	百货零售	北京市西城区
北京物美商业集团股份有限公司	超级市场零售	北京市石景山区
北京翠微大厦股份有限公司	百货零售	北京市海淀区
北京物美综合超市有限公司	超级市场零售	北京市大兴区
北京美廉美连锁商业有限公司	超级市场零售	北京市海淀区
北京沃尔玛百货有限公司	超级市场零售	北京市石景山区
华联新光百货(北京)有限公司	百货零售	北京市朝阳区
华糖洋华堂商业有限公司	百货零售	北京市朝阳区
北京京东世纪贸易有限公司	计算机、软件及辅助设备零售	北京市海淀区
北京世纪卓越信息技术有限公司	邮购及电子销售	北京市朝阳区
北京超市发连锁股份有限公司	超级市场零售	北京市海淀区
北京迪信通电子通信技术有限公司	通信设备零售	北京市海淀区
北京易喜新世界百货有限公司	百货零售	北京市崇文区
北京中友百货有限责任公司	百货零售	北京市西城区
北京易初莲花连锁超市有限公司	超级市场零售	北京市朝阳区

4-5 续表 3

企业名称	所属行业	企业所在地
北京物美大卖场商业管理有限公司	超级市场零售	北京市大兴区
北京王府井百货(集团)股份有限公司	百货零售	北京市东城区
北京庄胜崇光百货商场	百货零售	北京市宣武区
北京欧尚超市有限公司	超级市场零售	北京市海淀区
乐天超市有限公司	超级市场零售	北京市朝阳区
中化道达尔燃油有限公司	机动车燃料零售	北京市海淀区
北京国泰平安百货有限公司	百货零售	北京市顺义区
北京赛特百货有限公司	百货零售	北京市朝阳区
东方家园家居建材商业有限公司	其他室内装修材料零售	北京市丰台区
北京城乡贸易中心股份有限公司	百货零售	北京市海淀区
北京双安商场有限责任公司	百货零售	北京市海淀区
北京当当网信息技术有限公司	邮购及电子销售	北京市东城区
北京市西单商场股份有限公司	百货零售	北京市西城区
北京当代商城有限责任公司	百货零售	北京市海淀区
北京顺义西单商场	百货零售	北京市顺义区
北京屈臣氏个人用品连锁商店有限公司	超级市场零售	北京市朝阳区
嘉事堂药业股份有限公司	药品零售	北京市海淀区
中国图书进出口(集团)总公司	报刊零售	北京市东城区
北京崇德商贸有限公司	鞋帽零售	北京市西城区
宝盛道吉(北京)贸易有限公司	服装零售	北京市东城区
北京华冠商贸有限公司	超级市场零售	北京市房山区
北京市顺义国泰商业大厦	百货零售	北京市顺义区
北京市亨得利瑞士钟表有限责任公司	钟表、眼镜零售	北京市崇文区
北京中复电讯设备有限责任公司	通信设备零售	北京市朝阳区
北京蓝岛大厦有限责任公司	百货零售	北京市朝阳区
北京旺市百利商业有限公司	超级市场零售	北京市朝阳区
北京华普联合商业投资有限公司	其他综合零售	北京市朝阳区
北京贵友大厦有限公司	百货零售	北京市朝阳区
北京长安商场有限责任公司	百货零售	北京市西城区
北京天超仓储超市有限责任公司	超级市场零售	北京市崇文区
北京百安居装饰建材有限公司	家具零售	北京市朝阳区
北京首都机场商贸有限公司	超级市场零售	北京市顺义区
华润超级市场有限公司	超级市场零售	北京市朝阳区
北京京北美廉美超市有限公司	超级市场零售	北京市昌平区
北京首航国力商贸有限公司	超级市场零售	北京市丰台区
北京物美京北大世界商贸有限公司	百货零售	北京市怀柔区
北京甘家口大厦	百货零售	北京市海淀区
北京迪亚商业有限公司	超级市场零售	北京市朝阳区
北京丽家丽婴婴童用品有限公司	服装零售	北京市大兴区
北京顺天府商贸有限公司	超级市场零售	北京市丰台区
北京稻香村食品有限责任公司	糕点、面包零售	北京市东城区
北京同仁堂连锁药店有限责任公司	药品零售	北京市西城区
北京图书大厦有限责任公司	图书零售	北京市西城区
柒一拾壹(北京)有限公司	其他综合零售	北京市东城区
北京市复兴商业城有限公司	百货零售	北京市西城区
北京金象大药房医药连锁有限责任公司	药品零售	北京市西城区
北京兴宇班尼路服装服饰有限公司	服装零售	北京市东城区
统杰法宝(北京)超市有限公司	超级市场零售	北京市朝阳区
北京市昌平新世纪商城	百货零售	北京市昌平区
北京首联超市有限公司	超级市场零售	北京市石景山区
北京味多美食品有限责任公司	糕点、面包零售	北京市西城区

4-5 续表 4

企业名称	所属行业	企业所在地
北京益生康健电子商务有限公司	其他食品零售	北京市海淀区
乐购特易购商业(北京)有限公司	百货零售	北京市顺义区
北京奥士凯物美商业有限公司	其他食品零售	北京市东城区
北京永辉超市有限公司	超级市场零售	北京市石景山区
北京港佳好邻居连锁便利店有限责任公司	其他综合零售	北京市西城区
北京市好利来食品有限公司	糕点、面包零售	北京市朝阳区
北京中踏鞋业有限公司	鞋帽零售	北京市延庆县
北京市新华书店连锁有限责任公司	图书零售	北京市西城区
北京阿桑娜商贸有限公司	服装零售	北京市东城区
北京市真维斯服饰有限公司	服装零售	北京市朝阳区
北京七彩云南商贸有限公司	珠宝首饰零售	北京市西城区
中国国际贸易中心有限公司	旅游饭店	北京市朝阳区
北京九华山庄集团股份有限公司	旅游饭店	北京市昌平区
北京燕莎中心有限公司	旅游饭店	北京市朝阳区
北京昆仑饭店有限公司	旅游饭店	北京市朝阳区
北京友谊宾馆	旅游饭店	北京市海淀区
北京世纪金源大饭店有限责任公司	旅游饭店	北京市海淀区
北京市北京饭店	旅游饭店	北京市东城区
北京国际饭店	旅游饭店	北京市东城区
北京首都旅游国际酒店集团有限公司	一般旅馆	北京市东城区
丽都饭店有限公司	旅游饭店	北京市朝阳区
北京市蟹岛绿色生态农庄有限公司	旅游饭店	北京市朝阳区
北京温都水城旅游饭店管理有限公司	旅游饭店	北京市昌平区
北京市西苑饭店	旅游饭店	北京市海淀区
北京富华金宝中心有限公司	旅游饭店	北京市东城区
北京市长城饭店公司	旅游饭店	北京市朝阳区
北京肯德基有限公司	快餐服务	北京市东城区
北京麦当劳食品有限公司	快餐服务	北京市东城区
北京必胜客比萨饼有限公司	正餐服务	北京市东城区
中国全聚德(集团)股份有限公司	正餐服务	北京市宣武区
北京吉野家快餐有限公司	快餐服务	北京市崇文区
北京首都机场餐饮发展有限公司	正餐服务	北京市顺义区
顺峰饮食酒店管理股份有限公司	正餐服务	北京市朝阳区
北京俏江南餐饮有限公司	正餐服务	北京市朝阳区
呷哺呷哺餐饮管理有限公司	快餐服务	北京市大兴区
北京郭林家常菜食品有限责任公司	正餐服务	北京市西城区
聚德华天控股有限公司	正餐服务	北京市西城区
北京湘鄂情股份有限公司	正餐服务	北京市海淀区
北京眉州酒店管理有限公司	正餐服务	北京市朝阳区
北京永和大王餐饮有限公司	快餐服务	北京市崇文区
北京索迪斯服务有限公司	其他餐饮服务	北京市朝阳区
北京金白领餐饮有限公司	正餐服务	北京市海淀区
天津市		
中国石化销售有限公司华北分公司	石油及制品批发	天津市南开区
中国铁路物资天津公司	金属及金属矿批发	天津市河东区
中国烟草总公司天津市公司	烟草制品批发	天津市和平区
天津一汽汽车销售有限公司	汽车、摩托车及零配件批发	天津市河东区
国药控股天津有限公司	西药批发	天津市和平区
丰田通商(天津)有限公司	汽车、摩托车及零配件批发	天津市市辖区
天津正弘顺工贸科技有限公司	金属及金属矿批发	天津市东丽区
天津医药集团太平医药有限公司	西药批发	天津市和平区

4-5 续表 5

企业名称	所属行业	企业所在地
三星爱商(天津)国际物流有限公司	贸易经纪与代理	天津市河西区
天津老板娘水产食品物流有限公司	其他食品批发	天津市北辰区
渤海石油物资供应有限责任公司	石油及制品批发	天津市塘沽区
内蒙古伊利实业集团股份有限公司天津分公司	其他食品批发	天津市河东区
京瓷(天津)商贸有限公司	其他机械设备及电子产品批发	天津市河西区
天津里碑冷轧板材有限公司	金属及金属矿批发	天津市塘沽区
天津市正泰实业总公司	家用电器批发	天津市开发区
天津港物资供应有限责任公司	建材批发	天津市塘沽区
中化天津有限公司	其他化工产品批发	天津市河西区
天津罗升企业有限公司	其他机械设备及电子产品批发	天津市市辖区
天津市石化管件有限公司	金属及金属矿批发	天津市大港区
天津天服三悦服装有限责任公司	服装批发	天津市西青区
天津裕华经济贸易总公司	其他化工产品批发	天津市和平区
天津市美的制冷产品销售有限公司	家用电器批发	天津市红桥区
中国石油化工股份有限公司天津石油分公司	机动车燃料零售	天津市南开区
中国石油天然气股份有限公司天津销售分公司	机动车燃料零售	天津市河东区
天津国美电器有限公司	家用电器零售	天津市南开区
天津一商友谊股份有限公司	百货零售	天津市河西区
天津华润万家生活超市有限公司	超级市场零售	天津市市辖区
天津天宁苏宁电器有限公司	家用电器零售	天津市和平区
天津金元宝集团有限公司	百货零售	天津市塘沽区
天津市津工超市有限责任公司	超级市场零售	天津市东丽区
天津市人人乐商业有限公司	超级市场零售	天津市南开区
中原百货集团股份有限公司	百货零售	天津市和平区
天津劝业场(集团)股份有限公司	百货零售	天津市和平区
天津泰达易买得超市有限公司	超级市场零售	天津市塘沽区
天津物美未来商贸发展有限公司	超级市场零售	天津市西青区
家得宝(天津)商业有限公司	其他室内装修材料零售	天津市东丽区
天津劝业家乐福超市有限公司	超级市场零售	天津市南开区
天津华润超级市场有限公司	超级市场零售	天津市和平区
天津滨江商厦有限公司	百货零售	天津市和平区
天津家福商业有限公司	超级市场零售	天津市南开区
沃尔玛深国投百货有限公司天津和平路分店	超级市场零售	天津市和平区
天津津南区华润万家超级市场有限公司	超级市场零售	天津市津南区
天津市好利来食品有限公司	糕点、面包零售	天津市和平区
天津大富班尼路服饰有限公司	服装零售	天津市和平区
天津肯德基有限公司	快餐服务	天津市和平区
天津麦当劳食品有限公司	快餐服务	天津市河西区
河北省		
保定长城汽车销售有限公司	汽车、摩托车及零配件批发	河北省保定市
古冶区滦通商贸有限公司	煤炭及制品批发	河北省唐山市
庞大汽贸集团股份有限公司	汽车、摩托车及零配件批发	河北省唐山市
中国石油化工股份有限公司河北唐山分公司	石油及制品批发	河北省唐山市
中国石油化工股份有限公司河北石家庄石油分公司	石油及制品批发	河北省石家庄
乐仁堂医药集团股份有限公司	西药批发	河北省石家庄市
河北省烟草公司石家庄市公司	烟草制品批发	河北省石家庄
河北省烟草公司保定市公司	烟草制品批发	河北省保定市
河北省烟草公司唐山公司	烟草制品批发	河北省唐山市
中国石油化工股份有限公司河北保定石油分公司	石油及制品批发	河北省保定市
中国石油化工股份有限公司河北邯郸石油分公司	石油及制品批发	河北省邯郸市
河北省烟草公司邯郸市公司	烟草制品批发	河北省邯郸市

4-5 续表 6

企业名称	所属行业	企业所在地
中国石油化工股份有限公司河北沧州石油分公司	石油及制品批发	河北省沧州市
中国石化股份有限公司河北邢台石油分公司	石油及制品批发	河北省邢台市
河北省烟草公司沧州市公司	烟草制品批发	河北省沧州市
中国石油化工股份有限公司河北廊坊石油分公司	石油及制品批发	河北省廊坊市
中国石油天然气股份有限公司河北保定销售分公司	石油及制品批发	河北省保定市
中国石油化工股份有限公司河北承德石油分公司	石油及制品批发	河北省承德市
河北省烟草公司邢台市公司	烟草制品批发	河北省邢台市
河北东盛英华医药有限公司	西药批发	河北省邢台市
中国石油化工股份有限公司河北衡水石油分公司	石油及制品批发	河北省衡水市
中国石油化工股份有限公司河北张家口石油分公司	石油及制品批发	河北省张家口市
中国石油天然气股份有限公司河北石家庄销售分公司	石油及制品批发	河北省石家庄市
河北德泽龙医药有限公司	西药批发	河北省石家庄市
河北烟草公司张家口分公司	烟草制品批发	河北省张家口市
河北省烟草公司廊坊市公司	烟草制品批发	河北省廊坊市
河北省新华书店	图书批发	河北省石家庄市
秦皇岛中油华奥销售有限公司	石油及制品批发	河北省秦皇岛市
河北省烟草公司承德市公司	烟草制品批发	河北省承德市
河北省烟草公司衡水市公司	烟草制品批发	河北省衡水市
中国石油天然气股份有限公司河北唐山销售分公司	石油及制品批发	河北省唐山市
河北省烟草公司秦皇岛市公司	烟草制品批发	河北省秦皇岛市
中国石油天然气股份有限公司河北沧州销售分公司	石油及制品批发	河北省沧州市
中国石油天然气股份有限公司河北廊坊销售分公司	石油及制品批发	河北省廊坊市
保定市保北医药药材有限责任公司	西药批发	河北省保定市
中国石油天然气股份有限公司河北秦皇岛销售分公司	石油及制品批发	河北省秦皇岛市
华北制药股份有限公司销售分公司	西药批发	河北省石家庄市
保定市银河棉业有限公司	棉、麻批发	河北省保定市
中国石油天然气股份有限公司河北邯郸销售分公司	石油及制品批发	河北省邯郸市
迁安市九江煤炭储运有限公司	煤炭及制品批发	河北省唐山市
中铁物资集团华北有限公司	金属及金属矿批发	河北省石家庄市
中国石油天然气股份有限公司河北衡水销售分公司	石油及制品批发	河北省衡水市
中国石油天然气股份有限公司河北张家口销售分公司	石油及制品批发	河北省张家口市
河北恒祥医药集团有限公司	西药批发	河北省邢台市
中化河北公司	其他化工产品批发	河北省石家庄市
石家庄桥西糖烟酒食品股份有限公司	饮料及茶叶批发	河北省石家庄
唐山冀东物贸集团有限公司	汽车、摩托车及零配件批发	河北省唐山市
邯郸交通运输集团汽车贸易服务有限公司	汽车、摩托车及零配件批发	河北省邯郸市
中国石油天然气股份有限公司河北承德销售分公司	石油及制品批发	河北省承德市
承德聚鑫贸易有限责任公司	饮料及茶叶批发	河北省承德市
石家庄天远建设机械有限公司	其他机械设备及电子产品批发	河北省石家庄
沧州天元医药有限公司	西药批发	河北省沧州市
唐山海尔工贸有限公司	家用电器批发	河北省唐山市
中盐河北盐业专营有限公司	盐及调味品批发	河北省石家庄市
邯郸市龙安达贸易有限公司	建材批发	河北省邯郸市
唐山医药采购供应站	西药批发	河北省唐山市
河北省盐业专营集团公司	盐及调味品批发	河北省石家庄市
北国商城股份有限公司	百货零售	河北省石家庄市
唐山百货大楼集团有限责任公司	百货零售	河北省唐山市
河北保百集团有限公司	百货零售	河北省保定市
石家庄人民商场股份有限公司	百货零售	河北省石家庄市
河北保龙仓商业连锁经营有限公司	超级市场零售	河北省石家庄市
秦皇岛渤海物流控股股份有限公司	百货零售	河北省秦皇岛市
河北保定时代商厦有限公司	百货零售	河北省保定市

4-5 续表 7

企业名称	所属行业	企业所在地
石家庄东方城市广场有限公司	百货零售	河北省石家庄市
中国石油天然气股份有限公司河北邢台销售分公司	机动车燃料零售	河北省邢台市
廊坊市商业明珠大厦	百货零售	河北省廊坊市
邯郸新世纪商业广场股份有限公司	服装零售	河北省邯郸市
唐山市金客隆超市有限公司	超级市场零售	河北省唐山市
保定商场股份有限公司	百货零售	河北省保定市
唐山华盛超市有限公司	超级市场零售	河北省唐山市
河北华北石油商业有限公司	百货零售	河北省沧州市
河北国美电器有限公司	家用电器零售	河北省石家庄市
沧州市华北商厦有限公司	百货零售	河北省沧州市
秦皇岛市广缘商厦有限公司	超级市场零售	河北省秦皇岛市
秦皇岛市家惠商贸有限公司	超级市场零售	河北省秦皇岛市
唐山家万佳超市有限公司	超级市场零售	河北省唐山市
邯郸市阳光超市有限公司	超级市场零售	河北省邯郸市
张家口市帝达购物广场有限公司	百货零售	河北省张家口市
保定市惠友万家福超级市场有限公司	超级市场零售	河北省保定市
衡水百货大楼(集团)股份有限公司	百货零售	河北省衡水市
唐山鹏润国美电器有限公司	家用电器零售	河北省唐山市
黄骅信誉楼百货集团有限公司黄骅信誉楼商厦	百货零售	河北省沧州市
河北惠友商业连锁发展有限公司	超级市场零售	河北省保定市
黄骅信誉楼百货集团有限公司泊头信誉楼商厦	百货零售	河北省沧州市
河北家乐园大洋百货有限责任公司	超级市场零售	河北省邢台市
邯郸市康德超级市场有限公司	百货零售	河北省邯郸市
河北东明国际家具博览有限公司	家具零售	河北省石家庄市
河北衡水爱特购物中心有限责任公司	百货零售	河北省衡水市
黄骅信誉楼百货集团有限公司青县信誉楼商厦	百货零售	河北省沧州市
黄骅市耀华商厦有限公司	百货零售	河北省沧州市
唐山华联商厦有限责任公司	超级市场零售	河北省唐山市
河北恒信移动商务股份有限公司唐山分公司	通信设备零售	河北省唐山市
石家庄新兴药房连锁有限公司	药品零售	河北省石家庄市
邢台家乐园集团超市有限责任公司	超级市场零售	河北省邢台市
山西省		
山西煤炭进出口集团有限公司	煤炭及制品批发	山西省太原市
山西焦煤集团国际发展有限公司	煤炭及制品批发	山西省太原市
山西省煤炭运销总公司晋城分公司高平市公司	煤炭及制品批发	山西省晋城市
山西省烟草公司太原市公司	烟草制品批发	山西省太原市
山西煤炭运销集团长治市长治县有限公司	煤炭及制品批发	山西省长治市
山西煤炭运销集团阳泉盂县有限公司	煤炭及制品批发	山西省阳泉市
山西省烟草公司运城市公司	烟草制品批发	山西省运城市
山西省烟草公司临汾市公司	烟草制品批发	山西省临汾市
晋城市泽州公路煤炭销售有限公司	煤炭及制品批发	山西省晋城市
山西省烟草公司大同市公司	烟草制品批发	山西省大同市
中国石油化工股份有限公司山西朔州石油分公司	石油及制品批发	山西省朔州市
山西省烟草公司晋中市公司	烟草制品批发	山西省晋中市
山西省煤炭运销集团朔州有限公司	煤炭及制品批发	山西省朔州市
山西省烟草公司长治市公司	烟草制品批发	山西省长治市
山西省烟草公司忻州市分公司	烟草制品批发	山西省忻州市
山西省烟草公司吕梁市公司	烟草制品批发	山西省吕梁市
山西省煤炭运销总公司临汾分公司乡宁县公司	煤炭及制品批发	山西省临汾市
山西省煤炭运销总公司晋中分公司寿阳县公司	煤炭及制品批发	山西省晋中市
山西煤炭运销集团吕梁有限公司	煤炭及制品批发	山西省吕梁市

4-5 续表 8

企业名称	所属行业	企业所在地
山西省农业生产资料公司	化肥批发	山西省太原市
山西煤炭运销集团临汾古县有限公司	煤炭及制品批发	山西省临汾市
山西省煤炭运销总公司临汾分公司尧都区公司	煤炭及制品批发	山西省临汾市
左权县煤炭运销公司	煤炭及制品批发	山西省晋中市
山西烟草公司晋城分公司	烟草制品批发	山西省晋城市
晋城市阳城公路煤炭销售有限公司	煤炭及制品批发	山西省晋城市
山西煤炭运销集团阳泉郊区有限公司	煤炭及制品批发	山西省阳泉市
山西省煤炭运销公司晋中分公司昔阳县公司	煤炭及制品批发	山西省晋中市
太原晋太实业(集团)有限公司	其他机械设备及电子产品批发	山西省太原市
襄垣县运销公司	煤炭及制品批发	山西省长治市
山西新华书店集团有限公司	图书批发	山西省太原市
山西煤炭运销集团晋中和顺有限公司	煤炭及制品批发	山西省晋中市
山西省烟草公司朔州市公司	烟草制品批发	山西省朔州市
怀仁县南窑联合运销站	煤炭及制品批发	山西省朔州市
山西省朔州矿业公司金沙滩煤炭集运站	煤炭及制品批发	山西省朔州市
山西省朔州市矿业公司南窑出口煤站	煤炭及制品批发	山西省朔州市
晋城市沁水县公路煤炭销售有限公司	煤炭及制品批发	山西省晋城市
怀仁南窑煤业有限责任公司	煤炭及制品批发	山西省朔州市
山西煤炭运销集团阳泉平定有限公司	煤炭及制品批发	山西省阳泉市
山西亚宝医药经销有限公司	中药材及中成药批发	山西省运城市
山西省烟草公司阳泉市公司	烟草制品批发	山西省阳泉市
大同煤矿集团煤炭运销朔州有限公司	煤炭及制品批发	山西省朔州市
山西省国新能源发展集团有限公司	煤炭及制品批发	山西省太原市
山西煤炭运销集团晋中平遥有限公司	其他未列明的批发	山西省晋中市
朔州市津生煤业有限公司	煤炭及制品批发	山西省朔州市
山西统配煤矿综合经营总公司	煤炭及制品批发	山西省太原市
山西省盐业公司	盐及调味品批发	山西省太原市
山西煤炭运销集团太原古交有限公司	煤炭及制品批发	山西省太原市
重庆海尔家电销售有限公司太原分公司	家用电器批发	山西省太原市
太原梯西爱尔(TCL)电器销售有限公司	家用电器批发	山西省太原市
山西先行贸易有限公司	煤炭及制品批发	山西省太原市
榆次煤炭运销公司	煤炭及制品批发	山西省晋中市
深圳创维-RGD电子有限公司山西分公司	家用电器批发	山西省太原市
青岛海信电器股份有限公司太原经营分公司	家用电器批发	山西省太原市
山西省煤炭运销总公司临汾分公司洪洞县公司	煤炭及制品批发	山西省临汾市
山西省煤炭运销公司蒲县煤炭运销公司	煤炭及制品批发	山西省临汾市
晋城市金驹实业有限公司	煤炭及制品批发	山西省晋城市
晋城市陵川公路煤炭销售有限公司	煤炭及制品批发	山西省晋城市
山西省煤炭运销集团大同南郊有限公司	煤炭及制品批发	山西省大同市
山西煤炭运销集团有限公司灵石分公司	煤炭及制品批发	山西省晋中市
山西康美徕医药有限公司	西药批发	山西省太原市
山西大昌汽车集团有限公司	汽车零售	山西省太原市
中国石油化工股份有限公司山西临汾石油分公司	机动车燃料零售	山西省临汾市
中国石油化工股份有限公司山西太原石油分公司	机动车燃料零售	山西省太原市
中国石油化工股份有限公司山西运城石油分公	机动车燃料零售	山西省运城市
中国石油化工股份有限公司山西晋中石油分公司	机动车燃料零售	山西省晋中市
中国石油天然气股份有限公司山西销售分公司	机动车燃料零售	山西省太原市
中国石油化工股份有限公司山西吕梁石油分公司	机动车燃料零售	山西省吕梁市
中国石油化工股份有限公司忻州石油分公司	机动车燃料零售	山西省忻州市

4-5 续表 9

企业名称	所属行业	企业所在地
中国石化股份有限公司山西长治分公司	机动车燃料零售	山西省长治市
山西双鹤药业有限公司	药品零售	山西省太原市
中国石油化工有限公司山西晋城石油分公司	机动车燃料零售	山西省晋城市
山西美特好连锁超市股份有限公司	超级市场零售	山西省太原市
中国石油化工股份有限公司山西大同分公司	机动车燃料零售	山西省大同市
中国石油化工股份有限公司山西阳泉石油分公司	机动车燃料零售	山西省阳泉市
山西华宇商业发展股份有限公司	百货零售	山西省太原市
山西国美电器有限公司	家用电器零售	山西省太原市
可口可乐(山西)饮料有限公司	饮料及茶叶零售	山西省太原市
山西省太原唐久超市有限公司	其他综合零售	山西省太原市
大同市华林有限责任公司	百货零售	山西省大同市
山西山姆士超市有限公司	超级市场零售	山西省太原市
山西省临汾万佳福仓储超市有限公司	超级市场零售	山西省临汾市
晋中田森超市有限公司	超级市场零售	山西省晋中市
太原六味斋实业有限公司	肉、禽、蛋及水产品零售	山西省太原市
霍州煤电集团吕梁多种经营有限公司	其他综合零售	山西省吕梁市
山西万民药房连锁有限公司	药品零售	山西省太原市
晋城市凤展购物广场有限公司	百货零售	山西省晋城市
太原肯德基有限公司	快餐服务	山西省太原市
内蒙古自治区		
中石油内蒙销售赤峰分公司	石油及制品批发	内蒙古自治区赤峰市
中国石油公司呼和浩特分公司	石油及制品批发	内蒙古自治区呼和浩特市
内蒙古自治区烟草公司包头市公司	烟草制品批发	内蒙古自治区包头市
内盟古铁鑫煤化有限公司	煤炭及制品批发	内蒙古自治区包头市
中国石油股份有限公司内蒙古巴彦淖尔分公司	石油及制品批发	内蒙古自治区巴彦淖尔市
内蒙古自治区烟草公司呼和浩特市分公司	烟草制品批发	内蒙古自治区呼和浩特市
中国石油天燃气股份有限公司内蒙古乌兰察布销售公司	石油及制品批发	内蒙古自治区乌兰察布市
内蒙古鄂尔多斯烟草分公司	烟草制品批发	内蒙古自治区鄂尔多斯市
内蒙古自治区烟草公司赤峰市公司	烟草制品批发	内蒙古自治区赤峰市
内蒙古烟草公司巴彦淖尔市分公司	烟草制品批发	内蒙古自治区巴彦淖尔市
内蒙古河套酒业集团销售有限责任公司	饮料及茶叶批发	内蒙古自治区巴彦淖尔市
内蒙古自治区烟草公司乌兰察布市公司	烟草制品批发	内蒙古自治区乌兰察布市
中国石化西北公司内蒙古分公司	石油及制品批发	内蒙古自治区呼和浩特市
呼伦贝尔烟草公司	烟草制品批发	内蒙古自治区呼伦贝尔市
内蒙古西蒙科工贸集团有限责任公司	煤炭及制品批发	内蒙古自治区呼和浩特市
呼市金峰商贸有限公司	糕点、糖果及糖批发	内蒙古自治区呼和浩特市
包头市远大蔬菜瓜果副食市场有限公司	果品、蔬菜批发	内蒙古自治区包头市
内蒙古自治区烟草公司兴安销售分公司	烟草制品批发	内蒙古自治区兴安盟
呼和浩特市商城房地产开发有限总公司恒昌商城	服装批发	内蒙古自治区呼和浩特市
呼和浩特市福利达糖酒副食批发市场	糕点、糖果及糖批发	内蒙古自治区呼和浩特市
通辽沈赢煤炭有限责任公司	煤炭及制品批发	内蒙古自治区通辽市
内蒙古自治区烟草公司锡林郭勒分公司	烟草制品批发	内蒙古自治区锡林郭勒盟
土默特右旗供销合作社	种子、饲料批发	内蒙古自治区包头市
包头市华银机械设备有限公司	汽车、摩托车及零配件批发	内蒙古自治区包头市
内蒙古天孚服装商贸有限公司	服装批发	内蒙古自治区呼和浩特市
中国石油天然气股份有限公司内蒙古鄂尔多斯公司	机动车燃料零售	内蒙古自治区鄂尔多斯市

4-5 续表 10

企业名称	所属行业	企业所在地
中国石油天然气股份内蒙古通辽销售分公司	机动车燃料零售	内蒙古自治区通辽市
中国天然气股份有限公司呼伦贝尔销售分公司	机动车燃料零售	内蒙古自治区呼伦贝尔市
中国石油天然气股份有限公司锡林郭勒分公司	机动车燃料零售	内蒙古自治区锡林郭勒盟
中国石油天然气股份有限公司内蒙古包头销售分公司	机动车燃料零售	内蒙古自治区包头市
内蒙古民族商场有限责任公司	百货零售	内蒙古自治区呼和浩特市
包头宁鹿石油有限公司	机动车燃料零售	内蒙古自治区包头市
中国石油天燃气股份有限公司内蒙兴安石油销售分公司	机动车燃料零售	内蒙古自治区兴安盟
内蒙古森工集团兴安石油有限责任公司	机动车燃料零售	内蒙古自治区呼伦贝尔市
包头百货大楼股份有限公司	百货零售	内蒙古自治区包头市
内蒙古维多利商厦有限公司	百货零售	内蒙古自治区呼和浩特市
内蒙古维多利商业管理有限公司	百货零售	内蒙古自治区呼和浩特市
呼伦贝尔友谊有限责任公司	百货零售	内蒙古自治区呼伦贝尔市
包头市金荣装饰建材城有限责任公司	其他室内装修材料零售	内蒙古自治区包头市
呼和浩特市王府井百货有限公司	百货零售	内蒙古自治区呼和浩特市
内蒙古维多利超市连锁有限公司	超级市场零售	内蒙古自治区呼和浩特市
内蒙古金旺角服装批发市场	服装零售	内蒙古自治区呼和浩特市
内蒙古佳美建材物流中心有限公司	其他室内装修材料零售	内蒙古自治区包头市
辽宁省		
中国石油天然气股份有限公司东北销售分公司	石油及制品批发	辽宁省沈阳市
鞍钢集团国际经济贸易公司	金属及金属矿批发	辽宁省鞍山市
中国铁路物资沈阳公司	金属及金属矿批发	辽宁省沈阳市
中国石油天然气股份有限公司大连销售分公司	石油及制品批发	辽宁省大连市
中国石化销售有限公司东北分公司	石油及制品批发	辽宁省沈阳市
辽宁省烟草公司沈阳市公司	烟草制品批发	辽宁省沈阳市
中国烟草总公司大连市公司	烟草制品批发	辽宁省大连市
中国石油天然气股份有限公司辽宁营口销售分公司	石油及制品批发	辽宁省营口市
中国石油天然气股份有限公司辽宁鞍山销售分公司	石油及制品批发	辽宁省鞍山市
国药控股沈阳有限公司	中药材及中成药批发	辽宁省沈阳市
中国石油天然气股份有限公司辽宁抚顺销售分公司	石油及制品批发	辽宁省抚顺市
中铁物资集团东北有限公司	金属及金属矿批发	辽宁省沈阳市
中国石油天然气股份有限公司辽宁锦州销售分公司	石油及制品批发	辽宁省锦州市
东北制药集团公司供销公司	西药批发	辽宁省沈阳市
中国石油天然气股份有限公司辽宁盘锦销售分公司	石油及制品批发	辽宁省盘锦市
中国石油天然气股份有限公司辽宁辽阳销售分公司	石油及制品批发	辽宁省辽阳市
中国石油天然气股份有限公司辽宁葫芦岛销售分公司	石油及制品批发	辽宁省葫芦岛市
中国石油天然气股份有限公司辽宁朝阳销售分公司	石油及制品批发	辽宁省朝阳市
中国石油天然气股份有限公司辽宁阜新销售分公司	石油及制品批发	辽宁省阜新市
辽宁省烟草公司鞍山市公司	烟草制品批发	辽宁省鞍山市
辽宁成大方圆医药有限公司	西药批发	辽宁省沈阳市
美罗药业股份有限公司	西药批发	辽宁省大连市
辽宁省烟草公司锦州市公司	烟草制品批发	辽宁省锦州市
辽宁省烟草公司抚顺市公司	烟草制品批发	辽宁省抚顺市
辽宁省烟草公司营口市分公司	烟草制品批发	辽宁省营口市
沈阳铁道金属物资有限公司	金属及金属矿批发	辽宁省沈阳市
辽宁省烟草公司朝阳市公司	烟草制品批发	辽宁省朝阳市
中国烟草总公司辽宁葫芦岛分公司	烟草制品批发	辽宁省葫芦岛市
辽宁省烟草公司丹东市公司	烟草制品批发	辽宁省丹东市
辽宁省烟草公司铁岭市公司	烟草制品批发	辽宁省铁岭市
辽宁成大股份有限公司	纺织品、针织品及原料批发	辽宁省大连市
沈阳神州数码有限公司	计算机、软件及辅助设备批发	辽宁省沈阳市
辽宁恒力工程机械有限公司	汽车、摩托车及零配件批发	辽宁省沈阳市
辽宁省烟草公司辽阳市公司	烟草制品批发	辽宁省辽阳市

4-5 续表 11

企业名称	所属行业	企业所在地
辽宁烟草公司本溪分公司	烟草制品批发	辽宁省本溪市
沈阳市第一粮库	米、面制品及食用油批发	辽宁省沈阳市
辽宁省烟草公司阜新市公司	烟草制品批发	辽宁省阜新市
辽宁省烟草公司盘锦市公司(专卖局)	烟草制品批发	辽宁省盘锦市
中国船舶燃料供应大连公司	石油及制品批发	辽宁省大连市
沈阳TCL电器销售有限公司	家用电器批发	辽宁省沈阳市
辽宁东亚种业有限公司	种子、饲料批发	辽宁省沈阳市
辽宁美的制冷产品销售有限公司	家用电器批发	辽宁省沈阳市
大连五佳国际贸易有限公司	饮料及茶叶批发	辽宁省大连市
大连棒棰岛万益肉食品有限公司	肉、禽、蛋及水产品批发	辽宁省大连市
丽珂贸易(沈阳)有限公司	贸易经纪与代理	辽宁省沈阳市
中国石油天然气股份有限公司辽宁沈阳销售分公司	机动车燃料零售	辽宁省沈阳市
大商集团股份有限公司	百货零售	辽宁省大连市
中兴-沈阳商业大厦(集团)股份有限公司	百货零售	辽宁省沈阳市
中国石化销售有限公司东北辽宁分公司	机动车燃料零售	辽宁省沈阳市
沈阳国美电器有限公司	家用电器零售	辽宁省沈阳市
中油辽宁丹东销售分公司	机动车燃料零售	辽宁省丹东市
沈阳兴隆大家庭购物中心有限公司	百货零售	辽宁省沈阳市
沈阳家乐福商业有限公司	超级市场零售	辽宁省沈阳市
中油辽宁铁岭销售分公司	机动车燃料零售	辽宁省铁岭市
辽宁卓展时代广场百货有限公司	百货零售	辽宁省沈阳市
大商集团抚顺百货大楼有限公司	百货零售	辽宁省抚顺市
辽宁兴隆百货集团有限公司	百货零售	辽宁省盘锦市
大连友谊(集团)股份有限公司	百货零售	辽宁省大连市
大连国际商贸大厦有限公司	百货零售	辽宁省大连市
大商集团沈阳新玛特购物休闲广场有限公司	百货零售	辽宁省沈阳市
辽宁成大方圆医药连锁有限公司	药品零售	辽宁省沈阳市
沈阳苏宁电器有限公司	家用电器零售	辽宁省沈阳市
沈阳新世界百货有限公司	百货零售	辽宁省沈阳市
沈阳市领跑体育用品有限公司	服装零售	辽宁省沈阳市
大连沃尔玛百货有限公司	超级市场零售	辽宁省大连市
大连国美电器有限公司	家用电器零售	辽宁省大连市
大商集团锦州百货大楼有限公司	百货零售	辽宁省锦州市
大商集团本溪商业大厦有限公司	百货零售	辽宁省本溪市
大连家乐福商业有限公司	超级市场零售	辽宁省大连市
葫芦岛市百货大楼	百货零售	辽宁省葫芦岛市
大商集团沈阳新玛特购物休闲广场有限公司千盛百货购物中心	百货零售	辽宁省沈阳市
铁岭兴隆百货有限公司	百货零售	辽宁省铁岭市
本溪华联商厦有限公司	百货零售	辽宁省本溪市
辽中商业大厦有限公司	百货零售	辽宁省沈阳市
沈阳沃尔玛百货有限公司	超级市场零售	辽宁省沈阳市
大连好又多百货商业广场有限公司	超级市场零售	辽宁省大连市
大石桥市兴隆百货有限公司	百货零售	辽宁省营口市
营口经济技术开发区商业大厦有限公司	百货零售	辽宁省营口市
朝阳兴隆百货有限公司	百货零售	辽宁省朝阳市
辽宁中百商厦集团有限公司	百货零售	辽宁省锦州市
盘锦兴隆大厦二百有限公司	百货零售	辽宁省盘锦市
沈阳大东兴隆百货有限公司	百货零售	辽宁省沈阳市
大商集团铁岭新玛特有限公司	百货零售	辽宁省铁岭市
营口兴隆百货有限公司	超级市场零售	辽宁省营口市

4-5 续表 12

企业名称	所属行业	企业所在地
辽宁百盛新药特药连锁有限公司	药品零售	辽宁省沈阳市
辽宁省大连市旅顺供销大厦有限公司	百货零售	辽宁省大连市
大商集团朝阳新玛特购物广场有限公司	百货零售	辽宁省朝阳市
大连海王星辰医药有限公司	药品零售	辽宁省大连市
大连联华快客中山便利商业有限公司	其他综合零售	辽宁省大连市
朝阳商业城有限公司	百货零售	辽宁省朝阳市
沈阳维康医药连锁有限公司	药品零售	辽宁省沈阳市
大连经济技术开发区昌临旺客隆连锁有限公司	超级市场零售	辽宁省大连市
大商集团锦州市新玛特购物有限公司	百货零售	辽宁省锦州市
大商集团抚顺商业城有限公司	百货零售	辽宁省抚顺市
凌海电力商城有限责任公司	百货零售	辽宁省锦州市
抚顺罕王商场有限公司	百货零售	辽宁省抚顺市
新华书店北方图书城有限公司	图书零售	辽宁省沈阳市
葫芦岛市宏运商厦有限公司	百货零售	辽宁省葫芦岛市
凌海市医药公司	药品零售	辽宁省锦州市
大连新玛特世达购物广场有限公司	百货零售	辽宁省大连市
辽宁华润万家生活超市有限公司	超级市场零售	辽宁省沈阳市
辽宁天士力大药房连锁有限公司	药品零售	辽宁省沈阳市
鞍山银座(集团)股份有限公司	百货零售	辽宁省鞍山市
大连香格里拉酒店有限公司	旅游饭店	辽宁省大连市
大连富丽华大酒店	旅游饭店	辽宁省大连市
百胜餐饮(沈阳)有限公司	快餐服务	辽宁省沈阳市
大连肯德基有限公司	快餐服务	辽宁省大连市
沈阳麦当劳(餐厅食品)有限公司	快餐服务	辽宁省沈阳市
大连麦当劳餐厅食品有限公司	快餐服务	辽宁省大连市
吉林省		
中国石油天然气股份有限公司吉林长春分公司	石油及制品批发	吉林省长春市
吉林省烟草公司长春市公司	烟草制品批发	吉林省长春市
扶余县三井子农工商有限责任公司	谷物、豆及薯类批发	吉林省松原市
中国石油天然气股份有限公司吉林四平销售分公司	石油及制品批发	吉林省四平市
中国石油天然气股份有限公司吉林省吉林市销售分公司	石油及制品批发	吉林省吉林市
吉粮集团公主岭金玉收储有限责任公司	谷物、豆及薯类批发	吉林省四平市
中油吉林松原销售分公司	石油及制品批发	吉林省松原市
吉林省烟草公司吉林市公司	烟草制品批发	吉林省吉林市
中国石油天然气股份有限公司吉林延边销售分公司	石油及制品批发	吉林省延边市
中国石油天燃气股份有限公司吉林白城分公司	石油及制品批发	吉林省白城市
中国石油天然气股份有限公司吉林通化销售分公司	石油及制品批发	吉林省通化市
吉林省烟草公司松原市分公司	烟草制品批发	吉林省松原市
吉林省烟草公司延边州公司	烟草制品批发	吉林省延边市
中国石油天然气股份有限公司吉林白山销售分公司	石油及制品批发	吉林省白山市
吉林省烟草公司通化公司	烟草制品批发	吉林省通化市
吉林省烟草公司白城市分公司	烟草制品批发	吉林省白城市
吉林省北方医药有限责任公司	西药批发	吉林省长春市
中国石油天然气股份有限公司吉林辽源销售公司	石油及制品批发	吉林省辽源市
吉林省烟草公司白山市公司	烟草制品批发	吉林省白山市
吉林省东良粮食集团有限公司	谷物、豆及薯类批发	吉林省四平市
吉林省烟草公司四平分公司	烟草制品批发	吉林省四平市
吉林敖东医药有限责任公司	中药材及中成药批发	吉林省延边市
长春欧亚集团股份有限公司	百货零售	吉林省长春市

4-5 续表 13

企业名称	所属行业	企业所在地
长春卓展时代广场百货有限公司	百货零售	吉林省长春市
延吉百货大楼股份有限公司	百货零售	吉林省延边市
吉林省威宝恒客隆仓储百货有限公司	超级市场零售	吉林省长春市
吉林大药房药业股份有限公司	药品零售	吉林省长春市
吉林省白山方大商贸有限公司	超级市场零售	吉林省白山市
延边国际贸易大厦有限责任公司	百货零售	吉林省延边市
柳河县万博隆有限责任公司	超级市场零售	吉林省通化市
吉林市润泰商业有限公司	超级市场零售	吉林省吉林市
长春远方实业集团有限公司	超级市场零售	吉林省长春市
黑龙江省		
中国石油天然气股份有限公司东北销售大庆分公司	石油及制品批发	黑龙江省大庆市
黑龙江倍丰农业生产资料集团有限公司	化肥批发	黑龙江省哈尔滨市
中国铁路物资哈尔滨公司	石油及制品批发	黑龙江省哈尔滨市
黑龙江华宇工贸(集团)有限责任公司	服装批发	黑龙江省牡丹江市
黑龙江省烟草公司哈尔滨市公司	烟草制品批发	黑龙江省哈尔滨市
东宁县吉信工贸集团有限责任分司	鞋帽批发	黑龙江省牡丹江市
中国石油天然气股份有限公司黑龙江大庆销售分公司	石油及制品批发	黑龙江省大庆市
中油黑龙江农垦石油有限公司	石油及制品批发	黑龙江省哈尔滨市
中国石油天燃汽股份有限公司黑龙江齐齐哈尔销售分公司	石油及制品批发	黑龙江省齐齐哈尔市
黑龙江省农业机械有限责任公司	农业机械批发	黑龙江省哈尔滨市
中国石油天然气股分有限公司黑龙江佳木斯销售分公司	石油及制品批发	黑龙江省佳木斯市
哈药集团三精医药商贸有限公司	西药批发	黑龙江省哈尔滨市
黑河市石油天然气股份有限公司黑河分公司	石油及制品批发	黑龙江省黑河市
中国石油天然气股份有限公司鸡西销售分公司	石油及制品批发	黑龙江省鸡西市
黑龙江省烟草公司齐齐哈尔分公司	烟草制品批发	黑龙江省齐齐哈尔市
黑龙江省烟草公司绥化市公司	烟草制品批发	黑龙江省绥化市
中同石油天然气股份有限公司黑龙江双鸭山销售分公司	石油及制品批发	黑龙江省双鸭山市
黑龙江省烟草公司大庆分公司	烟草制品批发	黑龙江省大庆市
中油黑龙江牡丹江销售分公司	石油及制品批发	黑龙江省牡丹江市
中国石油天然气股份有限公司绥化分公司	石油及制品批发	黑龙江省绥化市
葵花药业集团药业有限公司	中药材及中成药批发	黑龙江省哈尔滨市
哈尔滨海尔工贸有限公司	家用电器批发	黑龙江省哈尔滨市
黑龙江中储粮虎林直属库	谷物、豆及薯类批发	黑龙江省鸡西市
中国石油天然气股分有限公司黑龙江七台河销售分公司	石油及制品批发	黑龙江省七台河市
中国石油天然气股份有限公司黑龙江尚志销售分公司	石油及制品批发	黑龙江省哈尔滨市
黑龙江省烟草公司佳木斯分公司	烟草制品批发	黑龙江省佳木斯市
黑龙江省烟草公司牡丹江分公司	烟草制品批发	黑龙江省牡丹江市
黑龙江省烟草公司牡丹江烟叶公司	其他未列明的批发	黑龙江省牡丹江市
黑龙江省烟草公司哈尔滨烟叶公司	烟草制品批发	黑龙江省哈尔滨市
中国烟草总公司黑龙江省鸡西分公司	烟草制品批发	黑龙江省鸡西市
内蒙古伊利实业集团有限公司	其他农畜产品批发	黑龙江省大庆市
黑龙江龙卫同新医药有限公司	西药批发	黑龙江省哈尔滨市
中国石油天然气股份有限公司黑龙江肇东销售分公司	石油及制品批发	黑龙江省绥化市
双鸭山市烟草公司	烟草制品批发	黑龙江省双鸭山市
中石油天然气股份有限公司黑龙江鹤岗分公司	石油及制品批发	黑龙江省鹤岗市
哈尔滨珍宝岛医药贸易有限公司	中药材及中成药批发	黑龙江省哈尔滨市
黑龙江省新华书店	图书批发	黑龙江省哈尔滨市
黑龙江乳业集团有限责任公司销售分公司	其他未列明的批发	黑龙江省哈尔滨市

4-5 续表 14

企业名称	所属行业	企业所在地
黑龙江烟草公司鹤岗市公司	烟草制品批发	黑龙江省鹤岗市
大兴安岭兴安林区石油总经销有限公司	石油及制品批发	黑龙江省大兴安岭地区
深圳创维-RGB电子有限公司黑龙江分公司	家用电器批发	黑龙江省哈尔滨市
鹤岗东兴集团有限公司	煤炭及制品批发	黑龙江省鹤岗市
中国石油天然气股份有限公司黑龙江大兴安岭销售分公司	石油及制品批发	黑龙江省大兴安岭地区
康佳集团股份有限公司哈尔滨分公司	家用电器批发	黑龙江省哈尔滨市
中国石油天然气股份有限公司黑龙江哈尔滨销售分公司	机动车燃料零售	黑龙江省哈尔滨市
哈药集团有限公司	药品零售	黑龙江省哈尔滨市
黑龙江远大购物中心有限公司	百货零售	黑龙江省哈尔滨市
哈尔滨中央红集团股份有限公司	百货零售	黑龙江省哈尔滨市
黑龙江黑天鹅家电有限公司	家用电器零售	黑龙江省哈尔滨市
大商集团大庆百货大楼有限公司	百货零售	黑龙江省大庆市
大商集团大庆新玛特购物休闲广场有限公司	百货零售	黑龙江省大庆市
哈尔滨市联强商业发展有限公司	超级市场零售	黑龙江省哈尔滨市
哈尔滨家乐福超市有限公司	超级市场零售	黑龙江省哈尔滨市
哈尔滨申格体育连锁有限公司	体育用品零售	黑龙江省哈尔滨市
哈尔滨市大商集团新一百购物广场有限公司	百货零售	黑龙江省哈尔滨市
大庆市庆客隆连锁商贸有限公司	超级市场零售	黑龙江省大庆市
大商集团鸡西新玛特购物广场有限公司	百货零售	黑龙江省鸡西市
大庆油田昆仑集团商贸有限公司	百货零售	黑龙江省大庆市
沃尔玛深国投百货有限公司哈尔滨中山路分店	超级市场零售	黑龙江省哈尔滨市
大商集团佳木斯百货大楼	百货零售	黑龙江省佳木斯市
大连大商集团有限公司大庆让胡路商场	百货零售	黑龙江省大庆市
大商集团牡丹江百货大楼有限公司	百货零售	黑龙江省牡丹江市
哈尔滨新世界百货商场有限公司	百货零售	黑龙江省哈尔滨市
大商集团牡丹江新玛特购物广场有限公司	百货零售	黑龙江省牡丹江市
齐齐哈尔百货大楼股份有限公司	服装零售	黑龙江省齐齐哈尔市
黑龙江泰华医药有限公司	药品零售	黑龙江省绥化市
佳木斯新玛特购物广场	百货零售	黑龙江省佳木斯市
齐齐哈尔市齐润发超市有限公司(大福源)	超级市场零售	黑龙江省齐齐哈尔市
大商集团佳木斯华联商厦有限公司	百货零售	黑龙江省佳木斯市
黑龙江国美电器有限公司	家用电器零售	黑龙江省大庆市
黑龙江好又多百货商业广场有限公司	百货零售	黑龙江省哈尔滨市
黑龙江比优特商贸有限责任公司	超级市场零售	黑龙江省鹤岗市
上海市		
上海上汽大众汽车销售有限公司	汽车、摩托车及零配件批发	上海市市辖区
中国石油化工股份有限公司上海石油分公司	石油及制品批发	上海市市辖区
上海三星半导体有限公司	家用电器批发	上海市市辖区
上海市医药股份有限公司	西药批发	上海市市辖区
国药控股股份有限公司	西药批发	上海市市辖区
华硕电脑(上海)有限公司	计算机、软件及辅助设备批发	上海市市辖区
中化国际控股股份有限公司	其他化工产品批发	上海市市辖区
中国铁路物资上海公司	金属及金属矿批发	上海市市辖区
松下电器机电(上海)有限公司	其他机械设备及电子产品批发	上海市市辖区
小松(中国)投资有限公司	其他机械设备及电子产品批发	上海市市辖区
佳通轮胎(中国)投资有限公司	汽车、摩托车及零配件批发	上海市市辖区
上海浦东国际机场航空油料有限责任公司	石油及制品批发	上海市市辖区
英迈(中国)投资有限公司	计算机、软件及辅助设备批发	上海市市辖区
宝钢资源有限公司	金属及金属矿批发	上海市市辖区
欧莱雅(中国)有限公司	化妆品及卫生用品批发	上海市市辖区
夏普商贸(中国)有限公司	其他机械设备及电子产品批发	上海市市辖区

4-5 续表 15

企业名称	所属行业	企业所在地
日立建机(上海)有限公司	其他机械设备及电子产品批发	上海市市辖区
欧尚(中国)投资有限公司	其他未列明的批发	上海市市辖区
上海电力燃料有限公司	煤炭及制品批发	上海市市辖区
上海伊藤忠商事有限公司	其他化工产品批发	上海市市辖区
上海神州数码有限公司	计算机、软件及辅助设备批发	上海市市辖区
上海海烟物流发展有限公司	烟草制品批发	上海市市辖区
三菱商事(上海)有限公司	其他未列明的批发	上海市市辖区
上海永裕医药有限公司	中药材及中成药批发	上海市市辖区
保乐力加(中国)贸易有限公司	饮料及茶叶批发	上海市市辖区
瑞表国际贸易(上海)有限公司	其他日用品批发	上海市市辖区
埃克森美孚(中国)投资有限公司	石油及制品批发	上海市市辖区
普利司通(中国)投资有限公司	其他未列明的批发	上海市市辖区
米其林(中国)投资有限公司	汽车、摩托车及零配件批发	上海市市辖区
联想(上海)有限公司	计算机、软件及辅助设备批发	上海市市辖区
尼康映像仪器销售(中国)有限公司	其他未列明的批发	上海市市辖区
上海电力物资有限公司	其他机械设备及电子产品批发	上海市市辖区
ABB(中国)有限公司上海分公司	其他机械设备及电子产品批发	上海市市辖区
上海韩泰轮胎销售有限公司	汽车、摩托车及零配件批发	上海市市辖区
酩悦轩尼诗帝亚吉欧洋酒(上海)有限公司	饮料及茶叶批发	上海市市辖区
上海卡帕体育用品有限公司	服装批发	上海市市辖区
泰科电子(上海)有限公司	其他机械设备及电子产品批发	上海市市辖区
上海雅马哈建设摩托车销售有限公司	汽车、摩托车及零配件批发	上海市市辖区
明基电通有限公司	计算机、软件及辅助设备批发	上海市市辖区
资生堂(中国)投资有限公司	化妆品及卫生用品批发	上海市市辖区
上海博世力士乐液压及自动化有限公司	其他未列明的批发	上海市市辖区
上海市江桥批发市场经营管理有限公司	果品、蔬菜批发	上海市市辖区
上海良友(集团)有限公司	谷物、豆及薯类批发	上海市市辖区
上海东风柴油机销售公司	其他机械设备及电子产品批发	上海市市辖区
锦湖(中国)轮胎销售有限公司	汽车、摩托车及零配件批发	上海市市辖区
三井物产(上海)贸易有限公司	金属及金属矿批发	上海市市辖区
舍弗勒贸易(上海)有限公司	其他机械设备及电子产品批发	上海市市辖区
明尼苏达矿业制造上海国际贸易有限公司	其他化工产品批发	上海市市辖区
东方国际集团上海市对外贸易有限公司	其他未列明的批发	上海市市辖区
上海丝绸集团股份有限公司	服装批发	上海市市辖区
斯凯孚(中国)销售有限公司	其他机械设备及电子产品批发	上海市市辖区
联强国际贸易(中国)有限公司	计算机、软件及辅助设备批发	上海市市辖区
上海九州通医药有限公司	中药材及中成药批发	上海市市辖区
上海新宇钟表集团有限公司	其他日用品批发	上海市市辖区
上海新联纺进出口有限公司	纺织品、针织品及原料批发	上海市市辖区
上海浦星贸易有限公司	其他食品批发	上海市市辖区
美敦力医疗用品技术服务(上海)有限公司	医疗用品及器材批发	上海市市辖区
莫仕商贸(上海)有限公司	其他机械设备及电子产品批发	上海市市辖区
科勒(中国)投资有限公司	厨房、卫生间用具及日用杂货批发	上海市市辖区
古驰(中国)贸易有限公司	服装批发	上海市市辖区
南浦食品浦东分公司	其他食品批发	上海市市辖区
宝钢金属有限公司	金属及金属矿批发	上海市市辖区
宜家分拔(上海)有限公司	其他日用品批发	上海市市辖区
卡夫食品销售有限公司	糕点、糖果及糖批发	上海市市辖区
上海五金矿产进出口公司	金属及金属矿批发	上海市市辖区
金佰利(中国)有限公司	其他日用品批发	上海市市辖区
上海兰生股份有限公司	鞋帽批发	上海市市辖区

4-5　续表 16

企业名称	所属行业	企业所在地
雅诗兰黛(上海)商贸有限公司	化妆品及卫生用品批发	上海市市辖区
上海华普汽车销售有限公司	其他机械设备及电子产品批发	上海市市辖区
富士施乐实业发展(上海)有限公司	其他文化用品批发	上海市市辖区
德利多富信息系统(上海)有限公司	计算机、软件及辅助设备批发	上海市市辖区
上海中燃船舶燃料有限公司	石油及制品批发	上海市市辖区
兄弟(中国)商业有限公司	其他机械设备及电子产品批发	上海市市辖区
上海和氏璧化工有限公司	其他化工产品批发	上海市市辖区
上海市机械设备成套(集团)有限公司	其他机械设备及电子产品批发	上海市市辖区
上海百红商业贸易有限公司	化妆品及卫生用品批发	上海市市辖区
上海烟草集团黄浦烟草糖酒有限公司	烟草制品批发	上海市市辖区
伊藤忠纤维贸易(中国)有限公司	纺织品、针织品及原料批发	上海市市辖区
上海罗捷斯迪电子有限公司	通讯及广播电视设备批发	上海市市辖区
上海太太乐食品有限公司	盐及调味品批发	上海市市辖区
库柏电气(上海)有限公司	贸易经纪与代理	上海市市辖区
上海烟草集团虹口烟草糖酒有限公司	烟草制品批发	上海市市辖区
上海蒙牛乳业有限公司	其他食品批发	上海市市辖区
上海东索贸易有限公司	其他食品批发	上海市市辖区
大昌洋行(上海)有限公司	西药批发	上海市市辖区
上海中邮普泰移动通信设备有限责任公司	通讯及广播电视设备批发	上海市市辖区
理光(中国)投资有限公司	其他机械设备及电子产品批发	上海市市辖区
格兰富水泵(上海)有限公司	其他机械设备及电子产品批发	上海市市辖区
山特维克工具商贸(上海)有限公司	贸易经纪与代理	上海市市辖区
卡西欧(上海)贸易有限公司	家用电器批发	上海市市辖区
柯尼卡美能达办公系统(中国)有限公司	其他机械设备及电子产品批发	上海市市辖区
礼来国际贸易(上海)有限公司	贸易经纪与代理	上海市市辖区
上海青岛啤酒华东销售有限公司	其他食品批发	上海市市辖区
香奈儿(中国)贸易有限公司	化妆品及卫生用品批发	上海市市辖区
山特维克矿山工程机械贸易(上海)有限公司	其他机械设备及电子产品批发	上海市市辖区
中化上海有限公司	其他化工产品批发	上海市市辖区
上海动力燃料有限公司	煤炭及制品批发	上海市市辖区
上海烟草(集团)嘉定烟草糖酒有限公司	烟草制品批发	上海市市辖区
阿法拉伐(上海)技术有限公司	其他机械设备及电子产品批发	上海市市辖区
上海思创服饰有限公司	服装批发	上海市市辖区
上海复星药业有限公司	中药材及中成药批发	上海市市辖区
上海烟草集团闵行烟草糖酒有限公司	烟草制品批发	上海市市辖区
上海三枪(集团)有限公司	纺织品、针织品及原料批发	上海市市辖区
上海怡康化工材料有限公司	其他化工产品批发	上海市市辖区
上海恩德斯豪斯自动化设备有限公司	其他未列明的批发	上海市市辖区
三菱电机空调影像设备(上海)有限公司	其他机械设备及电子产品批发	上海市市辖区
上海烟草集团南汇烟草糖酒有限公司	烟草制品批发	上海市市辖区
上海锐力运动用品有限公司	体育用品批发	上海市市辖区
上海烟草集团松江烟草糖酒有限公司	烟草制品批发	上海市市辖区
上海烟草集团杨浦烟草糖酒有限公司	烟草制品批发	上海市市辖区
上海烟草集团崇明烟草糖酒有限公司	烟草制品批发	上海市崇明县
申莱斯电子(上海)有限公司	其他机械设备及电子产品批发	上海市市辖区
上海烟草集团宝山烟草糖酒有限公司	烟草制品批发	上海市市辖区
上海克瑞特服饰公司	服装批发	上海市市辖区
奥林巴斯(上海)映像销售有限公司	其他机械设备及电子产品批发	上海市市辖区
上海烟草集团青浦烟草糖酒有限公司	烟草制品批发	上海市市辖区
上海烟草集团普陀烟草糖酒有限公司	烟草制品批发	上海市市辖区
上海黄金搭档生物科技有限公司	其他食品批发	上海市市辖区

4-5 续表 17

企业名称	所属行业	企业所在地
上海汇丰医药药材有限责任公司	医药批发	上海市市辖区
滔博体育(上海)有限公司	鞋帽批发	上海市市辖区
上海金开酒业有限公司	其他食品批发	上海市市辖区
上海宝原体育用品商贸有限公司	体育用品批发	上海市市辖区
上海童涵春堂药业股份有限公司	中药材及中成药批发	上海市市辖区
上海五天实业有限公司	厨房、卫生间用具及日用杂货批发	上海市市辖区
上海三联集团钟表眼镜照相器材批发中心	其他日用品批发	上海市市辖区
利惠商业(上海)有限公司	服装批发	上海市市辖区
上海睿盈贸易有限公司	鞋帽批发	上海市市辖区
花王(上海)产品服务有限公司	其他日用品批发	上海市市辖区
上海森联木业发展有限公司	建材批发	上海市市辖区
上海烟草集团金山烟草糖酒有限公司	烟草制品批发	上海市市辖区
乐金生活健康贸易(上海)有限公司	化妆品及卫生用品批发	上海市市辖区
寰盛洋酒贸易(上海)有限公司	饮料及茶叶批发	上海市市辖区
泰科医疗器材国际贸易(上海)有限公司	医疗用品及器材批发	上海市市辖区
上海烟草集团卢湾烟草糖酒有限公司	烟草制品批发	上海市市辖区
友讯电子设备(上海)有限公司	计算机、软件及辅助设备批发	上海市市辖区
上海烟草集团徐汇烟草糖酒有限公司	烟草制品批发	上海市市辖区
美津浓(中国)体育用品有限公司	服装批发	上海市市辖区
苏威(上海)有限公司	其他化工产品批发	上海市市辖区
上海天成企业发展有限公司	其他食品批发	上海市市辖区
魏德米勒联接国际贸易(上海)有限公司	其他机械设备及电子产品批发	上海市市辖区
肯纳飞硕金属(上海)有限公司	贸易经纪与代理	上海市市辖区
上海雷允上北区药业股份有限公司	中药材及中成药批发	上海市市辖区
上海药房股份有限公司	西药批发	上海市市辖区
爱步贸易(上海)有限公司	鞋帽批发	上海市市辖区
上海烟草集团闸北烟草糖酒有限公司	烟草制品批发	上海市市辖区
太古资源(上海)商贸有限公司	服装批发	上海市市辖区
利邦(上海)服装贸易有限公司	服装批发	上海市市辖区
马克华菲(上海)商业有限公司	服装批发	上海市市辖区
上海信谊医药有限公司	中药材及中成药批发	上海市市辖区
高丝化妆品销售(中国)有限公司	化妆品及卫生用品批发	上海市市辖区
上海烟草集团长宁烟草糖酒有限公司	烟草制品批发	上海市市辖区
大西电子(上海)有限公司	其他机械设备及电子产品批发	上海市市辖区
上海海烟烟草糖酒有限公司	烟草制品批发	上海市市辖区
上海乐扣乐扣贸易有限公司	厨房、卫生间用具及日用杂货批发	上海市市辖区
上海农夫山泉饮用水有限公司	饮料及茶叶批发	上海市市辖区
上海立丰食品有限公司	肉、禽、蛋及水产品批发	上海市市辖区
上海仁达药品经营有限公司	中药材及中成药批发	上海市市辖区
上海洋帆实业有限公司	其他未列明的批发	上海市市辖区
上海合力叉车有限公司	其他机械设备及电子产品批发	上海市市辖区
傲胜(中国)商业有限公司	家用电器批发	上海市市辖区
上海浦东新区医药药材有限公司	西药批发	上海市市辖区
上海良菱配销有限公司	米、面制品及食用油批发	上海市市辖区
上海市果品有限公司	果品、蔬菜批发	上海市市辖区
上海第一食品连锁发展有限公司	其他食品批发	上海市市辖区
利永(上海)时装商贸有限公司	服装批发	上海市市辖区
上海烟草集团静安烟草糖酒有限公司	烟草制品批发	上海市市辖区
上海益忠天惠实业有限公司	五金、交电批发	上海市市辖区
巴丽(上海)商业有限公司	服装批发	上海市市辖区
上海大润发有限公司	超级市场零售	上海市市辖区
中国石油天然气股份有限公司上海销售分公司	机动车燃料零售	上海市市辖区

4-5 续表 18

企业名称	所属行业	企业所在地
农工商超市(集团)有限公司	超级市场零售	上海市市辖区
麦德龙现购自运有限公司	超级市场零售	上海市市辖区
上海世纪联华超市发展有限公司	超级市场零售	上海市市辖区
上海联家超市有限公司	超级市场零售	上海市市辖区
上海苏宁电器有限公司	家用电器零售	上海市市辖区
永乐(中国)电器销售有限公司	家用电器零售	上海市市辖区
上海易初莲花连锁超市有限公司	超级市场零售	上海市市辖区
联华超市股份有限公司	超级市场零售	上海市市辖区
上海永乐通讯设备有限公司	家用电器零售	上海市市辖区
华联集团吉买盛购物中心有限公司	超级市场零售	上海市市辖区
上海国美电器有限公司	家用电器零售	上海市市辖区
上海华联超市股份有限公司	超级市场零售	上海市市辖区
路易威登(中国)商业销售有限公司	其他日用品零售	上海市市辖区
上海第一八佰伴有限公司	百货零售	上海市市辖区
上海新世界股份有限公司	百货零售	上海市市辖区
上海家得利超市有限公司	超级市场零售	上海市市辖区
上海百联集团股份有限公司	百货零售	上海市市辖区
可的便利有限公司	其他综合零售	上海市市辖区
上海太平洋百货有限公司	百货零售	上海市市辖区
上海好德便利有限公司	其他综合零售	上海市市辖区
上海好美家装潢建材有限公司	其他室内装修材料零售	上海市市辖区
上海易买得超市有限公司	超级市场零售	上海市市辖区
东方商厦有限公司	百货零售	上海市市辖区
上海伍缘现代杂货有限公司	其他综合零售	上海市市辖区
联华快客便利有限公司	其他综合零售	上海市市辖区
上海屈臣氏日用品有限公司	超级市场零售	上海市市辖区
上海新华传媒连锁有限公司	图书零售	上海市市辖区
中化道达尔油品有限公司	机动车燃料零售	上海市市辖区
上海欧尚超市有限公司	超级市场零售	上海市市辖区
上海良友金伴便利连锁有限公司	其他综合零售	上海市市辖区
上海宏图三胞电脑发展有限公司	计算机、软件及辅助设备零售	上海市市辖区
百思买商业(上海)有限公司	家用电器零售	上海市市辖区
迅销(中国)商贸有限公司	服装零售	上海市市辖区
上海古今内衣有限公司	服装零售	上海市市辖区
上海迪亚零售有限公司	其他综合零售	上海市市辖区
沃尔玛华东百货有限公司	超级市场零售	上海市市辖区
上海像果网络技术发展有限公司	其他日用品零售	上海市市辖区
史泰博商贸有限公司	文具用品零售	上海市市辖区
上海三联(集团)有限公司	钟表、眼镜零售	上海市市辖区
飒拉商业(上海)有限公司	服装零售	上海市市辖区
永安百货有限公司	百货零售	上海市市辖区
广派商业(上海)有限公司	服装零售	上海市市辖区
海恩斯莫里斯(上海)商业有限公司	服装零售	上海市市辖区
上海汇姿百货有限公司	百货零售	上海市市辖区
丝芙兰(上海)化妆品销售有限公司	化妆品及卫生用品零售	上海市市辖区
上海捷强烟草糖酒(集团)连锁有限公司	超级市场零售	上海市市辖区
上海百安居建材超市有限公司(百安居)	其他室内装修材料零售	上海市市辖区
上海浦东好又多超市有限公司	超级市场零售	上海市市辖区
上海华氏大药房有限公司	药品零售	上海市市辖区
上海福满家便利有限公司	其他综合零售	上海市市辖区
上海华联罗森有限公司	其他综合零售	上海市市辖区

4-5 续表 19

企业名称	所属行业	企业所在地
上海梅林正广和便利连锁有限公司	其他综合零售	上海市市辖区
上海好孩子儿童服饰有限公司	服装零售	上海市市辖区
兴记九兴贸易(上海)有限公司	鞋帽零售	上海市市辖区
博马努瓦服饰商贸(上海)有限公司	服装零售	上海市市辖区
上海海文班尼路服饰有限公司	服装零售	上海市市辖区
上海国大药房连锁有限公司	药品零售	上海市市辖区
上海美特斯邦威服饰销售有限公司	服装零售	上海市市辖区
上海养和堂药业连锁经营有限公司	药品零售	上海市市辖区
上海家家乐商业发展有限公司	超级市场零售	上海市市辖区
上海华德美居超市有限公司	其他室内装修材料零售	上海市市辖区
上海复美益星大药房连锁有限公司	药品零售	上海市市辖区
百安居(中国)家居有限公司	其他室内装修材料零售	上海市市辖区
三星法绅贸易(上海)有限公司	服装零售	上海市市辖区
菲仕乐贸易(上海)有限公司	其他日用品零售	上海市市辖区
浦东新区香格里拉酒店有限公司	旅游饭店	上海市市辖区
静安希尔顿饭店(上海)	旅游饭店	上海市市辖区
花园饭店(上海)	旅游饭店	上海市市辖区
上海光大会展中心有限公司	旅游饭店	上海市市辖区
上海锦江饭店有限公司	旅游饭店	上海市市辖区
上海王宝和大酒店有限公司	旅游饭店	上海市市辖区
上海肯德基有限公司	快餐服务	上海市市辖区
上海必胜客有限公司	快餐服务	上海市市辖区
上海杏花楼(集团)有限公司	正餐服务	上海市市辖区
上海麦当劳食品有限公司	快餐服务	上海市市辖区
上海统一星巴克咖啡有限公司	饮料及冷饮服务	上海市市辖区
上海领先餐饮管理有限公司	正餐服务	上海市市辖区
上海一茶一坐餐饮有限公司	正餐服务	上海市市辖区
津味(上海)餐饮管理有限公司	其他餐饮服务	上海市市辖区
上海巴贝拉意舟餐饮管理有限公司	快餐服务	上海市市辖区
上海金萌苏浙汇餐饮有限公司	正餐服务	上海市市辖区
上海永和大王餐饮有限公司	正餐服务	上海市市辖区
上海新亚大家乐餐饮有限公司	快餐服务	上海市市辖区
上海港丽餐饮管理有限公司	正餐服务	上海市市辖区
江苏省		
中国石油化工股份有限公司江苏石油分公司	石油及制品批发	江苏省南京市
苏宁电器股份有限公司南京采购中心	家用电器批发	江苏省南京市
中国石油天然气股份有限公司江苏销售分公司	石油及制品批发	江苏省南京市
江苏国泰国际集团有限公司	服装批发	江苏省苏州市
江苏苏美达集团公司	其他机械设备及电子产品批发	江苏省南京市
耐克体育(中国)有限公司	鞋帽批发	江苏省苏州市
丰立集团有限公司	金属及金属矿批发	江苏省苏州市
阿迪达斯体育(中国)有限公司	服装批发	江苏省苏州市
江苏省海外企业集团有限公司	其他机械设备及电子产品批发	江苏省南京市
江苏省烟草公司苏州分公司	烟草制品批发	江苏省苏州市
江苏博西家用电器销售有限公司	家用电器批发	江苏省南京市
江苏省南京市烟草专卖局公司	烟草制品批发	江苏省南京市
江苏大明金属制品有限公司	金属及金属矿批发	江苏省无锡市
扬子江药业集团江苏扬子江医药经营有限公司	中药材及中成药批发	江苏省泰州市
江苏省燃料总公司	煤炭及制品批发	江苏省南京市
江苏省烟草公司无锡市公司	烟草制品批发	江苏省无锡市
阿斯利康(无锡)贸易有限公司	西药批发	江苏省无锡市

4-5 续表 20

企业名称	所属行业	企业所在地
南京蓝燕石化储运实业有限公司	石油及制品批发	江苏省南京市
江苏苏豪国际集团股份有限公司	纺织品、针织品及原料批发	江苏省南京市
江苏开元股份有限公司	纺织品、针织品及原料批发	江苏省南京市
南京纺织品进出口股份有限公司	纺织品、针织品及原料批发	江苏省南京市
江苏省烟草公司南通市公司	烟草制品批发	江苏省南通市
江苏高速公路石油发展有限公司	石油及制品批发	江苏省南京市
江苏省烟草公司常州分公司	烟草制品批发	江苏省常州市
江苏省烟草公司徐州公司	烟草制品批发	江苏省徐州市
江苏苏农农资连锁集团股份有限公司	化肥批发	江苏省南京市
江苏弘业国际集团有限公司	纺织品、针织品及原料批发	江苏省南京市
江苏省烟草公司扬州市公司	烟草制品批发	江苏省扬州市
江苏恒信格力空调销售有限公司	家用电器批发	江苏省南京市
江苏省烟草公司泰州市公司	烟草制品批发	江苏省泰州市
徐州烟草公司铜山物流配送中心	烟草制品批发	江苏省徐州市
江苏省烟草公司盐城分公司	烟草制品批发	江苏省盐城市
江苏省新华书店集团有限公司	图书批发	江苏省南京市
江苏恒瑞医药销售有限公司	西药批发	江苏省连云港市
江苏省烟草公司镇江市公司	烟草制品批发	江苏省镇江市
兴化市戴南镇董北废旧金属回收有限公司	再生物资回收与批发	江苏省泰州市
苏州国信集团	纺织品、针织品及原料批发	江苏省苏州市
兴化市戴南镇兴企废旧金属回收有限公司	再生物资回收与批发	江苏省泰州市
江苏汇鸿国际集团土产进出口股份有限公司	建材批发	江苏省南京市
江苏波司登营销有限公司	服装批发	江苏省苏州市
江苏汇鸿国际集团针棉织品进出口有限公司	服装批发	江苏省南京市
江阴苏龙电力燃料有限公司	煤炭及制品批发	江苏省无锡市
江阴市长江钢管有限公司	金属及金属矿批发	江苏省无锡市
江苏省苏舜工贸集团有限公司	汽车、摩托车及零配件批发	江苏省南京市
苏州恒润进出口有限公司	服装批发	江苏省苏州市
江苏省烟草公司淮安市公司	烟草制品批发	江苏省淮安市
江苏省食品集团有限公司	肉、禽、蛋及水产品批发	江苏省南京市
无锡市华友特钢有限公司	金属及金属矿批发	江苏省无锡市
南京华东医药有限责任公司	西药批发	江苏省南京市
江苏开元国际集团轻工业品进出口股份有限公司	纺织品、针织品及原料批发	江苏省南京市
利星行机械(昆山)有限公司	其他机械设备及电子产品批发	江苏省苏州市
江苏舜天国际集团机械进出口股份有限公司	其他机械设备及电子产品批发	江苏省南京市
常熟市交电家电有限责任公司	五金、交电批发	江苏省苏州市
江苏省苏盐连锁有限公司	盐及调味品批发	江苏省南京市
南京东沛国际贸易集团有限公司	五金、交电批发	江苏省南京市
江苏亚邦医药物流中心有限公司	西药批发	江苏省常州市
江苏省烟草公司连云港市公司	烟草制品批发	江苏省连云港市
涟水今世缘酒业销售有限公司	饮料及茶叶批发	江苏省淮安市
江苏九州通医药有限公司	西药批发	江苏省南京市
江苏省烟草公司宿迁市公司	烟草制品批发	江苏省宿迁市
江苏先声药业有限公司	西药批发	江苏省南京市
深圳创维RGB电子有限公司江苏分公司	家用电器批发	江苏省南京市
周大福珠宝金行(苏州)有限公司	首饰、工艺品及收藏品批发	江苏省苏州市
江苏双沟酒业股份有限公司	其他食品批发	江苏省宿迁市
江阴海澜之家供应链管理有限公司	纺织品、针织品及原料批发	江苏省无锡市
江苏文峰电器有限公司	家用电器批发	江苏省南通市
南京TCL电器销售有限公司	家用电器批发	江苏省南京市
维维乳业有限公司销售分公司	饮料及茶叶批发	江苏省徐州市
裕程(昆山)体育用品有限公司	体育用品批发	江苏省苏州市

4-5 续表 21

企业名称	所属行业	企业所在地
兴化市何姚废旧金属回收有限公司	再生物资回收与批发	江苏省泰州市
南京医药(淮安)天颐有限公司	中药材及中成药批发	江苏省淮安市
江苏蜂星电讯有限公司	通讯及广播电视设备批发	江苏省南京市
江苏舜天股份有限公司	服装批发	江苏省南京市
江苏华东苗禽交易市场	牲畜批发	江苏省苏州市
江苏众诚鸭业有限公司	肉、禽、蛋及水产品批发	江苏省苏州市
常州糖烟酒股份有限公司	其他食品批发	江苏省常州市
南京新华海科技产业集团有限公司	计算机、软件及辅助设备批发	江苏省南京市
南通美的制冷产品销售有限公司	家用电器批发	江苏省南通市
江苏华晓医药物流有限公司	西药批发	江苏省盐城市
江苏春兰电子商务有限公司	家用电器批发	江苏省泰州市
江苏省苏南盐业有限公司	盐及调味品批发	江苏省苏州市
青岛啤酒淮海营销有限公司	饮料及茶叶批发	江苏省徐州市
江苏阳光东升进出口有限公司	服装批发	江苏省南京市
江苏润东医药有限公司	西药批发	江苏省徐州市
常熟市波司登进出口有限公司	服装批发	江苏省苏州市
哈森商贸(中国)有限公司昆山分公司	鞋帽批发	江苏省苏州市
无锡赫尔施商贸有限公司	其他食品批发	江苏省无锡市
江苏明珠家用设备集成有限公司	家用电器批发	江苏省苏州市
无锡海尔工贸有限公司	家用电器批发	江苏省无锡市
江苏省农垦米业有限公司	谷物、豆及薯类批发	江苏省南京市
江苏通灵翠钻有限公司	首饰、工艺品及收藏品批发	江苏省南京市
常州老三集团进出口有限公司	服装批发	江苏省常州市
江苏金太阳纺织科技有限公司	纺织品、针织品及原料批发	江苏省南通市
内蒙古伊利实业集团股份有限公司南京分公司	饮料及茶叶批发	江苏省南京市
东海县粮食供销公司	谷物、豆及薯类批发	江苏省连云港市
苏州美的空调销售有限公司	家用电器批发	江苏省苏州市
镇江市九泰投资咨询有限公司	西药批发	江苏省镇江市
仪征怡华商贸发展有限公司	其他化工产品批发	江苏省扬州市
宜兴市药业有限公司	西药批发	江苏省无锡市
江苏真维斯服饰有限公司	服装批发	江苏省南京市
江苏亚邦药业集团股份有限公司	中药材及中成药批发	江苏省常州市
启东福斯特进出口有限公司	其他文化用品批发	江苏省南通市
江苏省大华种业集团有限公司	种子、饲料批发	江苏省南京市
南京市蔬菜副食品集团有限公司	果品、蔬菜批发	江苏省南京市
万联能源集团有限公司	石油及制品批发	江苏省连云港市
金红叶纸业(苏州工业园区)有限公司南京分公司	文具用品批发	江苏省南京市
江苏东成服装进出口有限公司	服装批发	江苏省南通市
江苏澳洋医药物流有限公司	中药材及中成药批发	江苏省苏州市
南京普迪建材实业集团有限公司	建材批发	江苏省南京市
泉峰(中国)贸易有限公司	其他机械设备及电子产品批发	江苏省南京市
无锡天鹏集团有限公司(江苏省无锡市食品公司)	肉、禽、蛋及水产品批发	江苏省无锡市
昆山润华商业有限公司	超级市场零售	江苏省苏州市
苏果超市有限公司	超级市场零售	江苏省南京市
江苏时代超市有限公司	超级市场零售	江苏省南通市
江苏五星电器有限公司	家用电器零售	江苏省南京市
江苏无锡商业大厦集团有限公司	百货零售	江苏省无锡市
中石化壳牌(江苏)石油销售有限公司	机动车燃料零售	江苏省苏州市
苏宁电器连锁集团股份有限公司	家用电器零售	江苏省南京市
南京宏图三胞企业发展有限公司	计算机、软件及辅助设备零售	江苏省南京市
南京中央商场股份有限公司	百货零售	江苏省南京市
徐州医药股份有限公司	药品零售	江苏省徐州市
		北京市西城区

4-5 续表 22

企业名称	所属行业	企业所在地
苏州人民商场股份有限公司	百货零售	江苏省苏州市
苏州欧尚超市有限公司	超级市场零售	江苏省苏州市
南通文峰大世界连锁发展股份有限公司	百货零售	江苏省南通市
江苏明都汽摩集团有限公司	汽车零售	江苏省常州市
南京新街口百货商店股份有限公司	百货零售	江苏省南京市
昆山商厦股份有限公司	百货零售	江苏省苏州市
无锡悦家商业有限公司	超级市场零售	江苏省无锡市
苏州函数集团有限责任公司	百货零售	江苏省苏州市
华润万家(苏州)超市有限公司	超级市场零售	江苏省苏州市
无锡八佰伴商贸中心有限公司	百货零售	江苏省无锡市
江苏新合作常客隆连锁超市有限公司	超级市场零售	江苏省苏州市
苏州苏宁电器有限公司	家用电器零售	江苏省苏州市
南京悦家超市有限公司	超级市场零售	江苏省南京市
江苏苏盛商贸有限公司	烟草制品零售	江苏省南京市
江阴华地百货有限公司	百货零售	江苏省无锡市
宜兴新苏南商厦有限责任公司	百货零售	江苏省无锡市
苏州悦家超市有限公司	超级市场零售	江苏省苏州市
昆山润华商业有限公司大润发分公司	超级市场零售	江苏省苏州市
江苏宏信商贸股份有限公司	百货零售	江苏省扬州市
徐州中央百大股分有限公司	百货零售	江苏省徐州市
苏州鹏润国美电器有限公司	家用电器零售	江苏省苏州市
江苏百润商品配送中心有限公司百润发苏福店	超级市场零售	江苏省苏州市
常州金太阳至尊家电有限公司	家用电器零售	江苏省常州市
江苏中央新亚百货股份有限公司	百货零售	江苏省淮安市
镇江百盛商城有限公司	百货零售	江苏省镇江市
苏州宏图三胞科技发展有限公司	家用电器零售	江苏省苏州市
丹阳市华帝百货有限公司	百货零售	江苏省镇江市
江苏盐阜人民商场有限公司	百货零售	江苏省盐城市
江苏华润万家超市有限公司	超级市场零售	江苏省苏州市
南京欧尚超市有限公司	超级市场零售	江苏省南京市
南京商厦股份有限公司	百货零售	江苏省南京市
盐城商业大厦有限公司	百货零售	江苏省盐城市
无锡国美电器有限公司	家用电器零售	江苏省无锡市
南通通润发超市有限公司	超级市场零售	江苏省南通市
常熟市百润发超市有限责任公司	超级市场零售	江苏省苏州市
苏州润瑞商业有限公司	超级市场零售	江苏省苏州市
常熟市新合作常客隆购物广场有限公司	超级市场零售	江苏省苏州市
无锡天惠超市股份有限公司	超级市场零售	江苏省无锡市
无锡天润发超市有限公司	超级市场零售	江苏省无锡市
扬州市广润发超市有限公司	超级市场零售	江苏省扬州市
南京锐创体育用品有限公司	体育用品零售	江苏省南京市
江苏雅家乐集团有限公司	超级市场零售	江苏省盐城市
江苏省盐城药业有限公司	药品零售	江苏省盐城市
青岛润泰事业有限公司张家港分公司	超级市场零售	江苏省苏州市
南京中央金城仓储超市有限责任公司	超级市场零售	江苏省南京市
徐州市华美商厦有限公司	百货零售	江苏省徐州市
江苏大统华购物中心有限公司	超级市场零售	江苏省无锡市
沃尔玛(江苏)商业零售有限公司	超级市场零售	江苏省南京市
泰州苏宁电器有限公司	家用电器零售	江苏省泰州市
南京新华书店有限责任公司(南京市新华书店)	图书零售	江苏省南京市
江苏明都超市有限公司	超级市场零售	江苏省常州市
盐城世纪联华超市有限公司	超级市场零售	江苏省盐城市

4-5 续表 23

企业名称	所属行业	企业所在地
溧阳大统华购物中心有限公司	超级市场零售	江苏省常州市
江苏海王星辰健康药房连锁有限公司	药品零售	江苏省苏州市
常州市信特超市有限公司	超级市场零售	江苏省常州市
张家港市新百信超市连锁经营有限公司	超级市场零售	江苏省苏州市
连云港家得福商贸有限公司	超级市场零售	江苏省连云港市
苏州金鹰国际购物中心有限公司	百货零售	江苏省苏州市
扬中市通达商业总公司	百货零售	江苏省镇江市
久光百货(苏州)有限公司	百货零售	江苏省苏州市
江苏沃尔玛百货有限公司	超级市场零售	江苏省南京市
苏州市第一百货商店有限责任公司	百货零售	江苏省苏州市
镇江市恺源商贸有限责任公司	超级市场零售	江苏省镇江市
苏州联华超市有限公司	超级市场零售	江苏省苏州市
苏州可的便利店有限公司	其他食品零售	江苏省苏州市
江苏先声连锁店有限公司	药品零售	江苏省南京市
南通国美电器有限公司	家用电器零售	江苏省南通市
苏果超市(连云港)有限公司	超级市场零售	江苏省连云港市
江苏超越超市连锁发展有限公司	超级市场零售	江苏省南通市
无锡可的便利店有限公司	超级市场零售	江苏省无锡市
苏州长发商厦有限责任公司	百货零售	江苏省苏州市
镇江家世界万方连锁超市有限责任公司	超级市场零售	江苏省镇江市
邳州市棉麻公司	超级市场零售	江苏省徐州市
苏州润德商业有限公司	超级市场零售	江苏省苏州市
苏果超市(宿迁)有限公司	超级市场零售	江苏省宿迁市
徐州新一佳超市有限公司	超级市场零售	江苏省徐州市
金陵饭店股份有限公司	旅游饭店	江苏省南京市
苏州工业园区金鸡湖大酒店有限公司	旅游饭店	江苏省苏州市
南京肯德基有限公司	快餐服务	江苏省南京市
苏州肯德基有限公司	快餐服务	江苏省苏州市
无锡肯德基有限公司	快餐服务	江苏省无锡市
江苏大娘水饺餐饮有限公司	其他餐饮服务	江苏省常州市
南京市麦当劳餐饮食品有限公司	快餐服务	江苏省南京市
常州丽华快餐集团有限公司	快餐服务	江苏省常州市
无锡市麦当劳餐厅食品有限公司	快餐服务	江苏省无锡市
南京味千餐饮管理有限公司	快餐服务	江苏省南京市
浙江省		
浙江物产金属集团有限公司	金属及金属矿批发	浙江省杭州市
杭州娃哈哈食品饮料营销有限公司	饮料及茶叶批发	浙江省杭州市
中国石油化工股份有限公司浙江杭州石油分公司	石油及制品批发	浙江省杭州市
浙江物产国际贸易有限公司	金属及金属矿批发	浙江省杭州市
中国石油化工股份有限公司浙江石油分公司	石油及制品批发	浙江省杭州市
浙江远大进出口有限公司	建材批发	浙江省宁波市
浙江吉利控股集团汽车销售有限公司	汽车、摩托车及零配件批发	浙江省杭州市
浙江省烟草公司宁波市公司	烟草制品批发	浙江省宁波市
中国石油化工股份有限公司浙江宁波石油分公司	石油及制品批发	浙江省宁波市
浙江省烟草公司杭州市公司(杭州市烟草专卖局)	烟草制品批发	浙江省杭州市
中基宁波对外贸易股份有限公司	金属及金属矿批发	浙江省宁波市
浙江省烟草公司温州分公司	烟草制品批发	浙江省温州市
纳爱斯集团丽水贸易有限公司	化妆品及卫生用品批发	浙江省丽水市
华东医药股份有限公司	西药批发	浙江省杭州市
中国石油化工股份有限公司浙江金华分公司	石油及制品批发	浙江省金华市
浙江省烟草公司台州市公司	烟草制品批发	浙江省台州市

4-5 续表 24

企业名称	所属行业	企业所在地
浙江英特药业有限责任公司	医药批发	浙江省杭州市
中国石油化工股份有限公司浙江嘉兴石油分公司	石油及制品批发	浙江省嘉兴市
农夫山泉股份有限公司	饮料及茶叶批发	浙江省杭州市
浙江省烟草公司嘉兴市公司	烟草制品批发	浙江省嘉兴市
宁波市慈溪进出口股份有限公司	其他机械设备及电子产品批发	浙江省宁波市
浙江省烟草公司湖州市公司	烟草制品批发	浙江省湖州市
中国石油化工股份有限公司浙江舟山石油分公司	石油及制品批发	浙江省舟山市
浙江高速石油发展有限公司	石油及制品批发	浙江省杭州市
浙江省粮油食品进出口股份有限公司	米、面制品及食用油批发	浙江省杭州市
浙江省医药保健品进出口有限责任公司	西药批发	浙江省杭州市
浙江省新华书店集团有限公司	图书批发	浙江省杭州市
衢州市烟草专卖局	烟草制品批发	浙江省衢州市
浙江物产元通机电(集团)有限公司	其他机械设备及电子产品批发	浙江省杭州市
浙江省茶叶集团有限公司	服装批发	浙江省杭州市
中国石油天然气股份有限公司浙江宁波销售分公司	石油及制品批发	浙江省宁波市
中国石油化工股份有限公司浙江衢州石油分公司	石油及制品批发	浙江省衢州市
温州人本机电城有限公司	其他机械设备及电子产品批发	浙江省温州市
杭州市轻工工艺纺织品进出口有限公司	服装批发	浙江省杭州市
浙江省烟草公司绍兴市分公司	烟草制品批发	浙江省绍兴市
浙江五洲车辆有限公司	汽车、摩托车及零配件批发	浙江省温州市
平湖市独山港区港务有限公司	石油及制品批发	浙江省嘉兴市
杭州巨星科技股份有限公司	五金、交电批发	浙江省杭州市
温州金州集团有限公司	鞋帽批发	浙江省温州市
奥康鞋业销售有限公司	鞋帽批发	浙江省温州市
浙江杭叉工程机械集团股份有限公司	其他机械设备及电子产品批发	浙江省杭州市
浙江凯喜雅国际股份有限公司	纺织品、针织品及原料批发	浙江省杭州市
台州医药有限公司	西药批发	浙江省台州市
新世纪控股集团有限公司	五金、交电批发	浙江省台州市
浙江省烟草公司义乌市公司	烟草制品批发	浙江省金华市
农夫山泉(淳安坪山)有限公司	饮料及茶叶批发	浙江省杭州市
浙江中捷环洲供应链集团股份有限公司	金属及金属矿批发	浙江省台州市
中国石油天然气股份有限公司浙江杭州销售分公司	石油及制品批发	浙江省杭州市
浙江中通通信有限公司	通讯及广播电视设备批发	浙江省杭州市
浙江省烟草公司金华市公司	烟草制品批发	浙江省金华市
中国石油天然气股份有限公司上海销售嘉兴分公司	石油及制品批发	浙江省嘉兴市
宁波博洋服饰有限公司	服装批发	浙江省宁波市
杭州梯西爱尔TCL电器销售有限公司	家用电器批发	浙江省杭州市
宁波三江食品加工配送有限公司	其他食品批发	浙江省宁波市
浙江震元股份有限公司	中药材及中成药批发	浙江省绍兴市
浙江美的制冷产品销售有限公司	家用电器批发	浙江省杭州市
话机世界数码连锁集团股份有限公司	通讯及广播电视设备批发	浙江省杭州市
绍兴市烟草公司嵊州分公司	烟草制品批发	浙江省绍兴市
浙江温岭医药药材有限公司	西药批发	浙江省台州市
浙江荣盛控股集团有限公司	其他化工产品批发	浙江省杭州市
中国石油天然气股份有限公司浙江舟山销售分公司	石油及制品批发	浙江省舟山市
浙江经发实业集团有限公司	纺织品、针织品及原料批发	浙江省绍兴市
浙江仙居制药销售有限公司	西药批发	浙江省台州市
温州美特斯邦威服饰有限公司	服装批发	浙江省温州市
绍兴县华通医药有限公司	西药批发	浙江省绍兴市
浙江珍诚医药在线股份有限公司	西药批发	浙江省杭州市
浙江金冠实业发展有限公司	服装批发	浙江省杭州市
宁波布利杰进出口有限公司	服装批发	浙江省宁波市

4-5 续表 25

企业名称	所属行业	企业所在地
浙江康恩贝医药销售有限公司	中药材及中成药批发	浙江省杭州市
浙江科龙空调销售有限公司	家用电器批发	浙江省杭州市
浙江国商实业股份有限公司	家用电器批发	浙江省台州市
宁波广博文具商贸有限公司	文具用品批发	浙江省宁波市
浙江香蕉实业有限公司	服装批发	浙江省杭州市
杭州五丰联合肉类有限公司	肉、禽、蛋及水产品批发	浙江省杭州市
温岭市食品总公司	肉、禽、蛋及水产品批发	浙江省台州市
浙江省诸暨市对外经济贸易有限公司	服装批发	浙江省诸暨市
浙江新大商贸有限公司	五金、交电批发	浙江省杭州市
宁波市鄞州医药药材有限公司	西药批发	浙江省宁波市
浙江不老神食品有限公司	肉、禽、蛋及水产品批发	浙江省衢州市
新秀丽国际贸易(宁波)有限公司	其他日用品批发	浙江省宁波市
浙江万达食品商贸有限公司	米、面制品及食用油批发	浙江省金华市
香溢融通控股集团股份有限公司	其他日用品批发	浙江省宁波市
浙江南天邮电通讯技术有限公司	通讯及广播电视设备批发	浙江省杭州市
浙江省新昌县医药药材有限公司	中药材及中成药批发	浙江省绍兴市
杭州惠冠实业有限公司	金属及金属矿批发	浙江省杭州市
德清德欣时装贸易有限公司	服装批发	浙江省湖州市
杭州祖名食品有限公司	其他食品批发	浙江省杭州市
温州菜篮子集团有限公司	鞋帽批发	浙江省温州市
浙江英诺法医药有限公司	中药材及中成药批发	浙江省金华市
杭州可的便利店有限公司	其他综合零售	浙江省杭州市
宁波联合联华超市有限公司	超级市场零售	浙江省宁波市
宁波海王星辰健康药房有限公司	药品零售	浙江省宁波市
杭州海王星辰健康药房有限公司	药品零售	浙江省杭州市
长兴县第一百货商店有限责任公司	百货零售	浙江省湖州市
浙江越王珠宝有限公司	珠宝首饰零售	浙江省绍兴市
绍兴市千客隆超市有限公司	超级市场零售	浙江省绍兴市
台州华联超市有限公司	超级市场零售	浙江省台州市
宁海县太平洋百货有限公司	百货零售	浙江省宁波市
绍兴好又多百货有限公司	超级市场零售	浙江省绍兴市
诸暨市一百超市有限公司	百货零售	浙江省诸暨市
浙江老百姓大药房连锁有限公司	药品零售	浙江省杭州市
温州崇高百货有限公司	服装零售	浙江省温州市
耀达集团有限公司	百货零售	浙江省台州市
舟山市民生商厦有限责任公司	超级市场零售	浙江省舟山市
台州市三和连锁超市有限公司	超级市场零售	浙江省台州市
浙江福泰隆连锁超市有限公司	超级市场零售	浙江省金华市
嵊州市国商大厦有限公司	百货零售	浙江省绍兴市
嘉兴市嘉润商业有限责任公司	超级市场零售	浙江省嘉兴市
杭州联华华商集团拱墅世纪联华超市有限公司	超级市场零售	浙江省杭州市
温州锐力体育用品有限公司	服装零售	浙江省温州市
宁波新江厦连锁超市有限公司	超级市场零售	浙江省宁波市
浙江江南大厦股份有限公司	百货零售	浙江省嘉兴市
杭州物美大卖场商业有限公司	超级市场零售	浙江省杭州市
浙江供销超市有限公司	超级市场零售	浙江省绍兴市
嘉兴市戴梦得购物中心有限公司	百货零售	浙江省嘉兴市
浙江雄城商贸股份有限公司	超级市场零售	浙江省绍兴市
宁波家乐福商业有限公司	超级市场零售	浙江省宁波市
浙江东兴商厦股份有限公司	超级市场零售	浙江省嘉兴市
哈工大首创科技股份有限公司	百货零售	浙江省宁波市
浙江星普五星电器有限公司	家用电器零售	浙江省杭州市

4-5 续表 26

企业名称	所属行业	企业所在地
浙江汇德隆实业集团有限公司	家用电器零售	浙江省杭州市
宁波浙国美电器有限公司	家用电器零售	浙江省宁波市
浙江华联商厦有限公司	百货零售	浙江省宁波市
浙江易川体育用品连锁有限公司	服装零售	浙江省金华市
绍兴大通商城股份有限公司	百货零售	浙江省绍兴市
宁波欧尚超市有限公司	超级市场零售	浙江省宁波市
浙江上百贸易有限公司	超级市场零售	浙江省绍兴市
百大集团股份有限公司	百货零售	浙江省杭州市
浙江苏宁电器有限公司	家用电器零售	浙江省杭州市
浙江世纪联华超市有限公司	超级市场零售	浙江省杭州市
湖州市浙北大厦有限责任公司	百货零售	浙江省湖州市
宁波市北仑加贝购物俱乐部	超级市场零售	浙江省宁波市
雄风集团有限公司	百货零售	浙江省绍兴市
华润万家生活超市(浙江)有限公司	超级市场零售	浙江省杭州市
浙江三江购物有限公司	超级市场零售	浙江省杭州市
浙江人本超市有限公司	超级市场零售	浙江省温州市
浙江海越股份有限公司	机动车燃料零售	浙江省绍兴市
温州华能集团有限公司	汽车零售	浙江省温州市
浙江国美电器有限公司	家用电器零售	浙江省杭州市
杭州解百集团股份有限公司	百货零售	浙江省杭州市
浙江华润慈客隆超市有限公司	超级市场零售	浙江省宁波市
三江购物俱乐部股份有限公司	超级市场零售	浙江省宁波市
中国石油化工股份有限公司浙江台州石油分公司	机动车燃料零售	浙江省台州市
杭州联华华商集团有限公司	超级市场零售	浙江省杭州市
中石化有限公司浙江温州分公司	机动车燃料零售	浙江省温州市
浙江开元酒店投资管理集团有限公司杭州开元名都大酒店	旅游饭店	浙江省杭州市
杭州肯德基有限公司	快餐服务	浙江省杭州市
浙江凯旋门澳门豆捞控股集团有限公司	正餐服务	浙江省杭州市
浙江麦当劳餐厅食品有限公司	快餐服务	浙江省杭州市
浙江两岸食品连锁有限公司	饮料及冷饮服务	浙江省杭州市
杭州饮食服务集团有限公司	正餐服务	浙江省杭州市
安徽省		
中国石油化工股份有限公司安徽石油分公司	石油及制品批发	安徽省合肥市
安徽省徽商金属股份有限公司	金属及金属矿批发	安徽省合肥市
安徽华源医药股份有限公司	西药批发	安徽省阜阳市
联合利华服务(合肥)有限公司	化妆品及卫生用品批发	安徽省合肥市
中国石油天然气股份有限公司安徽销售分公司	石油及制品批发	安徽省合肥市
中石化股份有限公司安徽合肥石油分公司	石油及制品批发	安徽省合肥市
安徽省烟草公司合肥市公司	烟草制品批发	安徽省合肥市
安徽省技术进出口股份有限公司	其他机械设备及电子产品批发	安徽省合肥市
安徽新兴格力空调销售有限公司	家用电器批发	安徽省合肥市
安徽省烟草公司六安市公司	烟草制品批发	安徽省六安市
安徽烟草公司阜阳市公司	烟草制品批发	安徽省阜阳市
安徽省烟草公司安庆分公司	烟草制品批发	安徽省安庆市
洽洽食品股份有限公司	其他食品批发	安徽省合肥市
南京医药合肥天星有限公司	西药批发	安徽省合肥市
安徽徽商农家福有限公司	化肥批发	安徽省合肥市
安徽省烟草公司滁州市公司	烟草制品批发	安徽省滁州市
合肥中建工程机械有限公司	其他机械设备及电子产品批发	安徽省合肥市
中石化安徽蚌埠石油公司	石油及制品批发	安徽省蚌埠市
中国石油化工股份有限公司安徽淮南分公司	石油及制品批发	安徽省淮南市

4-5 续表 27

企业名称	所属行业	企业所在地
安徽省烟草公司巢湖市公司	烟草制品批发	安徽省巢湖市
中国石油天然气股份有限公司安徽合肥销售分公司	石油及制品批发	安徽省合肥市
中国石油化工股份有限公司安徽阜阳石油分公司	石油及制品批发	安徽省阜阳市
安徽烟草公司宿州分公司	烟草制品批发	安徽省宿州市
安徽百大电器连锁有限公司	家用电器批发	安徽省合肥市
中国石油化工股份有限公司安徽滁州石油分公司	石油及制品批发	安徽省滁州市
安徽烟草公司蚌埠市公司	烟草制品批发	安徽省蚌埠市
中国石油化工股份有限公司安徽巢湖石油分公司	石油及制品批发	安徽省巢湖市
安徽省烟草公司芜湖市公司	烟草制品批发	安徽省芜湖市
安徽省烟草公司亳州市公司	烟草制品批发	安徽省亳州市
安徽省烟草公司淮南市公司	烟草制品批发	安徽省淮南市
安徽省烟草公司宣城市公司	烟草制品批发	安徽省宣城市
安徽轻工国际贸易有限公司	其他日用品批发	安徽省合肥市
中石化安徽宣城石油分公司	石油及制品批发	安徽省宣城市
中国石油化工股份有限公司安徽芜湖石分公司	石油及制品批发	安徽省芜湖市
安徽国生电器有限责任公司	家用电器批发	安徽省合肥市
安徽省服装进出口股份有限公司	服装批发	安徽省合肥市
芜湖中油石油有限公司	石油及制品批发	安徽省芜湖市
安徽阜阳医药集团有限公司	西药批发	安徽省阜阳市
中国石油化工股份有限公司马鞍山市石油分公司	石油及制品批发	安徽省马鞍山市
安徽省烟草公司池州市公司	烟草制品批发	安徽省池州市
安徽省烟草公司马鞍山市公司	烟草制品批发	安徽省马鞍山市
安徽商之都股份有限公司	服装批发	安徽省合肥市
安徽省烟草公司淮北市公司	烟草制品批发	安徽省淮北市
合肥旺旺食品有限公司合肥分公司	其他食品批发	安徽省合肥市
中国石油化工股份有限公司安徽淮北石油分公司	石油及制品批发	安徽省淮北市
安徽省烟草公司黄山市公司	烟草制品批发	安徽省黄山市
合肥太古可口可乐饮料有限公司	饮料及茶叶批发	安徽省合肥市
芜湖奇瑞汽车备件有限公司	汽车、摩托车及零配件批发	安徽省芜湖市
中国石油天然气股份有限公司安徽滁州销售分公司	石油及制品批发	安徽省滁州市
中国石油天然气股份有限公司巢湖销售分公司	石油及制品批发	安徽省巢湖市
六安市裕园义乌小商品市场服务有限公司	服装批发	安徽省六安市
合肥TCL电器销售有限公司	家用电器批发	安徽省合肥市
安徽小松工程机械有限公司	其他机械设备及电子产品批发	安徽省合肥市
青岛海信电器股份有限公司合肥经营分公司	家用电器批发	安徽省合肥市
中国石油天然气股份有限公司安徽阜阳销售分公司	石油及制品批发	安徽省阜阳市
安徽新华图书音像连锁有限公司	图书批发	安徽省合肥市
安徽省宣城市医药有限公司	西药批发	安徽省宣城市
中铁四局集团物资工贸有限公司	建材批发	安徽省合肥市
合肥湘元工程机械有限公司	其他机械设备及电子产品批发	安徽省合肥市
中国石油天燃气股份有限公司安徽蚌埠销售分公司	石油及制品批发	安徽省蚌埠市
四川长虹电器股份有限公司合肥销售分公司	家用电器批发	安徽省合肥市
合肥统一企业有限公司	饮料及茶叶批发	安徽省合肥市
合肥丰乐种业股份有限公司	种子、饲料批发	安徽省合肥市
淮南新欣医药有限公司	西药批发	安徽省淮南市
滁州市金达石油有限公司	石油及制品批发	安徽省滁州市
芜湖美的制冷产品销售有限公司	家用电器批发	安徽省芜湖市
六安市紫竹林农副产品批发有限公司	果品、蔬菜批发	安徽省六安市
安徽亚夏实业股份有限公司	汽车零售	安徽省宣城市
合肥百货大楼集团股份有限公司	百货零售	安徽省合肥市
芜湖亚夏汽车股份有限公司	汽车零售	安徽省芜湖市
中国石油化工有限公司安徽安庆分公司	机动车燃料零售	安徽省安庆市

4-5 续表 28

企业名称	所属行业	企业所在地
合肥百大合家福连锁超市有限责任公司	超级市场零售	安徽省合肥市
合肥悦家商业有限公司	超级市场零售	安徽省合肥市
宿州华夏集团	百货零售	安徽省宿州市
安徽五星电器有限公司	家用电器零售	安徽省合肥市
安徽省阜阳商厦股份有限公司	百货零售	安徽省阜阳市
芜湖华亿国际购物中心有限责任公司	百货零售	安徽省芜湖市
安徽省徽商红府连锁超市有限责任公司	超级市场零售	安徽省合肥市
淮北市新惠康商贸有限公司	超级市场零售	安徽省淮北市
安庆市华联购物广场有限责任公司	百货零售	安徽省安庆市
芜湖南京新百大厦有限公司	百货零售	安徽省芜湖市
安徽省庐江安德利贸易中心有限公司	超级市场零售	安徽省巢湖市
淮南华联商厦责任公司	百货零售	安徽省淮南市
淮南苏果超市有限公司	超级市场零售	安徽省淮南市
青岛润泰事业有限公司马鞍山分公司	超级市场零售	安徽省马鞍山市
世纪联华发展有限公司	超级市场零售	安徽省芜湖市
苏果超市马鞍山有限公司	超级市场零售	安徽省马鞍山市
合肥百货大楼集团铜陵合百商厦有限责任公司	百货零售	安徽省铜陵市
阜阳华联超市有限公司	超级市场零售	安徽省阜阳市
安徽燕之坊食品有限公司	粮油零售	安徽省合肥市
合肥新华书店有限公司	图书零售	安徽省合肥市
六安市家园大市场服务有限公司	其他室内装修材料零售	安徽省六安市
安庆市世纪华联超市有限公司	超级市场零售	安徽省安庆市
巢湖安德利购物中心有限公司	百货零售	安徽省巢湖市
安徽天洋新世纪购物中心(集团)有限公司	百货零售	安徽省蚌埠市
安徽省台客隆连锁超市有限责任公司	超级市场零售	安徽省宣城市
安徽中新高科产业有限公司阜阳分公司	超级市场零售	安徽省阜阳市
安徽百姓缘大药房连锁有限公司	药品零售	安徽省合肥市
安徽白云(集团)商贸有限公司	百货零售	安徽省滁州市
安徽麦当劳(餐厅)食品有限公司	快餐服务	安徽省合肥市
福建省		
福建吉马经贸有限公司	饮料及茶叶批发	福建省漳州市
厦门金龙轻型客车身有限公司	汽车、摩托车及零配件批发	福建省厦门市
福建五丰大商场有限公司	其他日用品批发	福建省福州市
厦门福闽源服装贸易有限公司	服装批发	福建省厦门市
福州蒙鑫贸易有限公司	其他食品批发	福建省福州市
福州TCL电器销售有限公司	家用电器批发	福建省福州市
厦门东南融通系统工程有限公司	计算机、软件及辅助设备批发	福建省厦门市
泉州市七匹狼体育用品有限公司	服装批发	福建省泉州市
福建格力电器销售有限公司	家用电器批发	福建省福州市
厦门信和达电子有限公司	其他机械设备及电子产品批发	福建省厦门市
福建省医药(集团)有限责任公司	西药批发	福建省福州市
福建九州通医药有限公司	西药批发	福建省福州市
厦门森那美信昌机器工程有限公司	其他机械设备及电子产品批发	福建省厦门市
厦门医药采购供应站	西药批发	福建省厦门市
厦门青岛啤酒东南营销有限公司	饮料及茶叶批发	福建省厦门市
厦门夏商农产品集团有限公司	果品、蔬菜批发	福建省厦门市
福州华闽进出口有限公司	鞋帽批发	福建省福州市
中国石油天然气股份有限公司福建福州销售分公司	石油及制品批发	福建省福州市
福建省福农农资集团有限公司	化肥批发	福建省福州市
福建省烟草公司宁德分公司	烟草制品批发	福建省宁德市
福建省烟草公司莆田分公司	烟草制品批发	福建省莆田市

4-5 续表 29

企业名称	所属行业	企业所在地
厦门七匹狼服装营销有限公司	服装批发	福建省厦门市
福建省闽侯永辉商业有限公司	贸易经纪与代理	福建省福州市
永恩投资(集团)有限公司	鞋帽批发	福建省莆田市
福州闽台茶业有限公司	饮料及茶叶批发	福建省福州市
福建省龙岩烟草分公司	烟草制品批发	福建省龙岩市
福建省烟草公司南平市公司	烟草制品批发	福建省南平市
福建省烟草公司厦门烟草分公司	烟草制品批发	福建省厦门市
福建同春药业股份有限公司	西药批发	福建省福州市
福建省烟草公司三明市公司	其他未列明的批发	福建省三明市
福建省烟草公司漳州分公司	烟草制品批发	福建省漳州市
厦门信达股份有限公司	其他未列明的批发	福建省厦门市
福建省烟草公司福州分公司	烟草制品批发	福建省福州市
厦门安踏贸易有限公司	鞋帽批发	福建省厦门市
福建省烟草公司泉州分公司	烟草制品批发	福建省泉州市
厦门国贸集团股份有限公司	金属及金属矿批发	福建省厦门市
福建中烟工业公司	烟草制品批发	福建省厦门市
厦门建发股份有限公司	建材批发	福建省厦门市
永辉超市股份有限公司福州鼓楼分公司	超级市场零售	福建省福州市
福建新华发行(集团)有限公司	图书零售	福建省福州市
福州国美电器有限公司	家用电器零售	福建省福州市
泉州新华都购物广场有限公司	其他综合零售	福建省泉州市
沃尔玛深国投百货有限公司福州山姆会员商店	超级市场零售	福建省福州市
厦门富山诚达百货商业广场有限公司	超级市场零售	福建省厦门市
厦门市天虹商场有限公司	百货零售	福建省厦门市
福州麦多万嘉超市有限公司	粮油零售	福建省福州市
中国石油天然气股份有限公司泉州销售分公司	机动车燃料零售	福建省泉州市
福建苏宁电器有限公司	家用电器零售	福建省福州市
福州福大自动化科技有限公司	其他电子产品零售	福建省福州市
沃尔玛深国投百货有限公司厦门世贸分店	超级市场零售	福建省厦门市
福建新华都综合百货有限公司	百货零售	福建省福州市
厦门永乐思文家电有限公司	家用电器零售	福建省厦门市
福州家乐福商业有限公司	超级市场零售	福建省福州市
福建诺奇股份有限公司	服装零售	福建省泉州市
福州好又多百货有限公司	超级市场零售	福建省福州市
厦门银祥食品有限公司	肉、禽、蛋及水产品零售	福建省厦门市
厦门永辉商业有限公司	超级市场零售	福建省厦门市
厦门新华都购物广场有限公司	超级市场零售	福建省厦门市
泉州市中闽百汇购物有限公司	超级市场零售	福建省泉州市
龙岩新华都辉业购物广场有限公司	超级市场零售	福建省龙岩市
福建宝闽体育用品有限公司	体育用品零售	福建省福州市
厦门润瑞商业有限公司	超级市场零售	福建省厦门市
漳州新华都百货有限责任公司	超级市场零售	福建省漳州市
厦门市中博贸易有限公司	通信设备零售	福建省厦门市
福建捷龙商业有限公司	超级市场零售	福建省泉州市
厦门华润燃气有限公司	生活用燃料零售	福建省厦门市
福建省米兰春天量贩有限公司	超级市场零售	福建省龙岩市
三明新华都购物广场有限公司	超级市场零售	福建省三明市
福州曼伯罗食品有限公司	正餐服务	福建省福州市
厦门肯德基有限公司	快餐服务	福建省厦门市
百胜餐饮(福州)有限公司	快餐服务	福建省福州市

4-5 续表 30

企业名称	所属行业	企业所在地
厦门麦当劳食品发展有限公司	快餐服务	福建省厦门市
福州麦当劳餐厅食品有限公司	快餐服务	福建省福州市
江西省		
中国石油化工股份有限公司江西南昌石油分公司	石油及制品批发	江西省南昌市
江西省烟草公司南昌市公司	烟草制品批发	江西省南昌市
江西省烟草公司赣州市公司	烟草制品批发	江西省赣州市
中国石油化工股份公司江西吉安分公司	石油及制品批发	江西省吉安市
江西省烟草公司九江分公司	烟草制品批发	江西省九江市
中国石油化工股份有限公司江西宜春石油分公司	石油及制品批发	江西省宜春市
江西省烟草公司抚州分公司	烟草制品批发	江西省抚州市
江西省烟草公司宜春市公司(江西省宜春市烟草专卖局)	烟草制品批发	江西省宜春市
江西抚州石油公司	石油及制品批发	江西省抚州市
江西省烟草公司上饶分公司	烟草制品批发	江西省上饶市
江西省烟草公司吉安市公司	烟草制品批发	江西省吉安市
江西汇仁集团医药科研营销有限公司	中药材及中成药批发	江西省南昌市
江西江中医贸有限责任公司	中药材及中成药批发	江西省南昌市
中国石油化工股份有限公司江西新余石油分公司	石油及制品批发	江西省新余市
中国石油化工股份有限公司江西景德镇石油分公司	石油及制品批发	江西省景德镇市
中国石油化工股份有限公司江西萍乡石油分公司	石油及制品批发	江西省萍乡市
江西仁和药业有限公司	中药材及中成药批发	江西省宜春市
江西四特酒营销有限责任公司	其他食品批发	江西省宜春市
景德镇市烟草公司	烟草制品批发	江西省景德镇市
江西省烟草公司萍乡市公司	烟草制品批发	江西省萍乡市
中石化江西鹰潭石油分公司	石油及制品批发	江西省鹰潭市
重庆海尔家电销售有限公司南昌分公司	家用电器批发	江西省南昌市
江西省烟草公司鹰潭分公司	烟草制品批发	江西省鹰潭市
江西青峰药业有限公司	西药批发	江西省赣州市
江西省烟草公司新余市公司	烟草制品批发	江西省新余市
深圳创维-RGB电子有限公司江西分公司	家用电器批发	江西省宜春市
长沙旺旺食品有限公司南昌分公司	饮料及茶叶批发	江西省南昌市
江西新创力医药有限公司	中药材及中成药批发	江西省南昌市
思创数码科技股份有限公司	计算机、软件及辅助设备批发	江西省南昌市
江西仁翔药业有限公司	西药批发	江西省宜春市
江西九州通药业有限公司	西药批发	江西省南昌市
江西九州医药有限公司	西药批发	江西省宜春市
南昌TCL电器销售有限公司	家用电器批发	江西省南昌市
江西康力药品物流有限公司	西药批发	江西省宜春市
中国石油化工股份有限公司江西赣州石油分公司	机动车燃料零售	江西省赣州市
南昌百货大楼股份有限公司	百货零售	江西省南昌市
中国石油化工股份有限公司九江石油分公司	机动车燃料零售	江西省九江市
江西南华医药有限公司	药品零售	江西省南昌市
中国石油化工股份有限公司上饶分公司	机动车燃料零售	江西省上饶市
南昌洪城大厦股份有限公司	百货零售	江西省南昌市
江西洪客隆百货投资有限公司	百货零售	江西省南昌市
南昌市天虹商场有限公司	百货零售	江西省南昌市
联盛商业连锁股份有限公司	百货零售	江西省九江市
江西鹏润国美电器有限公司	家用电器零售	江西省南昌市
沃尔玛深国投百货有限公司南昌八一广场分店	超级市场零售	江西省南昌市
吉安市国光实业有限公司	其他综合零售	江西省吉安市
赣州国光实业有限公司	超级市场零售	江西省赣州市

4-5 续表 31

企业名称	所属行业	企业所在地
江西青龙集团商厦有限公司	超级市场零售	江西省宜春市
江西黄庆仁栈华氏大药房有限公司	医疗用品及器材零售	江西省南昌市
南昌喜盈门实业有限公司	家具零售	江西省南昌市
心连心集团江西萍乡超市有限公司	超级市场零售	江西省萍乡市
九江市派拉蒙百货有限公司	超级市场零售	江西省九江市
南昌肯德基有限公司	快餐服务	江西省南昌市
山东省		
青岛海尔零部件采购有限公司	其他机械设备及电子产品批发	山东省青岛市
中国石油化工股份有限公司山东潍坊分公司	石油及制品批发	山东省潍坊市
中石化山东青岛石油分公司	石油及制品批发	山东省青岛市
青岛海尔国际贸易有限公司	其他机械设备及电子产品批发	山东省青岛市
诸城福田汽车销售有限公司	汽车、摩托车及零配件批发	山东省潍坊市
山东淄川服装城商贸公司	服装批发	山东省淄博市
淄川服装城	服装批发	山东省淄博市
山东省农业生产资料有限责任公司	化肥批发	山东省济南市
山东临沂烟草有限公司	烟草制品批发	山东省临沂市
山东潍坊烟草有限公司	烟草制品批发	山东省潍坊市
青岛烟草有限公司	烟草制品批发	山东省青岛市
山东烟台烟草有限公司	烟草制品批发	山东省烟台市
中国石油化工股份有限公司山东烟台石油分公司	石油及制品批发	山东省烟台市
山东济宁烟草有限公司	烟草制品批发	山东省济宁市
山东济南烟草有限公司	烟草制品批发	山东省济南市
山东海王银河医药有限公司	西药批发	山东省潍坊市
中国石油化工股份有限公司山东淄博石油公司	石油及制品批发	山东省淄博市
山东鲁花商贸有限公司	米、面制品及食用油批发	山东省烟台市
烟台张裕葡萄酿酒公司销售有限公司	饮料及茶叶批发	山东省烟台市
中国石油化工股份有限公司山东济宁石油分公司	石油及制品批发	山东省济宁市
山东道恩集团有限公司	其他化工产品批发	山东省烟台市
淄川服装城商厦有限公司	服装批发	山东省淄博市
中国石油化工股份有限公司山东石油分公司	石油及制品批发	山东省济南市
新汶矿业集团物资供销有限责任公司	其他机械设备及电子产品批发	山东省泰安市
中国石化山东泰山石油股份有限公司	石油及制品批发	山东省泰安市
中国石油天然气股份有限公司山东青岛销售分公司	石油及制品批发	山东省青岛市
临清市泰润轴承有限公司	再生物资回收与批发	山东省聊城市
山东省机械进出口集团公司	其他机械设备及电子产品批发	山东省青岛市
中国船舶燃料供应青岛公司	石油及制品批发	山东省青岛市
济南中信医药有限公司	西药批发	山东省济南市
山东菏泽烟草有限公司	烟草制品批发	山东省菏泽市
中化化肥有限公司山东分公司	化肥批发	山东省烟台市
中国石油化工股份有限公司山东菏泽石油分公司	石油及制品批发	山东省菏泽市
山东鲁南蔬菜产业有限公司	果品、蔬菜批发	山东省临沂市
中国石油化工股份有限公司山东聊城石油分公司	石油及制品批发	山东省聊城市
山东东方誉源现代农业集团有限责任公司	化肥批发	山东省潍坊市
中国石油化工山东日照石油公司	石油及制品批发	山东省日照市
山东泰安烟草有限公司	烟草制品批发	山东省泰安市
沾化王尔庄海产品有限公司	肉、禽、蛋及水产品批发	山东省滨州市
中国石油化工股份有限公司山东枣庄石油分公司	石油及制品批发	山东省枣庄市
山东淄博烟草有限公司	烟草制品批发	山东省淄博市
诸城雷沃际重工车辆销售有限公司	汽车、摩托车及零配件批发	山东省潍坊市
山东格力电器市场营销有限公司	家用电器批发	山东省济南市
山东九州通医药有限公司	西药批发	山东省济南市
山东聊城烟草有限公司	烟草制品批发	山东省聊城市

4-5 续表 32

企业名称	所属行业	企业所在地
青岛福兴祥商品配送有限公司	米、面制品及食用油批发	山东省青岛市
烟台市农业生产资料总公司	化肥批发	山东省烟台市
山东德州烟草有限公司	烟草制品批发	山东省德州市
中国石油天然气股份有限公司山东烟台销售分公司	石油及制品批发	山东省烟台市
潍坊市钢联金属材料有限公司	金属及金属矿批发	山东省潍坊市
山东枣庄烟草有限公司	烟草制品批发	山东省枣庄市
山东滨州烟草有限公司	烟草制品批发	山东省滨州市
中国石油山东济南销售分公司	石油及制品批发	山东省济南市
山东省新华书店	图书批发	山东省济南市
临沂梅开置业有限公司	再生物资回收与批发	山东省临沂市
山东北药鲁抗有限公司	西药批发	山东省济宁市
山东康惠医药有限公司	西药批发	山东省潍坊市
山东威海烟草有限公司	烟草制品批发	山东省威海市
中国石油天然气股份有限公司山东潍坊销售分公司	石油及制品批发	山东省潍坊市
山东赛菲尔珠宝首饰有限公司	首饰、工艺品及收藏品批发	山东省潍坊市
济南药业集团有限责任公司	中药材及中成药批发	山东省济南市
山东日照烟草有限公司	烟草制品批发	山东省日照市
山东齐鲁万和医药营销有限公司	医疗用品及器材批发	山东省济南市
青岛益佳国际贸易集团有限公司	服装批发	山东省青岛市
山东瑞康药品配送有限公司	西药批发	山东省烟台市
绮丽集团有限责任公司	服装批发	山东省青岛市
山东瑞中医药有限公司	西药批发	山东省济宁市
淄博市兴鲁化工有限公司	其他化工产品批发	山东省淄博市
淄博喜来登百货有限公司	服装批发	山东省淄博市
山东福田雷沃重工国际贸易有限公司	农业机械批发	山东省潍坊市
深圳创维-RGB有限公司山东分公司	家用电器批发	山东省济南市
山东东营烟草有限公司	烟草制品批发	山东省东营市
山东瑞中医药销售公司	中药材及中成药批发	山东省济宁市
中国石油天然股份有限公司淄博销售公司	石油及制品批发	山东省淄博市
中国石油化工股份有限公司山东莱芜石油分公司	石油及制品批发	山东省莱芜市
济南TCL电器销售有限公司	家用电器批发	山东省济南市
山东新华医药贸易有限公司	西药批发	山东省淄博市
济南轻骑销售有限公司	汽车、摩托车及零配件批发	山东省济南市
中国石油天然气股份有限公司山东菏泽销售分公司	石油及制品批发	山东省菏泽市
中国石油天然气股份有限公司山东枣庄销售分公司	石油及制品批发	山东省枣庄市
新泰市青龙路市场有限公司	其他农畜产品批发	山东省泰安市
山东省万事达物资有限公司	贸易经纪与代理	山东省滨州市
中粮食品蓬莱有限公司	饮料及茶叶批发	山东省烟台市
山东永弘机械销售有限公司	其他机械设备及电子产品批发	山东省烟台市
滕州市中浩伟业实业有限公司	盐及调味品批发	山东省枣庄市
青州市黄楼弘秀花卉发展有限公司	其他农畜产品批发	山东省潍坊市
重庆海尔家电销售有限公司青岛分公司	家用电器批发	山东省青岛市
中石油天然气股份有限公司山东聊城销售分公司	石油及制品批发	山东省聊城市
海阳市胶东水产品批发市场	其他食品批发	山东省烟台市
青岛巴龙集团有限公司	纺织品、针织品及原料批发	山东省青岛市
威海联桥进出口有限公司	贸易经纪与代理	山东省威海市
淄博建桥开发有限公司	服装批发	山东省淄博市
山东莱芜烟草有限公司	烟草制品批发	山东省莱芜市
淄博通乾商务策划运营有限公司	纺织品、针织品及原料批发	山东省淄博市
国运集团有限公司	汽车、摩托车及零配件批发	山东省青岛市
山东荣庆物流有限公司	果品、蔬菜批发	山东省临沂市
山东南菜园蔬菜食品有限公司	果品、蔬菜批发	山东省临沂市

4-5 续表 33

企业名称	所属行业	企业所在地
重庆海尔家电销售有限公司济宁分公司	家用电器批发	山东省济宁市
山东大陆企业集团有限公司	金属及金属矿批发	山东省临沂市
青岛瑞尚贸易发展有限公司	服装批发	山东省青岛市
滕州市嘉誉商贸有限公司	肉、禽、蛋及水产品批发	山东省枣庄市
山东潍坊烟草有限公司诸城分公司	烟草制品批发	山东省潍坊市
山东翔龙实业集团有限公司	化肥批发	山东省临沂市
青岛传承国际商贸有限公司	鞋帽批发	山东省青岛市
山东龙大商贸有限公司	米、面制品及食用油批发	山东省聊城市
德州银龙集团有限公司	棉、麻批发	山东省德州市
青岛百洋医药科技有限公司	医疗用品及器材批发	山东省青岛市
无棣海宏盐化供销有限公司	其他化工产品批发	山东省滨州市
菏泽牡丹医药有限责任公司	西药批发	山东省菏泽市
曲阜孔府家酒业有限公司	饮料及茶叶批发	山东省济宁市
菏泽市粮食中转储备库	谷物、豆及薯类批发	山东省菏泽市
烟台市供销石油公司	石油及制品批发	山东省烟台市
山东潍坊烟草有限公司青州分公司	烟草制品批发	山东省潍坊市
烟台长城酒业销售有限公司	饮料及茶叶批发	山东省烟台市
山东常林机械集团销售有限公司	农业机械批发	山东省临沂市
青岛天合医药股份有限公司	西药批发	山东省青岛市
山东科瑞石油装备有限公司	其他机械设备及电子产品批发	山东省东营市
潍坊烟草有限公司安丘分公司	烟草制品批发	山东省潍坊市
青岛海信营销有限公司经营分公司	家用电器批发	山东省青岛市
山东西王玉米购销有限公司	谷物、豆及薯类批发	山东省滨州市
山东德州扒鸡贸易总公司	肉、禽、蛋及水产品批发	山东省德州市
山东景芝酒厂销售总公司	饮料及茶叶批发	山东省潍坊市
山东黑马集团有限公司	煤炭及制品批发	山东省德州市
烟台绮丽集团有限公司	服装批发	山东省烟台市
淄博力久实业有限公司	煤炭及制品批发	山东省淄博市
泰安市泰山红农产品有限公司	果品、蔬菜批发	山东省泰安市
山东潍坊烟草有限公司临朐分公司	烟草制品批发	山东省潍坊市
威海金蚂蚁集团有限公司	五金、交电批发	山东省威海市
山东银座商城股份有限公司	百货零售	山东省济南市
山东潍坊百货集团股份有限公司	百货零售	山东省潍坊市
淄博商厦股份有限公司	百货零售	山东省淄博市
山东家家悦集团有限公司	超级市场零售	山东省威海市
淄博金彩沙发城有限责任公司	家具零售	山东省淄博市
山东临沂汽车工业贸易有限公司	汽车零售	山东省临沂市
济南人民大润发商业有限公司	超级市场零售	山东省济南市
中国石油化工股份人限公司山东济南石油分公司	机动车燃料零售	山东省济南市
中国石油化工股份有限公司山东临沂石油分公司	机动车燃料零售	山东省临沂市
山东新星集团有限公司	百货零售	山东省淄博市
济南华联商厦集团股份有限公司	百货零售	山东省济南市
润华集团股份有限公司	汽车零售	山东省济南市
山东德州百货大楼(集团)有限责任公司	百货零售	山东省德州市
中国石油化工股份有限公司山东滨州分公司	机动车燃料零售	山东省滨州市
山东全福元商业集团有限责任公司	百货零售	山东省潍坊市
青岛维客集团股份有限公司	百货零售	山东省青岛市
青岛永旺东泰商业有限公司	百货零售	山东省青岛市
中国石油化工股份有限公司山东威海石油分公司	机动车燃料零售	山东省威海市
肥城银宝食品销售公司	肉、禽、蛋及水产品零售	山东省泰安市
烟台市振华百货集团股份有限公司振华商厦	百货零售	山东省烟台市
枣庄贵诚集团购物中心有限公司	百货零售	山东省枣庄市

4-5 续表 34

企业名称	所属行业	企业所在地
烟台市家家悦超市有限公司	超级市场零售	山东省烟台市
济南国美电器有限公司	家用电器零售	山东省济南市
青岛利客来商贸集团股份有限公司	百货零售	山东省青岛市
青岛国美电器有限公司	家用电器零售	山东省青岛市
烟台振华量贩超市有限公司	百货零售	山东省烟台市
东营银座商城有限公司	百货零售	山东省东营市
中国石油天然气股份有限公司山东泰安销售分公司	机动车燃料零售	山东省泰安市
山东苏宁电器有限公司	家用电器零售	山东省济南市
三联商社股份有限公司	家用电器零售	山东省济南市
山东统一银座商业有限公司	超级市场零售	山东省济南市
临沂医药集团有限公司	药品零售	山东省临沂市
山东九州商业集团有限公司	百货零售	山东省临沂市
淄博东泰集团有限公司	百货零售	山东省淄博市
山东省东营市百货大楼	百货零售	山东省东营市
泰安银座商城有限公司	百货零售	山东省泰安市
淄博银座商城有限公司	百货零售	山东省淄博市
山东奥德隆集团有限公司	百货零售	山东省淄博市
密水商场	其他综合零售	山东省潍坊市
青岛第一百盛有限公司	百货零售	山东省青岛市
山东龙口市博商购物广场	百货零售	山东省烟台市
聊城市百货大楼有限责任公司	百货零售	山东省聊城市
威海长江糖酒有限公司	超级市场零售	山东省威海市
青岛家乐福商业有限公司	超级市场零售	山东省青岛市
东营市商业大厦有限责任公司	百货零售	山东省东营市
济南人民商场集团有限公司	百货零售	山东省济南市
滨州银座购物广场有限公司	超级市场零售	山东省滨州市
胜利油田胜大超市	超级市场零售	山东省东营市
山东省东营市日用工业品公司	百货零售	山东省东营市
日照凌云工贸有限公司	家用电器零售	山东省日照市
麦凯乐(青岛)百货总店有限公司	百货零售	山东省青岛市
兖州市广场商厦	百货零售	山东省济宁市
临沂银座商城有限公司	百货零售	山东省临沂市
邹城市百货大楼有限责任公司	百货零售	山东省济宁市
山东省苍山县供销社合作社联合社	其他综合零售	山东省临沂市
青岛新华书店有限责任公司	图书零售	山东省青岛市
日照日百商业有限公司	百货零售	山东省日照市
山东金宇商贸有限公司	其他室内装修材料零售	山东省济宁市
东营振华百货发展有限公司	百货零售	山东省东营市
龙口市第一百货商店有限公司	百货零售	山东省烟台市
山东威海百货大楼集团股份有限公司	百货零售	山东省威海市
银座集团股份有限公司菏泽银座商城	百货零售	山东省菏泽市
新泰银座商城有限公司	百货零售	山东省泰安市
莱州市百货大楼	超级市场零售	山东省烟台市
济南漱玉平民大药房有限公司	药品零售	山东省济南市
山东省淄博市糖酒站股份有限公司	百货零售	山东省淄博市
青岛润泰事业有限公司	超级市场零售	山东省青岛市
山东乐拍商业有限公司	邮购及电子销售	山东省济南市
高密市农贸商场	肉、禽、蛋及水产品零售	山东省潍坊市
龙口市城关供销合作社	百货零售	山东省烟台市
山东金孚隆股份有限公司	超级市场零售	山东省潍坊市
泰安凌云经贸有限公司	百货零售	山东省泰安市

4-5 续表 35

企业名称	所属行业	企业所在地
章丘市供销社	百货零售	山东省济南市
山东金都百货股份有限公司	超级市场零售	山东省烟台市
淄博圣隆润发商业有限公司	超级市场零售	山东省淄博市
陵县粮食购销中心	粮油零售	山东省德州市
新泰青云购物中心有限公司	百货零售	山东省泰安市
山东省德州泰康药业有限公司	药品零售	山东省德州市
利群集团莱州购物广场有限公司	超级市场零售	山东省烟台市
日照银座购物广场有限公司	百货零售	山东省日照市
山东圣豪商业有限公司	超级市场零售	山东省滨州市
庆云县信誉楼商厦有限公司	百货零售	山东省德州市
淄博广电天网视讯有限公司	通信设备零售	山东省淄博市
山东世纪泰华集团有限公司	百货零售	山东省潍坊市
济宁市中央百货有限责任公司	百货零售	山东省济宁市
利群集团蓬莱购物广场	超级市场零售	山东省烟台市
德州众驰汽车销售服务有限公司	汽车零售	山东省德州市
山东梁山水泊商场	百货零售	山东省济宁市
利群集团城阳购物广场有限公司	百货零售	山东省青岛市
安丘市南苑商贸城有限公司	家具零售	山东省潍坊市
梁山县杨营镇综合农贸市场	其他综合零售	山东省济宁市
潍坊百货大楼股份有限公司	百货零售	山东省潍坊市
济阳方正家具市场	家具零售	山东省济南市
山东馨百商贸有限公司	超级市场零售	山东省莱芜市
山东省桓台县联华超市有限公司	超级市场零售	山东省淄博市
济宁银座购物广场有限责任公司	百货零售	山东省济宁市
山东世纪金榜书业有限公司	文具用品零售	山东省济南市
安丘市商贸城有限责任公司	百货零售	山东省潍坊市
青岛香格里拉大饭店	旅游饭店	山东省青岛市
山东大厦	旅游饭店	山东省济南市
青岛海天大酒店有限公司	旅游饭店	山东省青岛市
济南舜耕山庄	旅游饭店	山东省济南市
青岛肯德基有限公司	快餐服务	山东省青岛市
山东蓝海股份有限公司	正餐服务	山东省东营市
山东麦当劳餐厅食品有限公司	快餐服务	山东省济南市
济南市环山鱼翅皇宫大酒店	正餐服务	山东省济南市
河南省		
中国石油化工股份有限公司河南郑州石油分公司	石油及制品批发	河南省郑州市
中国石油天然气股份有限公司河南销售分公司	石油及制品批发	河南省郑州市
郑州日产汽车销售有限公司	汽车、摩托车及零配件批发	河南省郑州市
河南省烟草公司郑州市公司	烟草制品批发	河南省郑州市
郑州煤电物资供销有限公司	建材批发	河南省郑州市
河南省烟草公司南阳市公司	烟草制品批发	河南省南阳市
中国石油化工股份有限公司河南南阳石油分公司	石油及制品批发	河南省南阳市
河南省烟草公司许昌分公司	烟草制品批发	河南省许昌市
河南九州通医药有限公司	西药批发	河南省郑州市
河南省烟草公司驻马店市公司	烟草制品批发	河南省驻马店市
河南省烟草公司洛阳分公司	烟草制品批发	河南省洛阳市
河南省烟草公司信阳分公司	烟草制品批发	河南省信阳市
郑州煤炭工业(集团)正运煤炭销售有限公司	煤炭及制品批发	河南省郑州市
河南省烟草公司商丘市公司GJZB	烟草制品批发	河南省商丘市
中国石油天然气股份有限公司河南郑州销售分公司	石油及制品批发	河南省郑州市
河南省烟草公司周口市公司	烟草制品批发	河南省周口市

4-5 续表 36

企业名称	所属行业	企业所在地
中国石油化工股份有限公司河南三门峡石油分公司	石油及制品批发	河南省三门峡市
河南省烟草公司平顶山分公司	烟草制品批发	河南省平顶山市
中国石油化工股份有限公司河南焦作石油分公司	石油及制品批发	河南省焦作市
中国石油化工股份有限公司河南平顶山石油分公司	石油及制品批发	河南省平顶山市
河南省烟草公司安阳市公司	烟草制品批发	河南省安阳市
河南省烟草公司三门峡市公司	烟草制品批发	河南省三门峡市
中国石油化工股份有限公司驻马店分公司	石油及制品批发	河南省驻马店市
中国石油化工股份有限公司河南许昌石油分公司	石油及制品批发	河南省许昌市
郑州海尔工贸有限公司	家用电器批发	河南省郑州市
河南省烟草公司新乡市公司	烟草制品批发	河南省新乡市
河南省新华书店	图书批发	河南省郑州市
河南省烟草公司开封市公司	烟草制品批发	河南省开封市
中国石油化工股份有限公司河南开封石油分公司	石油及制品批发	河南省开封市
中国石油化工股份有限公司周口公司	石油及制品批发	河南省周口市
河南省烟草公司濮阳市公司	烟草制品批发	河南省濮阳市
安阳市万科石化有限责任公司	石油及制品批发	河南省安阳市
河南省烟草公司焦作市公司	烟草制品批发	河南省焦作市
洛阳兴元铜业有限责任公司	金属及金属矿批发	河南省洛阳市
中国石油化工股份有限公司河南石油分公司	石油及制品批发	河南省郑州市
郑州发展贸易有限公司	金属及金属矿批发	河南省郑州市
郑州铁路煤炭运销公司	煤炭及制品批发	河南省郑州市
国药控股(郑州)九瑞股份有限公司	中药材及中成药批发	河南省郑州市
河南省烟草公司漯河市公司	烟草制品批发	河南省漯河市
中国石油天然气股份有限公司驻马店分公司	金属及金属矿批发	河南省驻马店市
商丘市百川药业有限公司	西药批发	河南省商丘市
中国石油化工股份有限公司河南安阳石油分公司	石油及制品批发	河南省安阳市
中国石油天然气股份有限公司河南许昌销售分公司	石油及制品批发	河南省许昌市
河南省烟草公司郑州市公司	烟草制品批发	河南省南阳市
河南省烟草公司鹤壁分公司	烟草制品批发	河南省鹤壁市
商丘华杰医药有限公司	西药批发	河南省商丘市
中国石油天然气股份有限公司河南周口销售分公司	石油及制品批发	河南省周口市
中国石油天然气股份有限公司河南平顶山销售分公司	石油及制品批发	河南省平顶山市
中国石油天然气股份有限公司河南开封销售分公司	石油及制品批发	河南省开封市
驻马店中油销售有限公司	石油及制品批发	河南省驻马店市
中国石油天然气股份有限公司河南新乡销售分公司	石油及制品批发	河南省新乡市
南阳市烟草公司内乡县分公司	烟草制品批发	河南省南阳市
漯河市烟草公司临颍县分公司	烟草制品批发	河南省漯河市
中国石油天然气股份有限公司河南南阳销售分公司	石油及制品批发	河南省南阳市
郑州铁路煤炭运销有限公司	煤炭及制品批发	河南省郑州市
郑州铁路华东实业总公司	煤炭及制品批发	河南省郑州市
郑州经济技术开发区自备车运输贸易有限公司	煤炭及制品批发	河南省郑州市
安阳市玉清医药有限公司	西药批发	河南省安阳市
南阳市烟草公司方城县分公司	烟草制品批发	河南省南阳市
南阳市烟草公司唐河县分公司	烟草制品批发	河南省南阳市
河南省烟草公司镇平县公司	烟草制品批发	河南省南阳市
郑州金星啤酒销售公司	其他食品批发	河南省郑州市
洛阳铁路运通集团实业发展公司	煤炭及制品批发	河南省洛阳市
南阳市烟草公司社旗县分公司	烟草制品批发	河南省南阳市
河南省烟草公司济源市公司	烟草制品批发	河南省济源市
郑州丹尼斯百货有限公司	百货零售	河南省郑州市

4-5 续表 37

企业名称	所属行业	企业所在地
中国石油化工股份有限公司河南洛阳石油分公司	机动车燃料零售	河南省洛阳市
中国石油化工股份有限公司河南信阳石油分公司	汽车零配件零售	河南省信阳市
大商集团郑州新玛特购物广场有限公司	百货零售	河南省郑州市
中国石油化工股份有限公司河南商丘分公司	机动车燃料零售	河南省商丘市
中国石油化工股份有限公司河南濮阳分公司	机动车燃料零售	河南省濮阳市
河南永乐生活电器有限公司	家用电器零售	河南省郑州市
河南省国美电器有限公司	家用电器零售	河南省郑州市
中国石油天然气股份有限公司河南商丘销售分公司	机动车燃料零售	河南省商丘市
河南大张实业有限公司	超级市场零售	河南省洛阳市
平顶山市普生药业有限公司	药品零售	河南省平顶山市
信阳亚兴集团有限公司	超级市场零售	河南省信阳市
洛阳丹尼斯量贩有限公司	超级市场零售	河南省洛阳市
河南苏宁电器有限公司	家用电器零售	河南省郑州市
河南思达连锁商业有限公司	超级市场零售	河南省郑州市
许昌市胖东来商贸集团有限公司	百货零售	河南省许昌市
信阳市西亚商业有限公司	超级市场零售	河南省信阳市
郑州市易初莲花连锁超市有限公司	超级市场零售	河南省郑州市
郑州悦家商业有限公司	超级市场零售	河南省郑州市
河南张仲景大药房股份有限公司	药品零售	河南省郑州市
新乡市胖东来百货有限公司	百货零售	河南省新乡市
永城市煤电控股集团先帅百货有限责任公司	百货零售	河南省商丘市
河南华润万家生活超市有限公司	超级市场零售	河南省郑州市
河南新亚通讯器材有限公司	通信设备零售	河南省郑州市
焦作市百货大楼有限责任公司	百货零售	河南省焦作市
大商集团开封千盛购物广场有限公司	超级市场零售	河南省开封市
三门峡百货大楼股份有限公司	百货零售	河南省三门峡市
新乡市平原商场有限公司	百货零售	河南省新乡市
信阳市医药集团总公司	药品零售	河南省信阳市
郑州百货大楼股份有限公司	百货零售	河南省郑州市
南阳市万德隆商贸有限责任公司	百货零售	河南省南阳市
新乡市百货大楼有限责任公司	百货零售	河南省新乡市
商丘市京港超市	超级市场零售	河南省商丘市
郑州裕达国贸酒店有限公司	旅游饭店	河南省郑州市
郑州肯德基有限公司	快餐服务	河南省郑州市
湖北省		
武钢集团国际经济贸易总公司	贸易经纪与代理	湖北省武汉市
中国石油化工股份有限公司湖北石油分公司	石油及制品批发	湖北省武汉市
中国石油天然气股份有限公司华中销售分公司	石油及制品批发	湖北省武汉市
中石化长江燃料有限公司	石油及制品批发	湖北省武汉市
中国铁路物资武汉公司	贸易经纪与代理	湖北省武汉市
湖北省烟草公司武汉市公司	烟草制品批发	湖北省武汉市
武汉艾德蒙科技股份有限公司	计算机、软件及辅助设备批发	湖北省武汉市
中石化湖北宜昌石油分公司	石油及制品批发	湖北省宜昌市
东风裕隆汽车销售有限公司	汽车、摩托车及零配件批发	湖北省武汉市
湖北九州通医药有限公司	西药批发	湖北省武汉市
湖北省烟草公司恩施州公司	烟草制品批发	湖北省恩施市
湖北省烟草公司黄冈市公司	烟草制品批发	湖北省黄州市
湖北省烟草公司荆州市公司	烟草制品批发	湖北省荆州市
湖北新兴格力电器销售有限公司	家用电器批发	湖北省武汉市
中石化股份有限公司湖北荆州石油分公司	石油及制品批发	湖北省荆州市
湖北省烟草公司宜昌市公司	烟草制品批发	湖北省宜昌市

4-5 续表 38

企业名称	所属行业	企业所在地
湖北省烟草公司襄樊分公司	烟草制品批发	湖北省襄樊市
湖北联谊实业集团有限公司	其他化工产品批发	湖北省武汉市
湖北银丰实业集团	棉、麻批发	湖北省武汉市
湖北省烟草公司孝感市公司	烟草制品批发	湖北省孝感市
中国石油化工股份有限公司十堰分公司	石油及制品批发	湖北省十堰市
中铁大桥局集团武汉物资有限责任公司	金属及金属矿批发	湖北省武汉市
国药控股湖北新龙有限公司	西药批发	湖北省武汉市
内蒙古伊利实业集团股份有限公司武汉分公司	其他食品批发	湖北省武汉市
湖北省新华书店	图书批发	湖北省武汉市
中国石油化工股份有限公司湖北荆门石油分公司	石油及制品批发	湖北省荆门市
中国石油化工股份有限公司湖北咸宁分公司	其他未列明的批发	湖北省咸宁市
湖北省烟草公司十堰市公司	烟草制品批发	湖北省十堰市
中国石油化工股份有限公司湖北恩施石油分公司	石油及制品批发	湖北省恩施市
湖北省烟草公司黄石市公司	烟草制品批发	湖北省黄石市
湖北省烟草公司咸宁市分公司	烟草制品批发	湖北省咸宁市
湖北省烟草公司随州市公司	烟草制品批发	湖北省随州市
重庆海尔家电销售有限公司武汉分公司	家用电器批发	湖北省武汉市
武汉市南浦食品有限责任公司	其他食品批发	湖北省武汉市
中国石油天然气股份有限公司湖北襄樊销售分公司	石油及制品批发	湖北省襄樊市
湖北省盐业总公司	盐及调味品批发	湖北省武汉市
中国石化股份有限公司湖北随州石油分公司	石油及制品批发	湖北省随州市
武汉TCL电器销售有限公司	家用电器批发	湖北省武汉市
武汉蒙牛乳业有限公司	饮料及茶叶批发	湖北省武汉市
中国石油天然气股份有限公司湖北恩施分公司	石油及制品批发	湖北省恩施市
武汉中南工程机械设备有限责任公司	其他机械设备及电子产品批发	湖北省武汉市
青岛海尔电器销售有限公司武汉分公司	家用电器批发	湖北省武汉市
湖北天下明药业有限公司	西药批发	湖北省武汉市
武汉千里马工程机械有限公司	其他机械设备及电子产品批发	湖北省武汉市
旺旺食品武汉分公司	其他食品批发	湖北省武汉市
中国石油天然气股份有限公司湖北咸宁分公司	其他未列明的批发	湖北省咸宁市
武汉中百集团股份有限公司	超级市场零售	湖北省武汉市
武汉武商集团股份有限公司	百货零售	湖北省武汉市
武汉中商集团股份有限公司	百货零售	湖北省武汉市
中国石油化工股份有限公司湖北武汉分公司	机动车燃料零售	湖北省武汉市
武汉工贸有限公司	家用电器零售	湖北省武汉市
中石化股份公司湖北黄冈石油分公司	机动车燃料零售	湖北省黄冈市
中国石油天然气股份有限公司湖北销售分公司武汉零售分公司	生活用燃料零售	湖北省武汉市
湖北高路油站经营有限责任公司	机动车燃料零售	湖北省武汉市
武汉汉福超市有限公司	超级市场零售	湖北省武汉市
武汉国美电器有限公司	家用电器零售	湖北省武汉市
荆门市东方百货大厦	超级市场零售	湖北省荆门市
武汉苏宁电器有限公司	家用电器零售	湖北省武汉市
群光实业(武汉)有限公司	百货零售	湖北省武汉市
宜昌国贸大厦集团有限公司	百货零售	湖北省宜昌市
湖北富迪实业有限公司	超级市场零售	湖北省仙桃市
黄冈市黄商有限责任公司	百货零售	湖北省黄冈市
湖北省十堰市人民商场股份有限公司	百货零售	湖北省十堰市
武汉滔博商贸江汉有限公司	服装零售	湖北省武汉市
湖北省十堰市寿康永乐有限公司	超级市场零售	湖北省十堰市

4-5 续表 39

企业名称	所属行业	企业所在地
武汉武商量贩连锁有限公司襄樊分公司	超级市场零售	湖北省襄樊市
沃尔玛深国投百货有限公司武汉中山大道分店	超级市场零售	湖北省武汉市
武汉市汉商集团股份有限公司	百货零售	湖北省武汉市
湖北金城大厦集团实业公司	百货零售	湖北省荆门市
湖北孝武电器集团有限公司	家用电器零售	湖北省孝感市
黄梅县鄂东大市场	其他综合零售	湖北省黄冈市
湖北新世纪购物中心股份有限公司	百货零售	湖北省随州市
武汉鲁巷广场购物中心	百货零售	湖北省武汉市
十堰市新合作鑫城超市有限公司	超级市场零售	湖北省十堰市
襄樊鼓楼商场股份有限公司	百货零售	湖北省襄樊市
仙桃市供销商城大厦有限责任公司	百货零售	湖北省仙桃市
宜昌北山商业连锁有限公司	超级市场零售	湖北省宜昌市
武汉大润发江汉超市发展有限公司	超级市场零售	湖北省武汉市
武汉新华书店股份有限公司	图书零售	湖北省武汉市
十堰市京华超市有限公司	超级市场零售	湖北省十堰市
蕲春县食品公司	肉、禽、蛋及水产品零售	湖北省黄冈市
湖北雅斯连锁商业有限公司	超级市场零售	湖北省宜昌市
新百丽鞋业(深圳)有限公司	鞋帽零售	湖北省武汉市
武汉华联综合超市有限公司	超级市场零售	湖北省武汉市
武汉班尼路商贸有限公司	服装零售	湖北省武汉市
武汉好又多百货商业有限公司	超级市场零售	湖北省武汉市
蕲春富春工贸城有限责任公司	其他综合零售	湖北省黄冈市
武汉美特斯邦威服饰有限公司	服装零售	湖北省武汉市
湖北中联大药房连锁有限公司	药品零售	湖北省武汉市
湖北新一佳超市有限公司	超级市场零售	湖北省武汉市
荆门中商百货分公司	超级市场零售	湖北省荆门市
湖北真维斯服饰有限公司	服装零售	湖北省武汉市
百胜餐饮(武汉)有限公司	快餐服务	湖北省武汉市
武汉市亢龙太子酒轩有限责任公司	正餐服务	湖北省武汉市
武汉麦当劳餐饮食品有限公司	快餐服务	湖北省武汉市
武汉市小蓝鲸健康美食酒店管理有限公司	正餐服务	湖北省武汉市
武汉艳阳天商贸发展有限公司	正餐服务	湖北省武汉市
湖南省		
中储发展股份有限公司衡阳分公司	金属及金属矿批发	湖南省衡阳市
益阳恒康药业有限公司	西药批发	湖南省益阳市
四川长虹电器股份有限公司长沙销售分公司	家用电器批发	湖南省长沙市
南方建材股份有限公司	建材批发	湖南省长沙市
湖南中旺工程机械设备有限公司	其他机械设备及电子产品批发	湖南省长沙市
湖南天士力民生药业有限公司	中药材及中成药批发	湖南省湘潭市
湖南双舟医药有限责任公司	西药批发	湖南省长沙市
湖南时代阳光医药有限公司	西药批发	湖南省长沙市
湖南省印刷物资有限责任公司	其他机械设备及电子产品批发	湖南省长沙市
湖南省烟草公司张家界市公司	烟草制品批发	湖南省张家界市
湖南省烟草公司岳阳市公司	烟草制品批发	湖南省岳阳市
湖南省烟草公司益阳分公司	烟草制品批发	湖南省益阳市
湖南省烟草公司湘西自治州公司	饮料及茶叶批发	湖南省湘西土家族苗族自治州
湖南省烟草公司邵阳市公司	烟草制品批发	湖南省邵阳市
湖南省烟草公司娄底市公司	烟草制品批发	湖南省娄底市
湖南省烟草公司怀化市公司	烟草制品批发	湖南省怀化市
湖南省烟草公司衡阳市公司	烟草制品批发	湖南省衡阳市

4-5 续表 40

企业名称	所属行业	企业所在地
湖南省烟草公司郴州市公司	烟草制品批发	湖南省郴州市
湖南省烟草公司常德市公司	烟草制品批发	湖南省常德市
湖南省烟草公司长沙市公司	烟草制品批发	湖南省长沙市
湖南省新华书店有限责任公司	图书批发	湖南省长沙市
湖南省轻工盐业集团有限责任公司	盐及调味品批发	湖南省长沙市
湖南省郴州市烟草公司桂阳县分公司	烟草制品批发	湖南省郴州市
湖南省茶业有限公司	饮料及茶叶批发	湖南省长沙市
湖南康尔佳医药有限公司	西药批发	湖南省长沙市
湖南金霞粮食产业有限公司	米、面制品及食用油批发	湖南省长沙市
湖南多喜爱纺织科技有限公司	纺织品、针织品及原料批发	湖南省长沙市
湖南大旺食品有限公司长沙分公司	其他食品批发	湖南省长沙市
湖南大唐燃料开发有限责任公司	其他未列明的批发	湖南省长沙市
长沙双鹤医药有限责任公司	中药材及中成药批发	湖南省长沙市
长沙TCL电器销售有限公司	家用电器批发	湖南省长沙市
中国石油化工股份有限公司湖南长沙石油分公司	机动车燃料零售	湖南省长沙市
中国石油化工股份有限公司湖南株洲石油公司	机动车燃料零售	湖南省株洲市
家润多商业股份有限公司	百货零售	湖南省长沙市
中国石化湖南衡阳分公司	机动车燃料零售	湖南省衡阳市
中国石油化工股份有限公司湖南郴州石油分公司	机动车燃料零售	湖南省郴州市
中国石油化工股份有限公司湖南岳阳石油分公司	机动车燃料零售	湖南省岳阳市
中国石油天然气股份有限公司湖南长沙分公司	机动车燃料零售	湖南省长沙市
长沙通程实业(集团)有限公司	百货零售	湖南省长沙市
中国石油化工股份有限公司永州石油分公司	机动车燃料零售	湖南省永州市
中国石油化工股份有限公司湖南怀化石油分公司	机动车燃料零售	湖南省怀化市
中国石油化工股份有限公司湖南常德石油分公司	机动车燃料零售	湖南省常德市
湖南平和堂实业有限公司	百货零售	湖南省长沙市
快乐购物有限责任公司	邮购及电子销售	湖南省长沙市
中国石油化工股份有限公司湖南湘潭石油分公司	机动车燃料零售	湖南省湘潭市
中石化股份有限公司湖南娄底石油分公司	机动车燃料零售	湖南省娄底市
湖南新一佳商业投资有限公司	超级市场零售	湖南省长沙市
步步高商业连锁股份有限公司	超级市场零售	湖南省湘潭市
株洲百货股份有限公司	百货零售	湖南省株洲市
湖南家润多超市有限公司	超级市场零售	湖南省长沙市
中石化湖南益阳石油分公司	机动车燃料零售	湖南省益阳市
中国石油化工股份有限公司湖南湘西分公司	机动车燃料零售	湖南省湘西土家族苗族自治州
长沙东之杰运动产业发展有限公司	服装零售	湖南省长沙市
永州商业城有限责任公司	百货零售	湖南省永州市
湖南国美电器有限公司	家用电器零售	湖南省长沙市
湖南苏宁电器有限公司	家用电器零售	湖南省长沙市
长沙家乐福超市有限责任公司	超级市场零售	湖南省长沙市
老百姓医药连锁有限公司	药品零售	湖南省长沙市
购宝乐商业(湖南)有限公司	超级市场零售	湖南省长沙市
湖南益丰大药房医药连锁有限公司	药品零售	湖南省常德市
王一实业集团衡阳香江百货有限公司	百货零售	湖南省衡阳市
长沙步步高商业连锁有限责任公司	超级市场零售	湖南省长沙市
湖南步步高连锁超市益阳有限公司	超级市场零售	湖南省益阳市
新百丽鞋业(深圳)有限公司长沙分公司	鞋帽零售	湖南省长沙市
湖南佳惠百货有限责任公司	超级市场零售	湖南省怀化市
心连心集团有限公司	超级市场零售	湖南省湘潭市
湖南万凯源商贸连锁有限公司	超级市场零售	湖南省湘潭市
湖南千金金沙大药房零售连锁有限公司	药品零售	湖南省长沙市

4-5 续表 41

企业名称	所属行业	企业所在地
张家界梅尼商贸有限公司	百货零售	湖南省张家界市
邵阳市步步高连锁超市有限责任公司	百货零售	湖南省邵阳市
湖南华天大酒店股份有限公司	旅游饭店	湖南省长沙市
湖南华雅国际大酒店有限公司	旅游饭店	湖南省长沙市
长沙肯德基有限公司	快餐服务	湖南省长沙市
湖南麦当劳(餐厅食品)有限公司	快餐服务	湖南省长沙市
广东省		
中国石化销售有限公司华南分公司	石油及制品批发	广东省广州市
中国石油天然气股份有限公司华南销售公司	石油及制品批发	广东省广州市
中国石油化工股份化工销售广州分公司	其他化工产品批发	广东省广州市
比亚迪汽车销售有限公司	汽车、摩托车及零配件批发	广东省深圳市
广东省石油企业集团南方石油化工有限公司	石油及制品批发	广东省广州市
中国石油化工股份有限公司广东石油分公司	石油及制品批发	广东省广州市
深圳市天音通信发展有限公司	通讯及广播电视设备批发	广东省深圳市
中国石油化工股份有限公司深圳石油分公司	石油及制品批发	广东省深圳市
广州钢铁企业集团有限公司	金属及金属矿批发	广东省广州市
广州医药有限公司	西药批发	广东省广州市
广州立白企业集团有限公司	厨房、卫生间用具及日用杂货批发	广东省广州市
中国烟草总公司深圳市公司	烟草制品批发	广东省深圳市
广东烟草广州市有限公司	烟草制品批发	广东省广州市
深圳市爱施德股份有限公司	通讯及广播电视设备批发	广东省深圳市
广东省丝绸纺织集团有限公司	纺织品、针织品及原料批发	广东省广州市
国药控股广州有限公司	西药批发	广东省广州市
联想(深圳)电子有限公司	计算机、软件及辅助设备批发	广东省深圳市
中石化中海船舶燃料供应有限公司	石油及制品批发	广东省广州市
惠州TCL电器销售有限公司	家用电器批发	广东省惠州市
广州珠江电力燃料有限公司	煤炭及制品批发	广东省广州市
广东烟草东莞市有限公司	烟草制品批发	广东省东莞市
华南蓝天油料有限公司	石油及制品批发	广东省广州市
昆山润华商业有限公司广州黄埔分公司	服装批发	广东省广州市
广东烟草佛山市有限公司责任公司	烟草制品批发	广东省佛山市
广东省轻工进出口股份有限公司	其他未列明的批发	广东省广州市
广东省机械进出口股份有限公司	其他机械设备及电子产品批发	广东省广州市
松下电器机电(深圳)有限公司	其他机械设备及电子产品批发	广东省深圳市
中山市物资集团有限公司	金属及金属矿批发	广东省中山市
深圳中电投资股份有限公司	其他机械设备及电子产品批发	广东省深圳市
中国石油化工股份有限公司广东韶关石油分公司	石油及制品批发	广东省韶关市
中捷通信有限公司	通讯及广播电视设备批发	广东省广州市
中国石油化工股份有限公司广东清远石油分公司	石油及制品批发	广东省清远市
深圳市青岛啤酒华南营销有限公司	饮料及茶叶批发	广东省深圳市
三星中国投资有限公司广州分公司	家用电器批发	广东省广州市
广州市金属回收公司	再生物资回收与批发	广东省广州市
广东烟草湛江市有限公司	烟草制品批发	广东省湛江市
广州神州数码有限公司	计算机、软件及辅助设备批发	广东省广州市
广东九州通医药有限公司	西药批发	广东省中山市
广东烟草梅州市有限公司	烟草制品批发	广东省梅州市
广东烟草惠州市有限责任公司	烟草制品批发	广东省惠州市
汕头市众业达电器有限公司	其他机械设备及电子产品批发	广东省汕头市
广州广钢集团金兴物资供应有限公司	再生物资回收与批发	广东省广州市
广东省中山食品水产进出口集团有限公司	肉、禽、蛋及水产品批发	广东省中山市
深圳市三九医药贸易有限公司	中药材及中成药批发	广东省深圳市
中国石油化工股份有限公司广东河源石油分公司	石油及制品批发	广东省河源市

4-5 续表 42

企业名称	所属行业	企业所在地
广州纺织品进出口集团有限公司	纺织品、针织品及原料批发	广东省广州市
广东烟草江门市有限公司	烟草制品批发	广东省江门市
真维斯服饰(中国)有限公司	服装批发	广东省惠州市
中国石油化工股份有限公司广东梅州石油分公司	石油及制品批发	广东省梅州市
广州中邮普泰移动通信设备有限责任公司	通讯及广播电视设备批发	广东省广州市
广东烟草揭阳市有限公司	烟草制品批发	广东省揭阳市
联强国际贸易(中国)有限公司广州分公司	计算机、软件及辅助设备批发	广东省广州市
中域电讯连锁集团股份有限公司	通讯及广播电视设备批发	广东省东莞市
广东烟草清远市有限公司	烟草制品批发	广东省清远市
广东烟草韶关市有限公司	烟草制品批发	广东省韶关市
广东烟草河源市有限责任公司	烟草制品批发	广东省河源市
中国石油天然气股份有限公司广东湛江销售分公司	石油及制品批发	广东省湛江市
广东烟草茂名市有限责任公司	烟草制品批发	广东省茂名市
内蒙古伊利实业股份有限公司广州分公司	饮料及茶叶批发	广东省广州市
华润水泥投资有限公司	建材批发	广东省深圳市
中国石油化工股份有限公司广东阳江分公司	石油及制品批发	广东省阳江市
深圳一致药业股份有限公司	西药批发	广东省深圳市
广东烟草肇庆市有限责任公司	烟草制品批发	广东省肇庆市
广东烟草中山市有限责任公司	烟草制品批发	广东省中山市
广州市宏丽黄埔百货有限公司	米、面制品及食用油批发	广东省广州市
格兰仕空调(中山)销售公司	家用电器批发	广东省中山市
中国石油化工股份有限公司广东粤东石油分公司	石油及制品批发	广东省汕头市
广东省烟草汕尾市有限公司	烟草制品批发	广东省汕尾市
深圳市华孚进出口有限公司	纺织品、针织品及原料批发	广东省深圳市
广东烟草普宁市有限责任公司	烟草制品批发	广东省揭阳市
深圳市嘉康食品有限公司	肉、禽、蛋及水产品批发	广东省深圳市
深圳市燃气集团有限公司	石油及制品批发	广东省深圳市
广东烟草潮阳有限公司	烟草制品批发	广东省汕头市
广州采芝林药业有限公司	中药材及中成药批发	广东省广州市
松下电器(中国)有限公司广州分公司	家用电器批发	广东省广州市
联新能源发展有限公司	石油及制品批发	广东省广州市
无限极(中国)有限公司广州分公司	化妆品及卫生用品批发	广东省广州市
广东烟草珠海市有限公司	烟草制品批发	广东省珠海市
广州市振戎燃气连锁经营有限公司	石油及制品批发	广东省广州市
广东省食品进出口集团公司	肉、禽、蛋及水产品批发	广东省广州市
广州华新商贸有限公司	饮料及茶叶批发	广东省广州市
大金(中国)投资有限公司广州分公司	其他机械设备及电子产品批发	广东省广州市
广东烟草阳江市有限责任公司	烟草制品批发	广东省阳江市
广东华农温氏畜牧股份有限公司	肉、禽、蛋及水产品批发	广东省云浮市
广州大参林药业有限公司	中药材及中成药批发	广东省广州市
卡西欧电子(深圳)有限公司	其他机械设备及电子产品批发	广东省深圳市
佛山市顺德区越大化工贸易有限公司	其他化工产品批发	广东省佛山市
广州开发区中穗燃气有限公司	石油及制品批发	广东省广州市
广东省肇庆土产进出口公司	米、面制品及食用油批发	广东省肇庆市
深圳市华成峰实业有限公司	其他机械设备及电子产品批发	广东省深圳市
深圳市怡化电脑有限公司	计算机、软件及辅助设备批发	广东省深圳市
中山榄菊销售有限公司	其他日用品批发	广东省中山市
珠海格力电器销售有限公司	家用电器批发	广东省珠海市
深圳市齐普生信息科技有限公司	计算机、软件及辅助设备批发	广东省深圳市
百朗商贸(深圳)有限公司	鞋帽批发	广东省深圳市
周生生中国商业有限公司	首饰、工艺品及收藏品批发	广东省广州市
深圳健安医药有限公司	西药批发	广东省深圳市

4-5 续表 43

企业名称	所属行业	企业所在地
广东烟草南雄市有限公司	烟草制品批发	广东省韶关市
广州TCL电器销售有限公司	家用电器批发	广东省广州市
深圳市金立通信设备有限公司	通讯及广播电视设备批发	广东省深圳市
广州市粮食集团有限责任公司	米、面制品及食用油批发	广东省广州市
广东烟草云浮市有限责任公司	烟草制品批发	广东省云浮市
广州市鼎尚股份有限公司	服装批发	广东省广州市
金利来(中国)有限公司广州分公司	服装批发	广东省广州市
广东省中山食品进出口有限公司	肉、禽、蛋及水产品批发	广东省中山市
深圳创维-RGB电子有限公司广州分公司	家用电器批发	广东省广州市
广州万力轮胎商贸有限公司	其他化工产品批发	广东省广州市
广东周大福珠宝金行有限公司	首饰、工艺品及收藏品批发	广东省广州市
广东新华发行集团股份有限公司	图书批发	广东省广州市
中国船舶燃料供应广州公司	石油及制品批发	广东省广州市
东莞市糖酒集团美宜佳便利店有限公司	其他食品批发	广东省东莞市
广东烟草汕头市有限责任公司	烟草制品批发	广东省汕头市
深圳市康帕斯科技发展有限公司	计算机、软件及辅助设备批发	广东省深圳市
深圳市光汇石油化工股份有限公司	石油及制品批发	广东省深圳市
和记黄浦(中国)商贸有限公司	石油及制品批发	广东省广州市
福达(中国)投资有限公司	盐及调味品批发	广东省广州市
达能益力贸易(深圳)有限公司	饮料及茶叶批发	广东省深圳市
广州红牛维他命饮料有限公司	饮料及茶叶批发	广东省广州市
广东大地通讯连锁服务有限公司	通讯及广播电视设备批发	广东省东莞市
广东格兰仕电器销售有限公司	家用电器批发	广东省中山市
茂名市实业发展集团公司	其他化工产品批发	广东省茂名市
广东温氏食品集团有限公司车岗分公司	肉、禽、蛋及水产品批发	广东省云浮市
TCL家用电器(惠州)有限公司	家用电器批发	广东省惠州市
高州市食品企业集团公司	肉、禽、蛋及水产品批发	广东省茂名市
信宜市粤信肉类食品有限公司	肉、禽、蛋及水产品批发	广东省茂名市
李锦记中国销售有限公司	盐及调味品批发	广东省广州市
重庆海尔家电销售有限公司广州分公司	家用电器批发	广东省广州市
东莞市喜威液化石油气有限公司	石油及制品批发	广东省东莞市
深圳市鑫荣懋实业发展有限公司	果品、蔬菜批发	广东省深圳市
东莞市东糖集团有限公司	糕点、糖果及糖批发	广东省东莞市
珠海市燃气集团有限公司	石油及制品批发	广东省珠海市
嘉顿食品贸易(中国)有限公司	糕点、糖果及糖批发	广东省东莞市
广东骏捷汽车贸易有限公司	汽车、摩托车及零配件批发	广东省广州市
广东一力医药有限公司	中药材及中成药批发	广东省肇庆市
广东东鹏陶瓷股份有限公司	建材批发	广东省佛山市
广州食品企业集团有限公司	肉、禽、蛋及水产品批发	广东省广州市
广州市煤建公司	煤炭及制品批发	广东省广州市
深圳市昊天林实业有限公司	其他机械设备及电子产品批发	广东省深圳市
广州市盛世长运商贸连锁有限公司	服装批发	广东省广州市
广东温氏食品集团有限公司勒竹分公司	肉、禽、蛋及水产品批发	广东省云浮市
广东新明珠陶瓷集团有限公司	建材批发	广东省佛山市
深圳出版发行集团公司	图书批发	广东省深圳市
广东恒兴集团有限公司	种子、饲料批发	广东省湛江市
潮州市中凯华丰能源连锁配送有限公司	石油及制品批发	广东省潮州市
广州市万荣商贸有限公司	贸易经纪与代理	广东省广州市
中山市万荣营销有限公司	化妆品及卫生用品批发	广东省中山市
广东温氏食品集团有限公司稔村分公司	肉、禽、蛋及水产品批发	广东省云浮市
深圳世强电讯有限公司	其他机械设备及电子产品批发	广东省深圳市
新兴县温氏食品联营有限公司	肉、禽、蛋及水产品批发	广东省云浮市

4-5 续表 44

企业名称	所属行业	企业所在地
深圳市金活医药有限公司	中药材及中成药批发	广东省深圳市
东莞市东孚商贸有限公司	化妆品及卫生用品批发	广东省东莞市
深圳市联诚医药有限公司	西药批发	广东省深圳市
广州市广新电器有限公司	家用电器批发	广东省广州市
东莞市荣兴纸业有限公司	其他未列明的批发	广东省东莞市
台山市长江食品有限公司	肉、禽、蛋及水产品批发	广东省江门市
深圳市红牛实业有限公司	饮料及茶叶批发	广东省深圳市
深圳市晨光乳业有限公司	饮料及茶叶批发	广东省深圳市
广东省盐业运销(企业)集团公司	盐及调味品批发	广东省广州市
深圳市金永励实业发展有限公司	化妆品及卫生用品批发	广东省深圳市
曼秀雷敦(中国)药业有限公司广州分公司	化妆品及卫生用品批发	广东省广州市
深圳市源兴果品有限公司	果品、蔬菜批发	广东省深圳市
深圳市金帝营销有限公司	糕点、糖果及糖批发	广东省深圳市
东莞美的制冷设备销售有限公司	家用电器批发	广东省东莞市
深圳市广新贸易有限公司	家用电器批发	广东省深圳市
深圳市安新源贸易有限公司	化妆品及卫生用品批发	广东省深圳市
东芝家用电器销售(南海)有限公司	家用电器批发	广东省佛山市
韶关市宜达燃料开发有限公司	煤炭及制品批发	广东省韶关市
广州九州通医药有限公司	中药材及中成药批发	广东省广州市
佛山市南海大沣实业有限公司	鞋帽批发	广东省佛山市
广州市运通四方实业有限公司	汽车、摩托车及零配件批发	广东省广州市
广东省广弘食品集团有限公司	肉、禽、蛋及水产品批发	广东省广州市
佛山市南海区桂城景兴商务拓展有限公司	化妆品及卫生用品批发	广东省佛山市
深圳市TCL电器销售有限公司	其他机械设备及电子产品批发	广东省深圳市
河源市温氏禽畜有限公司(畜牧部)	肉、禽、蛋及水产品批发	广东省河源市
肇庆市盛林再生资源有限公司	再生物资回收与批发	广东省肇庆市
深圳荷花商贸有限公司	服装批发	广东省深圳市
深圳市深南燃气有限公司	石油及制品批发	广东省深圳市
傲丰贸易(深圳)有限公司	鞋帽批发	广东省深圳市
广东紫云轩药业有限公司	中药材及中成药批发	广东省茂名市
广东省罗定市食品企业集团公司	肉、禽、蛋及水产品批发	广东省云浮市
深圳市盛宝粮油供应有限公司	米、面制品及食用油批发	广东省深圳市
雷州市食品总公司	肉、禽、蛋及水产品批发	广东省湛江市
广州市蒙牛乳业销售有限公司	饮料及茶叶批发	广东省广州市
深圳臻乔时装有限公司	服装批发	广东省深圳市
中国石油化工股份有限公司广东广州石油分公司	机动车燃料零售	广东省广州市
广东物资集团汽车贸易公司	汽车零售	广东省广州市
中国石油化工股份有限公司广东佛山石油分公司	机动车燃料零售	广东省佛山市
华润万家有限公司	超级市场零售	广东省深圳市
天虹商场股份有限公司	百货零售	广东省深圳市
中国石油化工有限公司广东东莞石油分公司	机动车燃料零售	广东省东莞市
沃尔玛深国投百货有限公司	百货零售	广东省深圳市
中油碧辟石油有限公司广州分公司	机动车燃料零售	广东省广州市
中石化工股份有限公司广东肇庆石油分公司	机动车燃料零售	广东省肇庆市
广州屈臣氏个人用品商店有限公司	超级市场零售	广东省广州市
中国石油化工股份有限公司广东惠州石油分公司	机动车燃料零售	广东省惠州市
中国石油化工股份有限公司广东江门石油分公司	机动车燃料零售	广东省江门市
广州市国美电器有限公司	家用电器零售	广东省广州市
深圳茂业商厦有限公司	百货零售	广东省深圳市
广东新协力集团有限公司	汽车零售	广东省佛山市
广州市广百股份有限公司	百货零售	广东省广州市
中国石油化工股份有限公司广东中山石油分公司	机动车燃料零售	广东省中山市

4-5 续表 45

企业名称	所属行业	企业所在地
广州友谊班尼路服饰有限公司	服装零售	广东省广州市
深圳市国美电器有限公司	家用电器零售	广东省深圳市
广州友谊集团股份有限公司	百货零售	广东省广州市
中国石油化工股份有限公司湛江石油分公司	机动车燃料零售	广东省湛江市
深圳市人人乐商业有限公司	超级市场零售	广东省深圳市
中国石油天然气股份有限公司广东广州销售分公司	机动车燃料零售	广东省广州市
广东苏宁电器有限公司	家用电器零售	广东省广州市
雅芳(中国)有限公司	化妆品及卫生用品零售	广东省广州市
广东吉之岛天贸百货有限公司	百货零售	广东省广州市
华润万家生活超市(广州)有限公司	超级市场零售	广东省广州市
深圳市苏宁电器有限公司	家用电器零售	广东省深圳市
广州易初莲花连锁超市有限公司	超级市场零售	广东省广州市
广东龙粤通信设备集团有限公司	通信设备零售	广东省广州市
广州百佳超级市场有限公司	超级市场零售	广东省广州市
广州天河城百货有限公司	服装零售	广东省广州市
中国石油化工股份有限公司珠海石油有限公司	机动车燃料零售	广东省珠海市
广州市好又多百货商业广场有限公司	百货零售	广东省广州市
中海油销售深圳有限公司	机动车燃料零售	广东省深圳市
深圳市顺电连锁股份有限公司	家用电器零售	广东省深圳市
中山市壹加壹商业连锁有限公司	百货零售	广东省中山市
新一佳超市有限公司	百货零售	广东省深圳市
佛山市顺德区乐从供销集团有限公司	超级市场零售	广东省佛山市
广州家广超市有限公司	超级市场零售	广东省广州市
深圳市百佳华百货有限公司	百货零售	广东省深圳市
深圳岁宝百货有限公司	百货零售	广东省深圳市
深圳市国有免税商品(集团)有限公司	烟草制品零售	广东省深圳市
深圳市海王星辰医药有限公司	药品零售	广东省深圳市
深圳市领跑体育用品有限公司	服装零售	广东省深圳市
东莞市时尚电器有限公司	家用电器零售	广东省东莞市
东莞市嘉荣超市有限公司	超级市场零售	广东省东莞市
深圳家乐福商业有限公司	超级市场零售	广东省深圳市
中油碧辟石油有限公司江门分公司	机动车燃料零售	广东省江门市
深圳市亨吉利世界名表中心有限公司	钟表、眼镜零售	广东省深圳市
永旺华南商业有限公司	百货零售	广东省深圳市
深圳岁宝连锁商业发展有限公司	百货零售	广东省深圳市
华润万家生活超市(珠海)有限公司	百货零售	广东省珠海市
深圳市恒波商业连锁股份有限公司	通信设备零售	广东省深圳市
佛山市苏宁电器有限公司	家用电器零售	广东省佛山市
广州市宏丽有限公司	超级市场零售	广东省广州市
广东赛壹便利店有限公司	超级市场零售	广东省广州市
东莞沃尔玛百货有限公司	超级市场零售	广东省东莞市
深圳市国美电器有限公司东莞市分公司	家用电器零售	广东省东莞市
华润万家生活超市(中山)有限公司	超级市场零售	广东省中山市
东莞市励骏实业有限公司	鞋帽零售	广东省东莞市
茂名市明湖百货有限公司	超级市场零售	广东省茂名市
深圳百安居装饰建材有限公司	其他室内装修材料零售	广东省深圳市
深圳市深燃石油气有限公司	其他未列明的零售	广东省深圳市
东莞市国贸超级市场有限公司	超级市场零售	广东省东莞市
广州市新大新有限公司	百货零售	广东省广州市
广州城建开发宏城连锁超级市场有限公司	超级市场零售	广东省广州市
中山市信和商业连锁有限公司	超级市场零售	广东省中山市

4-5 续表 46

企业名称	所属行业	企业所在地
深圳乐荣超市有限公司	超级市场零售	广东省深圳市
广东大参林连锁药店有限公司	药品零售	广东省广州市
东莞市天虹商场有限公司	百货零售	广东省东莞市
广州百佳超级市场有限公司深圳分公司	超级市场零售	广东省深圳市
佛山市好又多怡东百货商业有限公司	超级市场零售	广东省佛山市
广州购书中心有限公司	图书零售	广东省广州市
特易购商业(广东)有限公司	百货零售	广东省广州市
广州宝元贸易有限公司	服装零售	广东省广州市
东莞市天和商贸有限公司	百货零售	广东省东莞市
惠州市天虹商场有限公司	百货零售	广东省惠州市
深圳市一致医药连锁有限公司	药品零售	广东省深圳市
昆山润福商贸有限公司广州花都分公司	百货零售	广东省广州市
佛山市顺德区乐从供销集团顺客隆商场有限公司	超级市场零售	广东省佛山市
广东万宁连锁商业有限公司	其他综合零售	广东省广州市
真维斯服饰(广东)有限公司	服装零售	广东省惠州市
深圳市好又多量贩百货有限公司	超级市场零售	广东省深圳市
深圳市有荣配销有限公司	超级市场零售	广东省深圳市
惠州市丽日购物广场有限公司	百货零售	广东省惠州市
肇庆市大润发商业发展有限公司	超级市场零售	广东省肇庆市
青岛润泰事业有限公司东莞大朗分公司	超级市场零售	广东省东莞市
广州市海王星辰医药连锁有限公司	药品零售	广东省广州市
中山市华润万家便利超市有限公司	超级市场零售	广东省中山市
深圳市大润发商业有限公司	超级市场零售	广东省深圳市
广州市新华书店集团有限公司	图书零售	广东省广州市
广东赛壹便利店有限公司深圳分公司	其他综合零售	广东省深圳市
广东东明股份有限公司	超级市场零售	广东省韶关市
深圳市卡尔丹顿服饰有限公司	服装零售	广东省深圳市
深圳市中联大药房有限公司	药品零售	广东省深圳市
广东胜佳超市有限公司	百货零售	广东省广州市
利信达商业(中国)有限公司	服装零售	广东省广州市
深圳市龙浩天地商贸发展有限公司	鞋帽零售	广东省深圳市
佛山市南海润良商业有限公司	超级市场零售	广东省佛山市
深圳市国惠康实业发展有限公司	超级市场零售	广东省深圳市
广州喜市多便利连锁有限公司	其他综合零售	广东省广州市
中山市中智大药房连锁有限公司	药品零售	广东省中山市
东莞市嘉祥通讯有限公司	通信设备零售	广东省东莞市
佛山市顺德区大参林药业有限公司	药品零售	广东省佛山市
广州花园酒店	旅游饭店	广东省广州市
七天酒店深圳有限公司	一般旅馆	广东省广州市
香格里拉大酒店(广州琶洲)有限公司	旅游饭店	广东省广州市
广州市长隆酒店有限公司	旅游饭店	广东省广州市
白天鹅宾馆	旅游饭店	广东省广州市
中国大酒店	旅游饭店	广东省广州市
港中旅(珠海)海洋温泉有限公司	旅游饭店	广东省珠海市
七天酒店(深圳)有限公司	一般旅馆	广东省深圳市
广州市东方宾馆股份有限公司	旅游饭店	广东省广州市
东莞市塘厦三正半山酒店有限公司	旅游饭店	广东省东莞市
江门市逸豪酒店有限公司	旅游饭店	广东省江门市
深圳维也纳酒店有限公司	旅游饭店	广东省深圳市
惠州市康帝国际酒店有限公司	旅游饭店	广东省惠州市

4-5 续表 47

企业名称	所属行业	企业所在地
东莞市会展国际大酒店	旅游饭店	广东省东莞市
百胜餐饮广东有限公司	快餐服务	广东省广州市
广东三元麦当劳食品有限公司	快餐服务	广东省广州市
百胜餐饮(深圳)有限公司	快餐服务	广东省深圳市
麦当劳餐厅(深圳)有限公司	快餐服务	广东省深圳市
广州真功夫快餐连锁管理有限公司	快餐服务	广东省广州市
深圳面点王饮食连锁有限公司	快餐服务	广东省深圳市
东莞肯德基有限公司	快餐服务	广东省东莞市
真功夫餐饮管理有限公司	快餐服务	广东省东莞市
东莞麦华食品有限公司	快餐服务	广东省东莞市
广州市绿茵阁饮食连锁有限公司	正餐服务	广东省广州市
深圳市嘉旺餐饮连锁有限公司	快餐服务	广东省深圳市
味千拉面饮食服务(深圳)有限公司	其他餐饮服务	广东省深圳市
广西壮族自治区		
博白县食品总公司	牲畜批发	广西壮族自治区玉林市
广西顶佳计算机信息有限公司	计算机、软件及辅助设备批发	广西壮族自治区南宁市
中国石油天然气股份有限公司广西百色销售分公司	石油及制品批发	广西壮族自治区百色市
广西平安堂药业有限责任公司	西药批发	广西壮族自治区玉林市
广西洁宝纸业有限公司	化妆品及卫生用品批发	广西壮族自治区柳州市
广西百祥石油有限公司	石油及制品批发	广西壮族自治区南宁市
南宁市王者通讯股份有限公司	通讯及广播电视设备批发	广西壮族自治区南宁市
广西壮族自治区盐业公司	盐及调味品批发	广西壮族自治区南宁市
广西小松工程机械设备有限责任公司	其他机械设备及电子产品批发	广西壮族自治区南宁市
中国石油天然气股份有限公司广西河池销售分公司	石油及制品批发	广西壮族自治区河池市
广西太华医药有限公司	西药批发	广西壮族自治区南宁市
广西壮族自治区烟草公司玉林市公司	烟草制品批发	广西壮族自治区玉林市
广西壮族自治区烟草公司来宾市公司	烟草制品批发	广西壮族自治区来宾市
广西壮族自治区烟草公司崇左市公司	烟草制品批发	广西壮族自治区崇左市
广西壮族自治区烟草公司北海市公司	烟草制品批发	广西壮族自治区北海市
广西烟草公司贺州市公司	烟草制品批发	广西壮族自治区贺州市
中国石油天然气股份有限公司广西玉林销售分公司	石油及制品批发	广西壮族自治区玉林市
广西壮族自治区烟草公司钦州市公司	烟草制品批发	广西壮族自治区钦州市
中国石油天然气股份有限公司广西桂林销售分公司	石油及制品批发	广西壮族自治区桂林市
广西壮族自治区烟草公司梧州分公司	烟草制品批发	广西壮族自治区梧州市
广西新华书店集团有限公司	图书批发	广西壮族自治区南宁市
中国石油广西柳州销售分公司	石油及制品批发	广西壮族自治区柳州市
广西壮族自治区烟草公司贵港市公司	烟草制品批发	广西壮族自治区贵港市
广西格力空调销售有限责任公司	其他机械设备及电子产品批发	广西壮族自治区南宁市
广西壮族自治区烟草公司河池分公司	烟草制品批发	广西壮族自治区河池市
广西壮族自治区烟草公司百色市公司	烟草制品批发	广西壮族自治区百色市
广西辉煌交通石化有限公司	石油及制品批发	广西壮族自治区南宁市
广西壮族自治区烟草公司柳州市公司	烟草制品批发	广西壮族自治区柳州市
中国石油化工股份有限公司广西河池石油分公司	石油及制品批发	广西壮族自治区河池市
广西壮族自治区烟草公司桂林市公司	烟草制品批发	广西壮族自治区桂林市
中国石油化工股份有限公司广西钦州石油分公司	石油及制品批发	广西壮族自治区钦州市
中国石油化工股份有限公司广西百色石油分公司	石油及制品批发	广西壮族自治区百色市
广西壮族自治区烟草公司南宁市公司	烟草制品批发	广西壮族自治区南宁市
中国石油化工股份有限公司广西桂林石油分公司	石油及制品批发	广西壮族自治区桂林市
中国石油化工股份有限公司广西柳州石油分公司	石油及制品批发	广西壮族自治区柳州市
中国石油天然气股份有限公司广西南宁销售分公司	石油及制品批发	广西壮族自治区南宁市
中国石油化工股份有限公司广西南宁石油分公司	石油及制品批发	广西壮族自治区南宁市

4-5 续表 48

企业名称	所属行业	企业所在地
中国石油化工股份有限公司广西贵港石油分公司	机动车燃料零售	广西壮族自治区贵港市
玉林金城商厦有限责任公司	超级市场零售	广西壮族自治区玉林市
南宁市人人乐商业有限公司	超级市场零售	广西壮族自治区南宁市
南宁百货大楼股份有限公司	百货零售	广西壮族自治区南宁市
柳州市百货股份有限公司	百货零售	广西壮族自治区柳州市
柳州工贸大厦股份有限公司	百货零售	广西壮族自治区柳州市
桂林市西麦营销有限公司	饮料及茶叶零售	广西壮族自治区桂林市
桂林市微笑堂实业发展有限公司	百货零售	广西壮族自治区桂林市
桂林市华荣自选商店有限责任公司	超级市场零售	广西壮族自治区桂林市
广西通用商贸有限公司	超级市场零售	广西壮族自治区玉林市
广西南宁康迈商业有限责任公司	超级市场零售	广西壮族自治区南宁市
广西南城百货股份有限公司	超级市场零售	广西壮族自治区南宁市
广西联华超市股份有限公司	超级市场零售	广西壮族自治区柳州市
广西老百姓大药房有限公司	药品零售	广西壮族自治区南宁市
北海市和安贸易有限责任公司	百货零售	广西壮族自治区北海市
南宁肯德基有限公司	快餐服务	广西壮族自治区南宁市
海南省		
海南省烟草公司海口公司	烟草制品批发	海南省海口市
海南省烟草琼海公司	烟草制品批发	海南省琼海市
海南省烟草公司三亚公司	烟草制品批发	海南省三亚市
海南神威药业有限公司	中药材及中成药批发	海南省儋州市
海南四环医药有限公司	中药材及中成药批发	海南省儋州市
海南快克药业有限公司	西药批发	海南省海口市
海南凤凰新华发行有限责任公司	图书批发	海南省海口市
中国石油化工股份有限公司海南石油分公司	机动车燃料零售	海南省海口市
中国石油天然气股份公司海南销售分公司	机动车燃料零售	海南省海口市
海南大润发商业有限公司	超级市场零售	海南省海口市
海南第一百货商场有限公司	服装零售	海南省海口市
金茂(三亚)旅业有限公司	旅游饭店	海南省三亚市
三亚天域实业有限公司天域度假酒店	旅游饭店	海南省三亚市
重庆市		
重庆海尔家电销售有限公司	家用电器批发	重庆市市辖区
中国烟草总公司重庆市公司	烟草制品批发	重庆市市辖区
中国石油天然气股份有限公司重庆销售分公司	石油及制品批发	重庆市市辖区
重庆东风渝安汽车销售有限公司	汽车、摩托车及零配件批发	重庆市市辖区
重庆力帆实业集团销售有限公司	汽车、摩托车及零配件批发	重庆市市辖区
九禾股份有限公司	化肥批发	重庆市九龙坡区
重庆华轻商业公司	家用电器批发	重庆市市辖区
中国石油化工股份有限公司重庆石油分公司	石油及制品批发	重庆市市辖区
重庆桐君阁股份有限公司	中药材及中成药批发	重庆市市辖区
重庆龙禹石油有限公司	石油及制品批发	重庆市市辖区
重庆建设销售有限责任公司	汽车、摩托车及零配件批发	重庆市九龙坡区
重庆市油脂公司	米、面制品及食用油批发	重庆市市辖区
重庆九州通医药有限公司	西药批发	重庆市市辖区
重庆科渝药品经营有限公司	西药批发	重庆市市辖区
重庆市盐业总公司	盐及调味品批发	重庆市市辖区
重庆合智物业发展公司商贸公司涪陵合智商业广场分公司	纺织品、针织品及原料批发	重庆市市辖区
重庆海尔家电销售有限公司销售分公司	家用电器批发	重庆市市辖区
万州烟草分公司	烟草制品批发	重庆市万州区
重庆市烟草公司彭水县分公司	烟草制品批发	重庆市彭水县

4-5 续表 49

企业名称	所属行业	企业所在地
中国石油天然气股份有限公司重庆销售江北分公司渝北经营部	石油及制品批发	重庆市市辖区
重庆德佳食品(集团)有限公司	牲畜批发	重庆市合川区
重庆诗仙太白酒类销售有限公司	其他食品批发	重庆市市辖区
重庆昌野药业有限公司	西药批发	重庆市市辖区
重庆市烟草公司奉节分公司	烟草制品批发	重庆市奉节县
深圳创维-RGB电子有限公司重庆分公司	家用电器批发	重庆市江北区
重庆市烟草公司巫山分公司	烟草制品批发	重庆市市辖区
中国烟草总公司重庆市公司黔江分公司	烟草制品批发	重庆市市辖区
中国烟草总公司重庆市公司涪陵分公司	烟草制品批发	重庆市市辖区
重庆市铜梁县粮油购销总公司	谷物、豆及薯类批发	重庆市铜梁县
中国烟草总公司重庆市公司丰都分公司	烟草制品批发	重庆市市辖区
中国烟草总公司重庆市公司武隆分公司	烟草制品批发	重庆市市辖区
中国烟草总公司重庆市公司酉阳公司	烟草制品批发	重庆市酉阳县
成都旺旺食品有限公司重庆分公司	其他食品批发	重庆市市辖区
重庆莱斯丽科技有限公司	通讯及广播电视设备批发	重庆市市辖区
重庆领跑体育用品有限公司	服装批发	重庆市市辖区
重庆商社新世纪百货有限公司	百货零售	重庆市江北区
重庆百货大楼股份有限公司	百货零售	重庆市市辖区
重庆医药股份有限公司	药品零售	重庆市市辖区
重庆铠特家俬制造有限公司	家具零售	重庆市市辖区
重庆新华书店集团公司	图书零售	重庆市市辖区
重庆永辉超市有限公司	百货零售	重庆市江北区
重庆商社电器有限公司	家用电器零售	重庆市市辖区
重庆渝宁苏宁电器有限公司	家用电器零售	重庆市市辖区
重庆国美电器有限公司	家用电器零售	重庆市市辖区
重庆重客隆超市连锁有限责任公司	超级市场零售	重庆市市辖区
重庆家乐福商业有限公司	百货零售	重庆市市辖区
重庆和平药房连锁有限责任公司	药品零售	重庆市市辖区
重庆赛博迈特数码广场有限公司江北分公司	计算机、软件及辅助设备零售	重庆市江北去
重庆市新大兴实业(集团)有限公司	超级市场零售	重庆市市辖区
重庆中百仓储超市有限公司	超级市场零售	重庆市市辖区
重庆好又多百货商业有限公司	超级市场零售	重庆市市辖区
重庆聚信国际建材城有限公司	其他室内装修材料零售	重庆市渝北区
重庆桐君阁大药房连锁有限责任公司	药品零售	重庆市市辖区
重庆名豪实业集团百货有限公司	百货零售	重庆市市辖区
重庆市长寿区双发消费品公司	其他综合零售	重庆市市辖区
重庆世纪金源时代大饭店有限公司	旅游饭店	重庆市市辖区
重庆陶然居饮食文化(集团)有限公司	正餐服务	重庆市市辖区
重庆兴红得聪餐饮管理有限公司	快餐服务	重庆市市辖区
重庆肯德基有限公司	快餐服务	重庆市市辖区
四川省		
攀钢集团国际经济贸易有限公司	金属及金属矿批发	四川省成都市
四川省烟草公司成都市公司	烟草制品批发	四川省成都市
中国铁路物资成都公司	金属及金属矿批发	四川省成都市
四川省烟草公司凉山州公司	烟草制品批发	四川省凉山州
成都西部医药经营有限公司	西药批发	四川省成都市
中铁二局集团物资有限公司	建材批发	四川省成都市
联想(成都)有限公司	计算机、软件及辅助设备批发	四川省成都市
四川科伦医药贸易有限公司	西药批发	四川省成都市
攀枝花钢城集团有限公司(商贸部分)	金属及金属矿批发	四川省攀枝花市
四川省烟草公司绵阳市公司	烟草制品批发	四川省绵阳市

4-5 续表 50

企业名称	所属行业	企业所在地
四川省烟草公司宜宾市公司	烟草制品批发	四川省宜宾市
四川陆地石油销售有限责任公司	石油及制品批发	四川省德阳市
四川省烟草公司德阳市公司	烟草制品批发	四川省德阳市
四川省烟草公司南充市公司	烟草制品批发	四川省南充市
四川省医药有限公司	西药批发	四川省成都市
中国石油天然气股份有限公司四川德阳销售分公司	石油及制品批发	四川省德阳市
四川省烟草公司达州市公司	烟草制品批发	四川省达州市
中国石油天然气股份有限公司四川广元销售分公司	石油及制品批发	四川省广元市
中国石油天然气股份有限公司四川宜宾销售分公司	石油及制品批发	四川省宜宾市
内蒙古伊利实业集团股份有限公司成都分公司	其他食品批发	四川省成都市
中国石油天然气股份有限公司四川南充销售分公司	石油及制品批发	四川省南充市
四川省烟草公司乐山分公司	烟草制品批发	四川省乐山市
四川领跑体育用品有限公司	服装批发	四川省成都市
四川省烟草公司眉山分公司	烟草制品批发	四川省眉山市
四川省烟草公司内江分公司	烟草制品批发	四川省内江市
四川省烟草公司资阳分公司	烟草制品批发	四川省资阳市
四川省烟草公司广元市公司	烟草制品批发	四川省广元市
四川省烟草公司遂宁市公司	烟草制品批发	四川省遂宁市
四川省烟草公司泸州分公司	烟草制品批发	四川省泸州市
成都泰立电信商场连锁有限公司	通讯及广播电视设备批发	四川省成都市
四川省烟草公司广安分公司	烟草制品批发	四川省广安市
四川省烟草公司攀枝花市公司	烟草制品批发	四川省攀枝花市
四川本草堂药业有限公司	西药批发	四川省成都市
四川省烟草公司自贡分公司	烟草制品批发	四川省自贡市
熠晖冶金集团有限责任公司	金属及金属矿批发	四川省成都市
四川省烟草公司巴中分公司	烟草制品批发	四川省巴中市
中国石油天然气股份有限公司四川甘孜销售分公司	石油及制品批发	四川省甘孜州
中国石油天然气股份有限公司四川雅安销售分公司	石油及制品批发	四川省雅安市
宜宾市智溢酒业有限公司	饮料及茶叶批发	四川省宜宾市
成都中邮普泰移动通信设备有限责任公司	通讯及广播电视设备批发	四川省成都市
四川省烟草公司雅安市公司	烟草制品批发	四川省雅安市
四川省射洪沱牌供销有限公司	饮料及茶叶批发	四川省遂宁市
四川省绵阳药业集团公司	西药批发	四川省绵阳市
四川金利医药贸易有限公司	西药批发	四川省成都市
四川省烟草公司阿坝州公司	烟草制品批发	四川省阿坝州
四川同创工程机械有限公司	其他机械设备及电子产品批发	四川省成都市
绵阳市酒鑫鑫商贸有限公司	饮料及茶叶批发	四川省绵阳市
成都德仁堂药业有限公司	中药材及中成药批发	四川省成都市
成都金松营销有限公司	家用电器批发	四川省成都市
成都市荣贸食品有限公司	其他食品批发	四川省成都市
四川省烟草公司甘孜分公司	烟草制品批发	四川省甘孜州
四川华星天然气有限责任公司	石油及制品批发	四川省成都市
成都美特斯邦威服饰有限责任公司	服装批发	四川省成都市
成都天味商贸有限公司	其他食品批发	四川省成都市
四川省盐业总公司成都分公司	盐及调味品批发	四川省成都市
四川恒泰医药有限公司	西药批发	四川省成都市

4-5 续表 51

企业名称	所属行业	企业所在地
成都龙翔通讯有限责任公司	通讯及广播电视设备批发	四川省成都市
四川省盐业总公司乐山分公司	盐及调味品批发	四川省乐山市
成都宏川酒业有限公司	饮料及茶叶批发	四川省成都市
中国石化销售有限公司川渝分公司	机动车燃料零售	四川省成都市
成都红旗连锁有限公司	超级市场零售	四川省成都市
中国石油天然气股份有限公司四川成都销售分公司	机动车燃料零售	四川省成都市
四川新华文轩连锁股份有限公司	图书零售	四川省成都市
成都伊藤洋华堂有限公司	百货零售	四川省成都市
中国石油天然气股份有限公司四川销售成品油分公司	机动车燃料零售	四川省成都市
成都国美电器有限公司	家用电器零售	四川省成都市
成都王府井百货有限公司	百货零售	四川省成都市
中国汽车贸易西南公司	汽车零售	四川省成都市
成都万友经济开发总公司	汽车零售	四川省成都市
成都人民商场(集团)股份有限公司	百货零售	四川省成都市
四川苏宁电器有限公司	家用电器零售	四川省成都市
中国石油天然气股份有限公司四川岷江销售分公司	机动车燃料零售	四川省成都市
中国石油天然气股份有限公司四川乐山销售分公司	机动车燃料零售	四川省乐山市
中国石油天然气股份有限公司四川攀枝花销售分公司	机动车燃料零售	四川省攀枝花市
中国石油天然汽股份有限公司四川绵阳销售分公司	机动车燃料零售	四川省绵阳市
中国石油天然气股份有限公司四川凉山销售分公司	机动车燃料零售	四川省凉山州
中国石油天然气股份有限公司四川达州销售分公司	机动车燃料零售	四川省达州市
成都家乐福超市有限公司	超级市场零售	四川省成都市
中国石油天然气股份有限公司四川资阳销售分公司	机动车燃料零售	四川省资阳市
成都市人人乐商业有限公司	百货零售	四川省成都市
中国石油天然气股份有限公司四川眉山销售分公司	机动车燃料零售	四川省眉山市
四川壳牌燃油有限公司	机动车燃料零售	四川省成都市
中国石油四川内江销售分公司	机动车燃料零售	四川省内江市
四川省互惠商业责任有限公司	超级市场零售	四川省成都市
成都好又多百货商业广场有限公司	超级市场零售	四川省成都市
中国石油天然气股份有限公司四川销售泸州分公司	机动车燃料零售	四川省泸州市
中国石油天然气股份有限公司川南销售分公司	机动车燃料零售	四川省自贡市
成都美美力诚百货有限公司	服装零售	四川省成都市
泸州汇通百货股份有限公司	百货零售	四川省泸州市
成都讯捷通讯连锁有限公司	通信设备零售	四川省成都市
四川省达州商业集团有限公司	百货零售	四川省达州市
成都舞东风超市连锁有限责任公司	超级市场零售	四川省成都市
绵阳市家福来电器有限公司	家用电器零售	四川省绵阳市
成都大商投资有限公司	百货零售	四川省成都市
成都九龙贸易有限责任公司	超级市场零售	四川省成都市
成都市滔博商贸有限公司	鞋帽零售	四川省成都市
绵阳兴达好又多商贸有限公司	超级市场零售	四川省绵阳市
成都市锦江区红旗连锁有限公司	其他食品零售	四川省成都市
成都市青羊区红旗连锁有限公司	超级市场零售	四川省成都市
四川哦哦超市连锁管理有限公司	超级市场零售	四川省成都市
自贡市家和超市有限责任公司	超级市场零售	四川省自贡市
成都市成华区红旗连锁有限公司	超级市场零售	四川省成都市

4-5　续表 52

企业名称	所属行业	企业所在地
四川海王星辰健康药房有限公司	药品零售	四川省成都市
四川卓尔百货有限公司	超级市场零售	四川省内江市
四川宜宾叙府旅游开发有限公司	百货零售	四川省宜宾市
重庆百货大楼股份有限公司泸州商场	百货零售	四川省泸州市
四川省简阳市海底捞餐饮有限责任公司	其他餐饮服务	四川省资阳市
百胜餐饮成都有限公司	快餐服务	四川省成都市
四川麦当劳餐厅食品有限公司	快餐服务	四川省锦江区
成都巴国布衣餐饮发展有限公司	正餐服务	四川省成都市
四川省成都市饮食公司	正餐服务	四川省成都市
贵州省		
贵州茅台酒销售有限公司	饮料及茶叶批发	贵州省遵义市
贵州省烟草公司遵义市公司	烟草制品批发	贵州省遵义市
贵州省烟草公司毕节地区分公司	烟草制品批发	贵州省毕节地区
贵州省烟草公司贵阳市公司	烟草制品批发	贵州省贵阳市
中国石油化工股份有限公司贵州贵阳分公司	石油及制品批发	贵州省贵阳市
中国石油天然气股份有限公司贵州贵阳销售分公司	石油及制品批发	贵州省贵阳市
贵州前进轮胎销售有限公司	汽车、摩托车及零配件批发	贵州省贵阳市
贵州省烟草公司黔南分公司	烟草制品批发	贵州省黔南州
贵州省烟草公司六盘水市公司	烟草制品批发	贵州省六盘水市
贵州省黔西南州烟草公司	烟草制品批发	贵州省黔西南州
贵州省烟草公司铜仁分公司	烟草制品批发	贵州省铜仁市
贵州省 烟草公司黔东南分公司	烟草制品批发	贵州省黔东南州
贵州贵铁物流有限公司	煤炭及制品批发	贵州省贵阳市
贵州省烟草公司安顺分公司	烟草制品批发	贵州省安顺市
中国石油化工股份有限公司贵州黔南石油分公司	石油及制品批发	贵州省黔南州
中国石油化工股份有限公司黔东南石油分公司	石油及制品批发	贵州省黔东南州
贵州省新华书店	图书批发	贵州省贵阳市
中国贵州进出口有限责任公司	烟草制品批发	贵州省贵阳市
贵州省医药(集团)有限责任公司	西药批发	贵州省贵阳市
兴义柳州铁路南昆有限责任公司	煤炭及制品批发	贵州省黔西南州
贵州百花医药股份有限公司	中药材及中成药批发	贵州省遵义市
贵州省仁怀市粮油收储有限总公司	米、面制品及食用油批发	贵州省遵义市
中国石油化工股份有限公司贵州遵义石油分公司	机动车燃料零售	贵州省遵义市
中国石油化工股份有限公司六盘水石油分公司	机动车燃料零售	贵州省六盘水市
中国石油化工股份有限公司贵州黔西南州石油分公司	机动车燃料零售	贵州省黔西南州
贵阳星力百货集团有限公司	百货零售	贵州省贵阳市
贵州一树连锁药业有限公司	药品零售	贵州省贵阳市
重庆百货大楼股份有限公司遵义商场	百货零售	贵州省遵义市
贵州雅园饮食娱乐有限责任公司	正餐服务	贵州省贵阳市
云南省		
云南红塔烟叶物资有限责任公司	其他农畜产品批发	云南省玉溪市
云南中烟物资(集团)有限责任公司	其他未列明的批发	云南省昆明市
云南省烟草公司曲靖市公司	烟草制品批发	云南省曲靖市
中国石油化工股份有限公司云南昆明石油分公司	石油及制品批发	云南省昆明市
云南省烟草公司昆明市公司	烟草制品批发	云南省昆明市
云南省医药有限公司	西药批发	云南省昆明市
云南省烟草公司玉溪市公司	烟草制品批发	云南省玉溪市

4-5 续表 53

企业名称	所属行业	企业所在地
云南省烟草公司楚雄分公司	烟草制品批发	云南省楚雄州
云南省烟草公司红河州公司	烟草制品批发	云南省红河州
云南省烟草公司大理州公司	烟草制品批发	云南省大理州
云南省烟草公司昭通市分公司	烟草制品批发	云南省昭通市
中国石化股份有限公司曲靖石油分公司	石油及制品批发	云南省曲靖市
中国石油化工股份有限公司大理分公司	石油及制品批发	云南省大理州
云南省烟草公司保山市公司	烟草制品批发	云南省保山市
云南省烟草公司文山州公司	烟草制品批发	云南省文山州
云南省烟草公司普洱分公司	烟草制品批发	云南省普洱市
中国石油化工股份有限公司云南玉溪石油分公司	石油及制品批发	云南省玉溪市
昆明船舶设备集团有限公司	其他机械设备及电子产品批发	云南省昆明市
中国石油化工股份有限公司云南楚雄石油分公司	石油及制品批发	云南省楚雄州
云南省烟草公司临沧市公司	烟草制品批发	云南省临沧市
云南省烟草公司丽江市公司	烟草制品批发	云南省丽江市
云南省烟草烟叶公司	其他未列明的批发	云南省昆明市
云南金六福酒业有限公司	饮料及茶叶批发	云南省迪庆市
云南省机电设备总公司	汽车、摩托车及零配件批发	云南省昆明市
云南东骏药业有限公司	西药批发	云南省昆明市
云南英茂商务有限公司	汽车、摩托车及零配件批发	云南省昆明市
昆明七彩云南实业股份有限公司	首饰、工艺品及收藏品批发	云南省昆明市
中国石油化工股份有限公司普洱分公司	石油及制品批发	云南省普洱市
云南电力物资公司	金属及金属矿批发	云南省昆明市
云南迅捷通讯有限公司	通讯及广播电视设备批发	云南省昆明市
云南小松工程机械有限公司	其他机械设备及电子产品批发	云南省昆明市
云南省烟草公司德宏州公司	烟草制品批发	云南省德宏市
云南白药集团医药电子商务有限公司	化妆品及卫生用品批发	云南省昆明市
中国石油天然气股份有限公司云南大理销售分公司	石油及制品批发	云南省大理州
中国石油化工股份有限公司云南丽江石油分公司	石油及制品批发	云南省丽江市
中国石油天然气股份有限公司楚雄销售分公司	石油及制品批发	云南省楚雄市
云南盘龙云海药品经营有限公司	中药材及中成药批发	云南省昆明市
中国石油化工股份有限公司云南临沧石油分公司	石油及制品批发	云南省临沧市
中国石油天然气股份有限公司云南销售分公司玉溪零售部	石油及制品批发	云南省玉溪市
西双版纳中化安联橡胶有限公司	其他化工产品批发	云南省西双版纳州
云南安宁泰源工贸有限公司	金属及金属矿批发	云南省昆明市
中国石油化工股份有限公司云南德宏石油分公司	石油及制品批发	云南省德宏市
昆明国家粮食储备有限公司	米、面制品及食用油批发	云南省昆明市
深圳创维RGB电子有限公司云南分公司	家用电器批发	云南省昆明市
云南大为商贸有限公司	化肥批发	云南省曲靖市
中国石油天然气股份有限公司云南销售分公司	机动车燃料零售	云南省昆明市
中国石油化工股份有限责任公司云南红河石油分公司	机动车燃料零售	云南省红河哈尼族彝族自治州
云南沃尔玛百货有限公司	超级市场零售	云南省昆明市
云南鸿翔一心堂药业(集团)股份有限公司	药品零售	云南省昆明市
昆明国美电器有限公司	家用电器零售	云南省昆明市
昆明家乐福超市有限公司	超级市场零售	云南省昆明市
昆明百货大楼(集团)珠宝经营有限公司	珠宝首饰零售	云南省昆明市
云南健之佳连锁健康药房有限公司	药品零售	云南省昆明市
云南玉溪百信商贸集团有限公司	超级市场零售	云南省玉溪市
昆明新华书店连锁有限公司	图书零售	云南省昆明市
昆明新知图书城有限责任公司	图书零售	云南省昆明市
云南白药大药房有限公司	药品零售	云南省昆明市
昆明铁路局客运旅行服务公司	其他食品零售	云南省昆明市

4-5 续表 54

企业名称	所属行业	企业所在地
昆明肯德基有限公司	快餐服务	云南昆明市
西藏自治区		
西藏自治区烟草公司	烟草制品批发	西藏自治区拉萨市
西藏泰达厚生医药有限公司	西药批发	西藏自治区拉萨市
陕西省		
陕西东岭物资有限责任公司	金属及金属矿批发	陕西省宝鸡市
中国铁路物资西安公司	金属及金属矿批发	陕西省西安市
中国石油天然气股份有限公司陕西西安销售分公司	石油及制品批发	陕西省西安市
陕西省烟草公司西安分公司	烟草制品批发	陕西省西安市
陕西省石油化工工业贸易公司	石油及制品批发	陕西省西安市
中国石化销售有限公司西北陕西分公司	石油及制品批发	陕西省西安市
榆林神华能源有限责任公司	煤炭及制品批发	陕西省榆林市
中国石油天然气股份有限公司陕西延安销售分公司	石油及制品批发	陕西省延安市
中国石油天然气股份有限公司陕西宝鸡销售分公司	石油及制品批发	陕西省宝鸡市
中国石油天然气股份有限公司渭南销售分公司	石油及制品批发	陕西省渭南市
陕西省烟草公司咸阳市公司	烟草制品批发	陕西省咸阳市
中国石油天然气股份有限公司陕西榆林销售分公司	石油及制品批发	陕西省榆林市
陕西省烟草公司榆林市公司	烟草制品批发	陕西省榆林市
中油股份陕西咸阳销售分公司	石油及制品批发	陕西省咸阳市
陕西省烟草公司渭南市公司	烟草制品批发	陕西省渭南市
陕西省烟草公司延安分公司	烟草制品批发	陕西省延安市
陕西省烟草公司宝鸡市分公司	烟草制品批发	陕西省宝鸡市
中国石油天然气股份有限公司陕西汉中分销售公司	石油及制品批发	陕西省汉中市
陕西省烟草公司安康市公司	烟草制品批发	陕西省安康市
陕西省烟草公司汉中市公司	烟草制品批发	陕西省汉中市
陕西省烟草公司商洛市公司	烟草制品批发	陕西省商洛市
中国石油天然气股份有限公司陕西商洛销售分公司	石油及制品批发	陕西省商洛市
中国石油天然气股份有限公司陕西安康销售分公司	石油及制品批发	陕西省安康市
西安新西北双鹤医药有限责任公司	中药材及中成药批发	陕西省西安市
陕西省铜川市烟草公司	烟草制品批发	陕西省铜川市
陕西百嘉贸易服务有限公司	化妆品及卫生用品批发	陕西省西安市
陕西伟志集团有限公司	服装批发	陕西省西安市
宝鸡天健医药有限公司	中药材及中成药批发	陕西省宝鸡市
西安延炼工贸有限责任公司	石油及制品批发	陕西省西安市
陕西西北轻工批发市场经营管理有限公司	家用电器零售	陕西省西安市
西安开元商城有限公司	百货零售	陕西省西安市
西安市人人乐超市有限公司	超级市场零售	陕西省西安市
陕西华润万家生活超市有限公司	百货零售	陕西省西安市
西安市国美电器有限公司	家用电器零售	陕西省西安市
西安爱家超市有限公司	超级市场零售	陕西省西安市
西安民生集团股份有限公司	百货零售	陕西省西安市
陕西省军区军人服务社	百货零售	陕西省西安市
宝商集团宝鸡商业经营管理有限责任公司	超级市场零售	陕西省宝鸡市
陕西苏宁电器有限责任公司	家用电器零售	陕西省西安市
陕西凯达投资集团有限责任公司	服装零售	陕西省西安市
陕西民生家乐商业连锁有限责任公司	超级市场零售	陕西省西安市
陕西通达果汁集团股份有限公司	饮料及茶叶零售	陕西省西安市
西安民生集团咸阳民生购物中心有限公司	超级市场零售	陕西省咸阳市
新百丽鞋业(深圳)有限公司西安分公司	鞋帽零售	陕西省西安市
靖边县光明农产品销售分公司	肉、禽、蛋及水产品零售	陕西省榆林市
宝鸡人民商场股份有限公司	百货零售	陕西省宝鸡市
西安易初莲花连锁超市有限公司	超级市场零售	陕西省西安市

4-5 续表 55

企业名称	所属行业	企业所在地
西安市新华书店	图书零售	陕西省西安市
靖边县五鑫商贸有限责任公司	百货零售	陕西省榆林市
西安秋林商贸有限责任公司	百货零售	陕西省西安市
沃尔玛深国投百货有限公司西安骡马市分店	超级市场零售	陕西省西安市
延安百货大楼(集团)有限公司	百货零售	陕西省延安市
西安华侨商店	服装零售	陕西省西安市
西安百福乐好又多商贸公司	超级市场零售	陕西省西安市
咸阳人人乐商业有限公司	超级市场零售	陕西省咸阳市
陕西老百姓大药房连锁有限公司	药品零售	陕西省西安市
陕西华盛兴勇商贸有限公司	超级市场零售	陕西省汉中市
宝鸡华通商厦有限责任公司	百货零售	陕西省宝鸡市
咸阳华润万家生活超市有限公司	超级市场零售	陕西省咸阳市
陕西人民大厦有限公司	旅游饭店	陕西省西安市
西安饮食股份有限公司	正餐服务	陕西省西安市
陕西松茂食品有限公司	快餐服务	陕西省西安市
西安真爱服务产业有限公司	正餐服务	陕西省西安市
甘肃省		
中国石油天然气股份有限公司西北销售分公司	石油及制品批发	甘肃省兰州市
中国石油天然气股份有限公司西北销售兰州分公司	石油及制品批发	甘肃省兰州市
中国石油天然气股份有限公司甘肃庆阳销售分公司	石油及制品批发	甘肃省庆阳市
甘肃省烟草公司兰州市公司	烟草制品批发	甘肃省兰州市
中国石油甘肃白银销售分公司	石油及制品批发	甘肃省白银市
中国石油天然气股份有限公司甘肃定西销售分公司	石油及制品批发	甘肃省定西市
中国石油天然气有限公司甘肃陇南销售分公司	石油及制品批发	甘肃省陇南市
甘肃省烟草公司天水分公司	烟草制品批发	甘肃省天水市
中国石油天然气股份有限公司甘肃武威销售分公司	石油及制品批发	甘肃省武威市
甘肃省烟草公司陇南分公司	烟草制品批发	甘肃省陇南市
中国石油天然气股份有限公司甘肃金昌销售分公司	石油及制品批发	甘肃省金昌市
甘肃省烟草公司庆阳分公司	烟草制品批发	甘肃省庆阳市
甘肃省烟草公司定西分公司	烟草制品批发	甘肃省定西市
中国石油天然气股份有限公司甘肃临夏销售分公司	石油及制品批发	甘肃省临夏市
甘肃省烟草公司白银市公司	烟草制品批发	甘肃省白银市
甘肃省新华书店	图书批发	甘肃省兰州市
甘肃省烟草公司平凉市公司	烟草制品批发	甘肃省平凉市
兰州强生医药有限责任公司	西药批发	甘肃省兰州市
甘肃省烟草公司武威市公司	烟草制品批发	甘肃省武威市
甘肃省烟草公司张掖分公司	烟草制品批发	甘肃省张掖市
中国石油天然气股份有限公司甘肃兰州销售分公司	机动车燃料零售	甘肃省兰州市
中国石油天然气股份有限公司甘肃天水销售分公司	机动车燃料零售	甘肃省天水市
中国石油天然气股份有限公司酒泉销售公司	机动车燃料零售	甘肃省酒泉市
中国石油天然气股份有限甘肃平凉销售分公司	机动车燃料零售	甘肃省平凉市
兰州民百(集团)股份有限公司	百货零售	甘肃省兰州市
兰州西太华工贸集团股份有限公司	百货零售	甘肃省兰州市
甘肃众友医药连锁有限公司	药品零售	甘肃省兰州市
青海省		
中国石油天然气股份有限公司青海销售公司	石油及制品批发	青海省西宁市
青海省烟草公司西宁市公司	烟草制品批发	青海省西宁市
中国石化销售有限公司西北青海分公司	石油及制品批发	青海省西宁市
中国石油天然气股份有限公司青海销售公司格尔木分公司	石油及制品批发	青海省海西市
中油青海海西销售公司	石油及制品批发	青海省海西州
西宁中油燃气有限责任公司	石油及制品批发	青海省西宁市
青海农牧生产资料股份有限公司	化肥批发	青海省西宁市

4-5　续表 56

企业名称	所属行业	企业所在地
青海省烟草公司海东地区公司	烟草制品批发	青海省海东市
西宁大十字百货商店有限公司	百货零售	青海省西宁市
宁夏回族自治区		
中国石油天然气股份有限公司宁夏银川销售公司	石油及制品批发	宁夏回族自治区银川市
中油宁夏石嘴山销售分公司	石油及制品批发	宁夏回族自治区石嘴山市
中油宁夏吴忠销售分公司	石油及制品批发	宁夏回族自治区吴忠市
宁夏回族自治区烟草公司银川市公司	烟草制品批发	宁夏回族自治区银川市
中国石化销售有限公司西北宁夏分公司	石油及制品批发	宁夏回族自治区银川市
宁夏驰创贸易有限责任公司	煤炭及制品批发	宁夏回族自治区银川市
宁夏回族自治区烟草公司吴忠市分公司	烟草制品批发	宁夏回族自治区吴忠市
宁夏回族自治区烟草公司固原市公司	烟草制品批发	宁夏回族自治区固原市
宁夏国芳百货购物广场有限公司	百货零售	宁夏回族自治区银川市
银川市新华百货连锁超市有限公司	百货零售	宁夏回族自治区银川市
银川新华百货商店股份有限公司	百货零售	宁夏回族自治区银川市
新疆维吾尔自治区		
中国石油天然气股份有限公司西北销售新疆分公司	石油及制品批发	新疆维吾尔自治区乌鲁木齐市
中国石化销售有限公司西北新疆分公司	石油及制品批发	新疆维吾尔自治区乌鲁木齐市
中国石油天然气股份有限公司新疆乌鲁木齐销售公司	石油及制品批发	新疆维吾尔自治区乌鲁木齐市
新疆农资(集团)有限责任公司	化肥批发	新疆维吾尔自治区乌鲁木齐市
中国石油天然气股份有限公司新疆库尔勒销售分公司	石油及制品批发	新疆维吾尔自治区巴音郭楞蒙古自治州
中国石油天然气股份有限公司新疆阿克苏销售分公司	石油及制品批发	新疆维吾尔自治区阿克苏地区
新疆生产建设兵团棉麻公司	棉、麻批发	新疆维吾尔自治区乌鲁木齐市
新疆维吾尔自治区烟草公司乌鲁木齐分公司	烟草制品批发	新疆维吾尔自治区乌鲁木齐市
中国石油天然股份有限公司新疆喀什销售分公司	石油及制品批发	新疆维吾尔自治区喀什地区
中国石油新疆昌吉销售公司	石油及制品批发	新疆维吾尔自治区昌吉市
中国石油天然气股份有限公司新疆伊犁销售分公司	石油及制品批发	新疆维吾尔自治区伊犁州
新疆兵团农七师供销合作总公司	棉、麻批发	新疆维吾尔自治区伊犁州
新疆兵团农三师棉麻公司	棉、麻批发	新疆维吾尔自治区喀什地区
新疆生产建设兵团农业生产资料供应公司	化肥批发	新疆维吾尔自治区乌鲁木齐市
中国石油天然气股份有限公司新疆哈密销售分公司	石油及制品批发	新疆维吾尔自治区哈密地区
中国石化销售有限公司西北新疆阿克苏分公司	石油及制品批发	新疆维吾尔自治区阿克苏地区
中国石油天然气股份有限公司新疆吐鲁番销售分公司	石油及制品批发	新疆维吾尔自治区吐鲁番地区
昌吉回族自治州粮油购销(集团)有限责任公司	谷物、豆及薯类批发	新疆维吾尔自治区昌吉市
中国石油天然气股份有限公司新疆阿勒泰销售分公司	石油及制品批发	新疆维吾尔自治区阿勒泰市
新疆维吾尔自治区新华书店	图书批发	新疆维吾尔自治区乌鲁木齐市
中国石油天然气股份有限公司新疆和田销售公司	石油及制品批发	新疆维吾尔自治区和田市
新疆维吾尔自治区巴音郭楞蒙古自治州烟草公司	烟草制品批发	新疆维吾尔自治区巴音郭楞蒙古自治州
新疆维吾尔自治区昌吉回族自治州烟草公司	烟草制品批发	新疆维吾尔自治区昌吉州
新疆烟草公司伊犁州分公司	烟草制品批发	新疆维吾尔自治区伊犁州
新疆维吾尔自治区喀什地区烟草公司	烟草制品批发	新疆维吾尔自治区喀什地区
新疆烟草公司阿克苏地区公司	烟草制品批发	新疆维吾尔自治区阿克苏地区
新疆亚欧大陆桥农产品运销有限责任公司	棉、麻批发	新疆维吾尔自治区乌鲁木齐
中国石油天然气股份有限公司新疆塔城销售公司	石油及制品批发	新疆维吾尔自治区塔城地区
新疆棉花产业(集团)莎车棉业有限责任公司	棉、麻批发	新疆维吾尔自治区喀什地区
精河县精棉棉业有限责任公司	棉、麻批发	新疆维吾尔自治区博尔塔拉蒙古自治州
新疆中石化基钰化工销售有限公司	石油及制品批发	新疆维吾尔自治区乌鲁木齐市
巴楚县光大棉业有限责任公司	棉、麻批发	新疆维吾尔自治区喀什地区
尉犁县棉麻公司	棉、麻批发	新疆维吾尔自治区巴音郭楞蒙古自治州
巴楚县嘉德棉业有限责任公司	棉、麻批发	新疆维吾尔自治区喀什地区
中国石油天然气股份有限公司新疆独山子销售分公司	石油及制品批发	新疆维吾尔自治区克拉玛依市
新疆友好集团股份有限公司	百货零售	新疆维吾尔自治区乌鲁木齐市
新疆九州通医药有限公司	药品零售	新疆维吾尔自治区乌鲁木齐市
新疆国美电器有限公司	家用电器零售	新疆维吾尔自治区乌鲁木齐市
美克美家家具连锁有限公司	家具零售	新疆维吾尔自治区乌鲁木齐市
新疆好家乡超市有限公司	超级市场零售	新疆维吾尔自治区乌鲁木齐市
新疆家乐福超市有限公司	超级市场零售	新疆维吾尔自治区乌鲁木齐市

附　录

简要说明：

附录Ⅰ 统计上大中小型企业划分办法（暂行）

一、根据国家经贸委、国家计委、财政部、国家统计局《关于印发中小企业标准暂行规定的通知》（国经贸委中小企[2003]143 号），结合统计工作的实际情况，特制定本办法。

二、本办法适用于统计上对工业（采矿业，制造业，电力、燃气及水的生产和供应业）、建筑业、交通运输、仓储和邮政业、批发和零售业、住宿和餐饮业的企业划分规模。

三、本办法以法人企业或单位作为对企业规模的划分对象，以从业人员数、销售额和资产总额三项指标为划分依据。企业规模的具体划分标准见附表。

四、企业规模由政府综合统计部门根据上年统计年报每年划分一次。企业规模一经确认，月度统计原则上不进行调整。

附表：统计上大中小型企业划分标准

行业名称	指标名称	计算单位	大型	中型	小型
工业企业	从业人员数	人	2000 及以上	300-2000 以下	300 以下
	销售额	万元	30000 及以上	3000-30000 以下	3000 以下
	资产总额	万元	40000 及以上	4000-40000 以下	4000 以下
建筑业企业	从业人员数	人	3000 及以上	600-3000 以下	600 以下
	销售额	万元	30000 及以上	3000-30000 以下	3000 以下
	资产总额	万元	40000 及以上	4000-40000 以下	4000 以下
批发业企业	从业人员数	人	200 及以上	100-200 以下	100 以下
	销售额	万元	30000 及以上	3000-30000 以下	3000 以下
零售业企业	从业人员数	人	500 及以上	100-500 以下	100 以下
	销售额	万元	15000 及以上	1000-15000 以下	1000 以下
交通运输业企业	从业人员数	人	3000 及以上	500-3000 以下	500 以下
	销售额	万元	30000 及以上	3000-30000 以下	3000 以下
邮政业企业	从业人员数	人	1000 及以上	400-1000 以下	400 以下
	销售额	万元	30000 及以上	3000-30000 以下	3000 以下
住宿和餐饮业企业	从业人员数	人	800 及以上	400-800 以下	400 以下
	销售额	万元	15000 及以上	3000-15000 以下	3000 以下

说明：1. 表中的“工业企业”包括采矿业、制造业、电力、燃气及水的生产和供应业三个行业的企业。

2. 工业企业的销售额以现行统计制度中的年产品销售收入代替；建筑业企业的销售额以现行统计制度中的年工程结算收入代替；批发和零售业的销售额以现行报表制度中的年销售额代替；交通运输和邮政业、住宿和餐饮业企业的销售额以现行统计制度中的年营业收入代替；资产总额以现行统计制度中的资产合计代替。

3. 大型和中型企业须同时满足所列各项条件的下限指标，否则下划一档。

附录Ⅱ　批发和零售业、住宿和餐饮业统计限额标准

行业类别	统计指标名称	计量单位	限额标准
批发业	主营业务收入	万元	2000 及以上
零售业	主营业务收入	万元	500 及以上
住宿业	主营业务收入	万元	200 及以上
餐饮业	主营业务收入	万元	200 及以上

附录Ⅲ 主要统计指标解释

一、批发和零售业、住宿和餐饮业主要财务指标解释

1.资产总计：指企业拥有或控制的能以货币计量的经济资源，包括各种财产、债权和其他权利。资产按其流动性(即资产的变现能力和支付能力)划分为：流动资产、长期投资、固定资产、无形资产、递延资产和其他资产。

2.流动资产：指企业可以在一年内或者超过一年的一个生产周期内变现或者耗用的资产，包括现金及各种存款、短期投资，应收及预付款项、存货等。

3.存货：指企业在生产经营过程中为销售或耗用而储备的各种资产，包括原材料、周转材料、包装物、低值易耗品、在产品、自制半成品、产成品等。

4.固定资产原价：指企业在建造、购置、安装、改建、扩建、技术改造某项固定资产时所支出的全部货币总额。

5.固定资产折旧：指对固定资产由于磨损和损耗而转移到产品中去的那一部分价值的补偿。

6.负债合计：指企业所承担的能以货币计量，将以资产或劳务偿付的债务，偿还形式包括货币、资产或提供劳务。

7.所有者权益合计：指企业投资人对企业净资产的所有权。企业净资产为企业全部资产与企业全部负债的差额，包括实收资本、资本公积、盈余公积、未分利润等。

8.实收资本：指企业投资者实际投入的资本(或股本)，包括货币、实物、无形资产等各种形式的投入。实收资本按投资主体可分为国家资本、集体资本、法人资本、个人资本、港澳台资本和外商资本。

9.国家资本：指有权代表国家投资的政府部门或机构、直属事业单位对企业形成的资本金。

10.集体资本：指由本企业职工等自然人集体投资或各种机构对企业进行扶持形成的集体性质的资本金。

11.法人资本：指法人以其依法可支配的资产投入企业形成的资本金。

12.个人资本：指自然人实际投入企业的资本金。

13.港澳台资本：指我国香港、澳门和台湾地区投资者实际投入企业的资本金。

14.外商资本：指外国投资者实际投入企业的资本金。

15.营业收入合计：指企业在销售商品、提供劳务及让渡资产使用权等日常活动中所形成的经济利益的总收入。包括主营业务收入和其他业务收入。

16.主营业务收入：指企业在从事销售商品、提供劳务等主要生产经营活动中所产生的收入总额。

17.主营业务成本：指企业为销售商品、提供劳务等主要生产经营活动而发生的各种耗费。

18.主营业务税金及附加：指企业根据实现收入的一定比例计提的营业税、城建税和教育费附加总额。

19.主营业务利润：指企业在从事商品销售、提供服务等主要经营中所产生的利润之和。

20.其他业务利润：批企业除销售商品、提供劳务等主要经营活动外的其他业务收入扣除其他业务成本及应负担的费用、税金后的净收入。

21.营业费用：指企业在销售商品、提供劳务等生产经营中发生的各项经营费用和餐饮企业经营中发生的各项费用。包括运输费、装卸费、包装费、保险费、展览费、差旅费、广告费、商品损耗、进出口商品累计拥金、经营人员的工资及福利费等。

22.管理费用：指企业行政管理部门为组织和管理生产经营活动而发生的各项费用。

23.税金：指企业按规定从管理费用中支付的各种税金，包括房产税、土地使用税、车船使用税、印花税等。

24.**差旅费**：指因公务出差所发生的各种费用，包含外埠差旅费、市内差旅费、各种出差补贴等。

25.**工会经费**：指建立工会组织的企业事业按每月全部职工工资总额的一定比例向工会拨缴的经费。

26.**财务费用**：指企业为筹集生产经营所需资金等而发生的费用，包括利息支出、汇兑损失以及相关的金融机构手续费等。

27.**利息净支出**：指企业在生产经营期间利息支出扣除利息收入后的净额。

28.**营业利润**：指企业从事生产经营活动所产生的利润，即主营业务利润加其他业务利润扣除管理费用、财务费用后的净额。

29.**利润总额**：指企业在生产经营过程中各种收入扣除各种耗费后的盈余，反映企业在报告期内实现的亏盈总额，包括营业利润、补贴收入、投资净收益和营业外收支净额。

30.**应交所得税**：指企业按税法规定，应从生产经营等活动的所得中交纳的税金。

31.**劳动、失业保险费**：指企业向社会保障部门和保险公司为本单位职工支付的劳动保险、失业保险的费用。

32.**住房公积金和住房补贴**：指企业单位、及其在职职工缴存的长期住房储金和国家为职工解决住房问题而给予的住房补贴资助。

33.**本年应付工资总额**：指企业应支付给本单位职工的全部工资，它反映企业本期累计应付的工资总额，而不是会计“应付工资”科目的余额。

34.**本年应付福利费总额**：指企业累计提取的福利费总额，它反映本期应付福利费的全部发生额，而不是会计“应付福利费”科目的余额。

35.**本年应交增值税(批发和零售企业填写)**：指企业按税法规定，从事货物销售或提供加工、修理修配劳务等增加货物价值的活动本期应交纳的税金。指企业在报告期应交增值税额。计算公式为：

本年应交=销项税额-(进项税额-进项税额转出)
增值税-出口抵减内销产品应纳税额
-减免税款+出口退税

36.**全部从业人员年平均人数**：指年内各月平均拥有的人数，其计算公式为：

全部从业人员=（1 月平均人数 +2 月平均人数
+…+12 月平均人数）/ 12 月平均人数
=（月初从业人员数 +月末从业人员数）/ 2

二、批发和零售业商品流转情况指标解释

1.**商品购进额**：指从本企业以外的单位和个人购进（包括从国外直接进口）作为转卖或加工后转卖的商品金额。本指标由从生产者购进额、从批发和零售业购进额、进口额和其他项组成，反映批发和零售业从国内外市场上购进商品的价值总量。

2.**进口**：指直接从国外进口的商品和委托外贸部门代理进口的商品，不包括从国内有关单位购进的进口商品。外贸企业只能统计自主经营进口的商品，不包括受托代理进口的商品。

3.**商品销售额**：指售予本企业以外的单位和个人的商品金额(含增值税)。销售总额包括零售额和批发额两部分，其中零售额包括：售予居民和社会集团商品的金额；批发额包括：售予生产经营单位商品的金额和出口商品的金额。这个指标反映批发和零售业在国内市场上销售商品以及出口商品的价值总量。

4.**批发额**：指批发和零售业企业(单位)向生产经营企业(单位)销售的商品金额。

5.**出口**：指直接向国（境）外出口商品和委托外贸企业代理出口的商品，不包括传统外贸企业出口或加工后出口的商品，以及在国内市场以外币销售的商品。外贸企业只统计自主经营出口的商品，不包括受托代理出口的商品。

6.**零售额**：指批发和零售业企业（单位）售予城乡居民用于生活消费和社会集团用于公共消费的商品金额。具体包括：

(1)售予城乡居民的各种生活消费品；

(2)售予入境旅游的外国人、华侨、港澳台同胞的各类商品；

(3)售予行政事业单位、社会团体、军队和武警等机构的商品，以及以零售方式售予各类企业的商品。具体包括：用于非生产和社会交往的办公用品，如通讯设备、计算器具和设备、电讯网络设备、文印设备、音像视听器材和设备、纸张、本册、文具及装订文印材料、家具、日用电器、针纺织品、清洁卫生用品、文体用品、奖品、纪念品、礼品等；供内部人员乘坐的交通工具和燃料；用于办公设施修缮的各类配件、材料、工具等；用于取暖和防暑

降温的设备、燃料、材料及食品等；专用于教学的用品和设备；非营利医疗机构的中、西药品、中药材和医疗设备器材；非专用的劳动保护用品；不对外营业的内部食堂用的餐具、炊具、设备、清洁卫生工具和食品、燃料等；军队、武警用于其人员生活的衣着品和个人用品；其他各类非生产性设备和用品。不包括：

(1)售予城乡居民已确知是用于生产、经营的商品；

(2)售予各类农业生产者的生产资料类商品；

(3)售予企业单位生产上专用的劳动保护用品。

7.期（年）末库存总额：指批发和零售业企业（单位）已取得所有权的全部商品金额。这个指标反映批发和零售业的商品库存情况，以及对市场商品供应的保证程度。期末库存包括：

(1)存放在本单位（如门市部、批发站、采购站、经营处）的仓库、货场、货柜和货架中的商品；

(2)挑选、整理、包装中的商品；

(3)已记入购进而尚未运到本单位的商品，即发货单或银行承兑凭证已到而货未到的商品；

(4)寄放他处的商品，如因购货方拒绝付款而暂时存在购货方的商品；

(5)委托其他单位代销（未作销售或调出）尚未售出的商品；

(6)代其他单位购进尚未交付的商品。

期末商品库存额不包括：

(1)所有权不属于本单位的商品，如商品已作销售但买方尚未取走的商品，代替他人保管、运输、加工的商品，代其他单位销售（未做购进或调入）而未售出的商品；

(2)委托外单位加工的商品（包括本单位所属加工厂和其他生产单位加工生产尚未收回成品的商品）；

(3)外贸企业代理其他单位从国外进口，尚未付给订货单位的商品；

(4)代国家储备部门保管的商品。

企业的库存商品金额可以采用进价进行核算，采用进价核算的商品，应按商品进货原则（或实际采购成本）计算期末库存；采用售价核算的商品，应按商品的售价计算期末库存。购入的商品，在商品到达验收入库后计算期末库存（对已记入购进尚未运到的商品，也可计算期末库存）；对于月终尚未开出承兑商业汇票的入库商品，按应付给供货单位的价款暂估计算期末库存；年度终了，凡已转入库存和已作销售的进口商品，属于国外以离岸价格成交、有应付未付国外运保费的，应先估计期末库存，委托其他单位代销的商品包括在期末库存中；委托外单位加工的商品，在发出商品时作减少期末库存，当加工商品收回时增加期末库存（包括商品进货原价、加工费用、加工税金等）。

三、住宿和餐饮业经营情况指标解释

1.营业额：指住宿和餐饮业法人企业、产业活动单位在经营活动中因提供服务或销售商品等取得的收入。包括：客房收入、餐费收入、商品销售额（含增值税）和其他收入。

2.客房收入：指住宿和餐饮业法人企业、产业活动单位在经营活动中因提供住宿服务取得的收入。

3.餐费收入：指住宿和餐饮业法人企业、产业活动单位因为顾客提供就餐服务取得的收入。包括：经烹饪、调制加工后出售的各种食品，如主食、炒菜、凉拌菜等的收入。

4.商品销售额：指住宿和餐饮业法人企业、产业活动单位出售商品的销售总额（含增值税）。

5.其他收入：指营业额中除客房收入、餐费收入、商品销售额（含增值税）以外的其他收入。包括：娱乐、健身和商务服务等。

6.床位数：指宾馆、饭店、酒店、旅馆等供应旅客使用的床位数，不包括临时加的床位和宾馆、饭店、酒店、旅馆等内部工作人员使用的床位。该指标按年内正常情况下的实有数统计。

7.餐位数：指住宿和餐饮业法人企业、产业活动单位为顾客提供就餐服务时，正常可同时容纳就餐人员的餐位数量，不包括临时加的餐位。该指标按年内正常情况下的实有数统计。

8.年末餐饮营业面积：指住宿和餐饮业法人企业、产业活动单位对外提供就餐服务的门店建筑面积和从事食品加工、烹饪、调制的厨房面积，不包括办公用房和仓库等面积。该指标按年末实有面积统计。